中華民國史檔案資料匯編

第五輯 第一編

財政經濟（三）

中國第二歷史檔案館編

鳳凰出版傳媒集團 鳳凰出版社

目　录

〔四〕内外债

(一)国民政府筹借整理内外债方针政策与组织机构

一、国民政府筹借整理内外债方针政策

1.财政部为已制定债券褒奖条例等致劝募续发二五库券委员会函
(1928年3月1日)……(1)
2.发行公债及订借款项限制案
(1928年)……(3)
3.国民政府关于用国税抵借款项未经批准概不生效令
(1928年12月10日)……(4)
4.外交部关于内外各债统由整理内外债委员会负责整理等照会
(1929年1月18日)……(4)
5.财政部债券褒奖条例施行细则四条
(1929年1月30日)……(5)
6.宋子文关于以盐款担保三项借款声明
(1929年9月18日)……(6)
7.行政院关于遴派专门人员会同研究旧交通部等经管之无确实担保内外债务密令
(1930年8月7日)……(7)
8.行政院关于确定整理外债方针训令
(1934年5月25日)……(8)

9.国防设计委员会抄送巩固对外信用利用外资等决议案密函
(1934年9月18日)……………………………………………………(10)
二、整理内外债委员会的设立及其活动
1.国民政府文官处关于国务会议同意外交委员会提用专款设立整理外债委员会公函稿
(1929年1月7日)……………………………………………………(12)
2.国民政府关于公布整理内外债委员会章程致铁道部训令
(1929年2月6日)……………………………………………………(12)
3.财政部关于聘任整理内外债委员会各项委员名单电稿
(1929年10月10日)…………………………………………………(14)
4.邹琳为整理内外债委员会改组问题致孔祥熙密电
(1934年11月2日)…………………………………………………(14)
5.国民政府文官处奉令改予特派整理内外债委员会委员及委员长公函
(1934年11月7日)…………………………………………………(15)
6.财政部关于推举整理内外债委员会专门委员人选公函稿
(1934年11月20日)…………………………………………………(15)
7.行政院关于特派整理内外债委员会委员长及委员训令
(1936年3月6日)……………………………………………………(16)
8.国民政府整理内外债委员会历次会议录
(1929年7月—1937年2月)…………………………………………(17)

(二)内债

一、江海关二五附税国库券
1.江海关二五附税国库券条例
(1927年5月13日)…………………………………………………(24)
2.江海关二五附税国库券基金保管委员会条例
(1927年5月13日)…………………………………………………(25)
二、续发江海关二五附税国库券

1.财政部提议续发江海关二五附税国库券案
(1927年)……………………………………………………………(26)
2.财政部关于续发江海关二五附税国库券通告
(1927年)……………………………………………………………(27)
3.财政部关于修改续发江海关二五附税国库券条例提案
(1927年10月27日)……………………………………………………(28)
4.财政部关于续发二五库券基金确实利息优厚望踊跃认购的布告
(1927年10月29日)……………………………………………………(29)
5.财政部为请劝募续发二五库券委员会委员亲往劝募函
(1927年11月24日)……………………………………………………(30)
6.国民政府修正续发江海关二五附税国库券条例
(1928年1月11日)……………………………………………………(30)
7.财政部关于劝募续发二五库券的布告
(1928年1月12日)……………………………………………………(31)
8.上海钱业公会请免予加募续发二五库券函
(1928年2月13日)……………………………………………………(32)
9.上海银行公会为不能应募续发二五库券致续发二五库券劝募委员会函
(1928年2月16日)……………………………………………………(33)
三、卷烟税国库券
1.国民政府卷烟税国库券条例
(1928年4月21日)……………………………………………………(35)
2.国民政府卷烟税国库券基金保管条例
(1928年4月30日)……………………………………………………(36)
四、军需公债
1.国民政府财政部军需公债条例
(1928年4月28日)……………………………………………………(37)
2.财政部关于办理军需公债及接济北伐军费情形致国民政

府呈
（1928年5月26日）……………………………………………（39）
五、财政部善后短期公债
1.国民政府财政部善后短期公债条例
（1928年6月9日）……………………………………………（39）
2.国民政府财政部善后短期公债基金保管条例
（1928年）……………………………………………………（41）
3.善后短期公债基金保管办法
（1928年）……………………………………………………（42）
六、津海关二五附税国库券
1.国民政府财政部津海关二五附税国库券条例
（1928年6月27日）…………………………………………（42）
2.津海关二五附税国库券保管基金条例
（1928年7月2日）……………………………………………（44）
3.劝募津海关二五附税国库券委员会简章
（1928年7月13日）…………………………………………（45）
4.劝募津海关二五附税国库券委员会关于1928年11月收款办法等致中国银行等公函稿
（1928年11月19日）…………………………………………（46）
5.劝募津海关二五附税国库券委员会请认募库券函稿
（1928年）……………………………………………………（47）
七、民国十七年金融短期公债
1.民国十七年金融短期公债条例
（1928年10月6日）…………………………………………（48）
八、民国十七年金融长期公债
1.民国十七年金融长期公债条例
（1928年10月31日）…………………………………………（49）
九、民国十八年赈灾公债
1.国民政府民国十八年赈灾公债条例

(1929年1月8日)…………………………………………………………(50)

十、民国十八年裁兵公债

1.国民政府关于公布民国十八年裁兵公债条例致财政部训令
(1929年2月7日)…………………………………………………………(51)

2.财政部公布十八年裁兵公债发行简章令稿
(1929年2月8日)…………………………………………………………(53)

十一、续发卷烟税库券

1.财政部检送修正国民政府续发卷烟税库券条例请接洽办理公函
(1929年5月14日)…………………………………………………………(55)

十二、疏浚河北省海河工程短期公债

1.疏浚河北省海河工程短期公债条例
(1929年5月15日)…………………………………………………………(57)

2.财政部公布疏浚河北省海河工程短期公债基金保管条例令
(1929年6月1日)…………………………………………………………(58)

十三、民国十八年关税库券

1.民国十八年关税库券条例
(1929年5月30日)…………………………………………………………(59)

2.财政部关于民国十八年关税库券基金可与总税务司各银行接洽办理公函
(1929年6月6日)…………………………………………………………(61)

3.上海市茶业分会关于无力应募十八年关税库券函
(1929年7月11日)…………………………………………………………(62)

十四、民国十八年编遣库券

1.宋子文为发行编遣库券七千万元致胡汉民函稿
(1929年8月16日)…………………………………………………………(62)

2.张寿镛关于立法院审查编遣库券事致宋子文密电稿
(1929年8月17日)…………………………………………………………(63)

3.国民政府关于公布民国十八年编遣库券条例致财政部训令

(1929年8月24日)……………………………………………………(63)
4.财政部劝募债券委员会为已议决编遣库券劝募方法致财政部函稿
(1929年9月3日)……………………………………………………(65
5.财政部劝募债券委员会请召集同业代为劝募编遣库券函稿
(1929年9月11日)……………………………………………………(65
十五、铁道部收回广东粤汉铁路公债
1.铁道部收回广东粤汉铁路公债条例
(1929年11月18日)……………………………………………………(66)
十六、民国十九年电气事业长、短期公债
1.行政院为奉令公布民国十九年建设委员会电气事业长、短期公债条例致财政部训令
(1929年12月26日)……………………………………………………(68
2.行政院为奉令公布民国十九年建设委员会电气事业长短期公债条例部分修正条文致财政部训令
(1935年3月28日)……………………………………………………(71)
十七、民国十九年关税公债
1.胡汉民关于议准关税公债条例并抄送整理财政意见书函
(1930年1月20日)……………………………………………………(72)
2.民国十九年关税公债条例
(1930年1月20日)……………………………………………………(74)
十八、民国十九年交通部电政公债
1.国民政府关于颁布民国十九年交通部电政公债条例训令
(1930年3月17日)……………………………………………………(75)
十九、民国十九年卷烟税库券
1.民国十九年卷烟税库券条例
(1930年3月31日)……………………………………………………(77)
二〇、民国十九年关税短期库券

1.行政院为奉令公布修正民国十九年关税短期库券条例致财政部训令
(1930年10月11日)……(78)
2.宋子文为请速解承募十九年关税短期库券款电
(1930年9月12日)……(80)
3.宋子文关于展期缴解十九年关税短期库券电稿
(1930年10月16日)……(80)
4.财政部检送民国十九年关税短期库券调换新券办法章程公函
(1930年11月11日)……(81)
二一、民国十九年善后短期库券
1.民国十九年善后短期库券条例
(1930年10月31日)……(83)
2.上海市熟货同业公会为无力应募十九年善后短期库券函
(1931年2月6日)……(84)
二二、民国二十年卷烟税库券
1.民国二十年卷烟税库券条例
(1930年12月31日)……(85)
二三、民国二十年江浙丝业公债
1.民国二十年江浙丝业公债条例
(1931年3月11日)……(86)
2.财政实业两部关于江浙丝业公债支配问题训令
(1931年8月12日)……(88)
二四、民国二十年关税短期库券
1.民国二十年关税短期库券条例
(1931年3月28日)……(89)
二五、民国二十年统税短期库券
1.民国二十年统税短期库券条例
(1931年6月6日)……(90)
二六、民国二十年四川善后公债

1.国民政府公布民国二十年四川善后公债条例令
(1931年7月25日)……………………………………………(91)
二七、民国二十年盐税短期库券
1.民国二十年盐税短期库券条例
(1931年7月29日)……………………………………………(93)
二八、民国二十年赈灾公债
1.国民政府民国二十年赈灾公债条例
(1931年9月12日)……………………………………………(94)
二九、民国二十年金融短期公债
1.民国二十年金融短期公债条例
(1931年10月16日)……………………………………………(95)
三〇、1932年内债整理案
1.江海关二五附税国库券基金保管委员会请打消挪用公债基金提议电
(1932年1月13日)……………………………………………(96)
2.北平银行同业公会为力争保持内债基金不被挪用电
(1932年1月14日)……………………………………………(97)
3.天津银行公会请维持基金到底该会愿为后盾电
(1932年1月15日)……………………………………………(97)
4.中华民国内国公债库券持票人会为使公债基金不被挪用愿为后盾函
(1932年1月15日)……………………………………………(98)
5.行政院决定维持公债信用并无停付本息电
(1932年1月17日)……………………………………………(98)
6.行政院关于巩固债信已令财政部等切实办理并请筹借军政费用快邮代电
(1932年1月21日)……………………………………………(99)
7.海关总税务司公署奉令按期拨付各种以关税担保的内债基金公函

(1932年1月26日)……………………………………………………(100)
8.财政部盐务稽核总所奉令按期如数拨付各种盐税债券基金公函
(1932年1月26日)……………………………………………………(101)
9.统税署奉令按期拨付各种卷烟及统税债券基金公函
(1932年2月1日)……………………………………………………(101)
10.上海各团体救国联合会关于议决维持公债办法函
(1932年2月25日)……………………………………………………(102)
11.国民政府关于变更债券还本付息令
(1932年2月24日)……………………………………………………(103)
12.财政部为按新标准还付各项债券本息致国债基金管理委员会公函
(1932年2月27日)……………………………………………………(104)
13.财政部关于各债券还本付息办法布告
(1932年)……………………………………………………(105)
14.财政部关于按期拨发内债基金致总税务司令
(1932年)……………………………………………………(106)
15.宋子文关于维持债信的宣言
(1932年)……………………………………………………(107)
16.持票人会关于内债的宣言
(1932年)……………………………………………………(107)
17.财政部关于各项公债库券1932年2月后还本办法等布告
(1932年)……………………………………………………(110)
18.财政部关于国债基金管理委员会条例已通过致国债基金管理委员会快邮代电
(1932年3月31日)……………………………………………………(110)
19.江海关二五附税国库券基金保管委员会为移交余存基金公债凭证等函
(1932年4月6日)……………………………………………………(118)
20.财政部检送债券调换处章程及各项债券换票办法致国债

基金管理委员会函
(1932年10月25日)……………………………………………………(118)
三一、民国二十一年江浙丝业短期公债
1.行政院抄发民国二十一年江浙丝业短期公债条例致财政部训令
(1932年10月8日)……………………………………………………(123)
2.行政院抄发修正民国廿一年江浙丝业短期公债条例第十条致财政部训令
(1933年6月24日)……………………………………………………(125)
三二、民国二十二年爱国库券
1.财政部为抄送民国二十二年爱国库券条例暨请办理基金公函
(1933年3月7日)……………………………………………………(126)
2.财政部税务署同意按月拨交民国二十二年爱国库券基金公函
(1933年3月15日)……………………………………………………(127)
三三、民国二十二年续发电气事业公债
1.民国二十二年续发电气事业公债条例
(1933年9月26日)……………………………………………………(128)
三四、民国二十二年华北救济战区短期公债
1.民国二十二年华北救济战区短期公债条例
(1933年11月1日)……………………………………………………(130)
2.财政部关于民国二十二年华北战区公债不用调换统一公债公函
(1936年3月9日)……………………………………………………(131)
三五、民国二十二年关税库券
1.财政部为请保管民国二十二年关税库券基金等致国债基金管理委员会公函

(1933年10月23日)……………………………………………………(132)

2.民国二十二年关税库券条例

(1933年11月4日)……………………………………………………(133)

三六、民国二十三年关税库券

1.民国二十三年关税库券条例

(1934年1月31日)……………………………………………………(134)

2.财政部为请保管民国二十三年关税库券基金致国债基金管理委员会公函

(1934年1月18日)……………………………………………………(135)

三七、民国二十三年财政部与意庚款借款银团借款合同

1.孔祥熙拟意庚款退款为担保向上海各银行借款并签订草合同提案稿

(1934年1月)……………………………………………………(136)

2.财政部关于用意国退还庚款向上海银行团借款与中央银行往来公函

(1934年1—2月)……………………………………………………(138)

3.意庚款借款银团检送银团章程及各项委员名单致财政部呈

(1934年2月5日)……………………………………………………(140)

三八、民国二十三年第一期铁路建设公债

1.孔祥熙与顾孟余关于审核铁路建设公债条例来往函

(1934年2月)……………………………………………………(143)

2.行政院奉准核定铁路建设公债原则六项交立法院审议等训令

(1934年3月13日)……………………………………………………(144)

3.民国二十三年第一期铁路建设公债条例

(1934年4月30日)……………………………………………………(145)

三九、民国二十三年玉萍铁路公债

1.财政部为请保管民国二十三年玉萍铁路公债基金公函

(1934年6月2日)……………………………………………………(147)

四〇、民国二十三年六厘英金庚款公债
1.孔祥熙关于商讨发行六厘英金公债与顾孟余往来笺函
(1934年4月)……………………………………………………………(149)
2.民国二十三年六厘英金庚款公债条例
(1934年5月28日)………………………………………………………(150)
四一、民国二十四年俄退庚款凭证
1.财政部发行俄国退还庚款余额凭证抵还借垫款致中央银行密函稿
(1934年12月14日)……………………………………………………(152)
2.财政部为按月拨付俄国退还庚款余额凭证基金致海关总税务司密令稿
(1934年12月14日)……………………………………………………(153)
3.财政部关于发行俄国退还庚款余额凭证致行政院密呈
(1934年12月17日)……………………………………………………(154)
4.行政院关于国民政府已核准发行俄国退还庚款余额凭证致财政部训令
(1935年1月5日)………………………………………………………(156)
四二、民国二十四年统税凭证
1.财政部为发行统税国库证收回俄国退还庚款余额凭证致中央银行函
(1935年2月16日)………………………………………………………(157)
2.财政部为按月拨交统税国库证基金与税务署往来训令及呈
(1935年2月)……………………………………………………………(158)
3.财政部拟定统税国库证预约券文字
(1935年2月)……………………………………………………………(159)
4.财政部关于发行统税国库证以弥补1934年度收支不敷等情致行政院呈稿
(1935年8月13日)………………………………………………………(159)

5.行政院关于发行统税国库证已由国民政府核准备案致财政部密训令。
(1935年9月14日)……………………………………………………(163)
6.中央银行关于用统一公债换偿统税凭证损失巨大请免掉换与财政部往来公函
(1936年5月)………………………………………………………(163)
四三、民国二十四年金融公债
1.财政部检送二十四年金融公债条例并请接洽办理致国债基金管理委员会公函
(1935年4月11日)……………………………………………………(165)
四四、民国二十三年关税公债
1.行政院奉准财政部发行民国二十三年关税公债训令
(1935年7月1日)………………………………………………………(167)
2.公债司抄送民国二十三年关税公债、条例等致钱币司函
(1935年7月12日)……………………………………………………(168)
四五、民国二十四年四川善后公债
1.孔祥熙关于发行四川善后公债办法致蒋介石密电稿
(1935年5月23日)……………………………………………………(170)
2.孔祥熙关于发行四川善后公债提案
(1935年5月28日)……………………………………………………(170)
3.孔祥熙关于四川善后公债增加发行额提案稿
(1935年6月4日)………………………………………………………(172)
4.蒋介石、孔祥熙等为发行四川善后公债来往文电
(1935年6—7月)………………………………………………………(173)
5.公债司抄送民国二十四年四川善后公债条例等致钱币司函
(1935年7月12日)……………………………………………………(184)
四六、民国二十四年整理四川金融库券
1.孔祥熙关于拟以中央所收川省统税及印花烟酒税为基金发行整理四川金融库券提案稿

(1935年7月9日)……………………………………………………(186)
2.孔祥熙拟以川省统税等为基金发行整理金融库券致刘湘电稿
(1935年7月21日)……………………………………………………(187)
3.财政部关于奉令颁发民国二十四年整理四川金融库券条例的训令
(1935年7月29日)……………………………………………………(188)
四七、民国二十四年电政公债
1.财政、交通两部为送民国二十四年电政公债条例等致国债基金管理委员会公函
(1935年10月11日)……………………………………………………(190)
四八、民国二十四年水灾工赈公债
1.财政部抄发民国二十四年水灾工赈公债条例等训令
(1935年11月18日)……………………………………………………(192)
四九、第二期铁路建设公债
1.第二期铁路建设公债条例
(1936年1月30日)……………………………………………………(193)
五〇、民国二十五年短期国库凭证
1.财政部请准发行短期国库凭证致行政院密呈
(1936年1月21日)……………………………………………………(195)
2.行政院关于国民政府核准发行短期国库凭证致财政部训令
(1936年2月12日)……………………………………………………(196)
3.财政部为短期国库凭证仍照原定期限拨付本息免换统一公债致中央银行函
(1936年3月24日)……………………………………………………(196)
4.财政部关于办理统一公债掉换短期国库证、统税凭证经过情形与行政院来往呈指令
(1936年6—7月)……………………………………………………(197)
五一、民国二十五年统一公债

1.财政部颁发统一公债掉换旧有债券办法布告
(1936年2月16日)……………………………………………………………(199)
2.财政部关于颁发布告、民国二十五年统一公债条例及持票人会宣言的训令
(1936年2月17日)……………………………………………………………(204)
3.财政部关于发行统一公债具体实施办法致国债基金管理委员会公函
(1936年2月17日)……………………………………………………………(210)
4.总税务司拟定统一公债发行后所有以前用关税担保公债拨付本息基金办法公函
(1936年2月22日)……………………………………………………………(212)
5.中央银行抄送委托中交二行经付统一公债还本付息办法公函
(1936年2月27日)……………………………………………………………(213)
6.财政部为延长统一公债换偿日期至1936年底止公函
(1936年6月9日)……………………………………………………………(214)
7.财政部为延长统一公债换偿时间至1937年6月底止公函
(1936年12月9日)……………………………………………………………(215)
五二、民国二十五年复兴公债
1.财政部抄送复兴公债条例请查照办理致国债基金委员会公函
(1936年2月29日)……………………………………………………………(216)
五三、第三期铁路建设公债
1.财政部公债司抄送第三期铁路建设公债条例等致国库司函
(1936年3月4日)……………………………………………………………(218)
五四、民国二十五年四川善后公债
1.民国二十五年四川善后公债条例
(1936年3月31日)……………………………………………………………(220)
五五、民国二十五年整理广东金融公债

1.财政部抄送整理广东金融公债条例并请接洽办理公函
(1936年9月25日)……………………………………………………(221)
2.财政部税务署关于已按月拨交整理广东金融公债基金致
国债基金委员会公函
(1936年10月12日)……………………………………………………(223)
五六、民国二十六年京赣铁路建设公债
1.民国二十六年京赣铁路建设公债条例
(1936年12月22日)……………………………………………………(224)
五七、民国二十六年辟浚广东省港河工程美金公债
1.民国二十六年辟浚广东省港河工程美金公债条例
(1937年4月1日)……………………………………………………(225)
五八、民国二十六年粤省铁路建设公债
1.广东省政府为发行广东铁路建设公债与行政院财政部来往电
(1937年1月)……………………………………………………(227)
2.行政院秘书处关于广东铁路建设公债条例由财政铁道两
部会同核办函
(1937年2月13日)……………………………………………………(229)
3.财政部为同意担任偿付广东铁路建设公债利息等致铁道
部公函稿
(1937年3月27日)……………………………………………………(229)
4.民国二十六年广东省铁路建设公债条例
(1937年5月1日)……………………………………………………(231)

(三)外债(美棉麦借款)

一、各方反对签定美棉麦借款
1.上海中华棉业联合会陈述反对借用美棉理由代电
(1932年8月25日)……………………………………………………(233)
2.上海市商会为反对政府与美国签订美棉借款代电
(1932年7月5日)……………………………………………………(234)

3.上海市政府转呈请勿续借美麦免伤农村经济代电
(1932年11月4日)…………………………………………………… (235)
4.全国商会联合会为拒绝订购第二批美麦代电
(1932年11月19日)……………………………………………………(236)
5.国民党西南执行部等反对续借美麦代电
(1932年11月24日)……………………………………………………(237)
6.上海棉花号业同业公会关于反对同美国签订棉麦借款代电
(1933年6月17日)…………………………………………………… (238)
7.上海面粉业厂业同业公会等为请美棉麦借款免购面粉等呈
(1933年6月19日)…………………………………………………… (240)
8.江苏全省农村协进会为反对政府同美国签订棉麦借款代电
(1933年6月30日)…………………………………………………… (241)
9.上海市面粉厂业同业公会为贷借美麦请勿附带美粉致财政部呈
(1933年11月26日)……………………………………………………(242)
二、各方利用美棉麦借款建议案
1.铁道部拟具关于棉麦借款用途意见稿
(1933年7月21日)…………………………………………………… (243)
2.实业部转上海市商会吁请指拨美麦借款救济上海战区呈
(1933年8月29日)…………………………………………………… (245)
3.天津各业工会救国联合会要求将美棉廉价贷与各厂代电
(1933年9月2日)…………………………………………………… (247)
4.湖北监利县商会恳请美棉到沪时兼顾国棉销路代电
(1933年9月22日)…………………………………………………… (247)
5.龙云请在棉麦借款内拨发一千二百万元以资救济电
(1933年10月11日)……………………………………………………(248)
6.铁道部关于拨付棉麦借款五百万元完成粤汉铁路致行政院提案稿
(1934年3月31日)…………………………………………………… (248)
7.交通部转招商局呈请于棉麦借款中酌拨部份购置造船材

料咨
(1934年4月7日)……………………………………………………(249)
3.财政部关于棉麦借款指定用途不可移拨咨稿
(1934年4月19日)……………………………………………………(250)
三、美棉麦借款经理与偿还情形
1.财政部关于棉麦借款委托中央银行经理等致中央银行公函
(1933年6月28日)……………………………………………………(251)
2.税务署关于遵照办理棉麦借款案致财政部呈
(1933年7月11日)……………………………………………………(251)
3.财政部秘书处关于中央银行已设立机构经理棉麦借款致该部驻沪办事处函
(1933年7月12日)……………………………………………………(252)
4.中央银行经理美贷棉麦事务处关于棉麦借款购销情形报告
(1934年3月23日)……………………………………………………(253)
5.美贷棉麦事务处经理预计收入报告
(1934年3月24日)……………………………………………………(257)
6.席德懋关于整理内外债款及棉麦借款结存数致孔祥熙密电
(1934年11月6日)……………………………………………………(259)
7.中央银行经理美贷棉麦事务处抄送借款用途致公债司函
(1935年2月21日)……………………………………………………(259)
8.财政部公债司为抄送美麦借款及美棉麦借款偿付本息情形等致会计司函
(1935年8月6日)……………………………………………………(260)
9.中央银行美贷棉麦事务处关于经理美贷棉麦情形报告
(1935年12月30日)……………………………………………………(272)
10.海关总税务司公署关于用救灾附加税收入拨付美棉麦借款本息致关务署呈
(1936年1月22日)……………………………………………………(297)
11.海关总税务司公署关于美国进出口银行退还1936年6月

美麦借款利息情形呈
(1936年7月25日)……………………………………………………(300)

(四)内外债整理概况

一、各方要求偿还内外债
1.四国银行团代表为盐税抵押外债偿还不能变更致宋子文公函
(1928年6—8月)……………………………………………………(304)
2.英日法使领与外交部为中国接收长芦等地盐务有碍偿付债务来往文件
(1928年6—7月)……………………………………………………(308)
3.中国、交通银行要求中央及地方从速偿还旧欠的提案
(1928年7月2日)……………………………………………………(309)
4.军事委员会转上海总商会呈将历次垫借款照原案拨还咨
(1928年9月29日)……………………………………………………(311)
5.交通部抄送旧欠内外债款表及整理旧债意见书公函
(1930年7月26日)……………………………………………………(313)
6.杨汝梅关于整理各国退还庚子赔款余额用途意见书
(1931年12月7日)……………………………………………………(321)
7.财政部为将归还垫款致中中交三行函稿
(1937年6月29日)……………………………………………………(328)
二、主计处、财政部等历年度债务费概算书
1.主计处奉准中政会关于1934年度总概算决议并抄送债务费概算书致财政部函
(1934年7月23日)……………………………………………………(333)
2.财政部编制1935年度国家债务费岁出概算说明书
(1935年3月9日)……………………………………………………(337)
3.主计处关于核准财政部追加1936年度债务费岁出等致林森呈
(1937年3月17日)……………………………………………………(350)

4.财政部公债司抄送1936年及1937年债务岁费出追加概算说明书致会计处函
(1937年6月7日)……………………………………………………………………(353)
三、日本部分债务整理概况
1.外交部关于整理日本债务应注意国民党对外政策之规定咨暨公债司签呈
(1930年8—9月)……………………………………………………………………(358)
2.驻日公使蒋作宾抄送日本对华债权者组合要求整理债务理由书呈
(1934年2月14日)…………………………………………………………………(359)
3.徐谟与须磨为日本提出整理债务事谈话记录
(1934年3月19日)…………………………………………………………………(362)
4.日本驻华使馆关于整理及解决日本债务担保照会
(1934年4月7日)……………………………………………………………………(363)
5.熊式辉为日本催偿借款询问如何清偿办法密电
(1934年11月27日)…………………………………………………………………(366)
6.熊式辉报告前向日本借款用途及偿付情形密电
(1934年12月2日)…………………………………………………………………(366)
7.行政院秘书处抄送交通部长朱家骅关于整理日本债务提案致铁道部笺函
(1934年12月13日)…………………………………………………………………(367)
8.铁道部与日方关于胶济国库券还款案非正式谈判纪录
(1936年3—6月)……………………………………………………………………(370)
9.中政会秘书处关于议准财政部整理日本东业兴业株式会社等借款密函
(1936年10月1日)…………………………………………………………………(371)
10.中政会通过财政部整理汉口造纸厂所欠中日实业公司借款办法密函
(1936年10月14日)…………………………………………………………………(373)

四、内外债整理概况

1.行政院关于英美义三国庚款缓付一年办理经过情形致财政部训令
(1932年8月2日)……………………………………………………(378)
2.孔祥熙关于整理内外债工作情形致国防委员会报告
(1934年11月)……………………………………………………(379)
3.铁道部关于国有铁路负债及商订整理办法经过情形报告
(1935年)…………………………………………………………(380)
4.交通部电政司整理电政内外债款概况
(1935年底)………………………………………………………(389)
5.交通部电政司续整理电政内外债款概况
(1935年底)………………………………………………………(395)
6.铁道部整理各路债务概略
(1935年12月)……………………………………………………(396)
7.铁道部债务科编《整理铁路债务》
(1937年6月底)…………………………………………………(405)
8.1927—1936年国民政府内外债整理概况
(1936年9月14日)………………………………………………(408)
9.公债司为报告1936年下半年工作情形致财政部秘书处函
(1937年1月20日)………………………………………………(422)
10.财政部经管无确实担保内外债至1936年底止结欠本息数目表
(1937年1月)……………………………………………………(424)
11.国民政府整理内外债委员会关于整理外债情形报告书
(1937年2月10日)………………………………………………(427)
12.财政部公债司为送内外债及赔款数目表致秘书处函
(1937年5月4日)…………………………………………………(446)

（五）附录

1.江海关二五附税国库券基金保管委员会会议记录
（1927年12月24日—1932年4月5日）…………………………………（471）
2.江海关二五附税国库券基金保管委员会保管各种库券公债总表
（1927年5月1日—1930年11月1日）…………………………………（520）

〔四〕内外债

（一）国民政府筹借整理内外债方针政策与组织机构

一、国民政府筹借整理内外债方针政策

1.财政部为已制定债券褒奖条例等致劝募续发二五库券委员会函

（1928年3月1日）

径启者：本部续发二五库券二千四百万元，业经地方各绅富商民等分别认募足额。此次加募库券一千六百万元，亦经派定募额，分头劝销。此项库券，系为军政要需。查自发行以来，认募巨额迅速缴款及劝募出力者，均不乏人，足见热心爱国，好义急公，若不隆以酬庸之典，锡以特殊之荣，何足以昭激劝而资感奋。现经本部制定债券褒奖条例及奖章奖状式样，提呈国民政府议决，令行公布在案。相应将褒奖条例十份随函送请贵会，烦为查照，希即将前项库券认募巨数迅速缴款及劝募出力、核与褒奖条例相符者，查明姓名，并认募缴款数目、日期，开列清单送部，以便核明给奖，俾彰荣誉，幸勿有延为荷。此致

劝募续发二五库券委员会

计检送褒奖条例十份

财政部长　宋子文

中华民国十七年三月一日

国民政府财政部债券褒奖条例

第一条　凡各机关各团体及各商民，对于财政部所发公债或库券，踊跃认募巨额，并交款迅速者，得依本条例分别给予奖章匾额。

第二条　凡各机关官吏，及地方公共团体或商民，襄助财政部劝募巨额公债或库券，并交款迅速者，亦得援照本条例酌给奖章匾额。

第三条　奖章分为六等如左：

一　一等金质奖章；　　四　一等银质奖章；

二　二等金质奖章；　　五　二等银质奖章；

三　三等金质奖章；　　六　三等银质奖章。

第四条　凡给予奖章，均按照认募公债或库券数目之多寡并交款时期之先后分别等次，但经财政部认为应从优给奖者，得于奖章外加给匾额，以示优异。

第五条　凡曾给奖章者，如续有应募，得递进一等。

第六条　凡应给奖章匾额者，由各经募机关开具履历成绩并拟给等次，呈部核定照给。

第七条　凡受奖章匾额者，均由部附给奖状，以资收执。

第八条　凡受奖章以本人佩带为限，但如受刑事处分致褫夺公权时，应将奖章及奖状一并追交。

第九条　凡所受奖章有遗失时，得取具同乡荐任官一人证明书，并交纳奖章费，请求补给。

第十条　凡请求补给奖章者，应交纳奖章费如左：

一　金质一二三等各十元；

二　银质一二三等各五元。

第十一条　本条例自公布日施行。

〔国民政府财政部档案〕

2.发行公债及订借款项限制案

(1928年)①

发行公债及订借款项限制案

一、本案名称定为发行公债限制案。

二、属于国家债务,应专由财政部经理发行,订借省市债务,由省市政府经理发行订借。

国民政府所辖各部有须举债,应指定基金,请由财政部办理,将款拨支,不得自行举办。

省市政府范围,由省市财政厅局办理,其他各厅局不得自行举办。

理由:查军阀时代,政府所辖各部院厅局,每多自行举债,以致名目纷歧,稽核维艰,故须规定划一发行机关,以资改革。

三、举债用途,专限建设有利事业,不得用于消耗途径。

四、属于国债,由财政部将详确用途、指定确实基金,提呈国民政府议决办理。

五、属于省市公债,由省市政府将详确用途、指定确实基金,分别函转财政部核明,认为正当,加具按语,提呈国民政府议决办理。如财政部认为不正当,得驳覆之。

六、自民国十七年七月一日起,各省市债款如不经财政部核明,呈奉国民政府核准举办者,财政部得通告取销之。

七、监督用途,国债由财政部、审计院派员,联合发行银行号及持债券人之代表、各省市大商之法定公团选出代表若干员,组织监察用途委员会。省市债则由各省市政府及审计分院派员,会同公团选出代表,联合组织之。所有债款非有详细之计划及正当之理由,经委员会通过,不能动用。政府当制定监督用途委员会组织

① 本件具体时间不详。

条例公布之。

八、基金应设基金委员会保管，国债则由国民政府特派员会同财政部、审计院，联合各公团体选出代表若干员组织之。省市债则由各省市政府及审计分院派员，会同法定公团选出代表，联合组织之。

九、各省市收入债款及拨付基金暨还本付息款数，应按月报告财政部查核。

十、凡国库借款在一百万元以下，省市库借款在五十万元以下者，不受本案之限制，第偿还期限至多不过一年。

〔国民政府财政部档案〕

3.国民政府关于用国税抵借款项未经批准概不生效令①

（1928年12月10日）

国民政府令

建设伊始，统一财政规划，实为要图。嗣后各省市政府以国税抵借国内款项或募集省市公债，均应将需募债额及基金办法条例等，咨由财政部核明，呈候政府批准，方准发行。其于各项税款如有指定抵借款项者，未于事前呈准核定，概不发生效力，各省管理国税机关长官，如未奉有财政部命令，亦不得托许抵押，以杜流弊，而一财权。此令。

〔国民政府财政部档案〕

4.外交部关于内外各债统由整理内外债委员会负责整理等照会①

（1929年1月18日）

抄致英、美、法、比、义、和、丹、瑞典各使照会　民国十八年一月十

① 系抄件。

八日

为照会事：本年一月四日，国民政府第十四次国务会议议决，每年关税新收项下提出五百万元，为整理内外债之用，并设立整理内外债委员会，专司整理之责。等因。所有应行整理之内外各债，嗣后即由该会负责整理。相应照会贵代理、公使查照可也。须至照会者。

〔国民政府财政部档案〕

5.财政部债券褒奖条例施行细则四条

（1929年1月30日）

国民政府行政院财政部债券褒奖条例

施行细则四条

十八年一月三十日公布

第一条　凡各机关官吏、各团体及各商民，对于财政部所发行之公债库券应募巨额，并缴款迅速者，得依照本细则之规定，分等奖励之。

（一）认募五千元以上者，得给予三等银质奖章；

（二）认募一万元以上者，得给予二等银质奖章；

（三）认募二万元以上者，得给予一等银质奖章；

（四）认募三万元以上者，得给予三等金质奖章；

（五）认募五万元以上者，得给予二等金质奖章；

（六）认募十万元以上者，得给予一等金质奖章；

（七）认募二十万元以上者，除给予奖章外，得加增匾额。

第二条　凡各机关官吏、各团体及各商民，赞助财政部劝募巨额公债库券，并缴款迅速者，得依照本细则之规定分等奖励之。

（一）劝募一万元以上者，得给予三等银质奖章；

（二）劝募三万元以上者，得给予二等银质奖章；

(三)劝募五万元以上者,得给予一等银质奖章;

(四)劝募十万元以上者,得给予三等金质奖章;

(五)劝募二十万元以上者,得给予二等金质奖章;

(六)劝募五十万元以上者,得给予一等金质奖章;

(七)劝募一百万元以上者,除给予奖章外,得加赠匾额。

第三条　凡曾受有奖章者,如续有应募或劝募,得照原额奖章之等次,递进一级,仍照本细则规定应募或劝募之数目酌给之。

第四条　本细则自公布之日施行。

〔国民政府财政部档案〕

6.宋子文关于以盐款担保三项借款声明①

(1929年9月18日)

本国民政府曾于民国十七年(即西历一九二八年)九月廿六日训令各省产盐区域,按照规定数目,分别任解盐款,作为盐款担保三借款之基金,业经各该产盐区域遵办在案。兹又据盐务稽核总所总、会办报告,前项应解盐款,现确按期汇解,至各地因时局关系不能如期汇解积欠数期者,现在亦已补交清楚。即关于盐务方面所应需要之革新,如缉私队转运之便捷,当地附税之减除,均已办有成效。曩昔盐署所收之税,只有正税,近年以来,始有种种附税之征收。现在该项附税加以整理,并入正税,仍着该署征收。现定于本月内,将一八〔九〕〇八年英法借款一九二九年三月及九月到期之第十一号及四十二号息票兑现,如此则该借款利息不复拖欠,同时又设法将一九二八年九月到期之本金,计英金二十五万镑,于本月内拨付。又一九一二年克利斯浦借款一九二八年九月到期之第三十二号息票,亦于本月付讫。以上各款共计英金八十万零二千五百镑,约合银洋九百六十万元,均系在本年盐税收入项下拨

① 系1929年9月18日宋子文对于盐款担保三项借款发表宣言的译文。

出，以充盐税担保借款基金之用。按照以上所述情形，则盐税状况之增进，徵特使财政部每年能筹足一年所需应付之款，且亦能将左列筹还欠款计划付诸实行。

英法借款于一九三〇年度内还本一次，一九三一年度内还本两次，至一九三一年十二月，本借款所有欠付各款，均可偿清。

一九一二年克利斯浦借款，于一九三〇年度内，将欠息四期偿付，每季付息一期，至年底始可偿清。英法借款所欠本金清偿以后，即自一九三二年起，克利斯浦借款所欠本金，应照左列程序偿付。

一九三二年度偿还一九二八年九月及一九二九年九月到期之两期本金，一九三三年度偿还一九三〇年九月及一九三一年九月到期之两期本金，一九三四年度偿还一九三二年九月及一九三三年九月到期之两期本金，一九三四年即可按照还本表程序办理。

本年六月，政府曾以关平银九十五万两（约银洋一百五十万元），拨充一九一一年湖广借款一九二八年六月到期基金之用。又于七月补付银洋约十八万元，充作本借款一期息票不敷之用。以现在计划观之，在盐税欠付借款基金清偿以后，每年亦需贴补若干，俾使六月期一期息票如期拨付。现在所订计划，系遵照一九二八年政府命令，妥筹每年应还各款，同时又将一九〇八年英法借款及一九一二年克利斯浦借款，暨以盐税担保之湖广借款等各项欠款，偿付清楚也。

〔国民政府铁道部档案〕

7.行政院关于遴派专门人员会同研究旧交通部等经管之无确实担保内外债务密令

（1930年8月7日）

行政院密令　字第二九〇三号

令财政部

为令行事：案奉国民政府第四四五号令开：据本府文官处签呈称：案查第四次临时国务会议讨论中日关税协定附件时，曾奉谕令饬财政部将无担保及担保不足之内外债款开单送核，当经遵照函达。嗣准财政部函复：旧交通部经管部份之无确实担保内外债，应由交通、铁道两部开列。至旧财政部经管部份，且已分别开列清单一份，送请查照转呈，等由。经即分函该两部照开，一面函财政部将当时借款原因及用途开送备查。现财部复文尚未到，而铁道、交通两部已先后函送债款清单前来。查此时距中日关税协定附件内所约定十月一日以前召集之债权人代表大会，已为期非遥，是否应将本案预交一指定机关详为筹议，俾便在会议时从容应付之处，并乞核夺，等情。据此，经即提出本府第八十七次国务会议，决议交行政院转行整理内外债委员会及有关系各部，各派专门人员缜密研究在案，合行抄发各原件，密令该院分别转饬遵照办理。此令。等因。奉此。除分会有关系各部并将原件函送整理内外债委员会外，合行令仰该部即便遵照遴派专门人员，会同缜密研究。此令。

中华民国十九年八月七日

院长　谭延闿

〔国民政府财政部档案〕

8.行政院关于确定整理外债方针训令

（1934年5月25日）

照录行政院第二八六六号密令　廿三年五月廿五日

案据财政部呈称：前奉钧院密令第二一零六号开：查关于整理外债，实有通盘之筹划，应由各部于两星期内，将对外债务分别列表，并附说明，汇送财政部拟具办法，提出院议。在四月内先将日、美债务查明，提前办理，其余各国五月内查明，令仰遵照。等因。当以应俟各部外债依限列表送到，即行分别遵办；一面饬司先与整理内外债委员会秘书处详细酌核，拟具办法，以便提请核夺。等语。于四月廿六日先行备文呈复鉴核在案。旋奉钧院密令第二二八四号开：查关于整理外债一案，经本院第一五七次会议决议，整理外债取分别整理办法，不取整个交涉方针。（一）其数小而毫无问题者，应不待交涉，即时开始偿还；（二）其数大而无问题者，即予承认，商议偿还方法；（三）其有问题者，另行交涉。又决议：对美债务，请美政府列表开示，其无疑义之部分，则协商偿还方法，其有疑义之部分，如美方坚持公断，亦可赞成。纪录在卷，令仰知照。等因。截至现在止，日、美债务，各部已列表送到者，计有外交、交通、铁道、实业四部。查整理外债原则，既奉钧院会议决定；本部奉令拟具办法，自应遵照决定原则，详细拟议。业经本部与整理内外债委员会详细讨论，佥以各国债务款目既多，情形复杂，现在进行整理，似应先行确定整理范围，以为确实整理标准。按照现在所负债务情形，约有下列数种：（一）旧财政部业已于民国十四年关税会议时承认整理之债务，此时是否全部继续承认整理；（二）各债权人从前开送帐单内，关于地方债务及各机关债务欠薪，并赔偿损失等，按照旧部所订办法，仍由各省及各机关自行清理。现在对于此种债务，是否一并归入整理，或另定其他办法；（三）铁道、交通两部表列债务，原有确定偿还办法者，应否仍照原定归还办法办理；（四）铁道、交通两部所列债务，间有还本付息，虽未能按照合同履行，但尚有相当担保。此项债务，按照旧定办法，由旧交通部自行清理，现在应否归入整理，抑或仍令铁道、交通两部自行设法偿还。上列四项，关于整理外债范围，应请钧院核定，俾得遵照计算债务数额，编制债务总表，以凭拟具详细办法。理合先行将本部主管日、美债务列表，连同现已收到之外交、交通、铁道、实业四部原列日、美债务表，备文呈送钧核。再应行整理之债务，原有内债外债两项，关于内债部分，从前虽规定结算办法，将利率减轻，而以与外债同时整理为交换条件，现在外债进行整理，对于内债应否加以考虑，合并呈乞钧裁。等情。据此，经提出本院第一六一次会议决议，关于外债之整理财政部所请示之四项，决定如下：(一)旧财政部于民国十四年关税会议时承认整理之债务，由财政部全部继续承认整理。(二)各债权人从前开送帐单内，关于地方债务及各机关债务欠薪，并赔偿损失等，仍由各省及各机关自行拟定清理办法。(三)铁道、交通两部表列债务，已经确定整理办法者，仍照该办法办理。(四)铁道、交通两部所列债务，间有还本付息，虽未能按照合同履行，但尚有相当担保者，此项债务在未有根本解决办法以前，由交通、铁道两部会同财政部商议整理办法。至关于内债之整理，并应同时办理。除指令并分行外，合行令仰该部知照。此令。

〔国民政府外交部档案〕

9.国防设计委员会抄送巩固对外信用利用外资等决议案密函

(1934年9月18日)

参谋本部国防设计委员会密函　总字第3755号

本会八月间在牯岭召集会议，关于巩固对外信用利用外资案，当经决议整理外债一层，应请政府就财力所及，尽先办理。关于利用贱价电气原动力案，当经决议将审查意见建议政府，并请责成建设委员会办理。关于提倡化学工业案，当经决议将审查意见建议政府。关于筹设汽车制造厂以便军用交通案，当经决议将审查意见建议政府。关于推广边疆教育以固疆域案，当经决议经费一项改为三十五万元，建议政府筹拨，并请彻查各庚款用途(尤应注意中法、中比)，此项边疆教育经费，最好即由庚款中拨用各等因。相应抄录以上五案之原提案及审查意见并大会决议案，送请查照转陈核办为荷。此致

国民政府文官处

计抄送

巩固对外信用利用外资案全份

利用贱价电气原动力案全份〔略〕

提倡化学工业案全份〔略〕

筹设汽车制造厂以便军用交通案全份〔略〕

推广边疆教育以固疆域案全份〔略〕

委员长　蒋中正

中华民国二十三年九月十八日

巩固对外信用利用外资案

甲、原提案

逐渐整理外债，恢复对外信用，以冀外资之输入□□，目前虽不能希冀国外资本之输入，然政府若能逐渐恢复对外信用，则将来世界经济恢复之后，或有大宗外资输入之望，即目前赊借国外材料，亦可望期限延长，条件减轻。且今日乃各债务国对于债务均不甚顾全信用之时，若此时与谈整理，必可条件优越，较之将来交涉，或可多得利益。似宜就债务性质，分别种类，其用之已成事业者，如已成铁路之借款等，宜列入第一类先整理之；其债款虽未用之于事业，而名义系备作建设之用者，列于第二类；至完全政治借款，列于最后。

乙、审查意见

整理外债一层，应请政府就财力所及，尽先办理。

丙、决议案

决议：照审查意见通过。

〔国民政府档案〕

二、整理内外债委员会的设立及其活动

1.国民政府文官处关于国务会议同意外交委员会提用专款设立整理内外债委员会公函稿

（1929年1月7日）

公函　一七八号

迳启者：奉主席交下外交委员会提请将关税新收项下每年提出五百万元，为整理内外债之用，并拟由政府设立整理内外债委员会，专司整理之责一案，奉谕：经本府第十四次国务会议决议通过在案，等因。除录案函复外，相应抄同原提案函达查照。此致

国民政府行政院

计抄送原提案一件

提案

为提请事。查我国历年以来所负公债数颇不赀，其中未具担保者，综计达捌万万元之巨。际此训政肇始，百度更新，亟应调查性质，分别缓急，设法清理，以固计政，而维国信。当经职会第十三次会议讨论，以为如能每年由关税新收项下提出五百万元，为整理内外债之用，并拟由政府设立整理内外债委员会，专司整理之责，最为适宜。一致赞成通过，是否有当，伏候钧裁。

外交委员会

〔国民政府档案〕

2.国民政府关于公布整理内外债委员会章程致铁道部训令

（1929年2月6日）

国民政府训令　字第九七号

令铁道部

为令知事：查整理内外债委员会章程，现经制定，明令公布，应即通饬施行。除分令外，合亟抄发原条文，令仰知照，并转饬所属一体知照。此令。

计抄发整理内外债委员会章程一件

中华民国十八年二月六日

主　席　蒋中正　　司法院院长王宠惠

行政院院长谭延闿　考试院院长戴传贤

立法院院长胡汉民　监察院院长蔡元培

整理内外债委员会章程

第一条　国民政府为审核关于无确实担保之内外债，并研究清算及整理办法起见，设立整理内外债委员会。

第二条　本会设委员七人，以行政院院长、监察院院长、外交部长、工商部长、铁道部长、交通部长、财政部长充之，委员长由各委员推定之。①

第三条　本会设专门委员会若干人，按照下列两项，由委员长遴选聘任或委派之。

一、职务上有特殊关系者；

二、具有财政专门学识及经验者。

第四条　本会设秘书长一人，由委员长于专门委员中遴选兼任之。

第五条　本会得选聘中外财政专家充任顾问谘议，以备谘询。

第六条　本章程自公布日施行。

〔国民政府档案〕

① 本章程第二条，经国民政府1930年12月4日修正，改为“第二条　本会由国民政府特派委员七人至九人组织之，就中以一人为委员长”。

3. 财政部关于聘任整理内外债委员会各项委员名单电稿

(1929年10月10日)

上海办事处无线电台览:速将下列之件分送时报、申报、时事新报、民国日报、新闻报刊登。文曰:整理内外债委员会人选问题,谭委员长延闿在沪时业经物色决定,回京后昨经分别委聘,兹将名单录后。计派张福运、邹琳、叶景莘、余梅孙、王章祐、张竞仁、金焕章、陈威、朱祖铭、马绍良、郑莱、曾熔浦、王一麟、王祖廉、胡鸿猷、李铉身等为专门委员;聘李馥孙、张公权、卢涧泉、陈光甫、吴达铨,周作民、胡笔江、谈丹崖、陈健庵、顾贻穀、李稷莲、贝淞生〔荪〕、唐寿民、朱溥泉、胡孟嘉、徐季〔寄〕庼、徐新六、龚仁舟、朱虞生、孙衡甫、孙章甫、吴蕴斋、卫听涛、王毅灵、叶扶霄、钱新之、卓君庸、沈季宣、卞白眉、杨荫孙、孟调辰、刘海之、吴曾佥、孙景西、于志昂、瞿祖辉、徐行恭等为评议委员;聘刘大钧、马寅初、唐有壬、杨端云、唐庆增、戴蔼庐、夏维海、陈启修、刘英士、寿景伟、林康候等为顾问,并派曾鎔浦兼充秘书长,筹备一切,俾得积极进行。等语。财政部。蒸。

〔国民政府财政部档案〕

4. 邹琳为整理内外债委员会改组问题致孔祥熙密电

(1934年11月2日)

上海部长钧鉴:度密。本日国防会议对于整理内外债问题,汪院长首先报告与钧座接洽经过,提议改组债委会,并提出人选,随由各部报告欠债总数。汪院长以为,须新委会成立后方能讨论内容。又为迅速起见,定于下星期二下午四时,在铁道部官舍约各新委及关系部次长、主管人员、曾秘书长柴会。遂决定改派汪兆铭及钧座、叶楚伧、宋子文、顾孟余、朱家骅、陈公博、王世杰、唐有壬为委员，以汪兆铭为委员长。再，国防会议期间，本日决定改于每星期三下午四时举行，合并奉闻。邹琳卯。冬。

〔国民政府财政部档案〕

5.国民政府文官处奉令改予特派整理内外债委员会委员及委员长公函

(1934年11月7日)

国民政府文官处公函　密第一八二号

径启者：案准行政院二十三年十一月三日第二六八七号公函开：现经国防会议决议，特派汪兆铭、孔祥熙、叶楚伧、宋子文、朱家骅、顾孟余、陈公博、王世杰、唐有壬为整理内外债委员会委员，并以汪兆铭为委员长。相应函请贵处查照转陈，命令特派。等由。当经陈奉国民政府于十一月五日颁布命令，改予特派汪兆铭、孔祥熙、叶楚伧、宋子文、朱家骅、顾孟余、陈公博、王世杰、唐有壬为整理内外债委员会委员，并以汪兆铭为委员长在案。除分函并分别通知外，相应函达查照。此致

前整理内外债委员会孔委员祥熙

中华民国二十三年十一月七日

文官长　魏　怀

〔国民政府财政部档案〕

6.财政部关于推举整理内外债委员会专门委员人选公函稿

(1934年11月20日)

公函6859

案准十一月七日函开：案查本委员会章程第三条载明：本会设专门委员若干人，按照下列两项，由委员长遴选聘任或委派之，一、

职务上有特殊关系者，一、具有财政专门学识及经验者。又，查本委员会第六次会议议决：请外交、财政、实业、铁道、交通各部另行推荐专门委员。等因。奉此，函达查照，并请将推荐人员衔名指日掷交敝处，以便汇呈遴派。等由。到部。兹由本部推荐沈叔玉、吴启鼎、朱庭祺、徐堪、蒋履福、何轶民、曾鎔浦、金焕章为专门委员，相应函复，即希查照办理。此致

整理内外债委员会秘书处

财政部长

中华民国二十三年十一月　日

〔国民政府财政部档案〕

7.行政院关于特派整理内外债委员会委员长及委员训令

（1936年3月6日）

行政院训令　字第一四〇一号

令财政部

案准国民政府文官处二十五年二月二十九日第一二六五号公函开：案准贵院二月二十七日第九一〇号函开：现经本院第二五一次会议决议，查整理内外债委员会应予改组，拟请特派孔祥熙为该会委员长，叶楚伧、宋子文、张群、顾孟余、张嘉璈、吴鼎昌、王世杰、蒋廷黻为委员，相应函请查照转陈，明令特派。等由。当经陈奉二月二十八日国民政府令开：特派孔祥熙为整理内外债委员会委员长。此令。又奉令开：特派叶楚伧、宋子文、张群、顾孟余、张嘉璈、吴鼎昌、王世杰、蒋廷黻为整理内外债委员会委员。此令。各等因。奉此。除由府公布并分函该委员会外，相应录案函达查照。等由。准此。除分令外，合行令仰该部知照。此令。

中华民国二十五年三月六日

院长　蒋中正

〔国民政府财政部档案〕

8.国民政府整理内外债委员会历次会议录

（1929年7月—1937年2月）

(1)第一次会议录(1929年7月26日)

国民政府整理内外债委员会第一次会议录

时间　民国十八年七月二十六日下午三时

地点　外交部官舍

出席　委员王正廷　宋子文　王伯群　孔祥熙　孙科（铁道部理财司司长胡继贤代）

主席　宋子文

列席　秘书长曾鎔浦　公债司司长叶景莘

纪录　秘书林彦京

开会如仪

(一)报告财政整理会经过情形。

(二)议决：本委员会事务规则。

(三)议决：中央各部院债务由本委员会计划整理，各省区债务及非债务之数目，如损失赔偿等项，另案办理。

(四)议决：分期工作案俟专门委员会成立后提出方案，再行讨论。

(五)议决：整理债务基金由本委员会负责保管之。

(六)议决：请各委员推举专门委员，并俟孙部长回京再行开会。

(七)主席宣告散会。时五点半。

(2)第二次会议录(1930年11月13日)

国民政府整理内外债委员会第二次会议录

时间　民国十九年十一月十三日下午三时

地点　外交部官舍

出席　委员长王宠惠　委员张学良　王正廷　宋子文　孙科　孔祥熙　王伯群

主席　委员长王宠惠

列席并纪录　秘书长曾鎔浦

开会如仪

（一）议决：债权代表会议，应采用圆桌会议式，同时接谈。

（二）议决：推举委员长王宠惠、委员宋子文，于本月十五日，代表本委员会出席债权代表会议。

（三）通过修正中国政府提出债权代表会议节略。

（四）议决：债权代表会议应有纪录，但不发表。

（五）议决：拟定债权代表会议后发表新闻之文字。

（六）主席宣告散会。时下午六时。

（3）第三次会议录（1931年2月13日）

国民政府整理内外债委员会第三次会议录

时间　民国二十年二月十三日上午十时

地点　国民政府会议厅

出席　委员长王宠惠　委员宋子文　孙科　孔祥熙　王伯群

主席　委员长王宠惠

列席并记录　秘书长曾鎔浦

开会如仪

（一）报告文件：法公使、美公使、德代办照会各一件，交通部整理旧债意见书一件。

（二）秘书长口头报告各国非公式接洽情形。

（三）各委员详细讨论后议决，作进一步之进行。

（四）议决：俟财政部于海关可拨整理旧债之基金、核算精确制表送会后，再行开会。

（五）议决：发表简单开会新闻。

（六）主席宣告散会。

（4）第四次会议录（1931年3月6日）

国民政府整理内外债委员会第四次会议录

时间　民国二十年三月六日上午十时

地点　国民政府会议厅

出席　委员长王宠惠　委员王正廷　宋子文　孙科　孔祥熙　王伯群

主席　委员长王宠惠

列席并记录　秘书长曾养浦

开会如仪

（一）议决：邀请德国使馆列席于下次各国债权代表会议，并暂时接受德国债务草帐，代向各关系部院核对。

（二）议决：宋委员十八年度财政报告内关于整理内外债一段，照原文通过，并于必要时发表之。

（三）议决　另造整理债务、应发公债总数表，使财政、铁道、交通及其他各部院之债，皆可收纳其中。

（四）议决：派员向外交、财政、铁道、实业、交通各部调查西原借款订立情形。

（五）主席宣告散会。

（5）第五次会议录（1931年3月18日）

国民政府整理内外债委员会第五次会议录

时间　民国二十年三月十八日下午二时

地点　财政部

出席　委员长王宠惠　委员宋子文　孙科孔祥熙　王伯群

主席　委员长王宠惠

列席并记录　秘书长曾镕浦

开会如仪

（一）报告调查西原借款各部所存起债文件情形。

（二）议决：日本债务关系复杂，应暂为搁置，并应先与英、美、义、法各债权团或债权人讨论整理办法。

（三）议决：所有内外债利息，应于起债时按单利一二□结算，不加复利。

（四）议决：整理铁路债务原则如下：

（甲）凡各铁路自能担负之债务，应由各铁路自行清还之。

（乙）凡向来由盐款付还各铁路债务，应仍由盐款支付之。

（丙）凡用铁路名义各政治借款，应由财政部负责整理。

（丁）凡铁路债务铁道部无力单独担负者，由财政部尽力协助之。

整理办法应即日由铁道、财政各专门委员将逐条铁路讨论，按照上列各原则另制表册，凡合同有特别规定之条件，应为注意。

（五）议决：整理交通部旧债之原则，应与铁路债务相同。

（六）议决：中央宣传部函索内外债材料，应由秘书处函复现无发表文件，俟将来有应行宣传之事，再为移送。

（七）主席宣告闭会。

（6）第六次会议录（1934年11月6日）

国民政府整理内外债委员会第六次会议录

时间　民国二十三年十一月六日下午四时

地点　南京铁道部一号官舍

出席　委员长汪兆铭　委员孔祥熙　叶楚伧　朱家骅　王世杰　唐有壬　陈公博

列席　曾仲鸣（铁道部次长）　邹琳（财政部次长）　徐谟（外交部次长）　刘维炽（实业部次长）　秦汾（财政部次长）　张道藩（交通部次长）　秘书长曾镕浦

主席　委员长汪兆铭

记录　秘书长曾镕浦

开会如仪

议决事件

（一）各关系机关应按照下列条款重编债务表册，送会存查。

（甲）国别（如英国、美国等）；

（乙）类别（如交通债务、铁路债务、财政债务、损失赔偿等）；

（丙）现在履行及不能履行之别；

（丁）现在已承认及未承认之别；

（戊）债务性质（如政治的、经济的等）；

（己）原订担保（或无担保）；

（庚）债形（如债券、国库券及无券等）；

（辛）债务者之地位（如中央、地方等）；

（壬）债权者之地位（如国家、公司、私人等）；

（癸）债之内容（如欠本、欠息、欠手续费等）。

（二）各机关应切实整理债务，并应每月将整理计划及在整理中各债务情形报告于委员会。

（三）凡外债欠额在一万元以内者，应由各关系机关在六个月内清理之。

（四）整理债务应以内外债兼顾为原则。

（五）函外交、财政、实业、铁道、交通、教育各部重行推荐专门委员，以便遴派。

散会。时下午五点五十分。

（7）第七次会议录（1937年2月3日）

国民政府整理内外债委员会第七次会议录

时间　民国二十六年二月三日下午四时

地点　南京高楼门孔宅

出席　委员长孔祥熙　委员叶楚伧　张群　王世杰　吴鼎昌　张嘉璈　俞正鹏

列席　曾鎔浦　陶昌善　张竞立　谭光

主席　委员长孔祥熙

记录　秘书长曾鎔浦

开会如仪

报告事项

(一)近年整理内外债之实况

(甲)财政部〔略〕

(乙)交通部〔略〕

(丙)铁道部〔略〕

(二)财政部经管无确实担保内外债款民国二十五年底结欠本息数目表。〔缺〕

(三)铁道部国有铁路债务节略〔缺〕

(四)整理内外债基金民国二十五年底结存数目。

议决事项

(一)各主管部对于债务能自行整理者,准其分别自行整理,整理之后报告本会。其无法整理者,送由本会研究办理。

(二)债务定一最低限度,愿整理者为之整理,以分期还本不计利息为原则。

(三)所有内债先交专门委员分类审查,机关债可了者,以换文了结之。

(四)本年一月起,所有整理债务基金伍百万元,储备今后整理之用。

散会　下午六点一刻。

整理内外债基金结存数目表

年份	关税项下拨付基金数	中央银行基金存款结息数	基金结息合计
民国十八年	四，五八三，三三三．三三	三六，八八六．七九	四，六二〇，二二〇．一二
民国十九年	五，〇〇〇，〇〇〇．〇〇	一三六，三五八．九九	五，一三六，三五八．九九
民国二十年	五，〇〇〇，〇〇〇．〇〇	二三九，五五四．〇九	五，二三九，五五四．〇九
民国二十一年	五，〇〇〇，〇〇〇．〇〇	三四三，八〇八．三七	五，三四三，八〇八．三七
民国二十二年	五，〇〇〇，〇〇〇．〇〇	四五二，二七九．九七	五，四五二，二七九．九七
民国二十三年	五，〇〇〇，〇〇〇．〇〇	五六一，九三九．六四	五，五六一，九三九．六四
民国二十四年	五，〇〇〇，〇〇〇．〇〇	六七一，六七八．四九	五，六七一，六七八．四九
民国二十五年	五，〇〇〇，〇〇〇．〇〇	七八九，七三八．五五	五，七八九，七三八．五五
总计	三九，五八三，三三三．三三	三，二三二，二四四．八九	四二，八一五，五七八．二二

〔国民政府财政部档案〕

财政委员会，转呈国民政府备案。

五、此项库券本息未清偿以前，其保管权限不得变更。

六、本委员会议常务委员五人，由委员选举之。

七、江海关收入二五附税，由财政委员会通知征收机关，自指定之日起，应逐日将所收全数，拨交保管委员会。

八、此项基金之存放机关，由委员会指定之。

九、此项基金之收入，以及库券本息之支出，每月结算一次，陈报财政委员会，并登报公布之。

〔国民政府财政部档案〕

二、续发江海关二五附税国库券

1.财政部提议续发江海关二五附税国库券案

(1927年)

提议续发二五库券案

我革命军克复江浙以来，进行北伐，改造内政，需费繁重，先经发行二五库券三千万元，以应急需，无如数月之间，战事紧急，银钱各业复有垫款一千万元。现幸敌军败退，军事当局于军费竭力撙节，比较从前，约已减省其半，若再稍假时日，当可收支适合。唯是财政整理尚非一蹴能几，而临时救济已觉周转为难，惟有另发新债，力求基金稳固，利息确实，发行之额，以勉敷临时急需及还短期债款数目为度。兹拟续发二五库券二千四百万元，定名曰续发江海关二五附税国库券。其偿还本息办法，理合拟具条例，连同还本付息表，提出会议，请候公决。

国民政府续发江海关二五附税国库券条例〔略〕

续发二五库券二千四百万元还本付息总表〔略〕

〔国民政府财政部档案〕

2.财政部关于续发江海关二五附税国库券通告

（1927年）

续发江海关二五附税国库券通告

国民政府财政部为布告事：照得自我革命军克复江浙以来，进行北伐，改造内政，需费繁重，先经发行二五库券三千万元，以资应付。各界人士抱爱国之热忱，知大信之昭著，踊跃争购，竟逾定额。在人民拥护革命，固见一德一心，在政府收是良好结果，亦至引以为欣幸。惟念人民付托之重，辅助之诚，物力之艰难，岂可不加体察。现已设立财政监理委员会，将军政各费极力削减，虽已较前过半，而北伐尚未完成，饷需政费不可或缺，加以短期借款急须归补，藉固信用，再四斟酌，决定续发二五库券二千四百万元，业经国民政府第四次会议议决。先以江海关二五附税之奢侈税全部及江浙卷烟统税之一部，每月拨足十六万八千元，拨交保管委员会，作为付息基金，自十九年一月份起，以二五附税全部收入作为本息基金。此项券款拟以一千万元抵还旧债，一千万元分配四组，由江浙两省财政各机关各认募二百五十万元，商富认募二百五十万元，金融界认募二百五十万元，其余四百万元，则向他省及海外劝募。兹临时之款，完成未竟之功，因其余力，整理财政，支出则必求撙节，税收则力事清厘，期周转之有方，企收支之适合。统一之机庶几不远，此券基金稳固，利息确实，已为一般人士所公认，论还期虽须稍后，而基金保管信用如前，民众欢迎，概可想见。尚希群起应募，裨补要需，国家实利赖之。特布。

计开国民政府续发江海关二五附税国库券简章〔略〕

〔国民政府财政部档案〕

3.财政部关于修改续发江海关二五附税国库券条例提案

（1927年10月27日）

查续发江海关二五附税国库券简章条例，业经国民政府第四次会议议决在案。该条例第八条内载：本库券于发行时，预付利息三个月，自十七年一月份起，至十八年十二月底止，每三个月付息一次。等语。现据上海银行钱业公会等请求，照原发二五库券发息办法，改为按月发给利息，以资利便。查核尚属实情，兹拟改为自十七年一月份起，至十八年十二月底止，每月付息一次。又第九条内载：本库券在发行之日起，至十八年十二月份止，应付息银，以江海关二五附税之奢侈税之全部，及江浙卷烟统税之一部，每月拨足十六万八千元，拨交保管委员会，作为付息基金，如奢侈税足敷息金时，卷烟统税即行止拨。自十九年一月份起，以二五附税全部收入作为本息基金，至全部清偿为止，由国民政府命令江浙卷烟税局、江海关监督暨二五附税征收机关遵照办理。等语。现拟将江浙卷烟统税收入，另充要需，改拨款项抵补，即以江苏邮包税全部拨充，交基金保管委员会备付。此为便利购券人暨维持库券信用起见，所有前项续发库券条例第八、第九两条，拟请酌予修正。是否有当，敬候公决。

附修正条例两条〔略〕

提案人：委员兼财政部长孙〇

中华民国十六年十月廿七日

〔国民政府财政部档案〕

4.财政部关于续发二五库券基金确实利息优厚望踊跃认购的布告

(1927年10月29日)

国民政府财政部布告　第24号

为布告事:照得本部前发二五库券三千万元,于最短期间认销逾额,具见人民爱国之忱,至堪嘉慰。现在付还本息已届四期,随到随给。此项基金,历有盈余,节经函知基金保管委员会规划提前付给,并分托南京中国、交通两银行及杭州中国银行办理付还本息事宜。复恐购户散处乡僻,赴沪赴省领取本息,仍不免跋涉,为便利民众起见,经分令江苏、浙江财政厅转饬各县就近垫付,不准稍有需索留难。嗣后凡领取到期本息,只须将库券缴由当地县政府验明无讹,就可照数支付,即穷乡僻壤,领取亦无困难,所以体恤购户者既周且至。此次续发二五库券基金保管办法,概照旧例,复加拨江海关二五附税之奢侈税及江苏邮包税全部为付息基金,月息七厘,每月一付,且于认购时先准预扣三个月,交款实收九八。是基金既极确实,利息尤为优厚,所有本息仍由各县各银行一律支付,更属便利异常。当此残余军阀尚未肃清,训政实施需款孔亟,深望人民拥护政府,早日认缴,以济要需。诚恐各界未及周知,合行布告,一体知悉。须知二五附税系江海关经常收入,按日全数拨交基金委员会保管,妥实可靠,务将前项库券踊跃认购,毋得稍存观望,是为至要。此布。

中华民国十六年十月廿九日

部长　孙〇

〔国民政府财政部档案〕

5.财政部为请劝募续发二五库券委员会委员亲往劝募函

（1927年11月24日）

径复者:接准大函,以各商户派定承销库券,俟募集成数,即行汇解。等由。查各业承销数目,早经贵委员会详为审定,既承商户默许,是缴款之迟早,不过时间问题。兹届月终,各军待饷尤殷,早一日交齐,则本部早纾一日之急,拟请贵委员等勉负责任,按照派定各户,即日亲往劝导,庶期踊跃,而免久延,毋任跂盼。此致
劝募续发二五库券委员会

孙 科

中华民国十六年十一月廿四日

〔国民政府财政部档案〕

6.国民政府修正续发江海关二五附税国库券条例

（1928年1月11日）

国民政府修正续发江海关二五附税国库券条例

民国十七年一月十一日公布

第一条　本库券定名为国民政府续发江海关二五附税国库券。

第二条　本库券由财政部呈请国民政府核准发行。

第三条　本库券发行总额为四千万元。

第四条　本库券以充国民政府本年军需政费预算不足及归还短期借款之用。

第五条　本库券定为月息八厘。

第六条　本库券按照票面九八发行，每百元实收九十八元。

第七条　本库券于民国十六年十月一日发行。

第八条　本库券于发行时预付利息三个月。自十七年一月份起至十八年十二月底止,每月付息一次。自十九年一月份起,按月平均付还本银四十分之一及其利息,至二十二年四月底止,本息全数还清。

第九条　本库券在〔自〕发行之日起至十八年十二月份止，应付息银,以江海关二五附税之奢侈税、出口税之全部及江苏邮包税每月拨足三十二万元,拨交保管委员会,作为付息基金。自十九年一月份起,以二五附税全部收入,并另拨二五附税之出口税十一万元,作为本息基金,至全部清偿为止。由国民政府财政部命令江海关监督暨二五附税征收机关、江苏财政厅遵照办理。

第十条　本库券之基金,如因关税征收方法有变更时,即由财政部命令江海关监督在关税增加收入项下,按月照数拨足,悉照本条例数目及时期办理,毫不变更。

第十一条　此项本息基金，均委托二五附税国库券基金保管委员会保管之,并由该委员会经理还本付息事宜。

第十二条　本库券票面定为万元、千元、百元、十元四种。

第十三条　本库券定为不记名式。

第十四条　本库券得为银行之保证准备金，及其他公务上须交纳保证金时,均得作为担保品。

第十五条　对于此项库券如有伪造及损毁信用者依法惩办。

〔国民政府财政部档案〕

7.财政部关于劝募续发二五库券的布告

(1928年1月12日)

国民政府财政部布告　第5号

为布告事:照得本部续发江海关二五库券二千四百万元,除抵还银钱业旧欠外,所余直接劝募之数,本属无多。此项库券基金确实，信用昭著，为经济之调剂，应国用之需要，现由本部提呈国民政府议决，将该项库券加募一千六百万元，改定发行总额为四千万元，月息八厘，仍准预扣利息三个月，并将修正条例公布在案。该项库券自发行之日起，至十八年十二月止，应付息银，以江海关二五附税之奢侈税、出口税之全部，及江苏邮包税，每月拨足三十二万元，拨交基金保管委员会，作为付息基金。自十九年一月份起，以二五附税全部收入，并另拨二五附税之出口税十一万元，作为本息基金，至二十二年四月底全部清偿为止，由财政部命令江海关监督暨二五附税征收机关、江苏财政厅遵照办理。是此项库券，利息既已增加，基金尤为确实，还本付息决无愆期。值此军事进展，统一可期，九仞之功，端资群策。凡属国民，自当勉尽义务，踊跃应募，以期早集成数，接济要需，幸毋观望迟延，是为至要。此布。

中华民国十七年一月十二日

财政部长　宋○○

〔国民政府财政部档案〕

8.上海钱业公会请免予加募续发二五库券函

（1928年2月13日）

径复者：案准大函内开：准财政部函，以续发二五库券原定二千四百万元，现经国民政府议决，加募一千六百万元，改定总额为四千万元，请贵委员会转商上海银钱两业暨各商业团体，各劝募四百万元。等因。转函到敝会。准此。日前敝会于同业会议时，曾提出商议，佥谓此次加募库券，应国用之要需，凡属国民，自应量力担任，以期完成革命。惟同业对于前两次筹募库券，业已尽力购受，多有资本较少之庄家，其购受库券已超过资本之半数，以致营业上发生种种困难，于公家虽属勉尽微忱，而本身颇觉发现险象。加之百业凋敝，于今为烈，同业之受直接与间接影响，实有难言之苦衷。本年新正开市同业因而休业者，已数见不鲜，即幸而勉力支持，亦时时抱履薄临深之虑。此种状况，局外人亦皆深知，无庸赘述，请据情转达贵委员会恳求格外鉴谅，免予加募，俾得稍延残喘。等语。用特转陈，务祈察照为荷。此复

续发二五库券劝募委员会

上海钱业公会启

十七年二月十三日

〔国民政府财政部档案〕

上海银行公会为不能应募续发二五库券致续发二五库券劝募委员会函

（1928年2月16日）

径复者：接准大函内开：顷准财政部第四八号函开：本部前次续发二五库券，原定募额为二千四百万元，除抵还银钱业旧欠外，所余直接劝募者，为数有限。现奉国民政府议决，加募一千六百万元，经将修正条例简章通告，并派定商业团体、银钱两业各四百万元，共计募额八百万元，先后函请贵会分别劝募在案。现在军需政费待支孔殷，前方军饷，关系北伐进行，尤为刻不容缓。本部综核度支，职司出纳，飞刍挽粟，筹措维艰，既不欲创立新税，重困吾民，复不能不设法图维，以资接济。一再筹思，惟有劝募二五库券，为暂时挪借之方，募之于有产业主，不扰及贫苦商民，以冀众擎易举，集腋成裘。且此项库券基金加拨，利息增高，尤足引起人民之信仰。而第一次所募库券，现已还本七期，续募之券亦已开始付息，金融已可周转，应募自当踊跃。兹将劝募要点分别如左：（一）商业团体分配认销数目，现计四百万元，系包举绅富在内。查上年照委员会原定，共有二百九十余万元，而绅富就第一次所派未经认购者，尚不下三百万元。惟自开募起至十六年十二月底止，仅募券款八十余万元，未缴及缴不足数者甚多。现既奉政府议决加募，

则商业团体及绅商亦当增额应募，应请贵会议定标准，已缴者如何增加，未缴者如何使缴，务于一个月内分别募集足额，以济要需。(二)银钱各业以前旧欠经已抵还，第一次库券已还本息七次，续募库券亦已开始付息，是金融已可流通。现在银钱两业加募四百万元，虽似数目稍巨，但就七次所还之本息而言，银钱业本居多数，若以已还之本息移募之，当已在二三百万元，以各银行钱庄匀分摊认，众擎实属易举，应即切实劝募，务期足额。(三)万国储蓄会资本丰足，各交易所及保险公司等类，系属特别营业，其收入较他种商号为厚，亦请由贵委员会拟定派销数目，分别劝令，尽力认募。以上各点，务请贵委员会注意，即从此着手进行。在政府调剂金融，纯系挪移性质，在商民就本计利，实与储蓄无殊，是在劝募者，剀切详陈，俾人人皆了然，于库券之发行，于国家有俾，而于人民无损，既博爱国之荣名，复享相当之利益，是在热忱人之努力耳。相应函达贵委员会，烦为查照，希即迅速分别切实劝募，务期早集成数，以纾国急，是为至要。仍将劝募情形随时见复为荷。等由。准此。查前日准财政部来函，委托本会劝募银钱两业及商业团体各四百万元，两共八百万元，业经函达贵公会查照办理在案。兹准前因，合再转函奉达，即希查照办理，并见复为荷。等因。准此。敝会当于本日召集委员会议公共讨论，佥以军政各费待款孔殷，敝会爱国热忱岂甘后人。惟自政府发行二五库券以来，银钱两业担任数目，几及全额之半，活动资金已尽呆搁，长此筹募，实有不能周转之势。加之连年战祸，百业萧条，各省货物运输俱停，金融既无法流通，现款更何从筹措。凡此苦况，早在财部当局洞鉴之中，无庸赘述。兹仅再将此次部令续募二五库券，敝会各银行不能应募缘由，为贵会陈之。每值政府募发债券，我金融同业必首当其冲，数目特巨，长此以往，不独实力尽丧，难乎为继，深恐外界不明真相，群滋疑虑。此应请贵会免予加募者一也。去腊财部在沪筹款，原议以续发库券为借款之抵押品，嗣以库券一时难于推销，而年关需款刻不容缓，至不得已，改以盐斤新加价为还款之基金，敝会亦以大局所关，勉为应命。但当时曾经声明，将来劝销库券，敝会银行不能再行担认。此应请贵会免予加募者二也。各银行旧欠虽经抵还，惟收回者皆系库券，而新借者纯属现金，其第一次库券虽已还本七次，无如续募续垫之款业已超出收回之现金，故库储债券日多，而现金日枯。无论库券担保如何确实，利息如何优厚，实已力不从心，无资可投。此应请贵会免予加募者三也。上述三点，委系实在情形，况此次财部续募库券一千六百万元，本系就原有续发库券扩充之数，在敝会各银行早已应募巨额，现在应请豁免，以免偏重，而维金融。务祈贵会谅察转陈为荷。此致

续发二五库券劝募委员会

上海银行公会启

二月十六日

〔国民政府财政部档案〕

三、卷烟税国库券

1.国民政府卷烟税国库券条例

（1928年4月21日）

国民政府卷烟税国库券条例　十七年四月二十一日公布
五月二日修正公布

第一条　本库券定名为卷烟税国库券。

第二条　本库券定额为一千六百万元，以充国民政府预算不敷之用。

第三条　本库券定为月息八厘，按票面十足发行，但自发行之一日起，于两月以内缴款者，得按九八实交。

第四条　本库券定为民国十七年四月一日发行。

第五条　本库券于发行之月，即十七年四月份起，每一个月付息一次，并用平均法每月付还本银三十二分之一，均于每月末日行之，至民国十九年十一月末日，本息如数偿清。

第六条　本库券应付本息，以财政部应收卷烟统税全数为担保品，组织基金保管委员会，办理还本付息事宜。并由财政部规定保证办法，命令卷烟统税处遵照拨足应付本息，其详细办法，另行公布之。

第七条　本库券还本付息机关，由基金保管委员会指定之。

第八条　本库券定为万元、千元、百元、十元四种，定为不记名式，有请求记名者，亦得照准。

第九条　本库券得为银行之保证准备金，及其他公务上须缴纳保证金时，得作为担保品。

第十条　本库券如有伪造及毁损信用等情，由司法机关依法惩办。

第十一条　本条例自呈准国民政府公布之日施行。

〔国民政府财政部档案〕

2.国民政府卷烟税国库券基金保管条例

（1928年4月30日）

国民政府卷烟税国库券基金保管条例

十七年四月三十日公布

第一条　本库券基金由财政部呈明国民政府，委托江海关二五附税国库券基金保管委员会兼代保管，及还本付息，均由基金保管委员会全权办理之。

第二条　财政部应备手续完备各厂通用之卷烟印花总值现银一千八百十一万二千元（库券本息总数），全数拨交基金保管委员会保管，加盖印章，随时照财政部定章售与烟公司，即以收入偿付本库券本息。

第三条　财政部命令全国卷烟统税处转知英美烟公司，自本年五月份起，所需印花应直接向基金保管委员会价购，在基金保管委员会所保管印花未售罄以前，烟公司不得向别处购买印花及缴付税款。

第四条　财政部命令全国卷烟统税处备函，向基金保管委员会声明，倘每月截至二十五日止，核计英美烟公司所购印花价款尚不足六十万元之数，以偿付各该月应付库券本息时，全国卷烟统税处接到基金委员会通知，应立刻以其他卷烟公司应购卷烟印花款，照数拨解基金保管委员会应用。

第五条　本库券何时开始发行，及何时开始还本付息，并发出券额号码，应由财政部知照基金保管委员会接洽后，登报公告。

第六条　本条例在本库券本息未偿清以前，不得变更。

第七条　本库券基金之收支，每月一结，由基金保管委员会列表报告财政部，并登报公告。

第八条　本条例由财政部呈请国民政府公布施行。

〔国民政府财政部档案〕

四、军需公债

1.国民政府财政部军需公债条例

（1928年4月28日）

国民政府财政部军需公债条例

民国十七年四月二十八日公布

第一条　国民政府财政部为补充军需不足起见，发行军需公债，定额一千万元，分两期发行，第一期六百万元，以本年五月一日为发行期，其第二期四百万元，另行定期发行之。

第二条　此项公债利率定为周息八厘。

第三条　此项公债第一期发行之六百万元，准预扣利息至十七年六月底止。

第四条　此项公债发行价格，每百元实收九十八元。

第五条　此项公债以全国印花税处收入为担保，自本年六月份起，由财政部命令饬知全国印花税处，将印花税收入按照本公债还本付息之规定，按月平均交由中国、交通、江苏三银行代为保管，以备还本付息之用。（还本付息表另订之）

第六条　此项公债每年付息二次，以六月、十二月末日行之。

第七条　此项公债自民国十八年起，每六个月用抽签法偿还债额二十分之一，至第十年为止，全数偿清。前项抽签，于每年六月十五日及十二月十五日在国民政府所在地执行之。

第八条　此项公债票面定为万元、千元、百元、十元四种。

第九条　此项公债票概不记名。

第十条　此项公债之债票及息票，得自还本付息到期之日起，除海关税、盐税外，得用以完纳一切租税及代其他现款之用。

第十一条　此项公债得为银行之保证准备金。

第十二条　此项公债得随意买卖、抵押，其他公务上须交纳保证金时，得作为担保品。

第十三条　经理此项公债票人员，对于此项债票如有损毁信用之行为，应送交法院依法惩治。

第十四条　此项公债之发行规则，由财政部另以部令定之。

第十五条　本条例自公布之日施行。

〔国民政府财政部档案〕

2.财政部关于办理军需公债及接济北伐军费情形致国民政府呈

(1928年5月26日)

呈为呈复事:案准钧府秘书处第一四三二号公函内开:本日财政监理委员会同国民政府常务委员及第二、第三集团军代表,在本府开第一次联席会议,决议二项:(一)发行公债一千万元,分两期发行,其名称及办法并担保基金,均由财政部妥筹拟定,呈报国民政府核定之。(二)自本月份起,每月接济湘鄂北伐军费三十万元,由财政部与总司令部商定办理。现奉常务委员谕:由处录案通知。等因。除分函代达外,相应录案函达查照,等由。准此。查军需公债一千万元,业经由部拟具条例,呈奉钧府议决公布,并饬令各属一体遵照办理在案。此项公债票一俟印刷完成,即可发行,并指定以全国印花税收入,拨作本息基金,按月交付上海中国、交通、江苏三银行保管,以备还本付息之用。至每月拨发接济湘鄂北伐军费叁拾万元,经财政监理委员会于五月四日第三次会议议决,由军费内发给。自应照办,理合将办理情形具文呈复钧府察核备案,实为公便。谨呈

国民政府

财政部长　宋子文

中华民国十七年五月二十六日

〔国民政府档案〕

五、财政部善后短期公债

1.国民政府财政部善后短期公债条例

(1928年6月9日)

国民政府财政部善后短期公债条例

民国十七年六月九日公布　七月二日改定公布

第一条　国民政府为完成统一全国需用起见，特由财政部发行公债，定名为国民政府财政部善后短期公债。

第二条　此项公债定额为四千万元。

第三条　此项公债利息定为周年八厘。

第四条　此项公债额面为万元、千元、百元、十元四种。

第五条　此项公债定于每年六月底及十二月底为给付利息之期。

第六条　此项公债指定以财政部煤油特税收入全部为还本付息基金，由财政部命令各省煤油特税局局长，每月将所有税收全部拨交基金保管委员会专款存储，以备按期照付，其保管办法另订之。

第七条　此项公债，定于自发行之日起，每六个月抽签还本一次，平均抽还十分之一，至民国二十二年六月底止，全数偿清。前项抽签于每年六月一日及十二月一日由财政部在国民政府所在地执行之。

第八条　此项公债，发行期定为三个月，为优待人民认购起见，凡于开始募集之第一个月内交款者，准按九二实收，第二个月内交款者九三实收，第三个月交款者九四实收，并得予扣第一期半年利息。

第九条　此项公债，每届抽签之期，由财政部会同审计院派员办理。

第十条　此项公债还本付息，由财政部指定各地中国、交通、江苏三银行，及国外汇兑之殷实银行，或委托华侨合法团体，代为経付。

第十一条　此项公债概不记名。

第十二条　此项公债得为银行之保证准备金。

第十三条　此项公债得随意买卖、抵押、及其他公务上须交纳保证金时，得作为担保品。

第十四条　经理此项公债之官吏或其他商民，对于此项公债如有伪造及损毁信用之行为，由司法机关依法惩治。

第十五条　此项公债之发行规则，由财政部另以部令定之。

第十六条　本条例自公布之日施行。

〔国民政府财政部档案〕

2.国民政府财政部善后短期公债基金保管条例

（1928年）

善后短期公债基金保管条例

第一条　本公债基金由财政部呈明国民政府，委托江海关二五附税国库券基金保管委员会兼代保管，及还本付息，均由基金保管委员会全权办理之。

第二条　本公债指定应拨之基金，由财政部命令煤油特税处按照还本付息表所列，拨足应付本息数目，由本委员会保管按期备付。

第三条　本公债发出债额号码，应由财政部知照基金保管委员会，随时稽查后登报公布。

第四条　财政部煤油特税处将逐日所收税款，尽先全数拨交基金保管委员会核收，以拨足发行债额应付本息基金为度。

第五条　本条例在本公债本息未清偿以前，不得变更。

第六条　本公债之收支，每月一结，由基金保管委员会列表报告财政部，并登报公告。

第七条　本条例由财政部呈请国民政府公布施行。

〔国民政府财政部档案〕

3.善后短期公债基金保管办法

（1928年）

善后短期公债基金保管办法

（一）善后短期公债四千万元，分两期发行，第一期先发二千万元，其债票上号码应由部通知基金保管委员会登记，并登报公告，尚有未发之二千万元债票，须归基金保管委员会保管。

（二）美孚、亚细亚、德士古等公司每月底应缴煤油特税税款，应由煤油特税处通知各该公司，按月送交基金保管委员会。

（三）基金保管委员会得随时派员稽核煤油特税处逐日收数。

（四）如将来关税增加，煤油特税势必停止，政府应以新发关税债票调回此项善后短期公债。

（五）俟国债基金保管委员会成立后，得将此项善后短期公债移交该会保管。

〔国民政府财政部档案〕

六、津海关二五附税国库券

1.国民政府财政部津海关二五附税国库券条例

（1928年6月27日）

国民政府财政部津海关二五附税国库券条例

十七年六月廿七日公布

第一条　本库券定名为国民政府财政部津海关二五附税国库券。

第二条　本库券由财政部呈请国民政府核准发行。

第三条　本库券发行总额为九百万元。

第四条　本库券以充国民政府本年度预算不足及筹付临时需要之用。

第五条　本库券定为月息八厘。

第六条　本库券十足发行，但认购者准按九八交款，即每额面百元实收九十八元。

第七条　本库券于民国十七年七月一日发行。

第八条　本库券于发行时预付利息三个月，自购券人交款之日起，至十七年九月底止，应给库券利息，按日算计，于交款时照数预扣。

第九条　本库券还本付息办法，自十七年十月份起，每月月底还本三十分之一，并付息一次，利随本减，至二十年三月底，本息如数偿清。

第十条　本库券基金，以津海关二五附税全部收入作抵，至全部偿清为止，由国民政府财政部命令津海关监督自民国十七年九月起提前预拨。

第十一条　本库券之基金，如因关税征收方法有变更时，由财政部命令津海关监督，在关税增加收入项下，按月照数拨足，悉照本条例数目及时期办理，毫不变更。倘此项基金有不足时，亦由财政部先期以他项税收补足之。

第十二条　此项本息基金，由天津、北平银钱公会及商会等推举代表，由国民政府及财政部分别派员共同组织基金保管委员会保管之，并由该委员会经理还本付息事宜。

第十三条　本库券发行机关，由天津、北平中国银行、交通银行及其他指定之劝募机关经理之。凡认购人交款时，由中交银行出给预约券，注明认购券额、种类、张数，并所交银款数目，俟库券印就再行通告，在原地中交行凭预约券再换库券。

第十四条　本库券票面定为万元、千元、百元、十元四种。

第十五条　本库券定为不记名式。

第十六条　本库券得为银行之保证准备金，及随意买卖抵押，并其他公务上须交保证金时，均得作为担保品。

第十七条　对此项库券如有伪造及毁损信用者，依法惩办。

第十八条　本条例自公布之日施行。

〔国民政府财政部档案〕

2.津海关二五附税国库券保管基金条例

（1928年7月2日）

津海关二五附税国库券保管基金条例

十七年七月二日公布

一、国民政府财政部呈奉国民政府议决，公布发行津海关二五附税国库券九百万元，指定以津海关二五附税全部，为此项库券偿还本息基金。

二、前项库券基金，设立保管委员会保管之。

三、委员人数定为九人，分配如左：

（甲）国民政府派员一人，（乙）财政部二人，（丙）天津银行公会代表二人，（丁）北平银行公会代表二人，（戊）天津商会代表一人，（己）北平商会代表一人。

四、前项委员会成立后，由保管委员会呈报财政部转呈国民政府备案。

五、此项库券本息未偿清以前，其保管权限不得变更。

六、本委员会设常务委员五人，由委员互选之。

七、津海关收入二五附税，由财政部命令津海关监督遵照自指定之日期起，应逐日将所收全数拨交保管委员会，取具委员会收据，每旬详列解批呈部，补入收支。

八、此项基金之存放机关，由委员会指定。

九、此项基金之收入以及库券本息之支出，应每旬列表报告财政部一次，月终结算，除列报外，并登报公布，每半年由部派员检查一次。

十、此项库券每月已付讫之本息票，应由付款银行各加针孔，证明作废，送由委员会核明转送财政部核销。

十一、本条例由财政部呈奉国民政府核准公布日施行，如有未尽事宜，随时由部呈请修改之。

〔国民政府财政部档案〕

8.劝募津海关二五附税国库券委员会简章

(1928年7月13日)

劝募津海关二五附税国库券委员会简章

十七年七月十三日公布

第一条　国民政府财政部为劝募津海关二五附税国库券，特设本委员会为筹募机关，定名为劝募津海关二五附税国库券委员会。

第二条　本委员会由财政部就北平、天津绅商及实业界暨地方行政官吏中选聘之。

第三条　本委员会设常务委员若干人，由委员中互选之，处理会中一切事务。

常务委员额由委员会大会议决之。

第四条　本委员会定每星期二、五为开会日期，设有紧急事宜，得由常务委员临时召集会议。

第五条　本委员会设主席一人，由常务委员中推定，并呈报国民政府财政部聘任之。

第六条　本委员会设秘书二人，承主席及常务委员之命，办理会中机要事宜。

第七条　本委员会设总务、会计两股，每股设主任一人，分掌各项应办事件。

第八条　本委员会每股得酌设股员，办理各该股事务。

第九条　本委员会为缮写文件，得酌用雇员。

各职员雇员办事时间为：每日上午九时至十二时，下午二时至五时。

第十条　本委员会经募券款，随时交存指定之银行，汇解财政部核收。

第十一条　本委员会经募券款数目，每旬列表，报由财政部查核。

第十二条　本委员会各委员将经募券款送会后，由会先行填发预约券，转给各购户收执，俟库券印就，再凭换领。

第十三条　本委员会一切进行事宜，由主席召集各委员议决行之。

第十四条　本委员会办公经费，由委员会议定，由财政部拨给。

第十五条　本章程自公布之日施行。

〔国民政府财政部档案〕

4.劝募津海关二五附税国库券委员会关于1928年11月收款办法等致中国银行等公函稿

(1928年11月19日)

致中国银行交通银行公函　第七九号

径启者：本会于本月九日接准财政部驻平办事处函开：奉部长齐电内开：津海关二五库券十月底开始付还本息，所有购券各户交款，自应赓续照收。现经核定，凡在十月内收款者，由认购各户贴补，自缴款之日起之利息，照月息八厘，按日计算，照数贴补后仍给以本息票全部。十一月以后交款，照此类推。至九八折扣及一厘手数料，仍准照扣，以示优异。函请查照。等因到会。查本会经募

库券，自十月十五日起，截至十一月八日止，由贵行经收银元

一千三百五十二元四角
二千八百七十一元四角内，除

手续费十三元八角
十九元三角，计实存银元一千三百三十八元六角
二千八百四十二元一角，

此系十一月九日以前募存之款，除由本会填具经募数目表，函送财政部驻平办事处查核外，相应函请贵行查照。凡在十一月九日起，经收库券募款，均应按照前项部电所开各节办理。再应扣一厘手数料，凡系本会函送承募各户，请由贵行暂行记帐，另款存储。合并声明。此致

中国
交通银行

〔国民政府财政部档案〕

5.劝募津海关二五附税国库券委员会请认募库券函稿

（1928年）

敬启者：本委员会劝募津海关二五附税国库券，业已登报通告，开始发行。查此项库券基金稳固，保管设有专会，利息既极优厚，还期又复迅速，其详具载说明书中，当邀鉴察。国民政府前办江海关二五附税国库券，各界人士踊跃投资，不逾期而溢额，现已在市场成为有价证券，流通便利，价格颇高。此次大局底定，善后需款尤殷，凡我北平绅商，爱护党国，不后于人，自必乐予赞助。敬为函达台端，恳请从速认购，多多益善。虽北平年来经济窘迫，人民之负担已苦不胜，但此项库券还本付息，极为稳妥，究与摊派捐款不同。尚冀各抒热忱，共襄盛举，伫候惠复，不胜企盼之至。此致

刘宝全先生

劝募津海关二五附税国库券委员会启

附送布告民众书一纸
国库券发行简章一份〔略〕

中华民国十七年　月　日

〔国民政府财政部档案〕

七、民国十七年金融短期公债

1.民国十七年金融短期公债条例

(1928年10月6日)

民国十七年金融短期公债条例

民国十七年十月六日公布

第一条　国民政府财政部为建设金融事业，特发行短期公债三千万元,定名为民国十七年金融短期公债。

第二条　本公债利率定为周息八厘。

第三条　本公债定于民国十七年十月发行。

第四条　本公债每年付息两次，以三月底及九月底为付息之期。

第五条　本公债每年分三月、九月还本两次,定第一年至第三年按年还百分之七(即每次还百分之三.五),第四年至第六年还百分之二十(即每次还百分之十),第七年还百分之十九(即一次还百分之十,末次还百分之九)，至民国二十四年九月底如数还清。前项还本于每年三月十日及九月十日以抽签法定之。

第六条　本公债应还本息，由财政部指定以关税内德国退还赔款(除应付十四年公债及治安债券外)余款项下为担保品，特命令总税务司将上项赔款按月拨存指定之银行保管,备付到期本息。上项基金,俟国债基金保管委员会正式成立,应饬知总税务司交由委员会保管之。

第七条　本公债发行价格,定为实收九二。

第八条　本公债定为不记名式,如有请求记名者,亦得照准。

第九条　本公债票面定为三种如左;

（一）百元，（二）千元，（三）万元。

第十条　本公债得为银行之保证准备金，其他公务上须交纳保证金时，得作为担保品。

第十一条　对于本公债如有毁损信用之行为，依法惩治。

第十二条　本条例自公布之日施行。

〔国民政府财政部档案〕

八、民国十七年金融长期公债

1.民国十七年金融长期公债条例

（1928年10月31日）

民国十七年金融长期公债条例

民国十七年十月三十一日公布

第一条　国民政府财政部为整理汉口中央银行钞票，暨本部在汉所借之中国交通银行钞票，特发行长期公债四千五百万元，定名为民国十七年金融长期公债。

第二条　本公债利率定为周息二厘半。

第三条　本公债定于民国十七年十一月发行。

第四条　本公债每年付息两次，以三月底及九月底为付息之期。

第五条　本公债第一至第五年只付利息。自第六年起至二十五年，每年分三月、九月还本两次，计平均每次还本一百十二万五千元，每年还本二百二十五万元，至民国四十二年九月底如数还清。前项还本于每年三月十日、九月十日以抽签法定之。

第六条　本公债应还本息，由财政部指定以关税余款内照拨，特命令总税务司依照本公债应付本息数目，按月拨出基金，交存指定之银行保管，备付到期本息。上项基金，俟国债基金保管委员会正式成立，应饬知总税务司交由委员会保管之。

第七条　本公债按照票面十足发行。

第八条　本公债定为不记名式，有请求记名者，亦得照准。

第九条　本公债票面定为四种如左：

（一）十元，（二）百元，（三）千元，（四）万元。

第十条　本公债得为银行之保证金，其他公务上须交纳保证金时，得作为担保品。

第十一条　对于本公债如有毁损信用之行为，依法惩治。

第十二条　本公债自公布之日施行。

〔国民政府财政部档案〕

九、民国十八年赈灾公债

1.国民政府民国十八年赈灾公债条例

（1929年1月8日）

国民政府民国十八年赈灾公债条例

民国十八年一月八日公布

第一条　国民政府为拯救各省灾黎起见，特发行公债一千万元，定名为国民政府民国十八年赈灾公债。

第二条　此项公债利率定为周年八厘。

第三条　此项公债每年付息两次，以六月及十二月底行之。

第四条　此项公债自民国十八年六月起，用抽签法分十年偿还，每年抽签两次，每次抽还总额二十分之一，计五十万元，至民国二十七年十二月底止本息全数偿还。

前项抽签，定于六月十日及十二月十日举行，即于该月底为开始付款之期。

第五条　此项公债应还本息，由财政部指定在关税增加收入项下照拨，特命令总税务司依照还本付息表所载数目，按月拨出基金，交中央银行保管，备付到期本息。

第六条　此项公债按照票面九八发行，即每百元实收九十八元。

第七条　此项公债定于十八年一月发行。

第八条　此项公债定为无记名式。

第九条　此项公债票面定为万元、千元、百元、十元、五元五种。

第十条　此项公债得随意买卖、抵押，其他公务上须交纳保证金时，得作为担保品，并得为银行保证准备金。

第十一条　对于此项公债如有毁损信用之行为，依法惩治。

第十二条　本条例自公布之日施行。

〔国民政府财政部档案〕

十、民国十八年裁兵公债

1.国民政府关于公布民国十八年裁兵公债条例致财政部训令

（1929年2月7日）

国民政府训令　字第一〇六号

令财政部

为令知事：查民国十八年裁兵公债条例，业经制定，明令公布，亟应通饬施行。除分令外，合行抄发原条文及还本付息表，令仰知照，并转饬所属一体知照。此令。

计抄发民国十八年裁兵公债条例及还本付息表各一份〔表略〕

主　　席　蒋中正

司法院院长　王宠惠

行政院院长　谭延闿
考试院院长　戴传贤
立法院院长　胡汉民
监察院院长　蔡元培

中华民国十八年二月七日

民国十八年裁兵公债条例

第一条　国民政府为实行裁兵及抵补编遣期内预算不敷，特由财政部发行公债五千万元,定名为民国十八年裁兵公债。

第二条　此项公债定于十八年二月　日发行。

第三条　此项公债利率定为周年八厘。

第四条　此项公债每年付息两次，以一月三十一日及七月三十一日行之。

第五条　此项公债自民国十八年七月起，用抽签法分十年偿还,每年抽签两次,每次抽还总额二十分之一,计二百五十万元,至民国二十八年一月底止,本息全数清偿。

前项抽签,定于每年一月十日及七月十日举行,即于该月底开始付款。

第六条　此项公债应还本息，由财政部指定在关税增加收入项下照拨,特命令总税务司依照还本付息表所载数目拨出基金,交基金保管委员会专款存储,备付到期本息。

第七条　此项公债按照票面九八发行,即每票面百元,实收银元九十八元。

第八条　此项公债定为无记名式。

第九条　此项公债票面定为万元、千元、百元、十元、五元五种。

第十条　此项公债得随意买卖抵押，凡公务上须交纳保证金时,得作为担保品,并得为银行之保证准备金。

第十一条　对于此项公债如有损毁信用之行为，依法惩治。

第十二条　本条例自公布之日施行

〔民国政府财政部档案〕

2.财政部公布十八年裁兵公债发行简章令稿

(1929年2月8日)①

部令　2030

兹制定民国十八年裁兵公债发行简章，公布之。此令。

部长

中华民国十八年二月八日

民国十八年裁兵公债发行简章

第一条　本公债由国民政府行政院财政部发行。

第二条　本公债定额为五千万元，分万元、千元、百元、十元、五元五种。

第三条　本公债利息，定为周年八厘，每年一月三十一日及七月三十一日各给付一次。

第四条　本公债定于民国十八年二月至四月为发行期间。

第五条　木公债在发行期内，如认购各户照交债款者，除按九八实收外，并准预付第一期半年利息，以示优待。

第六条　本公债于十八年七月起，每年一月十日及七月十日，各抽签还本一次，每次抽还总额二十分之一，并于该两月底开始付款，至民国二十八年一月底止，本息全数偿清。

第七条　本公债给付本息，均以通用国币计算。

第八条　本公债应还本息，由财政部指定在关税增加收入项下照拨，特命令总税务司依照还本付息表所载数目拨出基金，交江

① 系拟稿日期，于2月22日补发。

准按九八实收，即每额面百元实收银元九十八元。

第五条　本库券定于民国十八年三月　日发行。

第六条　本库券除四月以前利息预扣外，分三十四个月偿还本息，自民国十八年四月份起至十九年三月份止，每月还本百分之二；自十九年四月份起至十一月份止，每月还本百分之二.五（即每百元二元五角）；自十九年十二月份起至二十一年一月份止，每月还本百分之四，并按月付息一次，利随本减。

第七条　本库券应付本息基金，指定以财政部所收卷烟统税除拨付民国十七年四月所发卷烟税国库券一千六百万元本息外之余款全部为担保，俟十九年十一月以后第一次发行卷烟库券偿清，即继续增拨本库券本息。所有该项基金，统由财政部委托江海关二五附税国库券基金保管委员会兼代保管，备付到期本息。

第八条　本库券由江海关二五附税国库券基金保管委员会办理还本付息事宜，并指定中央、中国、交通三银行为经付本息机关。

第九条　本库券定为万元、千元、百元、十元四种。

第十条　本库券定为无记名式。

第十一条　本库券得自由抵押买卖，并得为银行之保证准备金，如其他公务上须缴纳保证金时，得作为担保品。

第十二条　本库券如有伪造及毁损信用等情，由司法机关依法惩办。

第十三条　本条例自公布之日施行。

续发卷烟税国库券还本付息表〔略〕

修正国民政府续发卷烟税国库券发行简章〔略〕

〔国民政府财政部档案〕

十二、疏浚河北省海河工程短期公债

1.疏浚河北省海河工程短期公债条例

(1929年5月15日)

疏浚河北省海河工程短期公债条例

民国十八年五月十五日公布　二十年十月三日修正公布

第一条　本公债定名为疏浚河北省海河工程短期公债。

第二条　本公债由国民政府行政院财政部发行，交由河北省整理海河委员会募集，按照计划开支。

第三条　本公债定额为四百万元。

第四条　本公债专充疏浚河北省海河工程及收用土地等费用。

第五条　本公债定为月息八厘。

第六条　本公债十足发行。

第七条　本公债于民国十八年四月二十一日发行。

第八条　本公债于发行时预付第一期利息，自购票人交款之日起，至十八年十月二十日止，应给公债利息按日计算，于交款时照数预扣。

第九条　本公债于每年四月二十日及十月二十日为还本付息之期，四月一日及十月一日为抽签之期，每次抽还总额二十分之一，至民国二十八年四月二十日止全数偿清。

第十条　本公债基金以津海关值百抽五税收项下附征百分之八之收入作抵，至足敷全部偿清为止，由财政部命令总税务司转饬津海关税务司，自民国十八年四月二十一日起征收照拨。

第十一条　此项公债本息基金交由基金保管委员会保管备付，并由委员会指定北平、天津中央、中国、交通三银行经理还本付息事宜。

前项基金保管委员会，由财政部、河北省政府、天津市政府、整理海河委员会各派员一人，天津商会及北平、天津银行公会各推出代表一人组织之。其保管委员会章程，由财政部定之。

第十二条　本公债发行机关由天津、北平、中国 交通、盐业、大陆、金城、中南六银行及其他指定之劝募机关经理之。凡认购人交款时，由中、交银行出给预约券，注明认购券额种类、张数，并所交银款数目，俟债票印就，再行通告在原地中、交银行凭预约券换给债票。

第十三条　本公债票面定为万元、千元两种。

第十四条　本公债定为不记名式。

第十五条　本公债得为银行之保证准备金，及随意买卖、抵押，并其他公务上须交纳保证金时，均得作为担保品。

第十六条　对于本公债如有伪造及损毁信用者，依法惩办。

第十七条　本条例自公布之日施行。

〔国民政府财政部档案〕

2.财政部公布疏浚河北省海河工程短期公债基金保管条例令

(1929年6月1日)

部令　十八年六月一日部令公布

兹制定疏浚河北省海河工程短期公债基金保管条例，公布之。此令。

疏浚河北省海河工程短期公债基金保管条例

第一条　财政部呈准发行疏浚河北省海河工程短期公债四百万元，指定以津海关值百抽五税收项下附征百分之八之收入全部，为此项公债偿还本息基金。

第二条　前项公债基金，由财政部委托津海关二五附税国库券基金保管委员会代为保管之。

第三条　此项公债本息未清偿以前，其保管权限不得变更。

第四条　津海关值百抽五税收项下附征百分之八之收入，由财政部命令总税务司转饬津海关税务司遵照，自指定之日期起，应逐日将所收全数拨交保管委员会存储，并取具委员会收据，每旬详列解批呈部补入收支。

第五条　此项基金由委员会统交中央银行存储，在平津两处中央银行未成立以前，得先交中国、交通两银行存储之。

第六条　此项基金之收入，以及拨付经理银行备付公债本息款项之收支实在数目，应每旬列表，分报财政部及河北省整理海河委员会，月终结算，除列报外，并登报公布。每半年由财政部派员检查一次，其经理银行对于保管委员会所拨公债本息备付款项，并先将每旬收入数目，列表报告，一切办法，应迳行商定之。

第七条　此项公债每期已付讫之本息票，应由付款银行各加针孔，证明作废，送由委员会核明，转送整理海河委员会，汇送财政部核销。

第八条　本条例由财政部呈奉行政院核准公布日施行，如有未尽事宜，随时由部呈请修正之。

〔国民政府财政部档案〕

十三、民国十八年关税库券

1.民国十八年关税库券条例

（1929年5月30日）

民国十八年关税库券条例

民国十八年五月三十日公布

第一条　本库券定名为民国十八年关税库券。

第二条　本库券定额为四千万元。

第三条　本库券用途为整理税款及抵补整理税款期内不敷之用。

第四条　本库券月息七厘。

第五条　本库券定于民国十八年六月发行。

第六条　本库券按照券面十足发行，但为优待购户起见，准按九八实收，即每券面百元实收九十八元。

第七条　本库券分六十二个月偿还本息，自民国十八年六月份起，每月共还本息总数八十万元，至二十三年七月还清。

第八条　本库券应付本息基金，指定由关税增加收入项下指拨，所有该项基金，由财政部委托江海关二五附税国库券基金保管委员会兼代保管，于每月二十五日由总税务司拨交中央银行列收该委员会帐备付。

第九条　本库券由江海关二五附税国库券基金保管委员会办理付息还本事宜，并指定中央、中国、交通三银行为经付本息机关。

第十条　本库券定为无记名式。

第十一条　本库券定为万元、千元、百元、十元四种。

第十二条　本库券得自由抵押、买卖，并得为银行之保证准备金，如其他公务上须交纳保证金时，得作为担保品。

第十三条　对于本库券如有伪造及损毁信用等情，由司法机关依法惩办。

第十四条　本条例自公布之日施行。

〔国民政府财政部档案〕

2.财政部关于民国十八年关税库券基金可与总税务司各银行接洽办理公函

(1929年6月6日)

财政部公函　字第五四三四号

径启者:本部为整理税款,抵押债款,并抵补整理期内收支不敷起见,特发行民国十八年关税库券四千万元,业经拟具条例呈请行政院转呈,交由立法院核议通过,并于五月三十日奉国民政府明令公布在案。查原条例第七条载,本库券分六十二个月偿还本息,自民国十八年六月份起,每月共还本息总数八十万元,至二十三年七月还清。第八条载,本库券应付本息基金,指定由关税增加收入项下指拨,所有该项基金由财政部委托江海关二五附税国库券基金保管委员会兼代保管,于每月二十五日由总税务司拨交中央银行,列收该委员会帐备付。第九条载,本库券由江海关二五附税国库券基金保管委员会办理付息还本事宜,并指定中央、中国、交通三银行为经付本息机关。各等语。除训令总税务司遵照办理,并分函中央银行外,相应检同原条例、还本付息表,函请贵委员会查照,径与总税务司暨各银行分别接洽办理,并希于每月库券还本付息基金收帐后,连同分拨备付数目情形,报部查核为荷。此致

江海关二五附税国库券基金保管委员会

附民国十八年关税库券条例〔略〕、还本付息表〔表缺〕十份。

财政部长　宋子文

中华民国十八年六月六日

〔国民政府财政部档案〕

3.上海市茶业分会关于无力应募十八年关税库券函

（1929年7月11日）

径复者：于本月六日接准贵会大函内开：财政部此次发行十八年关税库券一案，全赖各商业团体鼎力赞助，一致分别劝募，并派敝会同业公会全体共认票面五千元。等情。敝会当即召集同业开会，讨论进行方法，并曾剀切劝导，无如敝会是属于店家部分，并非全市茶商汇集而成，且历年来店方认购债券确已不在少数，时至今日，已成强弩之末。因此店家成为外强中干状态，间有营业不能维持者甚多。为此，敝会对于此次债券实在无能为力，敢请贵会体念商艰，曲予见谅，则当感激无既矣。为此，理合据实陈复，乞请台察为荷。此上

财政部劝募债券委员会

上海市茶叶公会
常务委员翁约初

中华民国十八年七月十一日

〔国民政府财政部档案〕

十四、民国十八年编遣库券

1.宋子文为发行编遣库券七千万元致胡汉民函稿

（1929年8月16日）

展公院长钧鉴：敬肃者，查前发裁兵公债，因讨桂及处理西北军事各种用款，抵押迨尽。现在编遣实施，需款孔亟，拟发编遣库券七千万元，以济急需。所有条例已呈送钧院审查。子〇因在沪筹款，不克出席，兹派张次长寿〇代表出席说明，并报告财政状况。

谨函肃陈，敬祈察照，祇颂

崇绥

财政部长　宋〇〇谨上

〔国民政府财政部档案〕

2.张寿镛关于立法院审查编遣库券事致宋子文密电稿

(1929年8月17日)

上海宋部长钧鉴：财密。今日上午出席立法院，询问极其详细，一一具体答复。委员中要求各种审查材料用书面送达：(一)从前编遣会议财政部提案，(二)关税增收约数及指定各种债券基金表，(三)裁兵公债抵押数，(四)本年度概算。退席后，下午据该会秘书报告讨论结果，推常务委员审查，限下星期六提大会议决。除各种材料应否函送俟面请钧示外，拟再趋谒蒋主席及胡院长，催请提前通过，以便进行。寿镛今晚回申，特先电告。张寿镛叩。篠。

〔国民政府财政部档案〕

3.国民政府关于公布民国十八年编遣库券条例致财政部训令

(1929年8月24日)

国民政府训令　字第七六八号

令财政部

为令知事：查民国十八年编遣库券条例，业经制定，明令公布，亟应通饬施行。除分令外，合行抄发原条文及还本付息表，令仰知照，并转饬所属一体知照。此令。

计抄发民国十八年编遣库券暨还本付息表各一份〔表略〕

中华民国十八年八月廿四日

主　　　席蒋中正　司法院院长王宠惠
行政院院长谭延闿　考试院院长戴传贤
立法院院长胡汉民　监察院院长蔡元培

民国十八年编遣库券条例

民国十八年八月二十三日公布

第一条　本库券定名为民国十八年编遣库券。

第二条　本库券定额为七千万元。

第三条　本库券用途系充编遣实施会议所定之编遣费，及编遣期间军费不敷之用。

第四条　本库券定为月息七厘。

第五条　本库券定于民国十八年九月发行。

第六条　本库券按照券面十足发行，但为优待购户起见，准按九八实收，即每券面百元实收银元九十八元。

第七条　本库券分一百个月偿还本息。自民国十八年九月份起，每月偿还本金百分之一，并付利息一次，利随本减，至民国二十六年十二月底止，本息全数偿清。

第八条　本库券应付本息基金，指定在关税增加收入项下拨付，由财政部委托基金保管委员会保管，于每月二十五日由总税务司拨交中央银行，列收该委员会帐备付。

第九条　本库券由基金保管委员会办理付息还本事宜，并指定中央、中国、交通三银行为经付本息机关。

第十条　本库券定为无记名式。

第十一条　本库券定为千元、百元、十元三种。

第十二条　本库券得自由抵押、买卖，并得为银行之保证准备金，如其他公务上须交纳保证金时，得作为担保品。

第十三条　对于本库券参如有伪造及损毁信用等情，由司法机关依法惩办。

第十四条　本条例自公布之日施行。

〔国民政府财政部档案〕

4.财政部劝募债券委员会为已议决编遣库券劝募方法致财政部函稿

(1929年9月3日)

迳启者：准贵部函开：编遣实施方案业经会议通过，(云云)，至并祈将会商情形先行见复。等由。准此。事关编遣实施，自应积极进行。当于本月二日召集大会，提付讨论。施经议决：(一)此次劝募编遣库券，应查照前定劝募关税库券额数底册，除去已缴款各户得暂免续募编遣库券外，其余未缴款各户，均照关税库券原募额，发函劝募，以昭公允。(二)既办编遣库券，则关税库券应即结束停募。(三)此次对劝募各户，应仍由各委员分队登门劝募。(四)应由会函致银钱两公会及商整会，请其分别召集各该业领袖，广为切实劝导，以利进行。(五)劝募各户中，应择其重要者，由财政部部长、次长再行定期柬邀，开一茶话会，面请慨认。所有以上会商议决各节，除分别办理外，用特先行函复，即祈察洽。再查编遣库券条例简章及还本付息表，当未见商到会，应请查照，即将该项条例、简章及还本付息表，各检五百份，从速寄下，以便转发为荷。此致

财政部

中华民国十八年九月三日

〔国民政府财政部档案〕

5.财政部劝募债券委员会请召集同业代为劝募编遣库券函稿

(1929年9月11日)

径启者：准财政部函开：编遣实施方案，云……至无任企祷。等

由。准此。查编遣实施，实为当今切要之图，亦为福国利民根本上策。盖现在国内兵额之多，为世界各国所罕见，年需饷项，几占国家收入税额之全部，以致在上者时与司农仰屋之嗟，在下者尤感负重难胜之苦。长此以往，财政破产之危机，且将随之而来，更何从以言建设，以安民生。是以政府此次特开编遣实施会议，以期一方面实现真正统一，根本消除内战；一方面进行各种建设，维持社会安宁。然非事先筹集巨款，仍难举办。政府不得已，特发行编遣库券七千万元，专为编遣及编遣期内不敷之需，所有条例、简章，业经公布在案。此项库券基金确实，期短利优，想爱国商民必能以信政府前此所发各项债券者信此，而踊跃认购。夙仰贵会领袖沪埠银行/钱/各商 业，登高一呼，众山必应，用特函达。并附送条例简章及还本付息表各〇〇份，即希查照，迅予召集各同业代为剀切劝导，勉力应募，庶几早集成数，解部应用。忍一时之痛苦，造永久之安宁，党国前途，实利赖之。临颖曷胜，迫切盼祷之至。此致

上海银行公会

上海钱业公会

上海特别市商人团体整理委员会

附件〔缺〕

中华民国十八年九月十一日

〔国民政府财政部档案〕

十五、铁道部收回广东粤汉铁路公债

1.铁道部收回广东粤汉铁路公债条例

（1929年11月18日）

铁道部收回广东粤汉铁路公债条例

民国十八年十一月十八日公布

第一条　铁道部为收换广东粤汉铁路民有股票，发行公债，定名为铁道部收回广东粤汉铁路公债。

第二条　本公债以国币二千万元为最高发行总额。

第三条　本公债专充收换广东粤汉铁路民有股票之用，官股不在此例。

前项民有股票，每股票面价毫洋五元换公债票国币四元。

第四条　本公债于民国十九年一月一日发行。

第五条　本公债利息定为周年二厘，以每年六月三十日、十二月三十一日为付息之期。

第六条　本公债之还本付息，以广东粤汉铁路余利为基金，按照还本付息表所载数目，每月由该路拨交中央银行专款存储，备付到期本息。

第七条　本公债自发行之第一年起，至第五年底止，只付利息，第六年起，每年抽签还本一百万元，至还清为止。

第八条　本公债发行后，由铁道部债票持有人及当地商会各派代表二人，审计机关一人，组织基金保管委员会，负责保管本公债基金及监督本公债还本付息事宜，其组织章程另定之。

第九条　本公债债票分百元、四十元、四元三种，均为无记名式。

第十条　本公债债票得自由买卖、抵押。

第十一条　对于本公债债票如有伪造及损毁信用等情，由司法机关依法惩治。

第十二条　本条例自公布之日施行。

〔国民政府财政部档案〕

十六、民国十九年电气事业长、短期公债

1.行政院为奉令公布民国十九年建设委员会电气事业长、短期公债条例致财政部训令

（1929年12月26日）

行政院训令　字第四六七三号

令财政部

为令知事：现奉国民政府第一二三二号训令内开：为令知事：查民国十九年建设委员会电气事业长期公债条例及短期公债条例，业经制定，明令公布，应即通饬施行。除分令外，合行抄发原条文及附表，令仰知照，并转饬所属一体知照。此令。等因。计抄发民国十九年建设委员会电气事业长期公债条例及短期公债条例各一份，附还本付息表各一份。奉此，除分令外，合行令仰该部知照，并转饬所属一体知照。此令。

计抄发民国十九年建设委员会电气事业长期公债条例及短期公债条例各一份，附还本付息表各一份〔表略〕。

院长　谭延闿

中华民国十八年十二月廿六日

民国十九年电气事业长期公债条例

第一条　建设委员会为收办戚墅堰电厂事业，发行长期公债，定名为民国十九年电气事业长期公债。

第二条　本公债定额为国币一百五十万元。

第三条　本公债年息定为六厘。

第四条　本公债票面定为千元、百元、十元三种，均为无记名式。

第五条　本公债定于每年六月三十日、十二月三十一日为付息期。

第六条　本公债指定以首都及戚墅堰两电厂现有地基房屋机器，及两厂营业盈余为担保品，并于每月两厂营业收入项下，依照还本付息表所载数目，拨交基金保管委员会指定之银行专存备付。

对于前项担保品，本公债有优先权。基金保管委员会由债权人代表三人、及银行公会、商会、建设委员会代表各二人组织之，其章程另定之。

第七条　本公债定于民国十九年一月一日发行，期限十五年。第一年只付利息，自民国二十年六月底起，每年六月三十日还本四万五千元，十二月三十一日还本六万元，自民国三十二年六月底起，每年六月三十日及十二月三十一日各还本一次，每次还本六万元，至民国三十三年十二月三十一日全数还清。前项还本，以抽签法行之，并定每年六月一日、十二月一日为抽签期。

第八条　本公债按照票面十足发行。

第九条　本公债还本付息，委托各地中央、中国、交通三银行经理。

第十条　本公债得自由买卖、抵押，并充首都及戚墅堰两厂电费之保证金，凡其他公务上须交纳保证金时，得作为担保品。

第十一条　对于本公债债票如有伪造及损毁信用之行为者，由法院依法惩办。

第十二条　本条例自公布之日施行。

民国十九年电气事业短期公债条例

第一条　建设委员会为扩充首都及戚墅堰两电厂事业发行短期公债，定名为：民国十九年电气事业短期公债。

第二条　本公债定额为国币二百五十万元。

第三条　本公债年息定为八厘。

第四条　本公债票面定为千元、百元、十元、五元四种，均为无记名式。

第五条　本公债定于每年六月三十日、十二月三十一日为付息之期。

第六条　本公债指定以首都、戚墅堰两电厂现有地基房屋机器及两厂营业盈余为担保品。并于每月两厂营业收入项下，依照还本付息表所载数目，拨出基金，交由基金保管委员会指定之银行专存备付。前项基金保管委员会，由债权人代表三人，银行公会、商会、建设委员会代表各二人组织之。其章程另定之。

第七条　本公债定于民国十九年一月一日发行。期限八年，第一年只付利息，自民国二十年六月三十日起，每年六月三十日及十二月三十一日各还本一次，每次还本十七万五千元，自民国二十六年六月底起，每次还本二十万元，至民国二十六年十二月三十一日全数还清。前项还本，以抽签法行之，并定每年六月一日、十二月一日为抽签期。

第八条　本公债按照票面十足发行。

第九条　本公债还本付息，委托各地中央、中国、交通三银行经理。

第十条　本公债债票得自由买卖抵押，并充首都及戚墅堰两厂电费之保证金，凡其他公务上须缴纳保证金时，得作为担保品。

第十一条　对于本公债债票如有伪造及损毁信用之行为者，由法院依法惩办。

第十二条　本条例自公布日施行。

〔国民政府财政部档案〕

2.行政院为奉令公布民国十九年建设委员会电气事业长短期公债条例部分修正条文致财政部训令

（1935年3月28日）

行政院训令　字第01765号

令财政部

为令行事：案奉国民政府二十四年三月十九日第二四一号训令开：为令知事：查民国十九年建设委员会电气事业长期公债条例及短期公债条例，前经制定公布，通饬施行在案。兹将各该条例第七条第一项文酌加修正，明令公布，应再通饬施行。除分令外，合行抄发修正各该第七条第一项文，令仰知照，并转饬所属一体知照。此令。等因。奉此。查民国十九年建设委员会电气事业长期公债条例及短期公债条例，前奉国民政府令饬施行到院，业经转饬知照在案。兹奉前因，除分令外，合行抄发原附件，令仰知照，并转饬所属一体知照。此令。

计抄发修正民国十九年建设委员会电气事业长期公债条例及短期公债条例各该第七条第一项文各一份。

院长　汪兆铭

中华民国廿四年三月廿八日

修正民国十九年建设委员会电气事业长期公债条例第七条第一项文

二十四年三月十九日公布

第七条第一项　本公债定于民国十九年一月一日发行，期限十五年。第一年只付利息，自民国二十年六月底起，每年六月三十日还本四万五千元，十二月三十一日还本六万元。自民国三十二年六月底起，每年六月三十日及十二月三十一日各还本一次，每次还本六万元，至民国三十三年十二月三十一日，全数还清。

修正民国十九年建设委员会电气事业短期公债条例第七条第一项文

二十四年三月十九日公布

第七条第一项　本公债定于民国十九年一月一日发行，期限八年。第一年只付利息，自民国二十年六月三十日起，每年六月三十日及十二月三十一日各还本一次，每次还本十七万五千元。自民国二十六年六月底起，每次还本二十万元，至民国二十六年十二月三十一日全数还清。

〔国民政府财政部档案〕

十七、民国十九年关税公债

1.胡汉民关于议准关税公债条例并抄送整理财政意见书函①

（1930年1月20日）

径启者：查十九年一月十四日本院第七十一次会议关于审议民国十九年关税公债条例暨还本付息表案，讨论结果：(一)佥以财政之整理须有整个计划，关于币制、税制、财务行政、会计独立具体方案，应申请政治会议，催财政部从速拟订，送交本院；(二)付财政委员会拟具前项申请政治会议建议书。当即议决：(一)民国十九年关税公债条例修正通过；(二)还本付息表通过。除缮具民国十九年关税公债条例暨还本付息表呈请国民政府鉴核施行外，相应将整理财政建议书一份函达查照，即希列入议程，提出政治会议公决为荷。此致

① 原函为油印件。

政治会议秘书处

附抄送整理财政建议书一份副本二十本

院长　胡汉民

十九、一、二十、

整理财政建议书　(案件)

现在训政早经开始，财政为国家命脉，迄今改革方案犹未确立，殊于凡百庶政之进行发生障碍。前在军政时期仓卒应付，凡可以筹款者急不暇择，对于国民经济及财政组织之统系是否发生不良影响，均未遑过问，各种积弊、陋习，亦无暇整理剔除。长此不变，不但国家税源日见枯竭，国民经济愈趋恶化，行见财政本身，亦将陷于绝境。查上年六月十四日第三届中央执行委员会二次全体会议议决振刷政治各案，关于财政者如下：

一、统一币制，整理金融，财政部须于本年(十八年)底确定实施计划，负责执行。

二、整理盐法，减轻盐税，剔除积弊，调节盐价，财政部应于十八年内制定此项计划，负责执行。

三、应严厉革新财务行政制度，整顿机关，清除积弊，养成下级财务人员，制定财务人员任用法，由政府组织专门委员会，于六个月内规定实施办法，负责执行。

四、岁计、会计、审计制度之确定及厉行民国十九年度之预算案，必须如期确定。

又查国民政府十八年七月二十日公布之训政时期施政纲领，关于财政部者，第九款为整理内外债务事项。以上各端，均应由财政部负责，如期分别办理。当此十九年开始之时，而应于十八年内制定或确定者，除关于岁计、会计、审计制度之部份已通过原则，交职院起草法律外，其余均未经财政部拟定具体方案，以资整理。查国民政府组织法第二十五条规定，职院有议决法律案、预算案之权，而各该方案均属法律、预算范围，应送职院审议。现在二中全会议决关于办理财政各案之期限已过，而整理内外债务亦刻不容缓，为此建议于钧会议，敬请限令财政部将各该案迅速拟定，送职院审议，以便制定法规，进行整理。是否有当，恭候裁决示遵。谨呈
中央政治会议

〔国民政府财政部档案〕

2.民国十九年关税公债条例

(1930年1月20日)

民国十九年关税公债条例

民国十九年一月二十日公布

第一条　财政部为换回国民政府十六年整理湖北金融债票起见，发行公债二千万元，以关税收入为担保，定名为民国十九年关税公债。

第二条　本公债定于十九年一月发行。

第三条　本公债利率定为周年八厘。

第四条　本公债每年付息两次，以六月三十日及十二月三十一日行之。

第五条　本公债自民国十九年六月起，用抽签法分十年偿还。每年抽签两次，每次抽还总额二十分之一，计一百万元。至民国二十八年十二月底止，本息全数清偿。

前项抽签，定于每年六月一日及十二月一日举行，即于该月底开始付款。

第六条　本公债应还本息，由财政部指定在关税增加收入项下照拨，特命令总税务司依照还本付息表所载数目，于每月二十五日拨交中央银行，列收基金保管委员会户帐，备付到期本息。

第七条　本公债按照票面十足发行。

第八条　本公债定为无记名式。

第九条　本公债票面定为万元、千元、百元三种。

第十条　本公债得随意买卖抵押，凡公务上须交纳保证金时，得作为担保品，并得为银行之保证准备金。

第十一条　对于本公债如有损毁信用之行为，依法惩治。

第十二条　本条例自公布之日施行。

〔国民政府财政部档案〕

十八、民国十九年交通部电政公债

1.国民政府关于颁布民国十九年交通部电政公债条例训令

（1930年3月17日）

国民政府训令　字第一五二号

令文官处

为令知事：查民国十八年交通部电政公债条例前经制定公布在案。兹将该条例及附表明令修正，并改名为民国十九年交通部电政公债条例，应再通饬施行。除分令外，合行抄发修正条文及附表，令仰知照，并转饬所属　体知照。此令。

计抄发民国十九年交通部电政公债条例附还本付息表各一份〔表略〕

中华民国十九年三月十七日

主席　蒋中正　　司法院院长王宠惠
行政院院长谭延闿　考试院院长戴传贤
立法院院长胡汉民　监察院院长赵戴文

民国十九年交通部电政公债条例

第一条　交通部为整理及扩充电报电话无线电起见，特发行公债，定名为民国十九年交通部电政公债。

第二条　本公债定额为国币一千万元。

第三条　本公债年息定为八厘。

第四条　本公债定于民国十九年四月一日发行。

第五条　本公债按票面九八发行。

第六条　本公债以交通部国际电报费收入全部为还本付息基金，如有不敷，由部以其他电政进款拨足，按照还本付息表，分期拨交保管基金委员会指定之银行专款存储，备付到期本息。

第七条　前条保管基金委员会委员定为七人，由交通部派员二人、财政部一人、审计部一人、银行公会二人、钱业公会一人组织之。其保管基金规则另定之。

第八条　本公债每六个月付息一次，以每年九月三十日及三月三十一日为付息之期。

第九条　本公债分十年还清，自民国二十年起至民国二十九年止，每年抽签还本一百万元。前项还本以每年三月三十一日为开始付款之期，其抽签日期于每年三月十五日，由交通部特派员及财政部、审计部、银行公会各派一员，会同监视执行。

第十条　本公债债票分万元、千元、百元、十元、五元五种，均为无记名式。

第十一条　本公债债票得自由买卖抵押，凡公务上须缴纳保证金时，得作为担保品，并得为银行之保证准备金。

第十二条　对于公债债票有伪造或损坏信用之行为者，由司法机关依法惩办。

第十三条　本公债发行细则另定之。

第十四条　本条例自公布之日施行。

〔国民政府档案〕

十九、民国十九年卷烟税库券

1.民国十九年卷烟税库券条例

（1930年3月31日）

民国十九年卷烟税库券条例

十九年三月三十一日公布

第一条 本库券定名为十九年卷烟税库券。

第二条 本库券定额为二千四百万元，以充国库周转之用。

第三条 本库券月息八厘。

第四条 本库券按照券面十足发行，但自发行之日起，于三个月内缴款者，得按九八实收。

第五条 本库券定于民国十九年四月一日发行。

第六条 本库券分为三十六个月偿还本息，自民国十九年四月份起至二十一年一月止，每月还本百分之二，自二十一年二月起至二十二年三月止，每月还本百分之四，并按月付息一次，利随本减。

第七条 本库券应付本息基金，指定以财政部所收卷烟统税除拨付民国十七年四月所发卷烟税库券及十八年四月所续发卷烟税库券基金本息外之余款为担保，由财政部委托基金保管委员会保管之。

第八条 本库券指定中央、中国、交通三银行为经付本息机关。

第九条 本库券定为万元、千元、百元、十元四种。

第十条 本库券定为无记名式。

第十一条 本库券得自由抵押买卖，并得为银行之保证准备金，如其他公务上须缴纳保证金时，得作为担保品。

第十二条　本库券如有伪造及毁损信用等情，由司法机关依法惩办。

第十三条　本条例自公布之日施行。

〔国民政府财政部档案〕

二〇、民国十九年关税短期库券

1.行政院为奉令公布修正民国十九年关税短期库券条例致财政部训令

（1930年10月16日）

行政院训令　字第三六一九号

令财政部

为令行事：案奉国民政府第五五四号训令内开：查民国十九年关税短期库券条例，前经制定公布，兹将该条例酌加修正，应再通饬施行。除分令外，合行抄发修正条文及附表，令仰知照，并转饬所属一体知照。此令。等因。计抄发修正民国十九年关税短期库券条例及还本付息表各一份。奉此，除分令外，合行抄发原条例原表各一份，令仰知照，并转饬所属一体知照。此令。

计抄发修正民国十九年关税短期库券条例及还本付息表各一份〔表略〕。

中华民国十九年十月十一日

副院长代理院长职务　宋子文

修正民国十九年关税短期库券条例①

第一条　本库券定名为民国十九年关税短期库券，以充调剂金融财政之用。

① 该条例原于1930年8月4日公布。

第二条　本库券定额为八千万元。

第三条　本库券于民国十九年八月发行。

第四条　本库券利率为月息八厘。

第五条　本库券自民国十九年八月起，每月还本付息，利随本减，分五十八个月还清。第一个月至第六个月每月还本百分之一(即每百元还一元)，第七个月至第十八个月每月还本百分之一·二(即每百元还一元二角)，第十九个月至第五十七个月每月还本百分之二(即每百元还二元)，第五十八个月末次还本百分之一.六(即每百元还一元六角)，至民国二十四年五月如数还清。

第六条　本库券应还本息，由财政部指定关税增加收入项下指拨，特命令总税务司按月查照还本付息表所列数目，拨存中央银行，交由基金保管委员会兼为保管，备付到期本息。

第七条　本库券还本付息，由财政部指定中央、中国、交通三银行为经付机关。

第八条　本库券按照票面九八发行，即每票面百元实收银元九十八元。

第九条　本库券定为不记名式。

第十条　本库券定为万元、千元、百元、十元四种。

第十一条　本库券得随意抵押买卖，凡公务上须交纳保证金时，得作为担保品。

第十二条　本库券得为银行之保证准备金。

第十三条　对于本库券如有毁损信用之行为，依法惩治。

第十四条　本条例自公布之日施行。

修正民国十九年关税短期库券还本付息表〔略〕

〔国民政府财政部档案〕

2.宋子文为请速解承募十九年关税短期库券款电

（1930年9月12日）

各省政府、财政厅：〇密。现在大军猛进，饷需万急，北地早寒，将士冬衣尤待赶制，来源唯一所恃，即为十九年关券募款，贵省该厅于八月十六日起，承募此项关券，按期应解之款，请饬厅仰即克日汇沪中央银行，以应急需。事关前方军实，务希督促迅速照解勿稍延误，并电复为荷盼。财政部长宋部长宋。震。印。

〔国民政府财政部档案〕

3.宋子文关于展期缴解十九年关税短期库券电稿

（1930年10月16日）

各特派员、各关监督、各运使、各榷运局长、各烟酒事务局长、卷烟税局长、印花税局长、麦粉特税局长均览：查各属派募十九年关税短期库券，前经本部通令，限于本月十五日一律缴足募额，并迭电严切催解各在案。兹届终限，核计解不及额甚或仅及三四成者，当居多数，殊属办事不力。现值收束军事，需要益复浩繁，支应尤形急迫，案关军费专款，未便稍涉愆期。该员等责无旁贷，自此次通令日起，姑准展至本月底止，应责成于无可设法之中，加紧如额筹募，一面仍先垫解，藉应急需，不得再误，致于处分。关于规定手数料，仍准通融，特别加给百分之二，以示体恤。仰各遵照切要。部长宋。洽。印

〔国民政府财政部档案〕

4.财政部检送民国十九年关税短期库券调换新券办法章程公函

(1930年11月11日)

财政部公函　公字第一二七八号

径启者:查原发民国十九年关税短期库券五千万元,应行调换新券,业经本部制定章程公布在案。章程第十条内载:核销债务处收回原发库券,应逐日送交江海关二五附税国库券基金保管委员会收存。又第十一条载:前项调换事宜结束时,由财政部会同江海关二五附税国库券基金保管委员会,派员将收回原发库券监视销毁,以昭郑重。各等语。除分别函令遵办外,相应检同所定章程一份,送请贵委员会查照,即希与本部驻沪核销债务处随时接洽办理为荷。此致

江海关二五附税国库券基金保管委员会

附送原发民国十九年关税短期库券调换新券章程一份

财政部长　宋子文

中华民国十九年十一月十一日

原发民国十九年关税短期库券调换新券章程

一、民国十九年关税短期库券因修正条例,发行总额改为八千万元,特由财政部另印新库券,并按照原发行额提出新库券五千万元,计万元券五十张,号码自051号起,至100号止;千元券三万三千张,号码自13001号起,至46000号止;百元券十三万五千张,号码自165001号起,至400000〔300000〕号止;十元券三十万张,号码自000001号起,自300000号止,即将原发库券五千万元如数换回。

一、前项库券调换事宜,由财政部令饬上海香港路六号驻沪核销债务处办理,凡持有原发前项库券者,均得于调换期内持券换领

新券。

一、凡各地持有原发关税短期库券者，由财政部函托中央、中国、交通三银行转饬各分支行，就近代收，送由三行转送驻沪核销债券处查核，换给新券，转寄各该分支行换发。

一、中央、中国、交通各分支行收到各机关或持券人送请调换之原发库券时，应先填发临时收据，注明券面价值、种类、张数、号码暨所附本息票张数，交换票人收执，俟换到新券，再凭此项临时收据，换给换券人。

一、调换期间定自民国二十年一月一日起，至同年六月三十日止，并由财政部登报通告之。

一、原发库券五千万元额内所附本息票，付至民国十九年十二月份（即本息票第五号）为止，自民国二十年一月份（即本息票第六号）起，概凭新券所附本息票支付本息。

一、各机关或持券人缴换原发库券，应附带自第六号起至第五十八号止之本息票，如有欠缺，即在新券内扣除之。

一、新券券面价值概凭所缴旧券之券面价值换给之。

一、提出新券五千万元，由财政部函托中央银行保管，随时凭驻沪核销债券处请领换发。

一、核销债务处收回原发库券，应逐日送交江海关二五附税国库券基金保管委员会收存，并按旬由处报告财政部查核。

一、前项调换事宜结束时，由财政部会同江海关二五附税国库券基金保管委员会，派员将收回原发库券监视销毁，以昭郑重。

一、本章程如有未尽事宜，得由财政部随时增改之。

一、本章程自公布之日施行。

〔国民政府财政部档案〕

二一、民国十九年善后短期库券

1.民国十九年善后短期库券条例

(1930年10月31日)

民国十九年善后短期库券条例

民国十九年十月三十一日公布

第一条　本库券定名为民国十九年善后短期库券，以充善后之用。

第二条　本库券定额为五千万元。

第三条　本库券于民国十九年十一月一日发行。

第四条　本库券利率为月息八厘。

第五条　本库券自民国十九年十一月起，每月还本付息，利随本减，分六十六个月还清。第一个月至第六个月，每月还本百分之一(即每百元还一元)；第七个月至第十六个月，每月还本百分之一.二(即每百元还一元二角)；第十七个月至第五十个月，每月还本百分之一.六(即每百元还一元六角)；第五十一个月至第六十四个月，每月还本百分之一.八(即每百元还一元八角)；第六十五、第六十六两个月，每月还本百分之一.二，至民国二十五年四月底止，如数偿清。

第六条　本库券应还本息，由财政部指定在关税增加收入项下，如数照拨，特命令总税务司按月查照还本付息表所列数目，拨存中央银行，交由基金保管委员会兼为保管，备付到期本息。

第七条　本库券还本付息，由财政部指定中央、中国、交通三银行为经付机关。

第八条　本库券按照票面九八发行，即每票面一百元实收九十八元。

第九条　本库券定为不记名式。

第十条　本库券定为万元、千元、百元、十元四种。

第十一条　本库券得随意抵押买卖，凡公务上须交纳保证金时，得作为担保品。

第十二条　本库券得为银行之保证准备金。

第十三条　对于本库券如有损毁信用之行为，依法惩治。

第十四条　本条例自公布之日施行。

〔国民政府财政部档案〕

2.上海市熟货同业公会为无力应募十九年善后短期库券函

(1931年2月6日)

径复者：接准函开：以本会此次奉财政部委托，劝募十九年善后短期库券，所有部定尊处募额二千元，业经函达在案。惟今多日未奉复音，现本会迭奉财政部函电，交催待款至急，用特再行函达，即祈体念政府需款之殷，迅将前项券款慨允应募，即日解缴。当仁不让，今人岂异古人，见义勇为，爱国无殊爱己，鹄候回至，幸勿再延，是所切盼。等由。准此。窃敝会经费竭蹶，的款毫无，会务几难进行，嘱劵库券一节，有心报国，无力认购。相应函复，即希查照。此致财政部劝募债券委员会

上海市熟货同业公会启

二月六日

〔国民政府财政部档案〕

二二、民国二十年卷烟税库券

1.民国二十年卷烟税库券条例

(1930年12月31日)

民国二十年卷烟税库券条例

民国十九年十二月三十一日公布

第一条　本库券定名为民国二十年卷烟税库券。

第二条　本库券定额为六千万元，以充办理善后周转国库之用。

第三条　本库券月息七厘。

第四条　本库券按照券面十足发行，为优待购户起见，得按九八实收。

第五条　本库券定于民国二十年一月一日发行。

第六条　本库券分为七十八个月偿还本息，自民国二十年一月起，第一年每月还本百分之一，第二年每月还本百分之一.一，第三年每月还本百分之一.二，第四年每月还本百分之一.三，第五年每月还本百分之一.四，第六年每月还本百分之一.五，第七年第一月至第五月每月还本百分之一.六，第六月还本百分之二，扣至民国二十六年六月底止，全数还清，利随本减。

第七条　本库券应付本息基金，指定以财政部所收卷烟统税，除拨付民国十八年三月及十九年四月所发卷烟税库券基金外，按照本库券所列还本付息数目，命令该主管机关按月拨存中央银行，交由基金保管委员会兼为保管，备付到期本息。

第八条　本库券指定中央、中国、交通三银行为经付本息机关。

第九条　本库券定为无记名式。

第十条　本库券定为万元、千元、百元、十元四种。

第十一条　本库券得随意抵押买卖，凡公务上须缴纳保证金时，得作为担保品。

第十二条　本库券得为银行之保证准备金。

第十三条　本库券如有伪造及毁损信用等情，由司法机关依法惩办。

第十四条　本条例自公布之日施行。

〔国民政府财政部档案〕

二三、民国二十年江浙丝业公债

1.民国二十年江浙丝业公债条例

(1931年3月11日)

民国二十年江浙丝业公债条例

民国二十年三月十一日公布

四月二十五日、六月二十九日两次修正

第一条　国民政府为救济并改良丝业起见，特准财政、实业两部发行公债，定名为民国二十年江浙丝业公债。

第二条　本公债定额为八百元。

第三条　本公债以四分之二为奖励生丝出口，救济丝业之用，以四分之一为改良丝厂机器，以四分之一为改良蚕桑之用。

第四条　关于执行前条事项，由实业部派员二人，财政部派员一人，江浙丝业推举代表三人，并共同聘请蚕丝学术专家三人，组织委员会办理。其委员会章程另订之。

第五条　本公债票面分万元、千元、百元、十元四种，均为无记名式。

第六条　本公债年息定为八厘。

第七条　本公债按照票面十足发行。

第八条　本公债定于民国二十年四月十五日发行。

第九条　本公债本息，由财政部令江海关自发行公债之日起，于江浙两省黄白丝出口时每担征收特税国币三十元为偿还本息基金，按月交本公债基金保管委员会，专款存储，届期照付，至本息清偿为止。

第十条　前条基金保管委员会，由实业部派员二人，财政部、审计部各派员一人，江浙丝业推举代表二人，江浙金融业推举代表一人组织之。

前项基金保管委员会兼管本公债之收入。

第十一条　本公债自发行日起，每届六个月还本付息一次，其还本办法，以抽签方法定之。第一年抽还本金百分之十，第二年及第三年之上半年均按每年抽还本金百分之十二，第三年之下半年至第七年之上半年，均按每年抽还本金百分之十四，第七年之下半年至第八年之上半年，均按每年抽还本金百分之十六，共计七年零六个月，本息完全清偿。

前项抽签，于每年四月、十月内，由本公债基金保管委员会指定地点，呈请财政部举行之。其还本付息，由中央、国货、中国、交通四银行经理之。

第十二条　本公债债票得自由买卖抵押，凡公务上须交纳保证金时，得作为担保品，并得为银行之保证准备金。

第十三条　对于本公债债票有伪造或损毁信用之行为者，由司法机关依法惩办。

第十四条　本条例自公布日施行。

〔国民政府财政部档案〕

2.财政实业两部关于江浙丝业公债支配问题训令

(1931年8月12日)

财政
实业部训令　商字第三一六四三
六六九四号

令江浙丝业公债基金保管委员会

为令遵事：查关于江浙丝业公债支配办法，前经执行委员会拟具治标治本方案，呈请鉴核前来，业经会同审核，准将奖励生丝出口之治标公债四百万元，由该会根据执行委员会所呈各厂名册印鉴，分别核发，藉资救济。惟此项治标公债，意在维持丝厂营业，促进生丝对外贸易，并使丝厂工人不致停工失业。该会于发给前项治标公债时，应令各厂出具切实保结声明，领得公债后应力图振奋，整顿营业，如稍有懈怠，或藉故停业，一经查觉，即当从严取缔，以期仰副政府救济丝业之本意。至治本方案改良机器部分之二百万元，应由各丝厂根据实业部核定之方案，拟具计划，送由执行委员会审定，呈部核准。于其装置完毕时，由执行委员会派员视察，认为与核定计划符合，然后呈报到部，经部派员复查无讹后，再由部行知该会分别照发。其改良蚕桑部分，事关百年大计，应依据实业部呈奉行政院核准筹设中央蚕丝试验场原案，由实业部主办。除令行执行委员会遵照外，合亟检发执行委员会原送各厂调查表及印鉴，令仰该会遵照办理，并将改良蚕桑部分公债二百万元，用实业部名义提存国货银行，以备应用，仍将办理情形具报，察核为要。此令。

附发上海各厂调查总表一份，详表一百十五份，浙江调查详表二十六份，无锡调查总表一份，详表四十一份〔全缺〕

中华民国二十年八月十二日

部长　宋子文
孔祥熙

〔国民政府财政部档案〕

二四、民国二十年关税短期库券

1.民国二十年关税短期库券条例

（1931年3月28日）

民国二十年关税短期库券条例

民国二十年三月二十八日公布

第一条　本库券定名为民国二十年关税短期库券，以充周转国库之用。

第二条　本库券定额为八千万元。

第三条　本库券于民国二十年四月一日发行。

第四条　本库券利率定为月息八厘。

第五条　本库券自民国二十年四月起，每月还本付息，利随本减，平均分一百个月还清（即每百元每月还本一元），至民国二十八年七月底止，本息全数偿清。

第六条　本库券应还本息，由财政部指定在关税增加收入项下如数照拨，特命令总税务司按月依照还本付息表所列数目，拨存中央银行，交基金保管委员会兼为保管，备付到期本息。

第七条　本库券还本付息，由财政部指定中央、中国、交通三银行为经付机关。

第八条　本库券按照票面九八发行，即每票面百元实收银元九十八元。

第九条　本库券定为无记名式。

第十条　本库券定为五千元、千元、百元、十元四种。

第十一条　本库券得随意抵押买卖，凡公务上须交纳保证金时，得作为担保品。

第十二条　本库券得为银行之保证准备金。

第十三条　对于本库券如有伪造及毁损信用之行为者，由司法机关依法惩治。

第十四条　本条例自公布日施行。

〔国民政府财政部档案〕

二五、民国二十年统税短期库券

1.民国二十年统税短期库券条例

(1931年6月6日)

民国二十年统税短期库券条例

民国二十年六月六日公布

第一条　本库券定名为民国二十年统税短期库券。

第二条　本库券定额为八千万元，以充补助国库之用。

第三条　本库券定为月息八厘。

第四条　本库券按照券面十足发行，但为优待购户起见，得按九八实收。

第五条　本库券定于民国二十年六月一日发行。

第六条　本库券分为七十八个月偿还本息，自民国二十年六月起，第一年每月还本百分之一，第二年每月还本百分之一.一，第三年每月还本百分之一.二，第四年每月还本百分之一.三，第五年每月还本百分之一.四，第六年每月还本百分之一.五，第七年第一月至第五月每月还本百分之一.六，第六月还本百分之二，扣至民国二十六年十一月底止，全数偿清，利随本减。

第七条　本库券指定以财政部统税署征收卷烟税余款及棉纱、麦粉等税为应付本息基金，按照本库券所列还本付息数目，命令该主管机关，按月拨存中央银行，交由基金保管委员会兼为保管，备付到期本息。

第八条　本库券指定中央、中国、交通三银行为经付本息机关。

第九条　本库券定为无记名式。

第十条　本库券定为五千元、千元、百元、十元四种。

第十一条　本库券得随意抵押买卖，凡公务上须缴纳保证金时，得作为担保品。

第十二条　本库券得为银行之保证准备金。

第十三条　本库券如有伪造及毁损信用等情，由司法机关依法惩办。

第十四条　本条例自公布之日施行。

〔国民政府财政部档案〕

二六、民国二十年四川善后公债

1.国民政府公布民国二十年四川善后公债条例令

（1931年7月25日）

国民政府令　二十年七月二十五日

兹制定民国二十年四川省善后公债条例，公布之。此令。

主　　　　席　蒋中正

代理立法院院长　邵元冲

民国二十年四川省善后公债条例

二十年七月二十五日公布

第一条　本公债定名为民国二十年四川省善后公债。

第二条　本公债定额为二千万元。

第三条　本公债用途专充办理四川省善后之用。

第四条　本公债定为年息八厘，自发行之日起，以每年一月三十一日及七月三十一日为付息之期。

第五条　本公债定于民国二十年八月一日发行。

第六条　本公债按照票面九八发行。

第七条　本公债自发行之日起，每六个月还本一次，每次还本二十分之一，即自民国二十一年一月起，至民国三十年七月止，每年一月三十一日及七月三十一日为还本之期，并于期前二十日执行抽签。

第八条　本公债由财政部于四川省内中央税收项下之印花烟酒税中，按月拨付三十万元为还本付息基金。

第九条　本公债基金由基金保管委员会保管之，其还本付息事宜，由基金保管委员会指定银行办理。

前项基金保管委员会于上海设立总会，由财政部、审计部各派一人，四川善后督办、四川省政府各派代表一人，上海商会代表一人，上海银行公会代表二人，上海四川商业代表一人，上海四川银钱业代表一人，组织之。并于重庆设立分会，由财政部、审计部各派一人，四川善后督办、四川省政府各派代表一人，重庆商会代表一人，重庆银行公会代表二人，组织之。

前项基金保管委员会之总会及分会章程，由财政部定之。

第十条　本公债为无记名式。

第十一条　本公债定为万元、千元、百元、十元四种。

第十二条　本公债债票得自由抵押买卖，并得为银行之保证准备金，如有其他公务上须纳保证金时，得作为担保品。

第十三条　对于本公债如有伪造及损毁信用等行为者，由司法机关依法惩办。

第十四条　本条例自公布日施行。

民国二十年四川善后公债还本付息表〔略〕

〔国民政府财政部档案〕

二七、民国二十年盐税短期库券

1.民国二十年盐税短期库券条例

（1931年7月29日）

民国二十年盐税短期库券条例

民国二十年七月二十九日公布

第一条　本库券定名为民国二十年盐税短期库券。

第二条　本库券定额为八千万元，以充补助国库之用。

第三条　本库券定为月息八厘。

第四条　本库券按照券面十足发行，但为优待购户起见，得按九八实收。

第五条　本库券定于民国二十年八月一日发行。

第六条　本库券分为七十八个月偿还本息，自民国二十年八月起，第一年每月还本百分之一，第二年每月还本百分之一.一，第三年每月还本百分之一.二，第四年每月还本百分之一.三，第五年每月还本百分之一.四，第六年每月还本百分之一.五，第七年第一月至第五月每月还本百分之一.六，第六月还本百分之二，扣至民国二十七年一月底止，全数偿清，利随本减。

第七条　本库券指定以国库征收之盐税为基金，按照应拨本库券所列还本付息数目，命令盐务稽核总所按月拨存中央银行，交由基金保管委员会兼为保管，备付到期本息。

第八条　本库券指定中央、中国、交通三银行为经付本息机关。

第九条　本库券定为无记名式。

第十条　本库券定为五千元、千元、百元、十元四种。

第十一条　本库券得随意抵押买卖，凡公务上须缴纳保证金时，得作为担保品。

第十二条　本库券得为银行之保证准备金。

第十三条　本库券如有伪造及毁损信用等情，由司法机关依法惩办。

第十四条　本条例自公布之日施行。

〔国民政府财政部档案〕

二八、民国二十年赈灾公债

1.国民政府民国二十年赈灾公债条例

（1931年9月12日）

国民政府民国二十年赈灾公债条例

民国二十年九月十二日公布

第一条　国民政府为拯救各省灾民起见，特发行公债八千万元，定名为国民政府民国二十年赈灾公债，由财政部分期发行之。

第二条　本公债专充急赈、工赈及购买赈粮之用。

第三条　本公债利率定为周年八厘。

第四条　本公债自发行之日起，于第六个月，用抽签法分十年还本，每年抽签两次，每次抽还二十分之一，至第十年为止，连同息金全数偿清。

前项抽签于每届还本前二十日举行，即于各该月底为开始付款之期。

第五条　本公债应还本息，由财政部于国税项下指定基金拨充，并依照每期发行之还本付息表所载数目，按月拨存中央银行，交由基金保管委员会保管，备付到期本息。

第六条　本公债按照票面九八发行，即每百元实收国币九十八元。

第七条　本公债债票，分千元、百元、十元三种，均为无记名式。

第八条　本公债得自由买卖抵押，公务上须交纳保证金时，得作为担保品，并得为银行之保证准备金。

第九条　对于本公债如有伪造或损毁信用上之行为者，由司法机关依法惩办。

第十条　本条例自公布之日施行。

〔国民政府财政部档案〕

二九、民国二十年金融短期公债

1.民国二十年金融短期公债条例

（1931年10月16日）

民国二十年金融短期公债条例

民国二十年十月十六日公布

第一条　国民政府为调剂金融起见，特由财政部发行公债八千万元，定名为民国二十年金融短期公债。

第二条　本公债定于二十年十月十六日发行。

第三条　本公债利率定为周年八厘。

第四条　本公债每年付息两次，以四月十五日、十月十五日行之。

第五条　本公债自发行之日起，用抽签法分七年半偿还，每年抽签两次，第一年每次抽还百分之一，第二年每次抽还百分之二，第三年每次抽还百分之四，第四年每次抽还百分之六，第五至第七年每年抽还百分之十一，第八年最末一次，抽还百分之八，至民国二十八年四月十五日本息全数偿清。前项抽签，定于每年四月一日及十月一日举行，即于该月十五日开始付款。

钥所寄，维护夙周。此次传闻政府有停付各债本息之说，风声所播万方震骇。幸蒙诸公毅力抗争，为民请命，尽劳伟烈，海内同钦，特电慰谢，并盼坚持到底，力保国信。敝会必随全国各界之后，为诸公后盾。最近情形如何，及嗣后有何办法，均乞随时电示为祷。天津银行同业公会叩。删。

〔国民政府财政部档案〕

4.中华民国内国公债库券持票人会为使公债基金不被挪用愿为后盾函

(1932年1月15日)①

径启者：顷于本埠一月十四日各报诵读贵会宣言及致国府电，上保国信，下顾民生，义正辞严，语忠言切。窃思自称以救国救民为责任之国民党，其指导下之政府，当能从善如流，打销此种自害害民、自杀杀民之妄举。万一政府背弃国信，蔑视民生，务请贵会同人均抱王委员晓籁头可断、公债基金之用途绝对不能移动之决心，任何暴力必无所施其技。敝会同人誓作后盾，甘同生死。相应函达，希烦查照为荷。此致

江海关二五附税国库券保管基金委员会

中华民国内国公债库券持票人会谨启

〔国民政府财政部档案〕

5.行政院决定维持公债信用并无停付本息电

(1932年1月17日)

限三十分钟到。特急。上海。江海关二五附税国库券基金保管委员会、全国商会联合会、上海市商会、上海市银行业同业公会、

① 系收文时间。

上海市钱业同业公会、中华民国内国公债库券持票人会公鉴：迭接来电，均悉。现政府决定维持公债库券信用，并无停付本息之事，希即转知各业行会，切勿听信谣言，自相惊扰，是为至要。政府历年以来，咸与人民合作，当此国难日亟，尤赖互相维系，共济时艰，有厚望焉。国民政府行政院。篠亥。叩。

〔国民政府财政部档案〕

6.行政院关于巩固债信已令财政部等切实办理并请筹措军政费用快邮代电

(1932年1月21日)

国民政府行政院快邮代电　第○○○○一号

上海江海关二五附税国库券基金保管委员会、全国商会联合会、上海市商会、上海市银行业同业公会、上海市钱业同业公会、中华民国内国公债库券持票人会均鉴：财部黄部长汉梁转到林次长康侯电转各节，均已诵悉。巩固债信，政府深具同情，已令财部即饬关盐统署及总税务司切实办理，盐税一条，可暂保留至中央银行。根据和平会议议决案，与政治分清界限。现在财长不兼总裁已成事实，徐副总裁又系金融界公推，更无问题。惟军政各费一再核减，所需犹巨，务希本人民与政府合作之精神，每月勉任一千万元，以安大局，实所切盼。特此电复。行政院院长孙科。马。

中华民国二十一年一月二十一日

〔国民政府财政部档案〕

7.海关总税务司公署奉令按期拨付各种以关税担保的内债基金公函

(1932年1月26日)

径启者:案奉财政部政字第三号训令内开:案查以关税担保之各种内债,其中旧北京政府发行之(一)七年六厘公债、(二)整理六厘公债、(三)整理七厘公债、(四)十四年公债,以上四种基金均由该总税务司内债基金处保管。又国民政府发行之(一)续发江海关二五附加税国库券、(二)善后短期公债、(三)十七年金融短期公债、(四)十七年金融长期公债、(五)赈灾公债、(六)十八年裁兵公债、(七)十八年关税库券、(八)十八年编遣库券、(九)十九年关税公债、(十)十九年关税库券、(十一)十九年善后库券、(十二)二十年关税库券、(十三)二十年金融短期公债,以上十三种基金,均由该总税务司按月拨交江海关二五库券基金保管委员会保管,分别备付本息,节经令饬遵办在案。兹本部为昭示国信起见,特再郑重声明,凡上列各种公债库券本息基金,应责成该总税务司绝对遵照历届定案及各种条例办理。其由该总税务司保管者,应按期提存备付;其由江海关二五附税国库券基金保管委员会保管者,应按期如数拨付,至本利扫数偿清为止。在未偿清以前,无论何种原因,不得延误短少或变更,并于奉令日转函江海关二五附税国库券基金保管委员会查照。等因。奉此。自应遵照办理。除呈复财政部外,相应函达,即希查照为荷。此致

江海关二五附税国库券基金保管委员会

梅乐和启

中华民国二十一年一月二十六日

〔国民政府财政部档案〕

8.财政部盐务稽核总所奉令按期如数拨付各种盐税债券基金公函

（1932年1月26日）

财政部盐务稽核总所公函　字第八七七号

径启者：案奉财政部训令内开：案查二十年赈灾公债条例及二十年盐税库券条例，均指定以盐税为还本附息基金，每月由该所拨交江海关二五附税国库券基金保管委员会保管备付，业经令饬遵办在案。兹本部为格外昭示国信起见，特再郑重声明，所有上列两种公债库券基金，该所应绝对遵照条例及定案，按月照数拨交江海关二五附税国库券基金保管委员会保管备付，至本利清偿为止。在未偿清以前，无论何种原因，不得短少延误或变更，并于奉令日函致江海关二五附税国库券基金保管委员会查照为要。此令。等因。奉此。查前项公债及库券之基金，关系国信至为重要，敝所自当遵照部令按月照数拨付，以重功令。除呈复外，相应函达贵会，请烦查照是荷。此致

江海关二五附税国库券基金保管委员会

盐务稽核总所总会办朱庭祺
葛佛伦

中华民国二十一年一月廿六日

〔国民政府财政部档案〕

9.统税署奉令按期拨付各种卷烟及统税债券基金公函

（1932年2月1日）

财政部统税署公函　第一六号

径启者：现奉财政部政字第四号训令开：为令遵事，案查续发卷烟税国库券条例、十九年卷烟库券条例、二十年卷烟库券条例、

统税库券条例，均指定以卷烟及其他统税为还本付息基金，每月由该署拨交江海关二五附税国库券基金保管委员会保管备付，业经令饬遵办在案。兹本部为昭示国信起见，特再郑重声明，所有上列四种库券基金，该署应绝对遵照条例及定案，按月照数拨交基金保管委员会保管备付，至本利清偿为止。在未偿清以前，无论何种原因，不得短少延误或变更，并于奉令日函致基金保管委员会查照为要。此令。等因。奉此。除遵令办理外，相应函达贵会查照为荷。

此致

江海关二五附税库券基金保管委员会

统税署署长　邹文秉

中华民国二十一年二月一日

〔国民政府财政部档案〕

10.上海各团体救国联合会关于议决维持公债办法函

（1932年2月25日）①

径启者：近闻政府因暴日侵掠，金融停滞，各项税收大为短绌，而抗日军费急于星火，不能不设法支应，于是提出减付公债本息之议，以便挹彼注此，应付国难。并闻本埠金融同业对于此案，已为相当的赞成。本会自维为上海八十余正式团体组织而成，对于救国重任责无旁贷，并确认减付公债本息一事，其影响于军事民生，至为重大。于此危急存亡之秋，自应力持正当之主张，以为全国之倡导。查国民政府成立五年，先后发行公债已达十万万元，凡此收入，胥为我四万万人民之血汗，乃政府将此十万万金钱，非用于争权夺利之国内战争，即耗于毫无效用之党政机关，我全国人民本已痛心疾首。今乃欲将全国人民所赖以维持生活之债券，减削其支付，凡我国民本应表示极端反对，惟念国难当前，军需孔急，毁家纾

① 系收文时间。

难，义不容辞，故倘使所减公债之本息，确系移充抗日军费，凡我国民，自应一致赞同。不过照以前政府浪费情形，实不能使我今日之民众加以彻底的信任。兹有中华民国国难救济会维持公债宣言，对于此事主张下列四项办法。

（一）政府应将现在财政收支实况公告国人，由各公团推举财政专家详细审查，通盘筹划，实行监督财政。

（二）公债本息只能展期缓付一部分，应付国难，事后补偿，不能由政府任意变更原案，等于赖欠。

（三）缓付之本息一部分，应专款另储，设特别会计（由各公团组织）管理之，专供抵抗外侮之用，不能由政府将其靡费于诸不抵抗之军队及无效用之机关（如党部经费等）。

（四）政府此后未得正式民意机关之同意，不得再发一纸公债，加重国民负担，金融界更有为政府滥发债券者，众共弃之。

本会业经叠次开会讨论，承认上提四项办法，对于国难民生，确系兼筹并顾，甚为切实可行。深望贵会一致主张，促其实现，俾我国民茹痛忍死所节余之血汗金钱，不致再被政府浪掷于毫无效用之机关及专事私斗之军队。倘使政府不照上述四项办法，擅将公债本息款项移用，凡我国民，均应誓死反抗。除电陈国府当局切实请求外，特再专函奉达，即祈查照办理为荷。此致

江海关二五附税国库券基金保管委员会

上海各团体救国联合会启

常务理事　褚辅成

〔国民政府财政部档案〕

11.国民政府关于变更债券还本付息令

（1932年2月24日）

国民政府令　民国二十一年二月二十四日

自辽变发生以来，各种债券价格，因之暴跌，国家财政，社会经济，多受其困。政府丁艰屯之会，对于还本付息，从未愆期。迨上海事变继起，债市骤失流通，金融亦陷停滞。政府与民众本是一体，休戚相关，安危与共，际兹国难当前，财政奇绌，与其使债市飘摇，无宁略减利息，稍延偿还日期，俾社会之金融得免枯竭，御侮之财力藉可稍纾。迭饬财政部与各团体从长讨论，就原颁之条例，重拟适当标准，并经决定每月由海关税划出八百六十万元，作为支配各项债务基金，其利息长年六厘，还本期限按照财政部拟定程表办理。仰由行政院饬部转令拨发基金之征收官吏及总税务司，每月按期将各项债券本息如数拨付，至本息还清之日为止，不得稍有延误。此乃政府与民众维持债信调剂金融之最后决定，一经令行，永为定案，以后无论财政如何困难，不得将前项基金稍有摇动，并不得再有变更，以示大信。此令。

〔国民政府财政部档案〕

12.财政部为按新标准还付各项债券本息致国债基金管理委员会公函

(1932年2月27日)

财政部公函　沪字第65号

径启者：案奉国民政府本年二月二十四日令开：自辽变发生以来，各种债券价格因之暴跌，国家财政、社会经济多受其困，政府丁艰屯之会，对于还本付息从未愆期。迨上海事变继起，债市骤失流通，金融亦陷停滞，政府与民众本是一体，休戚相关，安危与共。际兹国难当前，财政奇绌，与其使债市飘摇，无宁略减利息，稍延偿还日期，俾社会之金融，得免枯竭，御侮之财力藉可稍纾。迭饬财政部与各团体从长讨论，就原颁之条例，重拟适当标准，并经决定每月由海关税划出八百六十万元，作为支配各项债务基金，其利息长年六厘，还本期限按照财政部拟定程表办理。仰由行政院饬部转令拨发基金之征收官吏及总税务司，每月按期将各项债券本息如数拨付，至本息还清之日为止，不得稍有延误。此乃政府与民众维持债信、调剂金融之最后决定，一经令行，永为定案。以后无论财政如何困难，不得将前项基金稍有摇动，并不得再有变更，以示大信。此令。等因。奉此。除将基金饬由总税务司按照新定之数径拨贵会，暨本部拟定程表另案送达外，查本月份应付库券本息，现已届期，应将本部程表所列之第一年总表先行函达。简言之，即库券一项，原定还本一百元者，以四成为标准，并付给所余本金之息，按月以五厘计算，即凭各库券二月份本息票，按照新定应付本息之数照付之。一面将票收下，所短之本金，归入统案计算，补给新本息票。公债一项，除十七年金融长期外，统按周息六厘付息，其还本标准，除十七年金融长短期外，均与库券同。其换票手续，应另行规定。除布告外，为此先行函达贵会查照，迅速办理，并函知经理银行为荷。此致

国债基金管理委员会

计附送各项债券应付本息第一年总表一件〔缺〕

财政部长　宋子文

中华民国二十一年二月二十七日

〔国民政府财政部档案〕

13.财政部关于各债券还本付息办法布告

(1932年)

为布告事：案奉国民政府本年二月二十四日令开：自辽变发生以来，各种债券价格因之暴跌，国家财政，社会经济，多受其困。政府丁艰屯之会，对于还本付息，从未愆期。迨上海事变继起，债市骤失流通，金融亦陷停滞，政府与民众本是一体，休戚相关，安危与

共，际兹国难当前，财政奇绌，与其使债市飘摇，无宁略减利息，稍延偿还日期，俾社会之金融得免枯竭，御侮之财力藉可稍纾。迭饬财政部与各团体从长讨论，就原颁之条例重拟适当标准，并经决定每月由海关税划出八百六十万元，作为支配各项债务基金，其利息长年六厘，还本期限，按照财政部拟定程表办理。仰由行政院饬部转令拨发基金之征收官吏及总税务司，每月按期将各项债券本息如数拨付，至本息还清之日为止，不得稍有延误。此乃政府与民众维持债信调剂金融之最后决定，一经令行，永为定案。以后无论财政如何困难，不得将前项基金稍有动摇，并不得再有变更，以示大信。此令。等因，奉此。除将基金饬由总税务司按照新定之数迳拨国债基金管理委员会，暨本部拟定程表另案公布外，所有本月份各项债券应付本息办法，其库券一项，原定还本一百元者，以四成为标准，并付给所余本金之息，按月以五厘计算，即凭各库券二月份本息票，按照新定应付本息之数照付之。一面将票收下，所短之本金，归入统案计算，补给新本息票。公债一项，除十七年金融长期外，统按周息六厘付息，其还本标准，除十七年金融长短期外，均与库券同。其换票手续，应另行规定办理。特此布告。

〔国民政府财政部档案〕

14.财政部关于按期拨发内债基金致总税务司令

（1932年）

为令遵事：查内债基金现经规定，每月拨银八百六十万元，业经令行该总税务司署遵照在案。此项基金，即在关税项下，除拨付外债及赔款外所余之税款及退还赔款之原抵押部分支付，于本年二月起，每月如数拨交基金保管委员会，备付到期本息之用，至还本付息偿清之日为止，不得稍有延误。除债券还本付息表另案饬遵外，此令。

〔国民政府财政部档案〕

15.宋子文关于维持债信的宣言

（1932年）

吾国自去岁以来，遭空前未有之水灾，举国方救灾恤难之不暇，而辽宁之变乘之以起，税收成弩末，债市一蹶不振，政府处万分艰难之中，对于债券还本付息，从未愆期，良以国家所发之有价证券，不容稍有变更，自隳信用也。不幸而沪变继起，债市遂失流通，税源枯竭，基本亦虞摇动，事实如此，无可讳言。持券人恸外侮之侵凌，国势之颠危，愿损个人之私益，以纾国家之危难，提出减轻利息、延长还期、保障基金各项办法，与政府互相妥协，业经明令公布，不独于政府财力及持券人利益面面顾到，尤足以表现我民众爱护国家一致团结之精神，本人深表赞同。政府与民众本属休戚相关，持券人既为国难牺牲，则政府对于债信之维持，责无旁贷，自当尊重而履行之。此则堪与吾国人告慰者也。

〔国民政府财政部档案〕

16.持票人会关于内债的宣言

（1932年）

国民政府历年发行公债，人民信仰政府，踊跃购买，还本付息，从未愆期。自上年九月间暴日占据辽沈，债价暴跌，而交易如故，还本付息，亦如故。至本年一月二十八日，日军在上海开衅，商会通告罢市，近日战事益烈，交易所因人心极度紧张，在未停战以前，不易复业。夫以常理论之，公债条例皆由立法院议决，票面有财政长官署名盖印，若在平日，无论国家财政如何困难，万不容稍有变更。惟当此存亡危急之秋，百业停顿，税收奇绌，默观大势，恐将来政府虽欲暂维债信，或为事实所不许。为今之计，惟有由持票人与政府共同协商，将各种公债库券还本期限酌量延长，并酌减利率，俾政府财力得以稍舒，一方面提出条件，对于此后债券基金，更得进一步之保障，是持票人实际所牺牲者，仅在利息之一部，而国家之债务易于履行，即人民之债权较为巩固。要之，持票人为国难而甘受牺牲，必求达所以牺牲之目的，政府因国难而稍轻债负，不可不存维持国信之决心。邦人君子，幸共察焉。兹将办法开列于左。

一、每月所拨基金，不得少于现拨本息之半数，即每月八百六十万元。

二、各种库券，照原定每月还本数额以折半偿付，其息金概以每月五厘计算（例如二月份盐税库券剩额九十四元，本息原额为一元七角五分，今还本折半为五角，息按月照五厘计，为四角七分，共为九角七分，约五六折稍弱，余类推），延长还期。质言之，向来以二十个月还二十元者，今改为四十个月还二十元。但在四年以内，如每月基金总数八百六十万元平均分配，不敷本金原额五成及月息五厘之数，只得将本金酌量少还，至少以原额四成为限。四年以后，按每月基金八百六十万元分配，逐年递加，并不限于五成，俾得早日偿清。

三、各项公债，除整六、整七、春节、治安另案规定外，其余均按照库券办法，改为年息六厘，延长年数，并改为三个月抽签一次，四年之后，将每月基金八百六十万元，与前条各库券一并分配，逐年递加，俾得早日偿清。

四、整六、整七、治安、春节、十七年金融短期、金融长期六种公债，除整六原定六厘、金融长期年息二厘半不改外，余均改为年息六厘，金融短期、金融长期还本照原案办理。其余四年内仅付利息，自第五年起除治安分三年偿清外，余分十二年偿清。

五、照此延长期限之计算标准，应将所有债券偿清后腾出之基金，尽数摊付未偿清之债券本息，其还本付息详表，另定公布之。

六、在未换新票以前，旧票一律有效，但按照新定办法，支取本息，将来换给新票即本上条办法，及另表规定之标准，按整数计算换给之。

七、基金保管委员会改称国债基金管理委员会，以关务署长、总税务司为当然委员，其委员会条例，由国民政府颁布之。

八、前项办法既定，所有应付基金，应就原有之庚款及增加关税项下由总税务司尽先照数直接拨付基金管理委员会，由该会全权管理，如有不足，由政府于各项中央税收中指定一种税收按数补充之。基金管理办法，由基金管理委员会另行详细规定。

九、持票人既因国难牺牲个人利益，竭诚拥护国家，自此次减息展本之后，无论政府财政如何困难，不再牵动基金及变更所定。此次办法情事，由国民政府命令公布，并分饬行政院永远遵守，并交立法院立案，暨命令拨发基金之征收官吏及总税务司将每年应还债券本息总数每月分二次，于十五日及二十五日，将各项如数拨付，至还本付息偿清之日为止，不得挪移别用及稍有延误，并由总税务司切实宣言，负拨付基金之责任，至各项公债库券还清为止，以昭大信。

一〇、政府与人民休戚相关，应将财政彻底整理，完全公开，财政委员会由各团体参加，取节缩主义，现在收入范围内确定概算，不得稍有逾越。

一一、政府不再向各商业团体举债，为内战及政费之用。

一二、旧债券调换新债券，应另设机关，由基金管理委员会管理之，新债券条例应就上列各条范围规定，由政府早日公布施行。

一三、请政府按月拨付上海兵灾善后基金五十万元，以十年为度，将来即以此项基金发行兵灾善后公债，以复兴被灾区域之各项事业。

一四、财政部于三年之内应另拨基金，偿还九六及二次整理两债票本息，其办法由财政部定之。

〔国民政府财政部档案〕

17.财政部关于各项公债库券1932年2月后还本办法等布告

(1932年)

财政部布告

为布告事：查各项公债库券还本付息表，业经本部遵照国府命令，每月由海关税划出八百六十万元，作为支配各项债务基金，并依所定标准，制定详细程表，按期付给本息。除应行补给各项库券本息票暨各项公债息票，俟制印完竣，分别补给外，兹将各债券现负总数及还本办法、还清年限另列简表，登报通告，俾众周知。此布。

附表〔见第111页—116页〕

18.财政部关于国债基金管理委员会条例已通过致国债基金管理委员会快邮代电

(1932年3月31日)

国民政府财政部快邮代电

上海张次长转国债基金管理委员会鉴：国债基金管理委员会条例，业经通过。条文如下：

一、国民政府设立国债基金管理委员会于上海，管理国债基金事宜。

二、国债基金管理委员会委员十九人，由左列人员组织之：

政府代表五人，除现任公债司长、关务署长、总税务司为当然委员外，监察院派一人，财政部另派一人；

上海银行业同业公会代表三人；

上海钱业同业公会代表二人；

上海市商会代表一人；

民国二十一年二月一日起各项公债及债券还本简表

债别	现负总数	还本办法	还清年限	说明
军需公债	七，〇〇〇，〇〇〇	第一年还二十万元，第二年还四十万元，第三年至第六年每年还六十万元，第七年至第九年每年还七十万元，第十年还一百十万元，第十一年还八十万元。	十年八个月	
善后短期公债	一二，〇〇〇，〇〇〇	第一第二两年每年还二百八十万元，第三年还三百二十万元，第四年还二百四十万元，第五年三个月还八十万元。	四年二个月	
十七年金融短期公债	二三，七〇〇，〇〇〇	第一年至第三年每年还六百万元，第四年还五百七十万元。	三年八个月	此项公债仍照原条例规定，每半年抽签一次，惟利息按新订办法，以年息六厘计算。
十七年金融长期公债	四五，〇〇〇，〇〇〇	第三年至第二十二年每年还二百二十五万元，至民国四十二年九月还清。	二十一年八个月	此项公债仍照原条例规定办理。
赈灾公债	七．〇〇〇，〇〇〇	第一年至第三年每年还四十万元，第四第五两年每年还五十万元，第六年还六十万元，第七第八两年每年还七十万元，第九年还一百万元，第十年还一百十万元，第十一年六个月还七十万元。	十年五个月	

续表

债别	现负总数	还本办法	还清年限	说明
裁兵公债	三五，〇〇〇，〇〇〇	第一年至第四年每年还二百万元，第五年还二百五十万元，第六年至第八年每年还三百万元，第九年还四百万元，第十年还四百五十万元，第十一年还七百万元。	十一年	
十九年关税公债	一六，〇〇〇，〇〇〇	第一年至第四年每年还八十万元，第五年至第八年每年还一百万元，第九年还一百八十万元，第十第十一两年每年还二百万元，第十二年还三百万元。	十一年十一个月	
二十年赈灾公债	二八，五〇〇，〇〇〇	第一年还九十万元，第二年至第四年每年还一百二十万元，第五年还一百五十万元，第六年还一百八十万元，第七年还二百十万元，第八第九两年每年还三百万元，第十年还三百六十万元，第十一年还四百八十万元，第十二年还四百二十万元。	十二年一个月	
二十年金融短期公债	八〇，〇〇〇，〇〇〇	第一、第二两年每年还六十四万元，第三年还一百二十八万元，第四年还三百零四万元，第五年还八百万元，第六年还八百八十万元，第七年还九百六十万元，第八年至第十年每年还一千六百万元。	九年八个半月	
整理公债六厘债票	三二，六三五，三三九	第五年至第十五年每年还二百七十一万八千元，第十六年还二百七十三万七千三百三十九元。	十五年十一个月	此项公债本年二月起，前四年只付利息，自第五年起分十二年偿还本金

续表

债别	现负总数	还本办法	还清年限	说明
整理公债七厘债票	八，一六〇，〇〇〇	第五年至第十六年每年还六十八万元	十五年十个月	此项公债本年二月起，前四年只付利息，自第五年起分十二年偿还本金。
七年六厘公债	二七，〇〇〇，〇〇〇	第一年至第四年每年还一百八十万元，第五年至第八年每年还二百二十五万元，第九年至第十二年每年还二百七十万元。	十一年十一个月	
十四年公债	七，二〇〇，〇〇〇	第一年还六十万元，第二年还一百零五万元，第三年还一百八十万元，第四年还三百七十五万元。	三年十一个月	
春节库券	八，〇〇〇，〇〇〇	第五年至第十五年每年还六十四万元，第十六年还九十六万元。	十六年	此项库券本年二月份起，只付利息，自第五年起分十二年还清。
治安债券	二，〇〇〇，〇〇〇	第五第六两年每年还六十万元，第七年还八十万元。	七年	此项债券本年二月份起，只付利息，自第五年起分三年还清。

续表

债别	现负总数	还本办法	还清年限	说明
奥赔二四库券	一，九九二，〇〇〇	第一年还九万六千元，第二年还十四万四千元，第三年还十二万元，第四年还十六万八千元，第五年还二十四万元，第六年还三十三万六千元，第七年还四十三万二千元，第八年还四十五万六千元。	七年十一个月	
海河公债	三，〇〇〇，〇〇〇	仍照原定条例还本。	七年三个月二十天	此公债付息基金支配在新定程表内，其应还本金，仍照原条例办理，所有划还手续，另案规定。
江浙丝业公债	五，七〇〇，〇〇〇	第一年不还本，第二第三两年每年还三十万元，第四年至第六年每年还六十万元，第七年至第十年每年还七十二万元，第十一年四月十五日还四十二万元。	十年二个半月	此项公债付息基金支配在新定程表内，所有划拨手续，另案规定，其应还本金，仍以原有基金拨充。

民国二十一年二月一日起各项库券还本简表

债别	现负总数	还本办法	还清年限
续发二五库券	一五,〇〇〇,〇〇〇.〇〇	第一年至第三年每月还四十万元，第四年二月还四十万元，三月还二十万元。	三十八个月
十八年关税库券	二一,四二一,五〇五.八二	第一年每月还二十六万元，第二年每月还二十八万元，第三年每月还二十九万元，第四年每月还三十万元，第五年至第六年六月每月还四十三万元，七月还五十五万一千五百零五元八角二分。	六十六个月
十八年编遣库券	四九,七〇〇,〇〇〇.〇〇	第一年至第四年每月还二十八万元，第五年每月还三十五万元，第六年每月还四十五万元，第七年每月还五十一万八千元，第八年每月还六十一万元，第九年每月还七十三万八千元，第十年二月至五月每月还八十九万元，六月还七十万零八千元。	一百十三个月
十九年卷烟库券	一三,四四〇,〇〇〇.〇〇	第一第二两年每月还三十七万三千元，第三年每月还三十七万四千元。	三十六个月
十九年关税库券	六三,六八〇,〇〇〇.〇〇	第一至第四年每月还六十四万元，第五年每月还八十万元，第六年每月还九十三万六千元，第七年二月至十一月每月还一百零七万六千元，十二月及次年一月，每月还六十八万四千元。	八十四个月
十九年善后库券	四一,六〇〇,〇〇〇.〇〇	第一年二月还二十四万元，三月至次年一月，每月还二十八万元，第二年每月还三十二万元，第三第四两年每月还三十六万元，第五年每月还四十五万元，第六年每月还五十三万元，第七年每月还六十一万元，第八年二月至九月每月还七十一万元，十月十一月每月还五十二万元。	九十四个月

续 表

债 别	现负总数	还本办法	还清年限
二十年卷烟库券	五二,一四〇,〇〇〇.〇〇	第一年每月还二十六万四千元，第二年每月还二十八万八千元，第三年每月还三十一万二千元，第四年每月还三十三万六千元，第五年每月还三十八万元，第六年每月还五十二万六千元，第七年每月还六十万零五千元，第八年每月还七十一万二千元，第九年二月至十二月每月还八十六万元，次年一月还一百六十万零四千元。	一百零八个月
二十年关税库券	七二,〇〇〇,〇〇〇.〇〇	第一年至第五年每月还三十二万元，第六年每月还四十五万元，第七年每月还五十四万元，第八年每月还六十四万元，第九年每月还七十六万元，第十年每月还九十三万元，第十一年每月还一百零八万元。	一百三十二个月
二十年统税库券	七三,六〇〇,〇〇〇.〇〇	第一年至第三年每月还三十二万元，第四年二月至五月每月还四十一万六千元，六月至次年一月每月还四十四万八千元，第五年每月还五十六万元，第六年每月还六十五万五千元，第七年每月还七十五万三千元，第八年每月还八十八万六千元，第九年每月还一百零七万三千元，第十年二月至八月每月还一百三十万元，九月还六十万零八千元。	一百十六个月
二十年盐税库券	七五,二〇〇,〇〇〇.〇〇	第一年至第三年每月还三十二万元，第四年二月至七月每月还四十一万六千元，八月至次年一月每月还四十四万八千元，第五年每月还五十六万元，第六年每月还六十五万元五千元，第七年每月还七十五万三千元，第八年每月还八十八万六千元，第九年每月还一千百零七万三千元，第十年二月至九月每月还一百三元万元，十月还九十七万二千元。	一百十七个月

〔国民政府财政部档案〕

全国商会联合会代表一人;

华侨代表二人;

国债持票人代表五人。

三、国债基金管理委员会成立后,将委员人选陈报财政部转呈国民政府备案。

四、国债基金管理委员会于管理范围内,得独立行使其职权。

五、国民政府命令财政部转饬总税务司遵照定案,将各种公债库券基金每月应如数拨交本会保管备付。

六、各种公债库券本息未清偿以前,国债基金管理委员会之管理权限不得变更。

七、基金存放机关,由国债基金管理委员会指定之,但须陈请财政部转呈国民政府核准备案。

八、各种公债库券还本付息,届期由国债基金管理委员会按照应付数额,拨交代理还本付息之银行照付。

九、基金之收支,每月结算一次,陈报财政部并登报公布之。

十、国债基金管理委员会设常务委员五人,由委员互选之,再由常务委员互选一人为主席,常务委员五人中须有政府委员一人。

十一、国债基金管理委员会管理规则及办事细则,由国债基金管理委员会拟定,陈请财政部转呈国民政府备案。

十二、本条例自公布日施行。

请即查照。财政部。世。二十一年三月。

〔国民政府财政部档案〕

19.江海关二五附税国库券基金保管委员会为移交余存基金、公债凭证等函

(1932年4月6日)

径启者：查贵会既经成立，所有公债库券基金事宜，自应移交贵会管理。兹将敝会所管余存基金项下银元八百二十一万七千零二十七元八角，本息户项下银元五百八十八万五千零七十五元七角七分，准备项下关税公债票面额一百二十万元，关税凭证票面额四十四万元，手续费项下银元二十一万六千二百五十元零三分，经费项下银元十七万九千二百零一元零七分，又银两三万七千七百三十三两四钱七分，开列清册，移交贵会查收。相应函达，即希查核见复为荷。此致

国债基金管理委员会

江海关二五附税国库基金

保管委员会启

附清册一本〔缺〕

中华民国二十一年四月六日

〔国民政府财政部档案〕

20.财政部检送债券调换处章程及各项债券换票办法致国债基金管理委员会函

(1932年10月25日)

迳启者：查债券调换处章程及各项债券换票办法，业经本部公布施行，相应各检送五份，随函送请贵会查照。此致

国债基金管理委员会

附债券调换处章程及各项债券换票办法各五份

财政部启

十.二五.

债券调换处章程

第一条　财政部依照新订各项债券程表调换新券，并为持券人便利起见，在沪设立专处办理调换事宜，定名为债券调换处。

第二条　债券调换处由左列各机关组织之：

(一)财政部；

(二)国债基金管理委员会；

(三)劝募债券委员会；

(四)中央银行；

(五)中国银行；

(六)交通银行。

第三条　本处设主任一人，综核全处事务。

第四条　本处设干事若干人，襄助主任办理一切事务。

第五条　本处重要事务由主任随时召集干事会议决议处理之，其会议规则另定之。

第六条　本处设左列各组：

一、总务组；

一、出纳组；

一、查验组；

一、核销组；

一、登记组。

第七条　总务组主管文牍、会计、庶务及不属于其他各组事宜；

出纳组主管新旧债券收付及保管新债券事宜；

查验组主管收回旧债券查验事宜；

核销组主管收回旧债券注销及保管事宜；

登记组主管新旧债券收付登记事宜。

第八条　每组设领组一人，秉承主任掌理本组事务。

第九条　每组设组员四人至六人，办理本组事务，员额以事务之繁简分配之。

第十条　本处职员由财政部派充之。

第十一条　本处职员均由各机关职员兼充，概不另支薪俸。

第十二条　本处经费应编制临时预算，由国库拨付之。

第十三条　本处办事细则另定之。

第十四条　本章程如有未尽事宜，得随时增加或修改之。

各项债券换票办法　附加给息票办法

一、依新订各项债券程表除毋庸换票暨加给息票者外，凡下列十四种债券，均换给新票：

（一）续发二五库券

（二）十八年关税库券

（三）十八年编遣库券

（四）十九年卷烟库券

（五）十九年关税库券

（六）十九年善后库券

（七）二十年卷烟库券

（八）二十年关税库券

（九）二十年统税库券

（十）二十年盐税库券

（十一）整理公债六厘债票

（十二）整理公债七厘债票

（十三）春节库券

（十四）治安债券

二、前项各种债券换发日期，由财政部分期登报通告。

三、凡持有前项应换新票之债券者，应按每种债券换票日期，向债券调换处请换新票。

四、凡请换新票者，应填具请换债券书，注明旧票种类、张数、金额及附带息票张数，并在原债券上逐一加盖本人图章或签字，交本处出纳组核收，即由出纳组填给收据，交持券人收执，于两星期后即凭原收据领取新票。

五、出纳组收到前项旧券，应照填传单，经收票员及领组盖章后，连同原债券送交查验组查验。

六、查验组验明无误后，将原债券加盖验讫戳记，一面在传单上加盖查验员图章，并经领组盖章后，即同原债券送交核销组核收。

七、核销组收到前项债券点明无误后，即将债券打洞作废，分别种类，每五十张为一帙，妥为保存，一面即在传单加盖核销员及领组图章，送交出纳组以凭发给新票。

八、出纳组收到前项传单，应即将新券检齐，俟持券人将前项收据来换新票时，经核对无误，即由发票员照发。一面收回收据，加盖付讫戳记，并在传单加盖发票员及领组图章，送交登记组登记。

九、登记组接到前项传单及收据，应分别登记，并将传单及收据编号存查，一面将每日收回旧票及换出新票之种类、金额、张数，列表呈送主任核阅。

十、各项债券均按原债券金额照换，惟大小票得由债券调换处酌量支配，倘持票人必须大票或小票，应于请换时声明，经调换处认定后，得查照成案酌纳千分之二.五手续费，亦可照办。

十一、凡各种债券一经通告开始换票，即规定自某月起凭新票之本息票付给本息，其旧票附带是月起之本息票，完全无效。

十二、换票人对于请换债券，如有欠缺附带本息票时，应照规

第二条　本公债定额为三百万元。

第三条　本公债用途为专充救济江苏、浙江两省丝茧业之用。

第四条　本公债年息定为六厘。

第五条　本公债定于民国二十一年十月一日发行。

第六条　本公债按照票面十足发行。

第七条　本公债自民国二十一年十月起，以每年三月三十一日、六月三十日、九月三十日及十二月三十一日为付息之期。

第八条　本公债于民国二十一年十二月三十一日为第一次还本之期，嗣后每三个月还本一次，平均每次还本十六分之一，每年还本四分之一，利随本减，至民国二十五年九月底，本息全数还清。债票之还本以抽签定之。

前项抽签于每年三月十五日、六月十五日、九月十五日及十二月十五日，在上海银行公会行之。抽签时，由江苏、浙江两省政府及审计机关各派员一人，上海银行公会及江浙丝茧业各派代表一人，会同监视。

第九条　本公债应付本息基金，指定于财政部拨付江浙两省裁厘协款项下，每三个月照本公债还本付息表应付之数，由财政部指定国货银行拨交本公债基金保管委员会备付到期本息之用，至偿清为止，不得变更。

第十条　本公债由基金保管委员会办理付息还本事宜，并指定中央银行、中国银行、中国实业银行、交通银行、浙江地方实业银行、江苏银行为经付本息机关。

第十一条　本公债票面分为千元、百元两种，均为无记名式。

第十二条　本公债得自由抵押买卖，如江浙两省公务上须缴纳保证金时，得作为担保品。

第十三条　对于本公债有伪造或毁损信用之行为者，由司法机关依法惩办。

第十四条　本条例自公布日施行

〔国民政府财政部档案〕

2.行政院抄发修正民国廿一年江浙丝业短期公债条例第十条致财政部训令

（1933年6月24日）

行政院训令　字第02950号

令财政部

为令知事：案奉国民政府第二七八号训令开：查民国二十一年江浙丝业短期公债条例，前经制定，明令公布。兹将该条例第十条酌加修正，应再通饬施行。除分令外，合行抄发修正条文，令仰知照，并转饬所属一体知照。此令。计抄发修正民国二十一年江浙丝业短期公债条例第十条条文一份。等因。奉此。除分行外，合亟抄发原件，令仰知照，并转饬所属一体知照。此令。

计抄发修正民国二十一年江浙丝业短期公债条例第十条条文一份。

院长　汪兆铭

中华民国廿二年六月廿四日

修正民国二十一年江浙丝业短期公债条例第十条条文

第十条　本公债由基金保管委员会办理付息还本事宜，并指定中央银行、中国银行、中国国货银行、交通银行、浙江地方银行、江苏银行为经付本息机关。

〔国民政府财政部档案〕

三三、民国二十二年爱国库券

1.财政部为抄送民国二十二年爱国库券条例暨请办理基金公函

（1933年3月7日）

财政部公函　公字第4655号

径密者：查民国二十二年爱国库券，业经北平政务委员会呈奉国民政府特准发行在案。此项库券基金，应由本部将按月额拨华北卷烟税款五十万元，自本年三月份起，于每月二十五日以前，拨交贵委员会，转拨经付银行备付，至全部偿清为止。惟末次本息只须三十七万零三百三十四元三角九分。至各银行经付本息，自应依照各种债券成案，给予千分之一.二五经手费。此项经手费按月由部另拨，统交贵委员会查收备付。除令饬本部税务署暨国库司分别遵办外，相应抄录该项库券条例暨还本付息表，随函送请贵委员会查照办理，并希见复为荷。此致

国债基金管理委员会

附件

财政部长　宋子文

中华民国二十二年三月七日

民国二十二年爱国库券条例

第一条　本库券为巩固国防之用，定名为爱国库券。

第二条　本库券由北平政务委员会呈奉国民政府特准发行。

第三条　本库券定额为二千万元。

第四条　本库券定为月息五厘。

第五条　本库券按照券面九八发行，但自发行之日起，如在三

个月缴款者，得按九折实收。

第六条　本库券定于民国二十二年三月一日发行。

第七条　本库券分四十五个月偿还本息，自民国二十二年三月份起，每月还本付息一次，至民国二十五年十一月份还清。

第八条　本库券应付本息基金，由财政部在卷烟税款项下除已拨债券基金外每月提五十万元，自民国二十二年三月份起，按月拨交国债基金管理委员会，转拨经付银行备付，至全部清偿为止。

第九条　本库券指定中央、中国、交通三银行为经付本息机关。

第十条　本库券定为万元、千元、百元、十元四种。

第十一条　本库券为无记名式。

第十二条　本库券得自由抵押买卖，并得为银行之保证准备金，如其他公务上须缴纳保证金时，得作为担保品。

第十三条　本库券如有伪造及毁损信用等情，由司法机关依法惩办。

第十四条　本条例自公布之日施行。

民国二十二年爱国库券还本付息表〔略〕

〔国民政府财政部档案〕

2.财政部税务署同意按月拨交民国二十二年爱国库券基金公函

（1933年3月15日）

财政部税务署公函　第303号

径复者：现准贵会公函，以奉大部密函，二十二年爱国库券本息基金，应由本署将月拨华北卷烟税款五十万元，自本年三月份起，于每月二十五日以前拨交贵委员会，转拨经付银行备付，至全部偿清为止。等因。查前项库券基金业允代为保管，相应函请查照，希于每月二十日将应付本息基金五十万元如数拨交，以凭转拨。等由到署。查二十二年爱国库券基金，业奉财政部密令饬拨，并颁发条例及还本付息表到署，自应遵令按月照数拨交贵会转拨备付，准函前因，相应函复查照。此致

国债基金管理委员会

中华民国二十二年三月十五日

〔国民政府财政部档案〕

三三、民国二十二年续发电气事业公债

1.民国二十二年续发电气事业公债条例

（1933年9月26日）

续发电气事业公债条例

民国二十二年九月二十六日公布

第一条　建设委员会为扩充首都及戚墅堰两电厂暨建设淮南电厂事业，续发电气事业公债，定名为民国二十二年续发电气事业公债。

第二条　本公债定额为国币六百万元。

第三条　本公债年息为六厘。

第四条　本公债票面定为万元、千元二种，均为无记名式。

第五条　本公债定于每年六月三十日、十二月三十一日为付息期。

第六条　本公债应付本息基金，指定以首都及戚墅堰两电厂现有地基、房屋、机器及两厂营业盈余，除拨付民国十九年一月所发长、短期电气事业公债四百万元及借英庚款十四万镑本息外之余款，暨完成后之淮南电厂地基、房屋、机器、营业盈余为担保，俟二十六年十二月短期电气事业公债偿清，三十三年十二月长期电

气事业公债偿清以后，即继续为增加本公债本息之担保，并于该厂等营业收入项下，依照还本付息表所载数目，拨出基金，交由建设委员会续发电气事业公债基金保管委员会指定之银行专存备付。

前项基金保管委员会由债权人代表三人、建设委员会代表二人组织之，其组织章程，另行订定。

第七条　本公债定于民国二十二年七月一日发行，期限十五年，第一年只付利息，自民国二十三年十二月三十一日起，每年六月三十日、十二月三十一日各还本一次，前十二次每次还本国币十八万元，末后十六次每次还本国币二十四万元，至民国三十七年六月三十日全数还清。

前项还本以抽签法行之，并定每年六月一日及十二月一日为抽签期。

第八条　本公债按照票面十足发行。

第九条　本公债还本付息，委托各地中央、中国、交通三银行经理。

第十条　本公债债票得自由买卖抵押，并充首都、戚墅堰两电厂及完成后之淮南电厂电费之保证金，凡其他公务上须缴纳保证金时，得作为担保品。

第十一条　对于本公债债票有伪造及损毁信用之行为者，由法院依法惩办。

第十二条　本条例自公布日施行。

〔国民政府财政部档案〕

三四、民国二十二年华北救济战区短期公债

1.民国二十二年华北救济战区短期公债条例

(1933年11月1日)

华北救济战区短期公债条例

民国二十二年十一月一日公布

第一条　国民政府为筹办华北救济战区事宜，发行短期公债，定名为民国二十二年华北救济战区短期公债。

第二条　本公债定额为国币四百万元。

第三条　本公债用途为：(甲)办理赈济事项，(乙)补助农村事项。

第四条　本公债利率定为年息六厘。

第五条　本公债额面分万元、千元、百元三种，均为无记名式。

第六条　本公债定于民国二十二年十一月发行。

第七条　本公债以展期续征之长芦盐税项下，附加农田水利基金全部为还本付息基金，由财政部训令长芦盐运使，按月将所收此项附加税，悉数直接拨交基金保管委员会存储，以备还本付息之用。

第八条　前条基金保管委员会以行政院驻平政务整理委员会 河北省政府、当地商会、当地金融界及审计机关，各派代表一人组织之。

基金保管委员会章程，由行政院定之。

第九条　本公债自民国二十二年十一月起，每三个月之末日还本一次，并随付到期利息，前十四次每次还本二十万元，后五次每次还本二十四万元，至民国二十七年七月末日止，全数偿清。

第十条　本公债按额面九八实收。

第十一条　本公债得自由买卖抵押，暨为各银行之准备金及公务上之保证金，其到期本息，并得完纳租税。

第十二条　对于本公债有伪造及损毁信用者，由司法机关依法惩治。

第十三条　本条例自公布日施行。

〔国民政府财政部档案〕

2.财政部关于民国二十二年华北战区公债不用调换统一公债公函

（1936年3月9日）

财政部公函　公字第一八六二〇号

查民国二十五年统一公债换偿旧有各种债券，所有应发五种债票数目，前经本部列单函请中央银行随时发交债券调换处具领，并令行遵照在案。兹查二十二年华北战区公债，曾经规定以甲种债票换偿，惟该项战区公债基金余款，现经本部核定，准以十分之四补助河北棉产改进会，其余十分之六，仍照原案拨充长芦区整理硝盐之用。是项公债本息，系指定芦盐附加农田水利基金为基金，与海河公债之以津海关附加税为基金，事同一律，亦经本部核定，准照海河公债在二十一年二月改订债券程表案内另案办理成案，将战区公债仍予维持原案，由原定该项基金内拨付本息，即将每次所收到期本息，按上列成数，分拨应用，勿庸再换统一公债，并将腾出之统一公债二百二十万元，收入库帐。除呈行政院并分行遵照外，相应函请贵会查照为荷。此致

国债基金管理委员会

财政部长　孔祥熙

中华民国二十五年三月九日

〔国民政府财政部档案〕

三五、民国二十二年关税库券

1.财政部为请保管民国二十二年关税库券基金等致国债基金管理委员会公函

（1933年10月23日）

财政部公函　公字第8248号

案照政府为周转国库起见，发行民国二十二年关税库券一万万元，所有库券条例暨还本付息表，业经行政院会议，并送经中央政治会议先后决议通过，转由国民政府令行在案。原条例第三条内载，本库券定于民国二十二年十月一日发行。又第六条载，本库券应付本息基金，指定由关税增加收入项下指拨，由财政部命令总税务司于每月二十五日按照还本付息表所列数目，拨存中央银行，交由国债基金管理委员会一并保管备付。各等语。除训令总税务司遵照表列数目，自本年十月份起，每月于二十五日在关税增加收入项下，如数拨存中央银行，交由贵委员会保管备付，暨分函外，相应抄录前项库券条例暨还本付息表，函达贵委员会查照接洽办理，并希见复为荷。此致

国债基金管理委员会

附抄送民国二十二年关税库券条例暨还本付息表各一份〔略〕

财政部长　宋子文

中华民国二十二年十月廿三日

〔国民政府财政部档案〕

2.民国二十二年关税库券条例

（1933年11月4日）

民国二十二年关税库券条例

民国二十二年十一月四日公布

第一条　本库券定名为民国二十二年关税库券，以充周转国库之用。

第二条　本库券定额为国币一万万元。

第三条　本库券定于民国二十二年十月一日按九八发行。

第四条　本库券利率定为月息五厘。

第五条　本库券分一百五十个月偿还本息，于民国二十二年十月末日起按月偿还,自第一个月至第四十个月，每月还本百分之·五,自第四十一个月至第七十四个月，每月还本百分之·六，自第七十五个月至第一百零三个月，每月还本百分之·七，自第一百零四个月至第一百二十八个月，每月还本百分之·八，自第一百二十九个月至第一百四十九个月，每月偿本百分之·九，第一百五十个月还本百分之·四，至民国三十五年三月底止(共计十二年半)，本息全数偿清。

第六条　本库券应付本息基金，指定由关税增加收入项下指拨，由财政部命令总税务司，于每月二十五日按照还本付息表所列数目拨存中央银行，交由国债基金管理委员会一并保管备付。

第七条　本库券还本付息事宜，由财政部指定中央、中国、交通三银行为经付机关。

第八条　本库券定为无记名式。

第九条　本库券定为万元、千元、百元、十元四种。

第十条　本库券得自由买卖抵押，并得为银行之保证准备金，如其他公务上须缴纳保证金时，得作为担保品。

第十一条　对于本库券如有伪造及损毁信用等情，由司法机关依法惩办。

第十二条　本条例自公布之日施行。

〔国民政府财政部档案〕

三六、民国二十三年关税库券

1.民国二十三年关税库券条例

（1934年1月13日）

民国二十三年关税库券条例

民国二十三年一月十三日公布

第一条　国民政府为偿还银行积欠、安定金融起见，特由财政部发行库券一万万元，定各〔名〕为民国二十三年关税库券。

第二条　本库券定于民国二十三年一月发行。

第三条　本库券利率定为月息五厘。

第四条　本库券每月还本付息一次，于每月末日行之。

第五条　本库券自发行之日起，分七年还清，每月还本一次，息随本减，共计还本八十四次。自第一次至第六十八次每次还本百分之一，自第六十九次至第八十四次每次还本百分之二，至民国二十九年十二月底，本息全数偿清。

第六条　本库券指定中央、中国、交通三银行为经付本息机关。

第七条　本库券应付本息基金，由财政部指定在关税收入项下照拨，特命令总税务司依照还本付息表所载应还本息数目，按期拨存中央银行，列收国债基金管理委员会户帐，备付到期本息。

第八条　本库券按九八发行。

第九条　本库券定为无记名式。

第十条　本库券票面分为万元、千元、百元三种。

第十一条　本库券得自由买卖抵押，凡公务上须缴纳保证金时，得作为担保品，并得为银行之保证准备金。

第十二条　对于本库券如有伪造及损毁信用之行为者，依法惩治。

第十三条　本条例自公布日施行。

〔国民政府财政部档案〕

2.财政部为请保管民国二十三年关税库券基金致国债基金管理委员会公函

（1934年1月18日）

财政部公函　公字第1242号

案照政府为偿还银行积欠安定金融起见，发行民国二十三年关税库券一万万元，所有库券条例还本付息表，业奉国民政府明令公布。原条例第二条载，本库券定于二十三年一月发行。第四条载，本库券每月还本付息一次，于每月末日行之。第七条载，本库券应付本息基金，由财政部指定在关税收入项下照拨，特命令总税务司依照还本付息表所载应还本息数目，按期拨存中央银行，列收国债基金管理委员会户帐，备付到期本息。各等语。除训令总税务司查照表列逐月还本付息数目，自本年一月份起，于每月二十五日在关税收入项下，如数拨存中央银行收入贵委员会户帐，备付到期本息，及分函中央银行查照办理外，相应抄录原条例暨还本付息表，函达贵委员会查照接洽保管，并希先行见复为荷。此致

国债基金管理委员会

附抄送民国二十三年关税库券条例暨还本付息表各一份〔略〕

财政部长　孔祥熙

中华民国二十三年一月十八日

〔国民政府财政部档案〕

三七、民国二十三年财政部与意庚款借款银团借款合同

1.孔祥熙拟以意庚款退款为担保向上海各银行借款并签订草合同提案稿

（1934年1月）

为提案事：查历年国用不敷，恒恃发行公债以为弥补每月缓急之需，并赖中央银行以资调剂。以前所欠中央银行垫借各款，日前甫请发行二十三年关税库券一万万元，作为偿还之用。至于国库按月支出不敷之数，祥熙正逐步整理税务，以期增加收入。惟收支相差过巨，预算遽难平衡，此项短少之数，日用所关，亟须预为筹措。查有宋前部长所解决之意国退还庚款余额，业经拨交中央银行，为借垫款之担保。兹经函商该行，自本年一月份起，至民国三十七年止，将该款全数抽回，作为另行借款担保品，分一百三十三个月偿还，商向上海各银行押借银币四千四百万元，分四个月平均交付，以为弥补国库不敷之数，及偿还中央银行于宋前部长解决意庚款时所垫美金之用。惟此项意庚款自本年一月起，至民国二十九年十二月止，每月为美金十二万五千元，民国三十年全年，每月为美金九万余元，民国三十一年起至三十七年止，每月为美金八万余元，仅敷此项借款按月还本之数，其付息之款，须于关税项下另行指拨。祥熙与各银行磋商多次，各银行尚能公忠体国，允即组织借款银团，承借上述款项，且月息八厘，既较往常借款之利率为低，而还清年限又较一切债券之时间为长，实于国库有益。经于一月十八日与银团代表李铭等成立草合同，谨缮具合同全文，提请核准施行，并请转呈国府备案，以便正式签定。敬候公决

立合同国民政府财政部（以下简称）财政部
　　　意庚款借款银团　　　　　　　银　团

今因财政部需款，向银团息借款项（下称本借款），双方议定下列各条，以资遵守。

一、借款总额为国币四千四百万元，于本合同签定后，分四个月平均交付财政部。

二、本借款指定意国政府退回庚子赔款（自民国二十三年一月起，至民国三十七年止）全部为还本基金，并指定以海关税款为付息基金。

三、本借款利率，按月八厘，每月一付，利随本减。

四、上项还本基金，由财政部令行总税务司查照向来拨付意国赔款之优先成案，逐月拨交银团之代理收付银行，归还借款，其拨交之年期、数目如下：

自民国二十三年一月起，至二十九年十二月止，每月拨交国币三十七万五千元；

民国三十年一月起，至十二月止，每月拨交国币二十七万五千元；

民国三十一年一月起至还清时止，每月拨交国币二十五万元。

五、在本借款本息未清偿以前，无论任何原因，及美金汇兑价格如何变动，所有上列拨交意国赔款办法及数额不得变更。

六、本借款利息基金，由财政部令行总税务司查照本借款每月应付利息金额，于每月底在海关税款，除应拨在本借款合同成立以前之各种债券及借款本息后之余额内，尽先提出拨交银团之代理收付银行收存备付。

七、本借款之十一分之一，计国币肆百万元，应留存银团，以备上项余额不敷付息时，临时垫付本借款到期利息之用。

八、前项留存款项如已悉数垫付，而关税余款仍不敷支付本借款利息时，财政部应将已指作本借款还本基金之意国赔款余额，继续指作本借款利息基金，至本借款本息完全清偿时为度。

九、前项留存款项，由银团按照周息八厘计算存息，一年一结，俟本借款本息清偿时，此项留存款项本息，应扫数交还财政部。

十、本借款银团公推中国/交通银行为其代理收付银行。

十一、在本借款未清偿以前，银团得将本借款所欠余款作为基金，指作发行债券基金之用，其发行办法，由银团自行订定。

十二、在本借款本息未清偿以前，如财政部须将意国赔款指作别用时，得于三个月以前通知银团，将本借款提前以现款偿清之。

十三、财政部应将本合同全文呈请行政院会议通过，转呈国民政府核准备案后，与银团推举之代表正式签定，并印发意庚款借款凭证本息两联，交银团收执，上项借款凭证除印必要条文外，并应将本合同原文附入之。

十四、本借款合同一式两份，双方各执乙份。

中华民国二十三年一月十八日

财政部部长　孔祥熙

银团代表　席德懋　胡笔江

贝祖诒　李　铭

唐寿民

〔国民政府财政部档案〕

2. 财政部关于用意国退还庚款向上海银团借款与中央银行往来公函

（1934年1—2月）

（1）财政部致中央银行函（1月30日）

案查贵行外币垫款户及国币垫借款，前经本部以意国退回庚子赔款全部，作为偿还上项欠款基金，业经令行总税务司遵办，并函达查照在案。兹因上项欠款，本部业已呈准发行廿三年关税库券为抵偿之用，一俟库券印就，即当函送，所有意国退回庚子赔款全部，拟向贵行允予抽回，另由本部指作借款还本基金，商向上海银团抵借国币四千四百万元，提经行政院会议议决，转呈国府核准备案在案。业于本月廿七日签定正式合同。除令饬总税务司自本月底起，查照该借款还本付息表，按月仍照成案，拨交贵行转拨借款银团代理收付之中国、交通两银行领收，取据报查外，兹抄附训令总税务司稿一件，即希察洽，并请函知总税务司将该项意庚款同意拨转，相应函请查照允办见复为荷。此致

中央银行

附抄件

财政部长

二十三、一、卅、

训令 2415

令总税务司

案查意国退回庚子赔款全部，前经抵拨中央银行外币垫款，及国币垫借款，业经令行遵照在案。兹因本部所欠中央银行垫借各款，已另筹抵还，所有意国退回庚子赔款全部，现由本部函向中央银行抽回，指作借款还本基金，商向上海银团抵借国币四千四百万元，提经行政院会议议决，转呈国府核准备案在案。业于本月二十七日签定正式合同，合亟抄发合同全文及还本付息表，令仰该总税务司查照办理。现届本月底第一次还本之期，仰即查照表列还本数目，仍按拨付意庚款成案，拨交中央银行收转借款银团代理收付银行之中国、交通两银行领收，取据□□□□□□□□□折合国币，如有不敷之数，即在关税项下拨足，自本月底起至该借款还清

时止，按月均照此办理。至应付利息，自本年二月底起，至还清时止，照表列数目，每月在关税项下拨付，仍照上述拨款程序拨交领取，取据报查，并仰去函向该银团证明为要。此令。

廿三、一、三十、

（2）中央银行复公函（2月3日）

中央银行公函　总字第一八八号

顷准贵部第一四二一号密函开：……①等由。准此。自应照办。相应函复，即希查照为荷。此致

财政部

总裁孔祥熙

〔国民政府财政部档案〕

3.意庚款借款银团检送银团章程及各项委员名单致财政部呈

（1934年2月5日）

呈为具送银团章程请予备案事：窃查本银团根据民国二十三年一月二十七日与钧部签定以意国退还庚子赔款抵借银元四千四百万元之借款合同，由承借银行十六家公同议决，组织意庚款借款银团，并经议定银团章程十四条，暨推定银团主席、常务委员及保管委员各在案。理合检具银团章程一份、各项委员名单一纸，呈候鉴核备案，至为公便。谨呈

财政部

附意庚款借款银团章程一件

意庚款借款银团各项委员名单一件

① 内容见上函，兹略。

意庚款借款银团主席　李　铭

中华民国二十三年二月五日

意庚款借款银团章程

第一条　本银团根据廿三年一月廿七日财政部以意国退还庚子赔款向银行抵借款项四千四百万元之合同，由第二条所列十六家银行组织之。定名曰：意庚款借款银团。

第二条　本银团之基金定为国币四千四百万元，以一万元为一股，共计四千四百股，由下列各银行为团员银行，分担基金如下：

中央银行	六百七十一股
中国银行	八百八十股
交通银行	四百四十股
上海商业储蓄银行	三百五十二股
浙江实业银行	三百五十二股
浙江兴业银行	一百六十五股
中南银行	二百二十股
盐业银行	二百二十股
金城银行	二百二十股
大陆银行	二百二十股
国货银行	二百二十股
中国实业银行	一百十股
国华银行	一百十股
垦业银行	一百十股
东莱银行	五十五股
江苏银行	五十五股

第三条　本银团根据与财政部所订之合同第十一条，得以意庚款借款合同项下应拨本息基金为基金，发行证券①，流通市面，

其发行额不得过三千万元。

第四条　本银团设立事务所于上海。

第五条　本银团以承借款额还清之日止为存立年限。

第六条　本银团公告方法，以通函或登载日报行之。

第七条　本银团之团员银行权利义务，由在团银行按分担基金股额成分比例，享受及负担之。

第八条　本银团经费依照上条办理。

第九条　本银团团员银行每行推代表一人(十六人)组织委员会，处理本团一切事务，委员会推常务委员七人，并由常务委员互推一人为银团主席，委员会办事细则另订之。

第十条　本银团应设立保管委员会，由团员银行推举代表若干人组织之，其办事细则另订之。

第十一条　本银团与财政部所订借款合同及发行证券，均由常务委员全体签字。

第十二条　本银团发行证券时，除将财政部借款合同内必要条文载入外，应将本章程全文附入，其发行条文另订之。

第十三条　本章程如有未尽事宜，得由委员大会全体委员三分之二以上之同意、全体基金股额表决权三分之二以上之通过修正之。

第十四条　本银团章程及发行证券办法，应呈报财政部备案。

意庚款借款银团各项委员名单

银团主席　李　铭

常务委员七人

胡　筠　贝祖诒　唐寿民　席德懋

叶　薰　陈德辉〔辉德〕　李　铭

① 财政部钱币司司长徐堪签批："第三条、第十一条、第十二条、第十四条各条所用之证字，均应改为债字。其余尚无不可。"

保管委员五人

陈　介　徐新六　瞿季刚　吴蕴齐　宋子良

〔国民政府财政部档案〕

三八、民国二十三年第一期铁路建设公债

1.孔祥熙与顾孟余关于审核铁路建设公债条例来往函

（1934年2月）

（1）孔祥熙致顾孟余函（2月23日）

孟余仁兄部长勋鉴：奉函开送院议修正通过之铁路建设公债条例草案及还本付息表，嘱为审核见复。兹经审核，此项公债既系第一期，其条例名称拟改为民国二十三年第一期铁路建设公债，并将条文文字参照中央债券条例，酌加修改，分别签注。此外，尚有数点：（一）发行日期为一月一日，时期已过，是否应改为三月一日，应请酌核。（二）还本以抽签法行之，按照附表所列每次抽还全额十六分之一，如照中央债券通例，适用债票号码末二字或末三字抽签，均与十六分之一之数不能适合，将来是否按照债票种类酌配签支，抑改列还本付息表，应请酌核。（三）用途，此项公债兴筑新路及整顿旧路，其名称路线系如何规划。（四）基金，此项公债既指定以国有铁路余利为还本付息基金，应先分别指拨定案。（五）发行，照条例第八条，既有发行银行，其银行名称及经募数目是否另有合同协定。（六）基金保管委员会规程拟订后，应请见示。兹特附检签注条例草案等一份，函复察照酌办为荷。顺颂

勋祺

附签注条例草案等一份〔缺〕

弟孔祥熙谨启

二、廿三、

(2)顾孟余复孔祥熙函稿(2月27日)

笺函 1728

庸之仁兄副院长惠鉴：接奉本月廿三日手教，敬悉。一是关于铁路建设公债条例草案参照中央债券通例签改各点，均甚精当，一俟提交立法院审议时，本部派员说明，谨当即席声请照加修正。此外，提出商榷之点，兹逐条具复如左。

(一)发行日期，原定为本年一月一日，现虽时期已过，但因垫款关系，已与银行约定，碍难修改。

(二)抽签还本，以债票号码末二字或末三字抽定之法，既不适用，将来自应另加商酌，或即按照债票种类，酌配签支。至还本付息表，则未便修改。

(三)用途，此次第一期公债，系指定专充兴筑玉萍铁路之建筑经费。

(四)基金，业已指定为国有各路余利，似无分别指拨之必要。

(五)发行，银行及经募数目，另有合同协定。

(六)基金保管委员会规则，容俟拟定之后再行抄奉。

专此布复，顺颂

勋祺

弟顾○○敬启

〔国民政府铁道部档案〕

2．行政院奉准核定铁路建设公债原则六项交立法院审议等训令

(1934年3月13日)

行政院训令

令铁道部

案奉国民政府第一二四号训令内开：案准中央政治会议函开：

据行政院函称：本院第一四八次会议，据铁道部提议，为新筑新路，整理旧路，拟发行第一期铁路建设公债一千二百万元，缮具公债条例暨原则草案及还本付息表，请公决一案。经决议：通过。连同原则送中央政治会议，谨函请核定等情。经提出本会议第三九六次会议讨论，由委员兼铁道部长顾孟余在席报告该项公债第一期所发行者，系补助修筑玉萍铁路之用。缘江西省政府发行之玉萍铁路公债，修筑该路，不敷甚巨，必需中央予以补助，以期早日完成。并由委员兼行政院院长汪兆铭在席说明，玉萍铁路，亟待中央补助修筑，本案应请迅速决定，所有该项公债条例，已由行政院饬交财政部审查，兹先将条例原则送请核定等语。当经决议，通过铁路建设公债原则：(一)名称，铁路建设公债。(二)用途，兴筑新路，整顿旧路。(三)额数，分期发行，第一期先发行一千二百万元。(四)利息，年息六厘。(五)偿还期限，分八年十六期还清。(六)基金，以国有铁路余利为基金，由铁道部与发行银行组织基金保管委员会保管之。公债条例草案及还本付息表，并交立法院，相应录案并检同公债条例草案及还本付息表，函达查照转饬立法院审议，并令行政院知照等由。自应照办。除函复并分行外，合行令仰该院知照，此令。等因。奉此。查此案业据财政部将公债条例及还本付息表，审核签注，具复到院，经令行该部，迅即查照办理，呈后转送在案。兹奉前因，除分行外，合行令仰知照。此令。

中华民国二十三年三月十三日

院长　汪兆铭

〔国民政府铁道部档案〕

3.民国二十三年第一期铁路建设公债条例

(1934年4月30日)

民国二十三年第一期铁路建设公债条例

民国二十三年四月三十日公布

第一条　铁道部为实现兴筑新路整理旧路计划，第一期发行公债一千二百万元，专充玉萍铁路之用，定名为民国二十三年第一期铁路建设公债。

第二条　本公债于民国二十三年五月一日发行。

第三条　本公债按票面额九八发行。

第四条　本公债年息定为六厘，按票面额核计，自发行之日起算，每年六月三十日、十二月三十一日各付息一次。

第五条　本公债前两期只付利息，自民国二十四年六月三十日起，依照还本付息表规定数额，用抽签法开始还本，分八年十六次，至民国三十一年十二月三十一日全数偿清。

前项抽签，于每次还本期前二十日举行之。

第六条　本公债还本付息事宜，由铁道部委托第八条所称之公债基金保管委员会办理，并指定中央、中国、交通三银行为经付本息机关。

第七条　本公债之还本付息，以铁道部直辖国有铁路余利为基金，由铁道部按照本公债还本付息表所列数额，每月提交基金保管委员会指定之银行专户存储，以备到期给付。

第八条　本公债基金由铁道部派代表三人，财政部、审计部各派代表一人，发行银行公推代表二人，共同组织公债基金保管委员会负责保管。其组织规程，由铁道部拟订，呈由行政院核定之。

第九条　本公债专充第一条之用途，不得移作别用。

第十条　本公债票面定为一千元、五百元、一百元三种。

第十一条　本公债为无记名式，得自由买卖抵押。

第十二条　对于本公债如有伪造及损毁信用行为者，由司法机关依法惩治。

第十三条　本条例自公布日施行。

〔国民政府财政部档案〕

三九、民国二十三年玉萍铁路公债

1.财政部为请保管民国二十三年玉萍铁路公债基金公函

(1934年6月2日)

财政部公函　公字第三五九〇号

案照政府为修筑江西省自玉山至萍乡铁路，由本部会同铁道部发行民国二十三年玉萍铁路公债一千二百万元,所有公债条例、还本付息表,业奉国民政府明令公布。原条例第三条载，本公债定于民国二十三年六月一日发行。第四条载，本公债每年五月底及十一月底各付息一次。第五条载，本公债指定以中央拨交江西地方盐附捐项下,每年一百九十三万元为还本付息基金,由财政部令行盐务稽核总所,转令西岸稽核处,自民国二十四年五月江西整理金融库券还清之日起,由西岸稽核处按月照案汇解稽核总所,拨存中央银行列收国债基金管理委员会户帐，备付到期本息。各等语。除训令盐务稽核总所转令西岸稽核处,届时遵照办理,按月将原指为库券基金之江西省盐附捐扫数汇解该总所，拨存中央银行收入贵委员会户帐,备付到期本息,及分函中央银行查照办理外，相应抄录原条例,暨还本付息表,函达贵委员会查照接洽保管，并希先行见复为荷。此致

国债基金管理委员会

附抄送民国二十三年玉萍铁路公路公债条例暨还本付息表各一份〔表略〕

财政部长　孔祥熙

中华民国二十三年六月二日

民国二十三年玉萍铁路公债条例

二十三年五月二十五日国民政府公布

第一条　国民政府为修筑江西省玉山至萍乡铁路，由财政部会同铁道部发行公债，定名为民国二十三年玉萍铁路公债。

第二条　本公债定额为国币一千二百万元。

第三条　本公债订于民国二十三年六月一日发行。

第四条　本公债利率定为周年六厘，每年五月底及十一月底各付息一次。

第五条　本公债指定以中央拨交江西地方盐附捐项下每年一百九十三万元为还本付息基金，由财政部令行盐务稽核总所转令西岸稽核处，自民国二十四年五月江西整理金融库券还清之日起，由西岸稽核处按月照案汇解稽核总所，拨存中央银行列收国债基金管理委员会户帐保管，备付到期本息。

第六条　本公债自民国二十四年十一月底起开始还本，每半年还本一次，自第一次至第八次每次抽还百分之五，自第九次至第十二次每次抽还百分之七，自第十三次至第十六次每次抽还百分之八，至民国三十二年五月底止全数偿清。

前项还本于每次到期前二十日执行抽签。

第七条　本公债指定中央、中国、交通三银行为经付本息机关。

第八条　本公债票面定为万元、千元、百元三种。

第九条　本公债债票定为无记名式。

第十条　本公债按九八发行，即每百元实收九十八元，并得预扣自缴款日起至民国二十四年五月三十一日止应得利息。

第十一条　本公债得自由买卖抵押，凡公务上须缴纳保证金时，得作为担保品，并得为银行之保证准备金。

第十二条　对于本公债如有伪造及毁损信用之行为者，由司法机关依法惩治。

第十三条　本条例自公布日施行。

〔国民政府财政部档案〕

四〇、民国二十三年六厘英金庚款公债

1.孔祥熙关于商讨发行六厘英金公债与顾孟余往来笺函

(1934年4月)

(1)孔祥熙致顾孟余笺函(4月25日)

笺函 392

孟余仁兄部长勋鉴：查二十三年中英庚款公债承受合同草案，业照马日尊电分别修改缮正，另函送请查阅办理在案。惟关于合同内规定事项，尚有应由两部预先会商决定之处。兹特分列如下：

一、合同第六条内载：还本付息经理银行应照所还数额，领取千分之一.二五手续费，此项手续费与每期所还债票本息，同时给付。其拨付办法，前次两部开审查会时，曾由贵部代表陈司长即席说明，此项手续费由贵部按期另筹拨付在案。此后每次还本付息到期之前，应请依照应还数额，由贵部将手续费拨付。

二、合同第七条内载：公债本息基金倘遇意外特别情事，不论任何原因，致是项基金不敷应付本息时，应由甲方担负拨补足额之全责。其拨补之责，前次两部开审查会时，亦由贵部代表陈司长即席说明，此项公债系属路政建设基金，如有不敷时，由贵部负责筹补足额在案。此后基金设有不敷，应请依照应还本息差数，按期如数补足。

以上两节，应请先行示复，以资决定。此外，尚有两点，如合同第三条内载：承受日期由双方协定之。此项承受日期如何协定，总以提早为妥。又第四条载：承受债票应交之款，乙方应于接到甲方通知后，解交指定之银行，列收债款保管委员会帐。此项债款保管委员会规程，亟应依照公债条例迅速拟定，所有指定之银行，

如系在经理还本付息四银行之外，另行指定时，仍应列入中央银行，以昭郑重。特此一并函商察照，即希见复为荷。须颂
勋祺

弟孔○○启
四月廿五日发

(2)顾孟余复孔祥熙函(4月27日)

庸之仁兄副院长勋鉴：顷奉本月二十五日大函，承示修正承受民国二十三年(一九三四年)中英庚款六厘英金公债合同草案及合同内规定事项，尚有应由两部预先会商决定两节：

(一)合同第七条内载之千分之一.二五手续费，于每次还本付息到期之前，由本部如数拨付。

(二)合同第六条内载之公债本息基金，此后设有不敷，应由本部依照应还本息差数，按期如数补足。

以上两节，本部均可赞同。至承受债票应交之款，指定存储银行，如系在经理还本付息四银行之外时，仍应列入中央银行，亦可照办。除饬司草拟债款保管委员会规程暨与承受银行接洽，提早办理外，特先奉复，即请查照为荷。专此，并颂
勋祺

弟顾孟余谨启
四月廿七日

〔国民政府财政部档案〕

2. 民国二十三年六厘英金庚款公债条例

(1934年5月28日)

民国二十三年六厘英金庚款公债条例

二十三年五月二十八日国民政府公布

第一条　国民政府为完成粤汉铁路补充建筑基金，由财政部会同铁道部发行公债，定名为民国二十三年六厘英金庚款公债。

第二条　本公债定额为英金一百五十万镑，于民国二十三年六月一日发行。

第三条　本公债按票面额九六发行。

第四条　本公债年息定为六厘，自发行之日起算，每年于一月一日及七月一日各付息一次。

第五条　本公债自发行之日起至民国二十四年一月一日，为第一次还本之期，嗣后每届六个月还本一次，分二十五期，至民国三十六年一月一日，本息全数还清。

前项还本依照还本付息表之规定，以抽签法行之。

第六条　本公债应还本息，指定铁道部借得英国退还庚子赔款为基金，依照还本付息表所载应还本息数目，按期提交指定银行，收入英金庚款公债基金保管委员会户帐，专款存储备付。

第七条　本公债应付本息基金，由财政部、铁道部、管理中英庚款董事会各派代表二人，审计部派代表一人，与承受银行代表四人，共同组织基金保管委员会，负责保管。其组织规程，由财政部、铁道部会同拟订，呈行政院核准备案。

第八条　本公债还本付息事宜，由财政部、铁道部委托中英庚款公债基金保管委员会办理，并指定承受之中央、中国、交通、汇丰四银行为经付本息机关。

第九条　本公债专充第一条规定之用途，不得移作别用，并另由财政部、铁道部、管理中英庚款董事会各派代表二人，审计部派代表一人，共同组织债款保管委员会，负责收存。其组织规程，由财政部、铁道部会同拟订，呈行政院核准备案。

第十条　本公债债票分五十镑、一百镑、一千镑三种。

第十一条　本公债债票由财政部长会同铁道部长签字发行。

第十二条　本公债债票为无记名式，得自由买卖抵押。

第十三条　本公债持票人除依照本公债条例享受各项权利外，不得对于粤汉铁路已成未成各段有任何权利主张。

第十四条　对于本公债如有伪造及毁损信用之行为者，由司法机关依法惩治。

第十五条　本条例自公布日施行。

民国二十三年六厘英金庚款公债还本付息表〔略〕

〔国民政府财政部档案〕

四一、民国二十四年俄退庚款凭证

1.财政部发行俄国退还庚款余额凭证抵还借垫款致中央银行密函稿

(1934年12月14日)①

迭准贵行来函，以本部垫款结至最近止，共欠一万三千余万元，虽经宋前部长于去年十月间指定俄国退还庚款余额作抵，俟旧借款八百五十万元还清后，自本年十一月起，第一个月拨还六十万元，十二月以后，每月拨还七十万元。而数巨期长，难资周转，与银行业务殊觉有碍。商请提前筹还。等情到部。查前项垫款结至上年十月止，计欠九千五百余万元，业经查照宋前部长定案，自上月份起，分批拨还在案。自去年十一月迄今，年余之间，为支应军需及其他急切之需要，又陆续商承贵行垫付三千数百万元。贵行现以积欠过巨，商请提前筹还，以资周转一节，自属实情。惟本部以国库支绌，一时实难拨还现款。兹为兼顾起见，即将业经抵与贵行之俄国退还庚款余额作为基金，由本部印发凭证一万二千万元，交由

① 系拟稿时间。

贵行收执，偿还垫款一万二千万元，其余欠之数，由本部另行筹还。此项凭证定名为俄国退还庚款余额凭证偿还垫款一万二千万元，自民国二十四年一月份起，至三十四年十二月份止，分一百三十二个月还清。月息六厘，每月依照还本付息表还本付息各一次，至还清之月为度。其二十四年一月份起至二十九年十二月份止每月应拨之款，悉数在俄国退还庚款项下照付。自三十年一月份起，至三十四年十二月份止，每月除将前项退还余额全数拨付外，不足之数，即在新增关税项下补足。前项凭证，并得由贵行移转抵押，以资周转。除令饬总税务司自民国二十四年一月起，依照还本付息表之规定，按月如数拨交贵行另户存储备付外，贵行即凭到期本息凭证，收款后缴部核销，以清手续。除分别呈请行政院转呈备案，并令饬总税务司遵照，向贵行具函证明，另由本部印送凭证外，相应抄附还本付息表一份，函请查照允办并见复为荷。此致

中央银行

附还本付息表一份〔缺〕

财政部启

〔国民政府财政部档案〕

2. 财政部为按月拨付俄国退还庚款余额凭证基金致海关总税务司密令稿

（1934年12月14日）①

密令

令海关总税务司

案查中央银行垫款，经于上年十月间与该行洽定，以俄国退还庚子赔款余额作抵，除上月份已拨还六十万元外，自本月份起，每月拨还七十万元，至二十九年十二月止，业经令知该总税务司在

① 系拟稿时间。

案。兹该行以垫款结欠，已达一万三千余万元，商请本部提前筹还，以资周转到部。本部为兼顾起见，经与该行商定，即将业经抵与该行之俄国退还庚子赔款余额，由本部印发凭证一万二千万元，交由该行收执，偿还垫款一万二千万元，其余欠之数，由本部另行筹还。此项凭证，定名为俄国退还庚款余额凭证，自民国二十四年一月份起，至三十四年十二月份止，分一百三十二个月还清，月息六厘，每月依照还本付息表，还本付息一次，至还清之月为度。其二十四年一月份起，至二十九年十二月份止，每月应拨之款，悉数在俄国退还庚款项下照付。自三十年一月份起，至三十四年十二月份止，每月除将前次退还余额，全数拨付外，不足之数，即在新增关税项下补足。前项凭证，并得由该行移转抵押，以资周转。除呈请行政院转呈备案并分函外，合行检同还本付息表一份，令仰该总税务司，自二十四年一月份起，至三十四年十二月份止，依照还本付息表之规定，按月如数拨交中央银行，另户存储备付，不得短少。再查俄国退还庚款项下，拨充七年长期公债基金，每年四百五十万元，自二十一年二月份起，已在关税项下，每月所拨八百六十万元内拨付。又每月拨充平津院校教育经费三十五万元，向系列入国家教育经费预算，按月由国库项下照付，均与此项基金不生抵触，并仰知照。此令。

〔国民政府财政部档案〕

3.财政部关于发行俄国退还庚款余额凭证致行政院密呈

（1934年12月17日）

密呈行政院

查本部结欠中央银行借垫款项，在祥〇接管时，为一万一千二百余万元，经宋前部长子文于民国二十二年十月间，与中央银行商定，以俄国退回庚子赔款，除按月拨付教育经费三十五万元外，全部作抵，自本年十二月起，每月拨还七十万元，至还清之日为止。迭准中央银行函称，该项垫款结欠既巨，前项作抵之俄国退回庚子赔款，每月拨还七十万元，须至民国三十六年以后，方能还清。数少期长，无法周转，商请提前筹还到部。祥〇为兼顾起见，呈请发行二十三年关税库券一万万元，作为偿还此项垫款之用，业经照准发行在案。惟自祥〇受任以来，外感世界不景气潮流之影响，社会经济日益枯竭，农村濒于破产，各种税项，虽税率略有增加，而税收未能如预计之畅旺。支出方面，则闽变敉平，抚绥善后，支应已感浩繁。而清剿军事，正在紧张之际，东南数省，复被旱灾。军需方面，既多额外之增加，灾区赈济，尤属非常之需要，以致每月不敷之数，仍常在一千三、四百万元之间。本部筹维运转，备感艰难，策计权宜，遂又商准中央银行，将二十三年关税库券借回，转向银行，押借款项，以应随时急切之要需。且年余以来，各项临时需要，国库调拨为难，复先后商由该行垫款，综计增加三千余万元。是旧垫之款，尚待筹偿，年来续垫，积数益巨。若依月拨七十万元旧案，期限更须延长，殊与银行业务有碍。本部前于征收白银出口税后，曾委托中央银行，会同中国、交通两银行，组织外汇平市委员会，平定外汇，暂定基金为一万万元，该行担任十分之四，尤须充实该行实力，俾尽责任。兹经本部与该行洽定，即将业经抵与该行之俄国退回庚子赔款余额，作为基金，由本部印发凭证一万二千万元，交由该行收执，偿还垫款一万二千万元，其余欠之数，由本部另行筹还。此项凭证，定名为俄国退还庚款余额凭证，自民国二十四年一月份起，至三十四年十二月份止，分一百三十二个月还清，月息六厘，每月依照还本付息表，还本付息各一次，至还清之月为度。其二十四年一月份起至二十九年十二月份止，每月应拨之款，悉数在俄国退回庚款项下照付。自三十年一月份起，至三十四年十二月份止，每月除将前项退还余额全数拨付外，不足之数，即在新增关税项下补足。前项凭证，并得由该行移转抵押，以资周转。除由本部令饬总税务司自民国二十四年一月份起，至三十四年十二月份止，依照还本付息表之规定，按月如数拨交中央银行另户存储备付外，中央银行凭到期本息凭证收款后，缴部核销，以清手续。庶几国家财政，银行业务，两有裨益。再查俄国退还庚款项下，拨充七年长期公债基金，每年四百五十万元，自民国二十一年二月起，已在关税项下，每月所拨八百六十万元内拨付。至每月拨充平津各院校教育经费三十五万元，仍照向例，按月由国库照拨。不至短少，合并声明。除分别函令外，理合检同还本付息表一份，备文呈请鉴核，转呈备案，指令只遵，实为公便。谨呈

行政院

附还本付息表一份〔缺〕

财政部长

〔国民政府财政部档案〕

4.行政院关于国民政府已核准发行俄国退还庚款余额凭证致财政部训令

（1935年1月5日）

行政院训令　字第二三号

令财政部

案查前据该部二十三年十二月十七日沪字第一号呈：为本部结欠中央银行借款款项，积数甚巨，经与该行商洽，将业经抵与该行之俄国退回庚子赔款余额，作为基金，由部印发凭证一万二千万元，交由该行收执，偿还垫款，余欠由部另行筹还。此项凭证，定名为俄国退还庚款余额凭证，分一百三十二个月还清，月息六厘，并得由该行移转抵押，以资周转。检同还本付息表，请转呈备案。等情到院。经提出本院第一九一次会议决议，通过。并呈请国民政

府鉴核备案，暨指令知照在案。兹奉国民政府二十三年十二月二十六日第四一号指令内开：呈件均悉，附件存。此令。等因。奉此，合行令仰该部知照。此令。

院长　汪兆铭

中华民国二十四年一月五日

〔国民政府财政部档案〕

四二、民国二十四年统税凭证

1.财政部为发行统税国库证收回俄国退还庚款余额凭证致中央银行函

（1935年2月16日）

函　沪库五四九号

本部兹为周转国库起见，印发国库证一万二千万元，月息六厘，指定应解国库之统税为基金，每月还本付息，分十一年本息还清。上项国库证拟商由贵行照数承购，计应得价款一万二千万元，即以所有价款，向贵行购回俄国退还庚款余额凭证一万二千万元，交库列收，以资应用。除训令税务署自二十四年二月份起，至三十五年一月底止，按照还本付息表所列数目，每月在征得统税项下，照数拨交贵行另户存储，作为备付前项国库证本息之用，并向贵行具函证明外，相应填具国库证预约券一纸，还本付息表一份，函请查照允办，并见复为荷。此致

中央银行

财政部长

〔国民政府财政部档案〕

2.财政部为按月拨交统税国库证基金与税务署往来训令及呈

（1935年2月）

（1）财政部致税务署训令稿（2月16日）

训令

令税务署

本部兹为周转国库起见，指定该署按月应解国库之统税为基金，印发国库证一万二千万元，月息六厘，即归由中央银行照数承购，抄发还本付息表一份，仰该署在征得应解国库之统税项下，自本年二月份起，按照表列数目，逐月拨交中央银行核收，充作上项国库证应付本息之用，至本息全数还清之日为止。除分函外，合行令仰遵照办理，并向中央银行具函证明为要。此令。

（2）税务署复财政部呈（2月22日）

本年二月二十一日，奉钧部沪字第六十号训令内开：……①等因。并抄发还本付息表一份到署，自应遵办。除自本年二月份起，按照表列应付本息数目，逐月由署在征存统税项下，照拨交中央银行核收，并先行具函该行证明外，理合将遵办情形，具文呈复，仰祈鉴核。谨呈

财政部部长孔

次长邹、秦

税务署署长吴启鼎

中华民国二十四年二月二十二日

〔国民政府财政部档案〕

---

① 内容见上，兹略。

3.财政部拟定统税国库证预约券文字

(1935年2月)

国库证预约券文字

财政部为发给预约券事：兹由中央银行承购国库证一万二千万元，特先填给预约券一纸，计金额一万二千万元，俟国库证印制齐全，即凭此券换领正式库证，此券交由中央银行收执。

财政部长　孔〇〇

中华民国二十四年二月　日

〔国民政府财政部档案〕

4.财政部关于发行统税国库证以弥补1934年度收支不敷等情致行政院呈稿

(1935年8月13日)

呈

案查本年六月间，本部呈拟发行二十三年关税公债，以为抵补预算收支不敷五千万元案内，陈明二十三年度全年，因收入短少及支出超过，实际收支不敷之总数，俟年度终了结算清楚后，再为专案呈报在案。现在二十三年会计年度终了，已逾一月，虽未届总决算编成期限，然就经过状况及已具之大部份收支报告，加以稽核，是年度收支及亏短情形，已可得其梗概。

二十三年度国家总预算，收支不敷，列为债款收入，以期预算之平衡者，计为五千万元。其后因总预算所列第二预备费支用罄尽，而水利事业费之必要支出，财源无着，另由本部以借款收入，追加预算者，计四百万元。故就预算言，是年度亏短数，为五千四百万元。

二十三年度各项税收，外受经济侵凌银价高涨之打击，内感天灾匪患民生憔悴之影响，颇多减色。关税一项，原以进口税为大宗，而进口税又以金单位计算，于银价之高涨，损失尤巨，现计关税短收约四千四百六十万元，盐税短收约一千四百八十万元，烟酒税短收约三百六十万元。协款收入一项，以冀察两省协拨华北军费，一再请求减免，曾将一部分改归国库负担；而浙江箔税协拨教育费之一部分，事实上亦未能照解，故亦短收一百九十四万元。其余各项，亦略有短绌。总计是年度各项收入，比照原预算所列，约须短少六千六百二十万元。

二十三年度军务费支出，原核定总概算内所列，连同非常军费，合共四万四千零七十五万余元。嗣于修订概算时，经本部与蒋委员长往返电商，酌拟减列。最后商定，减为三万九千九百九十余万元，并以军事教育费一千五百万元，移列教育文化费类，国防建设费一千四百万元，移列建设费类，边省留用国税三千八百万元，移列补助费类。其军务费一项，列为三万三千二百九十九万余元，实际上较原核定概算，减列四千零七十六万元。当时蒋委员长以所减过多，事实上确有困难，曾一再声明，如有临时特支之款，仍须另行筹拨，以资济助。二十三年度军务费一项，即照此编定，列为三万三千二百九十九万余元，其间三千四百五十四万余元，系由各机关拨付，其余二万九千八百四十四万余元，应由国库直发。现计各机关拨付军费，尚未完全报部转帐，有无超越，未能确定。而国库直发，属于二十三年度之军务费总数，共达三万二千一百零四万余元，约超过原预算二千二百六十万元。

又债务费预算，原列二万五千七百五十三万余元，除在年度进行中，国库周转上，临时借垫各款，所应负担之利息，及零星借款本息之未经列入预算者，约一千二百五十余万元，大致与原预算所列第一预算费及外债庚款项下余额，约可相抵外，其因一次清偿以前年度积欠中央银行垫款一万零二百万元，及发行俄退庚款凭证、统税国库证应付本息，与增加中央银行资本时暂发之国库证一次利息等款支出，均须于原预算以外，另行筹划。核计债务费支出，约须超过原预算一万一千一百三十七万余元。至于党政教育建设补助等费，一部分由各机关自有收入抵支，一部分由国库直发，大多依照预算，扣算足款，并无若何余裕，可资挹注。

再是年度内，以白银问题发生，各地金融颇感紧急，不得不增厚银行资金力量，俾得安定市面。查中央银行资本，遵令扩充为一万万元一案，除以该行原有资本及公积金各二千万元抵拨外，应由国库补拨六千万元。经于上年底，以该行盈余及国库另拨现金共三千万元，交由该行，作为应拨资本之一部分，其余三千万元，以二十四年金融公债照数抵付。又增加中国银行官股股本一千五百万元，交通银行官股股本一千一百万元，中国农民银行官股股本二百五十万元，以上中国等三银行，增加股本共计二千八百五十万元，亦均以二十四年金融公债拨充。总计增加银行资本，以现金拨充者，计三千万元，以二十四年金融公债拨充者，计五千八百五十万元。

本年五月底，上海钱业周转不灵，整个金融被其牵动。为挽救危机，先其所急起见，由库拨给二十四年金融公债二千五百万元，交由上海市钱业监理委员会具领，以资救济。上述银行增资及救济钱业，均为特殊性质之支款。而现在关于国内工商业之救济，尚在进行中，此项收支，拟俟救济钱业与工商业事宜告一段落后，另行结算，俾与普通预算收支，划清界限。

基于上述情形，二十三年度预算收支不敷原为五千四百万元，一方因预算所列收入短少六千六百二十万元，一方因军务费支出增加二千二百六十万元，债务费支出，以拨还以前年度旧欠垫款及拨付本年度内发行之凭证公债基金，未经列入预算者，计增加一万一千一百三十七万元。其收支不敷之总数，遂达二万五千四百一十七万元之巨，除以二十三年关税公债五千万元、俄退庚款凭证一万二千万元抵补外，计尚不敷八千四百一十七万元。爰于本年二月间，复印发月息六厘，以统税为担保之国库证票面一万二千万元。并为便利周转起见，商准中央银行，以此项国库证归由该行承购，所得价款，再向该行购回俄退凭证票面一万二千万元，本息票自第二期起，即以俄退凭证，分向银行抵借，以资抵补。

总计二十三年度，由政府先后发行二十四年金融公债一万万元，俄退庚款凭证一万二千万元，统税担保国库证一万二千万元，二十三年关税公债一万万元。骤观之固属甚巨，然加细按，二十四年金融公债一万万元，系用于中央、中国、交通、农民等银行增加资本及救济钱业、工商业，其资金仍复存在，是为增加资产。俄退庚款凭证内之一万零二百万元，用于归还以前年度结欠中央银行之垫款，是为减轻负债，并可减少以后利息之负担。二十三年关税公债一万万元之一部分，用于收回二十三年关税库券票面五千万元，以腾出财源。其实际用以弥补是年度岁计亏短者，仅凭证票面一万三千八百万元及二十三年关税公债之一部分耳。

慨自世界经济恐慌，日趋严重，去岁复受美国提高银价影响，白银巨量流出，金融紧迫，前所未有。绸缪补苴，幸渡难关。兹值年度告终，除关于二十四年金融公债、二十三年关税公债、及俄退庚款凭证之发行，曾先后呈奉核准在案外，理合将二十三年度国家收支概况及印发统税担保国库证一万二千万元，弥补岁计亏短情形，并检同还本付息表二份，备文呈请鉴核，转呈备案，指令只遵，实为公便。谨呈

行政院

〔国民政府财政部档案〕

5.行政院关于发行统税国库证已由国民政府核准备案致财政部密训令

（1935年9月14日）

行政院密训令　字第四八六六号

令财政部

案查前据该部呈送二十三年度国家收支概况，及印发统税担保国库证一万二千万元，弥补岁计亏短情形一案，经转呈国府并函中政会议秘书处转陈在案。兹奉国民政府密字第六八号训令开：为令饬事：案准中央政治会议二十四年九月五日密函开：案据行政院第二八〇二号密函，为据财政部呈送二十三年度国家收支概况，及印发统税担保国库证一万二千万元，弥补岁计亏短情形一案，检同附件，函请鉴核备案到会。经本会议第四七三次会议决议，准予备案。相应录案函达查照，转行该院知照。等由。准此。查此案前据该院径呈到府，经饬交主计处在案。兹准前由，自应照办。除函复并令主计处知照外，合行令仰该院知照，并转饬财政部知照。此令。等因。合行令仰该部知照。此令。

院长　汪兆铭

中华民国二十四年九月十四日

〔国民政府财政部档案〕

6.中央银行关于用统一公债换偿税统税凭证损失巨大请免掉换与财政部往来公函

（1936年5月）

（1）中央银行公函（5月18日）

中央银行公函　总字第543号

案查廿三年十二月间贵部以积欠本行款项，一时实难拨还现款，为兼顾起见，函请将业经抵与本行之俄国退还庚款余额，作为基金，由部印发凭证一万二千万元，交由本行收执，偿还垫款一万二千万元，当经本行照办。嗣于廿四年二月间，复准贵部来函，以印发国库凭证(即统税凭证)一万二千万元，商由本行照数承购，即以应得价款一万二千万元，向本行购回俄国退还庚款余额凭证一万二千万元，复经照办各在案。现此项统税凭证，依照贵部规定，应在掉换统一公债丁种债票之列。惟查本行前次承购俄国退还庚款余额凭证及统税凭证，均按照票面十足承购。兹以丁种债票换偿，本行损失甚巨，可否援短期国库证之例，免予掉换，由贵部改为押款，即以统一公债丁种债票及俄国意国退还庚款余额作为担保之处，相应函请查照允办见复为荷。此致

财政部

副总裁　陈行

中华民国廿五年五月十八日

(2)财政部复函稿(5月29日)

案准贵行总字第五四三号公函开：……① 等因。准此。查贵行上年承购之统税凭证，原系按照票面十足承购，并以统一公债丁种债票换偿，自属损失甚巨。兹为兼顾起见，所有统税凭证一万二千万元现存本金余额一万一千二百五十六万元，应准由部以现款如数赎回销毁。除另案拨付外，相应函复查照为荷。此致

中央银行

〔国民政府财政部档案〕

① 内容见上，兹略。

四三、民国二十四年金融公债

1. 财政部检送二十四年金融公债条例并请接洽办理致国债基金管理委员会公函

(1935年4月11日)

财政部公函　公字第10143号

案照政府为充实银行资金，拨还垫款，巩固金融，便利救济工商业，发行民国二十四年金融公债一万万元，所有公债条例、还本付息表，业奉国民政府明令公布。原条例第二条载，本公债定于民国二十四年四月一日发行。第四条载，本公债每年三月三十一日、九月三十一日，各付息一次。第五条载，本公债期限定为十年，前四年，每年三月三十一日还本一次；后六年，每年三月三十一日、九月三十日各还本一次。第六条载，本公债应还本息，指定新增关税为基金，由财政部命令总税务司依照还本付息表所列应还本息数目，按月平均提交中央银行收入国债基金管理委员会本公债户帐，专款存储备付。各等语。除训令总税务司查照表列还本付息数目，自本年四月份起，于每月二十五日，在新增关税收入项下，按月平均拨存中央银行收入贵委员会本公债户帐，备付到期本息，及分函中央银行查照办理外，相应抄录原条例，暨还本付息表，函达贵委员会查照接洽保管，并希先行见复为荷。此致

国债基金管理委员会

附抄送民国二十四年金融公债条例暨还本付息表各一份〔表略〕

财政部长　孔祥熙

中华民国廿四年四月十一日

民国二十四年金融公债条例

二十四年三月二十八日公布

第一条 国民政府为充实银行资金，拨还垫款，巩固金融，便利救济工商业，发行公债，定名为民国二十四年金融公债。

第二条 本公债定额为国币一万万元，于民国二十四年四月一日发行。

第三条 本公债按票面十足发行。

第四条 本公债利率定为周年六厘，每年三月三十一日、九月三十日，各付息一次。

第五条 本公债期限，定为十年，前四年每年三月三十一日还本一次，后六年每年三月三十一日、九月三十日各还本一次。自第一年至第四年，每年偿还本金总额百分之一，第五、第六两年，每年偿还百分之十四，第七、第八两年，每年偿还百分之十六，第九、第十两年，每年偿还百分之十八，至民国三十四年三月三十一日，本息全数偿清。

前项还本，以抽签法定之。

第六条 本公债应还本息，指定新增关税为基金，由财政部命令总税务司依照还本付息表所列应还本息数目，按月平均提交中央银行，收入国债基金管理委员会本公债户帐，专款存储备付。

第七条 本公债债票分为五千元、千元、百元三种。

第八条 本公债还本付息事宜，指定中央、中国、交通三银行为经理机关。

第九条 本公债债票为无记名式，得自由买卖抵押。如公务上须缴纳保证金时，得作为替代品，并得为银行之保证准备金。

第十条 对于本公债如有伪造及毁损信用之行为者，由司法机关依法惩治。

第十一条 本条例自公布之日施行。

〔国民政府财政部档案〕

四四、民国二十三年关税公债

1.行政院奉准财政部发行民国二十三年关税公债训令①

（1935年7月1日）

行政院训令　第三六三七号

令财政部

案奉国民政府二十四年六月二十四日密字第四七号训令内开：为令知事。案准中央政治会议二十四年六月二十日密函开：据行政院函称，本院第二一七次会议，据财政部孔部长提议：案查民国二十三年度国家总预算岁入临时门，列债款收入五千万元，注明本年度总预算收支不敷，由财政部腾出财源担保筹借，等语。本应早日筹妥担保基金举债弥补。惟以海关税收未能如预计之数额，即不应于关税上加增巨额之负担，是以迟迟未敢举办。所有预算不敷之款，暂由国库逐月【向】银行息借，以资应付。现值年度届满，此项借款又均到期，沪上金银紧迫，未便延不归还，自应发行公债，以为抵偿，而巨额基金仍属难于筹措。再四筹维，只有就近年所发年期较短之库券基金，设法筹出一部份，作为财源，担保新债，俾关税之负担无巨额之增加，而新债亦可发行。兹拟发行二十三年关税公债一万万元，以一部份换回二十三年关税库券票面五千万元销毁，腾出基金，其余票额，充归还上项借款之用。此项新债，虽总额为一万万元，而实际加增之数，不过五千万元，于债市或不致有所影响。至二十三年度全年，因收入短少及支出超过，实际收支不敷，仍俟年度终了结算清楚后，再为专案陈报。谨拟具民国二十三年关税公债发行原则、条例草案及还本付息表，提请公决，等情。

---

① 系抄件。

经决议通过，送中央政治会议，抄同民国二十三年关税公债发行原则、条例草案及还本付息表，函请核定，等由。经本会议第四六二次会议决议：准发行民国二十三年关税公债一万万元，原则五项通过，交立法院，相应抄同公债发行原则、条例草案及还本付息表函达，即希查照，交立法院审议，并饬行政院知照，等由。准此。自应照办。除函复并分令交立法院外，合行令仰该院知照。此令。等因。奉此。合行令仰该部知照。此令。

〔国民政府财政部档案〕

2．公债司抄送民国二十三年关税公债、条例等致钱币司函

（1935年7月12日）

案查发行民国二十三年关税公债一万万元一案，节经会同办理。兹奉发下行政院二十四年七月六日第三七二九号训令内开：案奉国民政府二十四年六月二十九日第五二九号训令内开：为令知事：查民国二十三年关税公债条例，现经制定，明令公布，应即通饬施行。除分令外，合行抄发该条例暨附表，令仰知照，并转饬所属一体知照。此令。等因。奉此，除分行外，合行抄发原件，令仰知照，并转饬所属一体知照。此令。等因到司。相应录令并抄同条例暨附表，函请贵司查照为荷。此致

钱币司

附抄件

公债司

七月十二日

民国二十三年关税公债条例

第一条　国民政府为弥补二十三年度总预算收支不敷，由财政部换回销毁民国二十三年关税库券票面五千万元，腾出基金，

发行公债，定名为民国二十三年关税公债。

第二条　本公债定额为国币一万万元，于民国二十四年六月三十日发行。

第三条　本公债按票面九八发行。

第四条　本公债利率定为年息六厘，每年三月、六月、九月、十二月之末日，各付息一次。

第五条　本公债债期定为十年，每年三月、六月、九月、十二月之末日，各还本一次，第一年还总额百分之四，第二年、第三年各还百分之六，第四年还百分之八，第五年至第八年各还百分之十二，第九年、第十年各还百分之十四，至民国三十四年六月三十日，本息全数偿清。

前项还本以抽签行之。

第六条　本公债应还本息基金，以换回销毁之民国二十三年关税库券票面五千万元原有基金移充外，其不敷之数，在新增关税项下照数补足，由财政部命令总税务司，依照还本付息表所载应还本息数目，按月平均拨存中央银行，列收国债基金管理委员会户帐，专款存储备付。

第七条　本公债票面分五千元、千元、百元三种，均为无记名式。

第八条　本公债指定中央银行为经理还本付息机关。

第九条　本公债债票得自由买卖抵押，凡公务上有须缴纳保证金时，得作为替代品，并得为银行之保证准备金。

第十条　对本公债有伪造及毁损信用之行为者，由司法机关依法惩治。

第十一条　本条例自公布日施行。

〔国民政府财政部档案〕

四五、民国二十四年四川善后公债

1.孔祥熙关于发行四川善后公债办法致蒋介石密电稿

（1935年5月23日）

巴县。蒋委员长钧鉴：嘉密。查整理川债，前奉吾兄马电，定为五千万元，业于上月敬日及本月支日先后电复杨秘书长照办，并请转陈，一面由部电令谢特派员及关、阮两委员，详查旧债案证，商承杨秘书长拟具办法，以凭核夺。现据谢、关两委员赍呈川省债务表册等件，兹拟办法如下：（一）川省债务，据谢特派员等报告，该省政府均已换成自发之金融公债，计共总额七千三百万元。该项债券自发行后迄现在止之平均市价，为三折一五左右，应合二千三百万元。（二）现拟由中央发行四川剿匪善后公债五千万元，以票面二千六百万元充整理旧债之用，以票面二千四百万元充四川剿匪军事及善后建设之用，由钧座主持支配。（三）此项公债周息六厘，九年还清，在中央四川部分盐税内每月提七十万元，以补助费名义，拨作本息基金。（四）川省收支整理，仍应责成四川财政厅会同财政特派员，参照前定整理财政办法大纲，切实进行。以上各节，统希察核见复，以便拟具条例，提请施行。弟孔〇〇叩。漾。钱。印。

〔国民政府财政部档案〕

2.孔祥熙关于发行四川善后公债提案

（1935年5月28日）

提案

查四川迭年内战，金融财政，久失常轨。自共匪流窜川境以来，军需浩繁，人心浮动，益趋紊乱。以金融言，四川地方银行发行主辅各券，共计三千三百余万元，所短准备数达二千三百万元，准备空虚，致时有挤兑情事，申渝汇价，亦时被影响，对于商业民生，妨碍尤多。以财政言，历年发行公债库券，数达四千二百余万元，又短期借款，数亦达二千万元，两共六千余万元。此项地方银行钞券及公债库券，均系川省私自发行，未经中央核准，各项借款，亦系地方事件，自均不应由中央代为整理。惟自共匪西窜，军事紧张，川省财政金融紊乱情形，影响剿匪军事，自非浅鲜。蒋委员长入川督剿，即以川省剿匪为完成剿匪军事最后之一段落，事虽一隅，关系及于全国，安定后方，至为重要。安定之道，尤以整理金融财政为入手要着，方足以达到统一川政，统一币制，便利剿匪工作之目的。迭经电商蒋委员长、刘主席，筹拟实施办法，并由部商请中央银行设立重庆分行，树立整理川省金融之始基。复遴派财政特派员，入川督促整理，数月以来，略具端绪。现据特派员报称：川省政府因整理债务，曾在中央盐税项下月提一百万元，为还本基金，田赋项下月提四十万元，为付息基金，自发金融公债一万二千万元，对于原发债券及短期借款，已分别性质，或按原额换给债票，或按云折升数，换给债票，共计换出金融公债七千三百万元。其余金融公债四千余万元，本拟作为地钞保证准备，但实际因收支不敷，已被挪用无余。且该项债券自发行迄今，平均市价为三一折之谱，等语。又查川省匪患，自经围剿以来，军费支出至巨，而经共匪蹂躏地方，收复以后，善后建设需费尤多，并应预为筹措。经部详加考虑，并屡次电商蒋委员长，除关于地钞事项另定整理办法外，兹拟由中央发行四川善后公债五千万元，以中央征收四川部分盐税项下所拨补助费，第一年月提五十四万元，第二年起月提七十万元，充作本息基金，周息六厘，八年还清。其用途以票面二千六百万元充整理川省旧债之用，以票面二千四百万元充四川剿匪军事及善后建设之用。如此办理，既可以利剿匪军事之进行，对于四川金融财政，亦可纳诸正轨，于解除川民痛苦，宣示中央德意，均有密切关系。

是否有当，谨拟具四川善后公债条例草案，还本付息表及发行原则，提请公决。

附四川善后公债条例草案、还本付息表及发行原则各一份〔略〕

提案人财政部长孔〇〇

〔国民政府财政部档案〕

3.孔祥熙关于四川善后公债增加发行额提案稿

(1935年6月4日)

提案

查本部为整理川省旧债，并补助川省剿匪军需，善后建设，拟就中央征收四川部份盐税项下，每月提拨税款七十万元，充作本息基金，发行四川善后公债五千万元，业经拟具条例草案、发行原则，提请钧院通过，转送中央政治会议议决，送交立法院审议在案。兹因接奉军事委员会委员长蒋电晤开：日下川省匪情变更，战事延长，需款较多。又值统一伊始，中央对于川省人民应示宽厚。因此整理川债，亦宜稍加优异，以安后方金融。筹划至再，其发行额至少须增至七千万元，方敷支配，等因。并据重庆市商会、银钱业公会等电称(照录原文①)等语。该请愿代表等亦经来部面陈困苦情形，经部复核，亦属不无理由。兹拟将原提四川善后公债发行总额改为七千万元，仍就四川部份盐税项下，按月提拨七十万元为准。延长期限为十二年零六个月，但第一年上半年仍只付息，不还本金。至公债用途，拟以四千四百万元整理川省旧债，以二千六百万元充四川剿匪军事及善后建设之用。似此办理，庶于补充军需之余，亦示中央爱护川民之德意，并于安定后方金融、协助军事进

① 该电原稿未收。

行，两有裨益。谨拟具修正四川善后公债条例草案、还本付息表及发行原则，提请公决。

〔国民政府财政部档案〕

4.蒋介石、孔祥熙等为发行四川善后公债来往文电

（1935年6—7月）

（1）蒋介石致孔祥熙电（6月2日）

孔部长勋鉴：卅秘、世沪各电悉。借密。对于川债内情，已详另电。如此事不于本星期内决定公布，一俟华北多事，则川事更难处理。望速照第一案发行七千万元，以为救川救国一线之生机。此时方针，当重在先定川局，再图大局之挽救，故多费几钱，总在国内民间，不算吃亏，切勿作普通事律看待也。中正。冬午。机蓉。

（2）孔祥熙致蒋介石密电稿（6月4日）

成都。委员长蒋钧鉴：嘉密。冬酉秘蓉电敬悉。整理川省旧债，并补助剿匪军事及善后建设，日前电陈拟发行四川善后公债五千万元，系遵兄意办理。至以二千六百万元作为整理旧债之用，实因川省自发金融公债，市价不过三一折之谱，且该公债原定期限十年，今则改为八年，利息加至六厘，基金稳固，各债权人所得保障亦非昔比。惟既承示匪情变更，战事延长，又值统一伊始，中央对于川省人民应示宽厚，以安后方金融。遵已将该发行总额改为七千万元，以四千四百万元整理川省旧债，按旧债七千三百万元计算，约合六折之谱；以二千六百万元充剿匪军事及善后建设之需。弟意原拟以四千万元拨还旧债，三千万元为善后之需，折合旧债，已在五五折之谱。因尊电主张六折，故照此办理。惟基金一项，详查川省盐税，除经费及镑亏等款外，所余数目每月不及九十三万。中央发行公债，不能不于本息基金力求稳固，以维债信。只有仍按月提七

十万元之标准，将该公债期限延长为十二年半，但第一年上半年只付利息，不还本金，已于今日提请院议，特先电复，敬希垂察。弟〇叩。支三。沪处。

(3)蒋介石致孔祥熙密电(6月5日)

孔部长庸〇兄勋鉴：世钱电悉。借密。三五折收换川债，持券人吃亏太大，渝市金融必促成崩溃。迭电已详，非改定发行额为七千万不可，请即照办，希勿迟疑为盼。中正。歌寅。秘蓉。印。

(4)孔祥熙致蒋介石密电稿(6月5日)

成都。蒋委员长钧鉴：嘉密。支二沪处电计承尊察。修正四川善后公债，发行额为七千万元一案，昨行政院会议已照案通过，特电奉达，希释廑注。弟〇叩。歌。钱沪。

(5)蒋介石致叶楚伧、汪精卫、孙科、孔祥熙密电(6月7日)

南京中央党部叶秘书长、行政院汪院长、立法院孙院长、上海孔部长勋鉴：枢密。接汪院长支电、孔部长歌钱沪电、叶秘书长微电，知川债发行额已修正为七千万元，至慰。惟弟迭电请求核准者，系指谢特派员带京之第一案而言，其债额为七千万元，利息六厘，偿还期九年，虽以四川盐税每月九十三万元为担保，然完全由中央负责，一切发行经理办法，与中央发行其他公债无异。经弟再三考虑，非如此，必办不通。顷据此间当局所得沪电，谓川债额虽改定七千万，但内容大有变更。(一)还期改九年为十二年半；(二)本公债定为四川通用银币；(三)只指定四川中央分行经理还本付息；(四)只准在四川省内买卖抵押。不胜骇异，未审所传确否。果尔，则弟对川省之金融、财政、军事各计划，均因此而全受牵动矣。查川省旧债，还期原定十年，中央负责整理，既折扣收换，只能缩为还期九年，万无再予延长之理。川币必须统一，必须收回改铸，以免害国害民，其改铸费，亦已略为筹定，一年以内，必须办到。今后即无川币、国币之分，中央发债，亦万无代表川币之理。况此次川债发行，原属整理性质，以中央新债之大部份，折换川省旧债，债原有主，并非新发，断不至影响沪上市场，何庸划明地域。若必规定，只由中央渝行经理本息，只准在川买卖抵押，直接限制其流通，即间接贬损其价格，不特川省金融命脉不能维持，即新债中内定二千余万以为剿匪善后之挹注者，亦必顿失其效用，而川省后方且常在危疑震撼之中，弟实无可为计，深盼以上消息，出于虚传。如诚有此议，即请切实主持，立予修正，务查照谢霖带京之第一案通过，不可变更其内容，至为企祷，并盼电复。弟中正手启。逕丑。秘蓉。

(6)孔祥熙致蒋介石密电稿(6月9日)

成都。蒋委员长钧鉴：嘉密。逕丑秘蓉电敬悉。兹特分复如次：(一)谢霖携京第一案，关于基金数目，定为月就盐款提拨九十三万元，系就川省原发金融公债基金一百四十八万元，除去整理地钞应拨五十五万元所得之数。实则四川部分盐税，迭经询，据盐务稽核所称：照最近二年实收额平均计算，年只九百万元，除应摊外债基金一百六十万元外，年仅七百四十万元。现以月拨七千万元为善后公债基金，应摊外债数目尚有短缺。中央发行公债，首须巩固债信，基金自应力求确实。谢霖所拟九年还清，数既不敷，且四川部分盐税余款既只此数，而其他税款均有一定用途，无可指拨为基金，所限公债偿还年限，自不得不酌予延长。(二)公债基金系以四川部分盐税拨充，此项税收皆系当地通用银币，为求基金确定，自不得不采用四川通用银币字样。且该项公债除还旧债外，其余部份尚须在川募集。查川洋与国币现在每千约差七十元之谱，倘用国币，则承购者必须照市面补水，转增川民负担，一俟川币改铸，则此项规定即与国币并无区别。(三)近来国内金融紧迫万分，上海尤甚，公债市场深感萧条，发行新债必致动摇市场。廿三年度即将终了，国库不敷之数，前曾商拟发行公债，以资弥补，迄今尚不敢办。川债如在上海发行，不惟无法发出，深恐影响市场，危及全局。况中央各种公债一律以关税为基金，按月由总税务司拨交国债基【金】保管委员会，基金收入，概在上海，故在上海市面流通。今川债系以四川部份盐税为基金，保管委员会必须在川成立，其发行故定于川省，并指定重庆中央银行为经付本息机关。(四)目下上海银钱各业，凡有公债者，均急欲脱售，尚无市场，何有实力消纳新债。川债如在沪发行，即使勉强脱售，价格必甚低下。在沪价既低落，在川更形影响不良。况广东近已提出发行一千五百万公债，山西及其他数省，亦有拟发行公债之请求。如在沪发行之例一开，上海公债市场筹码突然大增，将致中央公债价格同受影响，酿成中央财政不可收拾之局势，亦未可知。若在川发行，以川省商业金融情形观之，该项公债既可作为银行兑换券保证金、储蓄存款保证准备，仅以中央渝行领券而论，即可消纳大部，用途甚多，其价必在沪发行为高。总之，中央之视四川如同手足，事苟有利于川省，即可分兄之劳，并纾中央西顾之忧，弟无不竭力赴之。数月以来，对于川省财政金融以及剿匪军事，兼筹并顾，久已煞费苦心，谅荷明鉴。如川民再有要求，似不如将川省原发金融公债，由中央予以追认，以遂所欲。或由兄详审利害，另行开示方案，弟无不如命办理。至中央剿匪军费，自有财部负责，尤盼远释廑念。如何之处，统候裁示。弟〇叩。佳子。钱沪。

(7)孔祥熙致蒋介石密电稿(6月9日)

蒋委员长钧鉴：〇密。齐电谅达。尊阳丑电关于川债不必注明仅在川省通用一节，兹已饬将草案修正。至遇丑电所示四川通用银币一节，则原案所指系川省现所通用之各种银币，如总理开国纪念币、袁头及北洋旧币、川发汉字等银币，并非仅限汉字币及川造银币。盖就严格论，仅中央造币厂所造新币，始可称为国币也。弟〇叩。青午。沪处。

(8)孔祥熙致蒋介石密电稿(6月9日)

蒋委员长钧鉴:○密。齐电谅达。查谢霖所拟第一方案,全系就川省金融公债原案修改,故债额就原案所列,除去整理地钞部分四千六百万元改为七千四百万元,基金亦就川省估数盐税一百万元,田赋四十八万元,除去五十五万,而成九十三万,并未实查盐税收入确数。其用途方面规定为:(一)折扣换回金融公债;(二)偿还廿一军及其他各军债务;(三)补川省廿三、四年预算之不足。如果依照办理,似与前此尊电以三分之二整理旧债,三分之一为川省善后军政建设之旨不符,此项方案似仅为川省打算。盖中央发债,用以弥补地方不敷预算之例一开,各省请援,中央将穷应付,且其二项所称于刘部以外,复加其他各军,尤易引起纠纷。基金数既不符,方案自不成立,用特再电,详电以补详电所遗。弟○叩。青未。沪处。

(9)蒋介石致孔祥熙密电(6月13日)

限三小时到。上海、南京,孔部长庸之兄勋鉴:偕密。佳子钱沪电及青午、青未沪处电均悉、惟支三沪处电真晚始奉到。兄所顾虑各节,诚有详加商榷之必要,兹分别汇复如次:(一)查中央公债或中央核准各省之地方公债,均未注明只在某某省内买卖抵押字样,川债事同一律,青午电承示已饬将草案修正,至感盛意。(二)上海金融市场,弟同深焦虑,惟此次所发川债,其中以新换旧者,约四千四百万,债原有主,多属川人,并非新发,其余系行营整理川省军政及善后建设之二千六百万,拟于一年以内分期发行。虽不必尽由川外脱出,然亦不能指定专在川内出售。当视今后川省金融情形及商业元气,临时相机行之。余额既少,时间尚长,饶有伸缩余地,当不致影响上海债市。诚如佳子电所示,就川省商业金融及中央渝行领券而论,此项公债专供保证准备,即可消纳大部,更当不必以拥挤沪上为虑。(三)查川省市场,川币、国币及一切南北旧币,均一律通用,向无歧视,非对外汇兑,并不补水。中央渝行所收之现金汇兑,均以国币及旧币为最多，足资证明。现川币必须统一，故铸费有着，统一尤易，今后即无川币与非川币之分。故川债草案既承修正，不必注明仅在川省通用，则四川通用银币字样，亦请一并删除。（四）兄所最顾虑者为基金不足问题，谓盐税仅能月拨七十万抵债，故还期不得不延至十二年半。原为巩固信用起见，本无不可。惟川省盐税，已往因防区割据，苛杂太多，征缉不力，寅吃卯粮，弊混丛生。稽核所纸面帐目，虽不免短收，然年额实不止九百万。现值川政统一，拟即废除各地种种之附加，化难为易，票盐引盐，略为调剂其税率。据刘运使最近呈报，逐项确估，每年至少可收一千八百万以上，若边岸鄂岸税加整顿，或更不止此数。故每月拨付川债基金九十三万，已属不成问题，况川省盐税原属国税之一部，不宜长期受川债缚，致失支配之自由，故还期总以愈短为愈佳。即为提高债价，使便于市面运用及余额发行计，亦以缩短至九年为宜。究竟以九年或十二年为得计，皆请兄权衡得失，迅予决定，此点弟无成见。（五）谢霖带京之第一案，虽经行营指示而拟成，惟其所拟新债之用途，则实有未尽明了之处。盖新债换旧债，应作几成折扣，及廿一军以外各军，并未向公共市场募债，纵有欠债，中央不负整理之责，凡此均不宜事前明白宣布也。至新债余额二千六百万，更非弥补川省预算之不敷，乃因其不敷之故。行营对川应整理军事补助剿匪及一切善后建设，在在需款，现已赔垫不少，为日方长，今后不易仰助于中央，复无从取给于省库，自不能不资此以为挹注。此中真相于谢赴京之前，弟固亦未与之详谈也。弟中正叩。元戌。秘蓉。印。

（10）孔祥熙致蒋介石密电稿（6月15日）

重庆行营转成都蒋委员长钧鉴：笃密。元戌秘蓉电敬悉。兹奉复如次：（一）川债不必注明仅在川省通用一节，已饬将草案修正。（二）四川通用银币，并非纯指川币而言，尊意嘱予删去，亦无不可。拟即呈请将四川二字删去，修正为通用银币。（三）年限长短，原依基金计算。为保金债信，巩固后方金融，便利剿匪军事起见，对于基金，自应从宽计算，力求确实。据稽核总所报告，川省盐税，最近三年平均收入，年只九百万元，故不得不将年限延长。明知延长以后，川省盐税长期受川债束缚，不特失支配自由，抑增中央负担。但为稳妥起见，只得忍痛牺牲。兹奉电示，据刘运使最近呈报，逐项确估，每年至少可收一千八百万元以上，若边岸、鄂岸稍加整顿，或更不止此数。如该运使所报非虚，自可依照谢霖第一案，月拨基金九十三万元，九年还清。但公债一经发行，下月份起即须按月拨付基金，若每月不能拨足九十三万元，势将影响债信，自不得不郑重考虑。除电令谢特派员转引刘运使负责呈复以凭办理外，谨电鉴察，如何之处，立候裁示，以便遵行。弟〇叩。咸。钱沪。

(11)刘树梅致孔祥熙密电(6月18日)

南京。财政部部长孔钧鉴：民密。筱电计邀请鉴，月拨基金九十三万元一节，如将各处各盐附捐继续统一征收，将来应能办到。惟际此开始整理之时，困难万端，何时整个实现，尚无把握。且其中如抵补费等，已指作他项用途，无法挪移。拟于返渝后即往蓉，将此中详情向行营陈明，再当电陈核办。兼四川盐运使刘树梅叩。巧。印。

(12)蒋介石致孔祥熙密电(6月18日)

孔部长庸之兄勋鉴：感咸钱沪电敬悉。密。兄如确认为有十二年之必要，可即决定为十二年，请勿再因此延缓为荷。弟中正。啸亥。秘蓉来沪转。

(13)孔祥熙致蒋介石密电稿(6月21日)

重庆行营转成都蒋委员长钧鉴：笃密。啸亥秘蓉电敬悉。四川善后公债，已遵照尊意，改为通用国币，九年还清，且将修正原则提经中政会通过，现正催立法院从速审议，以期早日公布施行，请即释念。此项公债，年限既已缩短，实较中央多数债券为优，以上海债市比例，市价应在八折以上，似可至多以四千万元收回川发债券，其余三千万元，可供我兄军事之用，于川省财政及剿匪军费，补助实多。弟孔〇〇叩。马戌。钱沪。印。

(14)蒋介石致孔祥熙密电(6月25日)

南京。财政部孔部长庸之兄勋鉴：马戌钱沪电悉。初密。川善后公债改为通用国币，九年还清，至慰。至新债收换旧债，总以愈核减为愈佳，当详加审查也。中正。有巳。秘蓉。成都来沪转。

(15)关吉玉致蒋介石密电①(6月27日)

成都。委员长钧鉴：8888密。有蓉电敬悉。川债改为通用国币，还期缩为九年，债值诚较原案为优。旧债持券人原购价本有高低，如概以新债六折偿还，似亦稍欠公允，兹拟甲、乙两种办法。甲种办法：拟照旧债分别办理，原系十足发行之公债、库券及短期欠款，仍按川省所发金债收据，票额一律以新债六折偿还。其军需债券内有五十八万元，系五九折发行；二期盐税库券内三百三十余万元，系六三折；印花烟酒库券四百九十九万九千元，全部系五折发行；田赋公债内有一千二百十四万余元，系五一五折发行；剿赤公债一千万元，全部约合五五折发行；二期田赋公债二百八十万元，系五折作价，交地方银行准备库，作为保证准备。各债有全部未还者，有已还一部份者，现拟按未还债额，先照新债六折计算，再按其原发行或原折价之数目折实，给以新债票，约计可省六百余万元。惟此种办法手续繁重，川省换发金债收据机关，须负责将前述各债券根号底册和盘托出，始可逐一实施。乙种办法较为简单，拟仍照原案七千三百万元，将六折偿还办法改以五五折偿还，均计新债四千零十五万元，即可偿清，与孔部长所言四千万元之数适相吻合。如前与

① 系抄件。

请愿商民未有肯定之成议，似此种办法较易实现。当否，伏乞鉴核示遵。职关〇〇叩。感。印。

(16)孔祥熙致蒋介石密电(6月29日)

重庆行营转成都蒋委员长钧鉴：笃密。查四川善后公债，业经立法院通过。惟此项债票印制需时，为适应需要起见，由部先行印发预约券一册，计一百张，邮寄关代特派员收领填用。但此项公债之用途，以若干票面为整理旧债，若干票面为军事善后之用，仍请尊处核示，以凭饬遵。弟〇〇叩。艳。钱沪。

(17)关吉玉致孔祥熙密电(7月1日)

南京。部长孔钧鉴：利密。昨呈东印电，计蒙垂察。渝市六月底收交，虽用公债保管证办法，暂时渡过难关。但为期仅有五日，转瞬即届，倘不能根本解决，仍属难免崩溃。闻渝市银钱且又已呈请委员长设法救济，结果如何，尚不可知。惟渝市金融问题处处有牵动军事之可虑。前奉钧座艳钱沪电，公债预约券仅只印发一百张，可否饬司多发数册，由航空寄渝，以备万一缓急之需，如不填用，将来仍即呈缴。理合电陈，伏乞核示。职关吉玉叩。东申。印。

(18)关吉玉致徐堪密电(7月1日)

南京。次长徐钧鉴：利密。顷奉高司长勘电，知所需熟于金融币制人材，并荷垂注物色，感甚。惟川省当前紧急问题，厥为公债、地钞与渝市金融数事，伫待专家擘划，仍请速赐遴荐熟谙经济秘书一人、课长一人，俾资臂助。再，渝公债交换证，奉委座严令，限于六月底取消，而川省府以对商场挪欠太多，万难继续维其信用。且届年结束，正式解决办法，尚未决定公布，在此千钧一发时期，情势至为险恶。加以各银行签发各军饷项，保付支票二、三百万，若因筹码不敷，停止兑现，影响前方军事，所患尤大。职目击艰危，固难坐视。且委座与部座迭电嘱另筹有效救济方法，俾渡难关，敢不竭尽心力，奔走商□。最后仅商得两行保证五日之办法。期限极迫，万一两行借款仍属不成，惟冀部发之公债预约券于五日内递到，或可勉资周转。该项预约券可否交飞机递寄，并于一百张外酌加数目，以便应付，尤所切祷。另闻渝市商民已径电委座，请求速于救济，如何核示，未敢预测，合并电陈。职关吉玉叩。东酉。印。

(19)蒋介石致孔祥熙密电(7月2日)

孔部长庸之兄勋鉴：艳财沪电悉。浚密。川善后公债预约券确属刻不容缓，否则川省市场以筹码缺乏，一切均将搁浅，务请饬令漏夜赶印，于七月十号以前，派飞机解渝，交关特派员填用。只印一册，旧债户头太多，绝不敷用，应印五、六册寄来，其中拟以肆千万左右为收换旧债，其余则悉充行营军事善后之用。而旧债之中，在可能范围内，拟采分别整理之法，总以愈能节省为愈佳。已饬关特派员及刘财厅长切实研究，如何乃能节省，又能公允，日内即可提出报告也。中正。肖申。秘蓉。印。

(20)孔祥熙致蒋介石密电稿(7月3日)

成都。蒋委员长钧鉴：浚密。查四川善后公债预约券，已于六月卅日航寄关代特派员查收，并于艳日电请钧座将分配数目核示在案。该项条例现已公布，偿还期限亦已缩为九年，实较中央多数公债为优，价值应在八折以上。前奉有巳秘蓉电，允将整理旧债应折成数从严审核，可否即以善后公债票面三千万元或至多三千五百万元，为收换旧金融公债票面七千三百万元之用，即乞从速核示，以凭办理为祷。弟孔〇〇叩。江。钱京二。印。

(21)孔祥熙致蒋介石密电稿(7月4日)

成都。蒋委员长钧鉴：密。肖申秘蓉电敬悉。承示收换旧债办法，至佩荩筹。昨江钱京二电奉陈，谅亦荷鉴及。至公债预约券，已饬漏夜加印，日内印就，当如期航空寄渝，交关特派员收存备用，谨电奉复。弟孔〇〇叩。

(22)孔祥熙徐堪致关吉玉密电稿(7月5日)

重庆。关代特派员览：利密。东申、东酉、冬电均悉。江钱电谅已达览。此案业经提出中行常务理事会讨论，决议可予照借，其数照渝市银钱业所请原额，定为三百万元，期限一月。此项借款，只准在渝市周转，不得向外汇兑。除电陈蒋委员长察核、并由中央总行饬知渝行遵办外，特电知照。再，公债预约券现正加印，日内印就，即航空寄渝，合并饬知。部长孔、次长徐。微。钱。印。

(23)蒋介石致孔祥熙密电①(7月6日)

孔部长庸之兄勋鉴：江钱京二电敬悉。啜密。收换川债，现拟追查原来票根，分别整理，或可稍为节省。然仍须新债票四千万左右，方足调换，与兄马沪钱电所见，正复相同，且于冬电详复，计先达览。盖川债之真实血本，亦盼与此数相符也。弟中正。鱼亥。秘蓉。

(24)蒋介石致关吉玉密电②(7月7日)

限即刻到。财政特派员公署关特派员：感电及鱼电均悉。8888密。川债因发行原价之参差，一律六折，在软性部份虽尚可稍占便宜，然在硬性部份已显有亏损，若一律再改五五折，恐益难公允。自仍以感电所拟甲种办法为宜，大约以四千万新债调换为度，应如何追查票根，分别整理，希与刘厅长商洽，切实研究，妥拟办法为盼。中正。阳子。秘蓉。

(25)孔祥熙致关吉玉代电稿(7月25日)

①② 系抄件

重庆。关财政特派员览：民国二十四年四川善后公债基金保管委员会组织规程，业经本部拟具草案，呈奉行政院令准备案，由部公布。该规程第二条规定：本委员会委员九人，由财政部、四川省政府、盐务机关、财政厅、审计机关、重庆中央银行、银行业、钱业、商会各推派代表一人组织之，并以财政部代表为主席委员，财政部代表以四川财政特派员充之。等语。兹派该员为本部代表，并为主席委员。除分电各关系机关推派代表，并将该规程另行分发外，仰即遵照召集各代表组织成立，并呈报为要。部长孔〇〇。有。公印。

〔国民政府财政部档案〕

5.公债司抄送民国二十四年四川善后公债条例等致钱币司函

(1935年7月12日)

案查发行民国二十四年四川善后公债七千万元一案，节经会同办理。兹奉发下行政院二十四年七月六日第三七二八号训令内开：案奉国民政府二十四年六月三十日第五三〇号训令开：为令知事：查民国二十四年四川善后公债条例，现经制定，明令公布，应即通饬施行。除分令外，合行抄发该条例暨附表，令仰知照，并转饬所属一体知照。此令。等因。奉此，除分令外，合行抄发该条例暨附表，令仰知照，并转饬所属一体知照。此令。等因到司。相应录令并抄同条例附表，函达贵司查照为荷。此致

钱币司

附件

公债司启

七.十二

民国二十四年四川善后公债条例

第一条　国民政府为督促四川剿匪，办理善后建设事业及整理债务，发行公债，定名为民国二十四年四川善后公债。

第二条　本公债定额为国币七千万元。

第三条　本公债定于民国二十四年七月一日，按票面十足发行。

第四条　本公债利率定为年息六厘，每年六月及十二月末各付息一次。

第五条　本公债还本期限定为九年，自发行日起，最初半年只付息，以后每半年还本一次，第一次还总额百分之二，第二次至第五次各还总额百分之五，第六次至第十一次各还总额百分之六，第十二次至第十七次各还总额百分之七，至民国三十三年六月三十日，本息全数偿清。

前项还本在重庆以抽签行之。

第六条　本公债应还本息，以中央征收四川部分盐税项下所拨给补助金第一年每月四十七万元、第二年起每月九十三万元为基金，由财政部令行稽核总所转饬四川盐务征收机关，按月照数拨交中央银行重庆分行，收入本公债基金保管委员会户帐，专款存储备付。

前项基金保管委员会组织规程，由财政部拟订，呈请行政院核准备案。

第七条　本公债票面分十元、百元、千元、万元四种，均为无记名式。

第八条　本公债指定中央银行为经理还本付息机关。

第九条　本公债债票得自由买卖抵押，凡公务上须缴纳保证金时，得作为替代品，并得作为银行之保证准备金。

第十条　对于本公债有伪造及毁损信用之行为者，由司法机关依法惩治。

第十一条　本条例自公布日施行。

民国二十四年四川善后公债还本付息表〔略〕

〔国民政府财政部档案〕

四六.民国二十四年整理四川金融库券

1.孔祥熙关于拟以中央所收川省统税及印花烟酒税为基金发行整理四川金融库券提案稿

（1935年7月9日）

提案　补680号

查四川庶政，历年未入正轨，财政金融，尤为紊乱，其所设之地方银行，既未呈经中央核准，而所发钞票，为数达三千三百余万元之巨，其中毫无准备者，多至二千三百余万元。以致时有挤兑情事，申渝汇价，亦时被影响，商业民生，胥受其害。以法令言之，本不应由中央代为整理，惟自“共匪”流窜川境以后，军事紧张，财政竭蹶，川省既无自行整理之力，市面遂呈极度恐慌之状，妨碍剿匪进行，殊非浅鲜。蒋委员长入川督剿，迭经往复电商，以为川省剿匪，为完成“剿匪”军事最后之一段落。事虽一隅，关系及于全国，安定后方金融，不能不【由中】央为之处理，以利军事之进行。特商请中央银行于重庆开设分行，停止地方银行之发行，并经川省府咨请本部代向中央渝行商借二千三百万元，为整理地钞之用，指定川省税款月拨五十五万元为基金，发行国库重庆分库凭证二千六百四十万元，交由中央渝行作为借款本息之担保。其二千三百万元以外之地钞，由川省府自行筹足准备，交由中央渝行一并整理，亦经川省府咨明在案。兹查中央渝行承借此项整理地钞之款，为数颇巨，而国库凭证复不能在市面流通，势须调拨现金。值此全国金融紧迫之时，中央银行负担綦重，支配为难，倘一不慎，深恐牵动全局。再四筹维，为便利中行调现及在短期收清地钞起见，拟以中央所收川省统税及印花烟酒税款内，月拨五十五万元为基金，由中央发行整理四川金融库券三千万元，定期六十四个月清偿，专充收回川省地钞之用。如此办理，地钞收回，短期内即可告竣，与统一发行既相符合，中行责任亦可较轻，庶收安定金融之速效，以充剿匪之全功。谨拟具民国二十四年整理四川金融库券条例草案、还本付息表及发行原则，提请公决。

附整理四川金融库券条例草案、还本付息表及发行原则各一份〔略〕

提案人：财政部长孔祥熙

〔国民政府财政部档案〕

2.孔祥熙拟以川省统税等为基金发行整理金融库券致刘湘电稿①

(1935年7月21日)

成都。四川省政府刘主席甫澄兄勋鉴：初密。查川省整理地钞借款一案，原拟由贵府〔省〕政府每月在特税项下拨付五十五万元，作为基金，由国库重庆分库发行凭证，交中央渝行收执。惟整理地钞，需款甚巨，而中央渝行所执凭证不能在市流通，须向总行调现。值此全国金融紧迫之际，中行负担綦重，为便利中行调现及在短期收清地钞起见，经拟以应归中央所收川省统税及印花、烟酒税款内，月拨五十五万元，指定为发行库券基金，由中央发行库券三千万元，定期清偿，是原拟在地方特税项下指作基金之款，已毋庸由省拨付，而统税货品，本应属诸中央征税，地方不得重征。迭经本部饬行特派员筹备开办统税在案，现在又已拨作整理地钞，发行库券基金，则改办统税更不容缓。查川省每年所收统税货品，据财政特派员折呈，计卷烟税约有二百六、七十万余元，其棉纱及其直接织成品、火柴运达川省，被重征退税者，就税务署统计，棉纱约有一百

① 此电为税务署主稿，由沪译发。

三十六万元，火柴约有二万二千元。又，在川省所设火柴厂十九家，麦粉厂三家，据特派员所报，每年产量按照统税税率核算，约可收税四十五万元，总计每年税收为四百四十三万二千余元。此次中央拟将贵省统税及印花、烟酒税收入指定为发行库券基金，所有贵省从前对于卷烟、棉纱、火柴、麦粉、水泥等项统税货品所收之各项地方税捐，自应即日停业征收，交由中央改办统税，以资抵补前项基金，而期划一税政。除经电饬财政特派员将各项统税从速筹备，定期改办外，相应电请贵省政府查照办理，并盼电复为荷。弟孔〇〇叩。歌。税沪。印。

〔国民政府财政部档案〕

3.财政部关于奉令颁发民国二十四年整理四川金融库券条例的训令

（1935年7月29日）

财政部训令　公字第17494号

令四川财政特派员

案查中央为整理四川金融，便利剿匪进行，发行民国二十四年整理四川金融库券三千万元，其条例暨还本付息表，业于本年七月二十六日奉国民政府明令公布，通饬施行。原条例第三条载：本库券于民国二十四年八月一日发行。所有应拨本库券本息基金，除由部训令税务署按月照数拨交中央银行收入国债基金管理委员会本库券户帐专款存储备付外，合行抄发原库券条例及还本付息表，令仰知照。此令。

计抄发民国二十四年整理四川金融库券条例、还本付息表各一份〔表略〕

中华民国廿四年七月廿九日

部长　孔祥熙

民国二十四年整理四川金融库券条例

第一条　国民政府为整理四川金融，便利剿匪进行，发行库券，定名为民国二十四年整理四川金融库券。

第二条　本库券定额为国币三千万元。

第三条　本库券于民国二十四年八月一日，按照票面九八发行。

第四条　本库券利率定为按月五厘。

第五条　本库券偿期定为六十四个月，自发行日起，每月末日偿还本息总数五十五万元，息随本减，至民国二十九年十一月三十日本息全数偿清。

第六条　本库券应还本息，以中央所收四川部分统税及印花烟酒税月拨五十五万元为基金，由财政部命令税务署按月照数拨交中央银行，收入国债基金管理委员会本库券户帐专款存储备付。

第七条　本库券券面分为五千元、千元、百元三种，均为无记名式。

第八条　本库券指定中央银行为经理还本付息机关。

第九条　本库券得自由买卖抵押，凡公务上须缴纳保证金时，得作为替代品，并得为银行之保证准备金。

第十条　对于本库券如有伪造及毁损信用之行为者，由司法机关依法惩治。

第十一条　本条例自公布日施行。

〔国民政府财政部档案〕

四七、民国二十四年电政公债

1.财政、交通两部为送民国二十四年电政公债条例等致国债基金管理委员会公函

（1935年10月11日）

财政交通部会公函　公字第一四四六八/二五〇四号

案查政府为整理及扩充电报、电话及无线电，由本部等会同发行民国二十四年电政公债国币一千万元，所有公债条例及还本付息表，业奉国民政府九月三十日明令公布，通饬施行。原条例第五条载，本公债还本付息，指定在交通部国际报费项下，除已指定拨付（一）中英庚款董事会各项借款本息，（二）邮政储金汇业局代理收付合同每月透支之款，及按月结帐找款外之余款为基金。设有不足，另由交通部在其他电政收入项下拨补足额，由交通部命令国际电信局，依照还本付息表所载数目，每月二十五日平均拨存中央银行，列收国债基金管理委员会本公债户帐，专款存储，备付到期本息。各等语。除另令邮政储金汇业局及国际电信局遵照办理，按月于二十五日将应拨基金平均拨存中央银行，收入贵委员会户帐，备付到期本息，并分函中央银行查照办理外，相应抄录原条例暨还本付息表，函达贵委员会查照接洽保管，并希先行见复为荷。此致

国债基金管理委员会

附抄送民国二十四年电政公债条例及还本付息表各一份〔表略〕

财政部长　孔祥熙

交通部长　朱家骅

中华民国廿四年十月十一日

民国二十四年电政公债条例

二十四年九月三十日公布

第一条　国民政府为整理及扩充电报、电话及无线电，由财政部会同交通部发行公债，定名为民国二十四年电政公债。

第二条　本公债定额为国币一千万元。

第三条　本公债定于民国二十四年十月一日按票面额九八发行。

第四条　本公债年息定为六厘。

第五条　本公债还本付息，指定在交通部国际报费项下，除已指定拨付（一）中英庚款董事会各项借款本息、（二）邮政储金汇业局代理收付合同每月透支之款，及按月结帐找款外之余款为基金。设有不足，另由交通部在其他电政收入项下拨补足额，由交通部命令国际电信局，依照还本付息表所载数目，每月二十五日平均拨存中央银行，列收国债基金管理委员会本公债户帐，专款存储，备付到期本息。

第六条　本公债每三个月还本付息一次，于每年三月、六月、九月、十二月之末日行之。

第七条　本公债分七年半还清。第一年至第三年每年共还总额百分之十二，第四年至第七年每年共还百分之十四，第八年之半年，共还百分之八，至民国三十二年三月三十一日本息全数偿清。

前项还本，于每次到期前二十日，以抽签定之。

第八条　本公债指定中央银行为经付本息机关。

第九条　本公债债票为五千元、千元、百元三种，均为无记名式。

第十条　本公债债票得自由买卖抵押，凡公务上须缴纳保证金时，得作为替代品，并得为银行之保证准备金。

第十一条　对于本公债债票有伪造或损坏信用之行为者，由司法机关依法惩治。

第十二条　本条例自公布之日施行。

〔国民政府财政部档案〕

四八、民国二十四年水灾工赈公债

1.财政部抄发民国二十四年水灾工赈公债条例等训令

（1935年11月18日）

财政部训令　公字第20192号

令四川财政特派员公署

案奉行政院二十四年十一月七日第五八四八号训令内开：案奉国民政府二十四年十一月一日特字第七号训令内开：为令饬事。查民国二十四年水灾工振〔赈〕公债条例，业经制定，明令公布，应即通饬施行。除分令外，合行抄发该条例暨附表，令仰知照，并转饬所属一体知照。此令。等因。奉此，除分令外，合行抄发原附条例暨附表，令仰知照，并转饬所属一体知照。此令。等因。奉此，除分令外，合行抄发原条例及还本付息表，令仰知照。此令。

计抄发民国二十四年水灾工振〔赈〕公债条例及还本付息表各一份〔表略〕。

部长　孔祥熙

中华民国二十四年十一月十八日

民国二十四年水灾工振〔赈〕公债条例

二十四年十一月一日公布

第一条　国民政府为救济水灾，办理工振〔赈〕，发行公债，定名为民国二十四年水灾工振〔赈〕公债。

第二条　本公债定额为国币二千万元。

第三条 本公债定于民国二十四年十一月一日，按票面九八发行。

第四条 本公债利率定为年息六厘，每年四月及十月末日各付息一次。

第五条 本公债偿还期限，定为十二年，自发行日起，前五年只付利息，自第六年起分七年还本，每年四月及十月末日各还本一次，第一次至第十二次各还总额百分之七，第十三次及第十四次各还总额百分之八，至民国三十六年十月三十一日全数偿清。

前项还本以抽签法行之。

第六条 本公债应付利息基金在国库拨存救灾准备金项下拨充，后七年应还本金基金指定在新增关税项下拨充，由财政部命令国库及总税务司依照还本付息表所载应还本息数目，分别按月平均拨交中央银行，收入国债基金管理委员会户帐，专储备付。

第七条 本公债票面分十元、百元、千元三种，均为无记名式。

第八条 本公债指定中央银行为经理还本付息机关。

第九条 本公债得自由买卖抵押，凡公务上须缴纳保证金时，得作为替代品，并得为银行之保证准备金。

第十条 对于本公债有伪造及毁损信用之行为者，由司法机关依法惩治。

第十一条 本条例自公布日施行。

〔国民政府财政部档案〕

四九、第二期铁路建设公债

1.第二期铁路建设公债条例

（1936年1月30日）

第二期铁路建设公债条例

二十五年一月三十日公布

第一条　铁道部为实现兴筑新路，整理旧路计划，再发行公债二千七百万元，专充玉萍铁路南萍段之用，定名为第二期铁路建设公债。

第二条　本公债于民国二十五年二月一日发行。

第三条　本公债按票面额九八发行。

第四条　本公债年息定为六厘，按票面额核计，自发行之日起算，每年六月底及十二月底，各付息一次。

第五条　本公债自民国二十五年六月三十日起，依照还本付息表规定数额，用抽签法开始还本。分十年六个月二十一次，至民国三十五年六月三十日，全数还清。

前项抽签，于每次还本期前二十日举行之。

第六条　本公债还本付息事宜，由铁道部委托公债基金保管委员会办理，并指定中央、中国、交通三银行为经付本息机关。

第七条　本公债之还本付息，以铁道部直辖国有铁路余利为基金，由铁道部按照本公债还本付息表所列数额，每月提交公债基金保管委员会指定承借南萍段铁路建筑款项之银行，专户存储，以备到期给付。

第八条　本公债基金，由铁道部派代表三人，财政部、审计部各派代表一人，发行银行公推代表二人，共同组织公债基金保管委员会，负责保管。其组织规程，由铁道部拟订，呈由行政院核定之。

第九条　本公债不得移作别用。

第十条　本公债票面定为一万元、一千元两种。

第十一条　本公债为无记名式，得自由买卖抵押。凡公务上须缴纳保证金时，得作为担保品，并得为银行之保证准备金。

第十二条　对于本公债如有伪造及毁损信用之行为者，由司法机关依法惩治。

第十三条　本条例自公布日施行。

〔国民政府交通部档案〕

五〇、民国二十五年短期国库凭证

1.财政部请准发行短期国库凭证致行政院密呈①

（1936年1月21日）

密呈　1690

谨查本年度开始以来，国内金融紧迫情形，有增无减，国家税收仍蒙极大影响，而年度预算反较上年度增加，是以国库收支极感支绌，每月不敷常达二千数百万元之巨。再查上年度终，本部结欠中央银行垫借款为五千余万元，本年度进行中仍商由该行络续借垫，结至最近止，共欠达一万万元以上。溯自实行法币以来，该行正拟改进组织招集商股，俾使与民共有，而招中外大信，是以本部结欠尤不能久悬。兹商准该行由部发行短期国库凭证一万万元，分二十五年三月底、六月底、九月底、十二月底四期，每期各还本金二千五百万元，并各按月息六厘付息，按九八作价，归由中央银行承购，所得价款，全数归还垫借款。上项国库证所有到期应付本息，即以本年度预算中所列，应由本部自筹财源之收入，以资抵补。谨将发行短期国库凭证经过情形，呈请钧院鉴核，转呈国民政府准予备案，实为公便。谨呈

行政院

财政部长孔〇〇谨呈

二五、一、二一

〔国民政府财政部档案〕

---

① 系抄件。

2.行政院关于国民政府核准发行短期国库凭证致财政部训令

（1936年2月12日）

行政院训令　字第九二九号

令财政部

案奉国民政府廿五年二月十日密字第二七号训令内开：为令饬事：案准中央政治委员会廿五年二月五日密函开：据行政院函称：案据财政部廿五年一月廿一日库字第一六九〇号密呈称：……①等情到院，经提出本院第二四七次会议决议通过，转呈国府，并报告中央政治委员会备案，除呈报外，函请鉴核备案。等由。经本会第七次会议决议，准予备案，相应函请查照饬知。等由。准此，自应照办。除函复外，合行令仰该院知照，并转饬财政部知照。此令。等因。奉此，合行令仰该部知照。此令。

二五、二、十二

〔国民政府财政部档案〕

3.财政部为短期国库凭证仍照原定期限拨付本息免换统一公债致中央银行函

（1936年3月24日）

抄函　19031

案查本部前以短期国库证一万万元归还贵行垫借款，业荷贵行照办在案。此项国库证于发行统一公债案内，原经规定，以甲种债票换偿，本应依照办理。惟查此项国库证原定本年分三、六、九、十二月四期偿付本息，而统一公债甲种债票之本息，则须十二年清

---

① 内容见上，兹略。

偿。为公平及兼顾起见，此项国库证应即免予掉换统一公债，仍由本部按照国库证原定期限，拨付本息。除呈请备案外，相应函达查照。此致

中央银行

财政部长　廿五、三、二四

〔国民政府财政部档案〕

4.财政部关于办理统一公债掉换短期国库证、统税凭证经过情形与行政院来往呈指令

（1936年6—7月）

（1）财政部致行政院呈（6月27日）

呈　2191

案查本部于二十四年二月间，为弥补二十三年度岁计亏短，印发统税担保国库证一万二千万元，归中央银行承购。又于二十四年十二月间，发行短期国库证一万万元，归还中央银行垫款，均经先后呈奉钧院转呈国民政府，并报经中央政治会议备案。本年二月，为统一债券名称，巩固债信起见，发行统一公债换偿旧有各种债券，曾经规定短期国库证以甲种债票换偿，统税担保国库证以丁种债票换偿，在统一公债条例第三条内分别订明各在案。

前项短期国库证一万万元，原定期限一年，于二十五年内分三月、六月、九月及十二月四次偿清，月息六厘。当时按票面九八抵还中央银行垫款。统税担保国库证一万二千万元，原定分一百三十二个月，计十一年偿清，月息六厘。当时归中央银行承购，即以所得价款购回俄退庚款凭证票面一万二千万元，而俄退庚款凭证系照票面十足抵还中央银行垫款。此次换偿之甲种债票偿还期限为十二年，丁种债票偿还期限为二十一年，周息均为六厘，而市场价格恒在六折左右。中央银行以国库证为期票性质，与债券微有不同，依

照上项规定换偿债票，损失过于重大，要求免予掉换。

本部审度情形，中央银行资力有限，承受之两项库证总额尚有二万一千二百余万元之巨，换偿债票以后，按照规定期限收取本息，虽无损失可言，而资金呆滞，运用上不能充分发挥其效力。如在市面流通，则不但中央银行损失甚巨，而债市亦恐受其影响。中央银行原为国家银行，在此法币政策正在推进之际，似宜力予护持，以固信用。

兹经商定，前项短期国库证仍照原案条款，由本部按期筹还，其本年三月底到期之款，节经以戊种债票面额三千五百七十一万五千元，向银行抵借二千五百万元，如数偿还。统税担保国库证截止本年一月底止，结欠本额一万一千二百五十六万元，经由本部以丁种债票面额一万二千万元，并将意俄两国退还庚款余额为担保，向中央银行借款一万二千万元，即以一万一千二百五十六万元拨还中央银行，将统税担保国库证如数收回销毁。新订两项借款，月息均为六厘，与原发国库证所定利率相同，理合将经过情形，呈请钧院鉴核俯赐，转呈国民政府准予备案，实为公便。谨呈

行政院院长蒋

财政部长孔〇〇

二五、六、二七

(2)行政院致财政部指令(7月2日)

行政院指令　字第二四六一号

令财政部

二十五年六月二十七日库字第二一九一号，为以戊种债票面额三千五百七十一万五千元，向银行抵借二千五百万元，偿还本年三月底到期之短期国库证。又以丁种债票面额一万二千万元，并将意俄两国退还庚款余额为担保，向中央银行借款一万二千万元，如数收回前发统税担保国库证销毁，请鉴核转呈国府备案由。

呈悉。已转呈国民政府鉴核备案矣。仰即知照。此令。

院长　蒋中正

中华民国二十五年七月二日

〔国民政府财政部档案〕

五一、民国二十五年统一公债

1.财政部颁发统一公债掉换旧有债券办法布告

（1936年2月16日）

财政部布告　第一三二号

查本部为统一债券名称，巩固债信起见，发行统一公债，换偿旧有各种债券，于二十五年二月八日奉国民政府明令公布民国二十五年统一公债条例，通饬施行，业经布告在案。兹遵照原条例第三条规定，制定民国二十五年统一公债换偿旧有各种债券办法十五条，合行布告，俾众周知。凡持有该项公债条例第三条所列旧有各种债券者，务于该办法规定日期内，迳向上海江西路四五二号债券调换处或各地中央、中国、交通三银行申请换偿。特此布告。

中华民国二十五年二月十六日

财政部长　孔祥熙

民国二十五年统一公债换偿旧有各种债券办法

一、本办法依照民国二十五年统一公债条例第三条之规定，应换偿旧有各种债券如左：

（甲）甲种债票换偿二十二年爱国库券、短期国库证、十八年关税库券、二十二年华北战区公债、治安公债、十九年关税库券等债券。

（乙）乙种债票换偿十九年善后库券、二四库券、二十四年整理四川金融库券、二十三年关税库券、二十年卷烟税库券等债券。

(丙)丙种债票换偿十八年编遣库券、二十年统税库券、二十年金融短期公债、二十年盐税库券、二十年江浙丝业公债、十八年振灾公债、军需公债、十八年裁兵公债、二十年关税库券等债券。

(丁)丁种债票换偿十九年关税公债、七年六厘公债、二十年振灾公债、意庚款凭证、二十四年金融公债、二十三年关税公债、俄款凭证、统税凭证等债券。

(戊)戊种债票换偿二十二年关税库券、二十四年水灾工振公债、整理七厘公债、整理六厘公债、十五年春节库券等债券。

二、此次换偿事宜，由财政部令饬上海江西路四五二号债券调换处办理，其在远道各地，由财政部委托中央、中国、交通三银行代办。

前项换偿日期规定如左：

甲种债票定于二十五年三月十一日开始换偿；

乙种债票定于二十五年三月二十一日开始换偿；

丙种债票定于二十五年四月一日开始换偿；

丁种债票定于二十五年四月十一日开始换偿；

戊种债票定于二十五年四月二十一日开始换偿。

以上五种债票自开始换偿之日起，均依照本办法各条规定办理。

三、第一条所列旧有债券，除已中签之公债票，不再换偿外，均按同种债券面实存本金数额，依本办法第一条文规定，以同种同额之统一公债票换偿之。例如第一条甲项所列之旧有债券，如二十二年爱国库券等六种，均为同种债券，可以一并计算，换偿甲种债票，乙项所列之旧有债券，如十九年善后库券等五种，均为同种债券，可以一并计算，换偿乙种债票，余类推。

前项旧有债券实存本金数额，暨应缴之附带本息票或息票，并历次中签号码，由财政部印制简明表，存债券调换处及委托调换之银行，以便持票人查阅。

四、持票人申请换偿时，应向债券调换处或委托调换之银行，领取申请书，分为甲乙丙丁戊五种，照式填载，并注明旧券名称种类张数及实存本金数额，暨附带本息票或息票张数，一面在旧券正面财政部印右边，逐一加盖本人图章或签字，并将申请书加盖同样之图章或签字，交债券调换处或委托调换之银行，掣取临时收据。

前项申请书，由财政部印发，其式样如左：〔略〕

五、债券调换处或委托调换之银行，收到前项申请书及旧券时，应先查核所交旧券暨附带本息票或息票张数，是否与申请书所载相符，次查核旧券与申请书已否加盖本人同样之图章或签字。如系公债票，应查对原债票号码，已否中签，如已中签，应即退还持票人，并告以持向经理还本付息之银行兑取本银。

前项所收旧券，经查明无误后，应即填发临时收据，交持票人收执。

前项临时收据，债券调换处用两联式，以一联存根，一联交给持票人。委托调换之银行用四联式，第一联为收据，第二联为通知单，第三联为报告单，第四联为存根。此项四联收据，中央银行用红色，中国银行用蓝色，交通银行用绿色，应悉照部颁式样。

六、统一公债债票每种均以十元票为最低额，其应行换偿之旧有各种债券。如同种合计实存本金数额不满十元者，其调换办法如左：

（甲）凡实存本金数额不满一元者，按照九八计算，由债券调换处给与印花税票。但不满一分之数额，以五舍六入法计算给与之。（例如实存本金数额五角，按九八计算，应给与印花税票四角九分。如实存本金数额为二角四分，按九八计算，应给与印花税票二角三分五厘者，即给与印花税票二角三分。如实存本金数额为六角九分，按九八计算，应给与印花税票六角七分六厘者，即给与印花税票六角八分。）

（乙）凡实存本金数额在一元以上不满十元者，由债券调换处先行照数发给换票证。

（丙）持票人领到换票证，应于二十五年六月三十日以前，以同种换票证或加入同种旧有债券凑足十元，换领同种统一公债十元债票一张。

（丁）持票人领到换票证后，如在二十五年六月三十日以前不能以同种换票证或加入同种旧有债券凑足十元整数者，应按九八计算，以国币凑足十元整数，换领同种统一公债十元债票一张。（例如换票证所载数目为七元五角，比较十元尚差二元五角，此二元五角按九八计算，应凑缴国币二元四角五分。）

七、旧有同种债券应缴之附带本息票或息票，如有欠缺时，应由债券调换处核明每种欠缺之本额或息额，均在应换偿之同种统一公债本额内照数扣除，一面填给扣除本息凭据，交持票人收执，其由委托调换之银行代办者，交原银行转发。

前项欠缺本息票或息票，将来如有发现时，自填发之日起，一年之内，得由持票人连同凭据，持向债券调换处或委托调换之银行，照前扣本息数额，换同种同额之统一公债票。惟该本息票或息票发现时，已逾一年限期，或发现时而凭据遗失者，均作为无效。

八、债券调换处或委托调换之银行，应将每日所收旧券，查验暗记，覆对号码。及应缴之附带本息票或息票，经核明无误后，即在旧券正面财政部印左边，并附带之本息票或息票上，逐一加盖换偿作废戳记，其式样如左：〔略〕

九、委托调换之银行收到各地分支行所寄旧券，应连同通知单，交债券调换处掣取收条，如有凑足整数之款，亦应同时送交。

十、债券调换处收到持票人或委托调换之银行所交旧券，应于五日内经查验无误后，凭临时收据或收条，检发统一公债票。倘所交旧券张数过多，未能如期验讫时，得延长其发票日期，但至多不得过十五日。

前项应发之统一公债，应先尽大票支配，如持票人必需小票，得照应领票额，缴纳千分之一.二五印刷费，亦可照办。

十一、持票人得于五日后，将临时收据背面加盖申请书内所盖之同样图章或签字，持向债券调换处领取统一公债票。其交由委托调换之银行换领者，得按约定日期，向原银行领取，其日期由银行参酌路途远近定之。

十二、此项备发之统一公债票，由财政部委托中央银行保管，随时由债券调换处请领换偿。

十三、债券调换处应将所收换讫之各种旧券，分别种类打洞作废，每五十张为一帙，汇送国债基金管理委员会保存，听候销毁，一面列表连同换偿情形，按旬报告财政部备查。

十四、委托调换之银行分支行寄出旧券时，应即照填邮寄或运送报告单寄交总行，转送财政部备案，其报告单格式，照邮寄或运送付讫债息票报告单之式样。

委托调换之银行邮寄或运送统一公债票时，亦适用前项报告单，照填报部备查。惟须加盖新票字样，以示区别。

十五、前项换偿债票，定于民国二十五年六月底，为截止换偿日期。

附则

本办法第一条所列旧有各种债券，凡在二十一年二月改订程表案内应换之新券或加给息票，业由财政部布告，限于二十五年三月十日截止。持票人于截止期后，如尚未换领，准以旧债券迳行换偿统一公债票。所有持票人应得改订程表案内换领新券或加给息票之三年期内有效到期本息，仍如数计算补给。如旧票有欠缺应缴之本息票或息票，亦应依照本办法第七条规定办理。

〔国民政府财政部档案〕

2.财政部关于颁发布告、民国二十五年统一公债条例及持票人会宣言的训令

（1936年2月17日）

财政部训令　公字第22792号

令四川财政特派员公署

查本部为统一债券名称，换偿旧有各种债券，与持票人会、地方协会、市商会、银钱业公会暨金融界领袖等，共同商定办法六条，经部认为办法稳妥，且与统一名称巩固债信之旨相符。特即呈请发行民国二十五年统一公债十四万六千万元，将旧有债务，除善后短期公债、十七年金融长期公债、海河公债三种外之各种债券凭证，各按实欠本金数额，以同额统一公债，分别如数换偿清楚。所有民国二十五年统一公债条例暨五种还本付息表，业于二十五年二月八日，奉国民政府明令公布，通饬施行。除布告并分行外，合行抄发该项布告、民国二十五年统一公债条例还本付息表及持票人宣言等件，令仰知照，转饬所属一体知照，并将布告实帖，俾众周知为要。此令。

附发布告、民国二十五年统一公债条例还本付息表〔表略〕及持票人宣言各三十份（另发）

部长　孔祥熙

中华民国二十五年二月十七日

财政部布告　133

查本部历年发行或认可之内国公债、库券、凭证等，名称三十余种，期限长短不一，而库券凭证等，按月领取本息，数目奇零，持票人常感不便。据持票人会、上海地方协会、上海市商会、银钱业公会暨金融界领袖等，共同商定发行新债偿还旧债办法六条。

一、政府历年发行内国公债、库券、凭证等，截至本年一月底止，共尚负债额十四万六千余万元，名称三十余种，期限长短不一，而库券、凭证等，按月领取本息，数目奇零，不惟计算繁难，且偏远省分之持券者，领取常感不便，应发行统一公债，各按旧有债券实欠债额，以同额统一公债如数掉换偿清。惟善后短期公债本年三月底即届期满，剩余之数无多；十七年金融长期公债，原定利率颇低，期限本长；海河公债系另指附税为基金。此三种公债，应各照原案办理。

二、统一公债总额十四万六千万元，年息六厘，偿还期限，分为五种：

甲种债票十二年还清；

乙种债票十五年还清；

丙种债票十八年还清；

丁种债票二十一年还清；

戊种债票二十四年还清。

上列五种债票，每六个月各抽签还本及付息一次。

三、旧有各种债券，各依其原定清偿年限长短，分为五类，以统一公债换偿如次：

甲、二十二年爱国库券、短期国库证、十八年关税库券、二十二年华北战区公债、治安债券、十九年关税库券等债券，以甲种债票换偿。

乙、十九年善后库券、二四库券、二十四年整理四川金融库券、二十三年关税库券、二十年卷烟税库券等债券，以乙种债票换偿。

丙、十八编遣库券、二十年统税库券、二十年金融短期公债、二十年盐税库券、二十年江浙丝业公债、十八年振灾公债、军需公债、十八年裁兵公债、二十年关税库券等债券，以丙种债票换偿。

丁、十九年关税公债、七年六厘公债、二十年振灾公债、意庚款凭证、二十四年金融公债、二十三年关税公债、俄款凭证、统税凭证等债券，以丁种债票换偿。

戊、二十二年关税库券、二十四年水灾工振公债、整理七厘公债、整理六厘公债、十五年春节库券等债券，以戊种债票换偿。

四、统一公债，于本年二月一日发行，新旧票换偿事宜，应于四个月内办理完竣。

五、为完成法币政策，健全金融组织，扶助生产建设，平衡国库收支，及拨存平准债市基金之用，发行复兴公债三万四千万元，本年三月一日发行，年息六厘，期限二十四年，每六个月抽签还本及付息各一次。

六、统一公债、复兴公债之还本付息基金，仍照旧有债券原案规定，在关税项下除拨外债及赔款外，所余之税款支付，由财政部命令总税务司每月平均拨交国债基金管理委员会存储备付。

经本部详加查核，认为六条办法，颇属稳妥，实与统一名称巩固债信之旨相符。爰照商定办法，由部呈请发行民国二十五年统一公债十四万六千万元，业于二十五年二月八日奉国民政府明令公布民国二十五年统一公债条例在案。除另案公布换偿债券办法外，合函布告周知。此布。

中华民国二十五年二月

财政部长　孔祥熙

民国二十五年统一公债条例

第一条　国民政府为统一债券名称，换偿旧有各种债券，由财政部发行公债，定名为民国二十五年统一公债。

第二条　本公债定额为国币十四万六千万元，分为五类。甲种债票定额国币一万五千万元，乙种债票定额国币一万五千万元，丙种债票定额国币三万五千万元，丁种债票定额国币五万五千万元，戊种债票定额国币二万六千万元。

第三条　本公债换偿旧有各种债券，依原定清偿年限先后分别如下：

甲种债票换偿二十二年爱国库券、短期国库证、十八年关税库券、二十二年华北战区公债、治安债券、十九年关税库券等债券。

乙种债票换偿十九年善后库券、二四库券、二十四年整理四川金融库券、二十三年关税库券、二十年卷烟税库券等债券。

丙种债票换偿十八年编遣库券、二十年统税库券、二十年金融短期公债、二十年盐税库券、二十年江浙丝业公债、十八年振灾公债、军需公债、十八年裁兵公债、二十年关税库券等债券。

丁种债票换偿十九年关税公债、七年六厘公债、二十年振灾公债、意庚款凭证、二十四年金融公债、二十三年关税公债、俄款凭证、统税凭证等债券。

戊种债票换偿二十二年关税库券、二十四年水灾工赈公债、整理七厘公债、整理六厘公债、十五年春节库券等债券。

第四条　本公债定于民国二十五年二月一日发行。

第五条　本公债利率定为周年六厘，每年一月三十一日及七月三十一日各付息一次。

第六条　本公债偿还期限，甲种债票定为十二年，乙种债票定为十五年，丙种债票定为十八年，丁种债票定为二十一年，戊种债票定为二十四年，每年一月三十一日及七月三十一日各抽签还本一次，每种债票每次抽还数目，各依还本付息表之规定。

第七条　本公债本息基金仍照旧有债券原案规定，在关税项下除拨付赔款外债所余之税款支付，由财政部命令总税务司依照五种还本付息表所列应还本息数目，按月平均拨交中央银行，收入国债基金管理委员会本公债户帐，专款存储备付。

第八条　本公债还本付息事宜，指定中央银行及其委托之中国银行、交通银行为经理机关。

第九条　本公债债票分为五千元、千元、百元、十元四种。

第十条　本公债债票为无记名式，得自由买卖抵押，如公务上须缴纳保证金时，得作为替代品，并得为银行之保证准备金。

第十一条　对于本公债债票如有伪造及毁损信用之行为者，由司法机关依法惩治。

第十二条　本条例自公布日施行。

持票人会宣言

政府历年发行各种内国公债、库券、凭证等，截至本年一月底止，共尚负债十四万六千余万元，每月应付本息基金至一千五百余万元之多。近年以来，国难严重情形不减于昔，且内而遭天灾匪患之频仍，外而受世界经济恐慌之波动，更加以银价高涨之影响，以致农村凋敝，工商停滞，百业不振，全国金融陷于崩溃之景象，政府各种税收均形减色，指充债券本息基金之关税，以社会失却整个购买力量，短收之数尤巨。据确实调查，上年七月以后，关税逐月多属短收，除拨付外债及赔款外，内债本息基金平均每月短少约四百万元，悉由政府临时筹垫足额，按期偿付本息，从未愆误，以固国债信用。政府于此财政万分困难之中，苦心支撑，洵足感佩，而持票人于此力顾债信之下，实已受惠独多。上年政府施行法币政策，以自力更生谋达复兴经济之目的，果能依照孔部长上年十一月四日宣言，对于完成法币之推行，健全金融之□□□□□□建设平衡国库收支诸大端，分头进行，行见社会经济整个的平均发展，则将来社会所得之利益，何止百千万倍。吾人分属国民，凛匹夫有责之义，亟应一德一心，上下合作，护拥法币之成功，使金融稳定，市面活泼，援助政府平衡收支，俾有资力从事于建设之大计，以保我民族之生存，使游资复归于生产事业，减少入超，解决全民之痛苦，以达利国福民之目的。况国难严重，人民尤应竭力扶助政府，政府多有一分之力量，即人民减少一分之负担，加强一分国计生存之效率，其理至明，吾人所宜共为猛省者也。

兹由持票人会与政府共同研究，以关税收入之数足敷此案应拨基金之数，使持有债票者长久保持稳固之利益，而政府整个复兴经济之政策，得以完成。特分述办法如次。

一、政府历年发行内国公债、库券、凭证等，截至本年一月底止，共尚负债十四万六千余万元，名称三十余种，期限长短不一，而库券、凭证等按月领取本息数目奇零，不惟计算繁难，且偏远省分之持券者领取常感不便，应发行统一公债，各按旧有债券实欠债额，以同额统一公债如数掉换偿清。惟善后短期公债本年三月底即届期满，剩余之数无多；十七年金融长期公债原定利率颇低，期限本长；海河公债系另指附税为基金，此三种公债应各照原案办理。

二、统一公债总额十四万六千万元，年息六厘，偿还期限分为五类，甲种债票十二年还清，乙种债票十五年还清，丙种债票十八年还清，丁种债票廿一年还清，戊种债票廿四年还清。上列五种债票每六个月各抽签还本及付息一次。

三、旧有各种债券各依其原定清偿年限长短，分为五类，以统一公债换偿如次：(甲)廿二年爱国库券、短期国库证、十八年关税库券、二十二年华北战区公债、治安债券、十九年关税库券等债券，以甲种债票换偿。(乙)十九年善后库券、二四库券、廿四年整理四川金融库券、廿三年关税库券、廿年卷烟税库券等债券，以乙种债票换偿。(丙)十八年编遣库券、廿年统税库券、廿年金融短期公债、廿年盐税库券、廿年江浙丝业公债、十八年振灾公债、军需公债、十八年裁兵公债、廿年关税库券等债券，以丙种债票换偿。(丁)十九年关税公债、七年六厘公债、廿年振灾公债、意庚款凭证、廿四年金融公债、廿三年关税公债、俄款凭证、统税凭证等债券，以丁种债票换偿。(戊)廿二年关税库券、廿四年水灾工振公债、整理七厘公债、整理六厘公债、十五年春节库券等债券，以戊种债票换偿。

四、统一公债以本年二月一日发行，新旧票换偿事宜，应于四个月内办理完竣。

五、为完成法币政策、健全金融组织、扶助生产建设、平衡国库收支及拨存平准债市基金之用，发行复兴公债三万四千万元，本年三月一日发行，年息六厘，期限廿四年，每六个月抽签还本及付息各一次。

六、统一公债、复兴公债之还本付息基金，仍照旧有债券原案规定，在关税项下除拨外债及赔款外所余之税款支付，由财政部命令总税务司每月平均拨交国债基金管理委员会存储备付。

以上办法至为稳妥，既聊尽国民爱国之天职，而个人利益复得长久之稳固，所谓利国福民者，胥在于此。特此宣言。

〔国民政府财政部档案〕

3.财政部关于发行统一公债具体实施办法致国债基金管理委员会公函

（1936年2月17日）

财政部公函　公字第17939 号

查本部为统一债券名称，换偿旧有各种债券，与持票人会、地方协会、市商会、银钱业公会暨金融界领袖等，共同商定办法六条，经部认为办法稳妥，且与统一名称、巩固债信之旨相符，特即呈请发行民国二十五年统一公债十四万六千万元，将旧有债券，除善后短期公债、十七年金融长期公债、海河公债三种外之各种债券凭证，各按实欠本金数额，以同额统一公债，分别如数换偿清楚。所有民国二十五年统一公债条例暨还本付息表，业于二十五年二月八日奉国民政府明令公布，通饬施行。除布告并令饬总税务司（一）自二十五年二月份起，对于统一公债条例第三条规定，应行换偿旧有各种债券内原以关税为还本付息基金者，计十八年关税库券、治安债券、十九年关税库券、十九年善后库券、二四库券、二十三年关税库券、二十年卷烟税库券、十八年编遣库券、二十年统税库券、二十年金融短期公债、二十年盐税库券、二十年江浙丝业公债、十八年赈灾公债、军需公债、十八年裁兵公债、二十年关税库券、十九年关税公债、七年六厘公债、二十年振灾公债、意庚款凭证、二十四年金融公债、二十三年关税公债、俄款凭证、二十二年关税库券、二十四年水灾工振〔赈〕公债、整理七厘公债、整理六厘公债、十五年春节库券等二十八种，所有应由关税项下拨付之基金，一律停止拨付。(二)自二十五年二月份起，依照民国二十五年统一公债条例第七条之规定，在关税项下，除拨付赔款外债外，所余之税款内，于每月二十五日，依照统一公债五种还本付息表所列每期应还本息数目，按月平均拨交中央银行，收入国债基金管理委员会本公债户帐，专款存储备付。(三)善后短期公债本年三月底即届期满，剩余之数无多；十七年金融长期公债原定利率颇低，期限本长；海河公债系另指附税为基金，均应各照原案拨付基金。(四)整理六厘公债、整理七厘公债、二十年振〔赈〕灾公债，本年二月二十九日及三月一日到期本息，因公布抽签在前，本期到期本息，仍旧支付，二十五年二月份应拨付该三项债券本息基金三分之一，计三十四万九千九百四十一元五角五分。并分函中央银行外，相应抄录二十五年统一公债条例暨五种还本付息表，函请贵会查照。至二十五年统一公债还本付息事宜，并请依照该项公债条例第八条规定办理为荷。此致
国债基金管理委员会

附二十五年统一公债条例一件、还本付息表计甲、乙、丙、丁、戊五种(随即补发)。

财政部长　孔祥熙

中华民国二十五年二月十七日

〔国民政府财政部档案〕

4.总税务司拟定统一公债发行后所有以前用关税担保公债拨付本息基金办法公函

（1936年2月22日）

案奉财政部本年二月十七日公字第二二七五九号训令内开：……①等因。附件。奉此，自应遵办。所有以前用关税担保之公债等项其拨付本息基金事宜，应即改按左列办法办理：

（一）自二十五年二月份起，下列各项公债及库券每月应由关税项下拨付之款，一律停拨：

甲、民国二十一年整理公债案内每月应拨之基金国币八百六十万元。

乙、二十二年关税库券。

丙、二十三年关税库券。

丁、二十三年关税公债。

戊、二十四年金融公债。

己、二十年江浙丝业公债。

庚、中央银行一万二千万元借款。（俄庚款凭证）

辛、二十三年十六家银行四千四百万元借款。（意庚款凭证）

（二）自二十五年二月份起，在关税项下除拨付赔款外，债外所余之税款内，于每月二十五日，依照统一公债五种还本付息表所列每半年应还本息数目，按月以六分之一拨交中央银行，收入贵会本公债户帐，专款存储备付。

（三）自二十五年二月份起，在关税项下，除拨付赔款外债外所余之税款内，于每月二十五日，依照善后短期公债还本息表所列每

① 内容与1936年2月17日财政部致国债基金管理委员会公函相类似，兹略。

三个月应还本息数目，按月平均拨三分之一，并依照十七年金融长期公债还本付息表所列每六个月应还本息数目，按月平均拨六分之一，统交贵会备付。

（四）于二十五年二月二十五日，将整理六厘、整理七厘，及二十年赈灾三项公债本年二月二十九日及三月一日到期本息三分之一，计三十四万九千九百四十一元五角五分，拨交贵会备付。相应函达，即希查照。此致

国债基金管理委员会

梅乐和启

中华民国二十五年二月二十二日

〔国民政府财政部档案〕

5.中央银行抄送委托中交二行经付统一公债还本付息办法公函

（1936年2月27日）

中央银行公函　总字第226号

案查民国二十五年统一公债条例业经公布，所有该项公债还本付息事宜，按照中央银行法第二十七条之规定，除由本行总、分行、办事处暨中央信托局经付外，业经本行委托各地中国、交通两银行共同经付，并经订定委托经付该项公债本息办法，分函该两行查照在案。相应检同该项办法一份，随函附奉，即希查照为荷。再，中央信托局亦援用上项委托办法办理，合并奉达。此致

国债基金管理委员会

附件

副总裁　陈　行

中华民国廿五年二月廿七日

中央银行委托中国银行交通银行经付民国二十五年统一公债本息办法

一、本行依照中央银行法第二十七条之规定，所有民国二十五年统一公债还本付息事宜除由本行经理外，委托中国银行交通银行共同经付，并由本行登报公布之。

二、上项公债本息金由国债基金管理委员会拨到后，再由本行酌拨中国银行交通银行列收“中央银行二十五年统一公债本息户”专款存储，并将逐日经付数目及余额填报本行，以便调拨。

三、上项公债付讫，债息票由中国银行交通银行加盖付讫标记，迳送国债基金管理委员会点收，其随送之经付债息票报告表上，应加盖“中央银行委托中国银行交通银行经付”字样戳记，以资区别，并将同样之报告表一份同时送交本行备查，俟取到该会正式回单后，应即将正式回单掉换本行回单，以清手续。

四、经付该项公债本息手续费，由国债基金管理委员会拨到后，再由本行照经付数目，按部定手续费率分别拨付之。

五、本办法如有修改时，由本行随时通知中国银行交通银行办理之。

〔国民政府财政部档案〕

6.财政部为延长统一公债换偿日期至1936年底止公函

(1936年6月9日)

财政部公函　公字第21314号

查民国二十五年统一公债换偿旧有各种债券办法第十五条内载：前项换偿债票，定于民国二十五年六月底，为截止换偿日期。等语。业经本部布告并分行在案。现在转瞬即届六月三十日截止之期，而未经申请换偿各债券，尚有九百万元之多。兹为顾全持票人利益起见，特予展期六个月，截至二十五年十二月三十一日为止，所有前项公债甲、乙、丙、丁、戊五种债票换偿手续，仍照原定办法办理。除登报布告并分行外，相应函请贵会查照为荷。此致

国债基金管理委员会

财政部长　孔祥熙

中华民国二十五年六月九日

〔国民政府财政部档案〕

7.财政部为延长统一公债换偿时间至1937年6月底止公函

（1936年12月9日）

财政部公函　公字第26314号

查民国二十五年统一公债换偿旧有各种债券期限，前经本部展期六个月，至二十五年十二月三十一日截止，并经布告暨分行在案。现在转瞬即届截止之期，而未经申请换偿各债券，尚有一百余万元，兹为顾全持票人利益起见，特准再予展期六个月，至二十六年六月三十日截止，所有换偿手续，仍照原定办法办理。除登报布告并分行外，相应函请贵会查照为荷。此致

国债基金管理委员会

财政部长　孔祥熙

中华民国二十五年十二月九日

〔国民政府财政部档案〕

五二、民国二十五年复兴公债

1.财政部抄送复兴公债条例请查照办理致国债基金委员会公函

（1936年2月29日）

财政部公函　公字第18251号

查本部为完成法币政策，健全金融组织，扶助生产建设，平衡国库收支，及拨存平准债市基金，曾于持票人会、地方协会、市商会、银钱业公会、暨金融界领袖协商发行民国二十五年统一公债时，并案商定办法，由部呈请发行民国二十五年复兴公债三万四千万元，以完成法币政策，谋达经济复兴之目的。所有复兴公债条例暨还本付息表，业于二十五年二月二十四奉国民政府明令公布，通饬施行。除令饬总税务司，自二十五年三月份起，依照复兴公债条例第六条之规定，在关税项下，除拨付赔款外债、及十七年金融长期公债、二十五年统一公债外，所余之税款内，于每月二十五日，依照复兴公债还本付息表所列每期应还本息数目，按月平均拨交中央银行，收入国债基金管理委员会本公债户帐，专款存储备付，并分函中央银行外，相应抄录民国二十五年复兴公债条例暨还本付息表，函请贵委员会查照办理。至复兴公债还本付息事宜，并请依照此项公债条例第七条规定办理为荷。此致

国债基金管理委员会

附抄送民国二十五年复兴公债条例暨还本付息表一份〔表略〕

财政部长　孔祥熙

中华民国廿五年二月廿九日

民国二十五年复兴公债条例

二十五年二月二十四日国民政府公布

第一条　国民政府为完成法币政策，健全金融组织，扶助生产建设，平衡国库收支及拨存平准债市基金，由财政部发行公债，定名为民国二十五年复兴公债。

第二条　本公债定额为国币三万四千万元。

第三条　本公债定于民国二十五年三月一日按照票面额九八发行。

第四条　本公债利率定为周年六厘，每年二月底及八月底各付息一次。

第五条　本公债偿还期限定为二十四年，每年二月底及八月底各抽签还本一次，前五年每次抽还总额千分之五，第六年、第七年每次抽还千分之八，第八年、第九年每次抽还千分之九，第十年至第十二年每次抽还千分之十八，第十三年至第十五年每次抽还千分之二十四，第十六年至第十八年每次抽还千分之三十，第十九年至第二十一年每次抽还千分之三十六，第二十二年至第二十四年每次抽还千分之三十九，至民国四十九年二月底本息全数偿清。

第六条　本公债本息指定在关税项下，除拨付赔款、外债及十七年金融长期公债、二十五年统一公债外所余之税款为基金，由财政部命令总税务司依照还本付息表所列应还本息数目，按月平均拨交中央银行，收入国债基金管理委员会本公债户帐，专款存储备付。

第七条　本公债还本付息事宜，指定中央银行及其委托之中国银行、交通银行为经理机关。

第八条　本公债债票分为五千元、千元、百元三种。

第九条　本公债债票为无记名式，得自由买卖抵押，如公务上须缴纳保证金时，得作为替代品，并得为银行之保证准备金。

第十条　对于本公债债票如有伪造及毁损信用之行为者，由司法机关依法惩治。

第十一条　本条例自公布日施行。

〔国民政府财政部档案〕

五三、第三期铁路建设公债

1.财政部公债司抄送第三期铁路建设公债条例等致国库司函

(1936年3月4日)

案查本部、铁道部会同发行之第三期铁路建设公债一万二千万元一案,所有公债条例暨还本付息表,业奉国民政府二十五年二月二十五日明令公布,通饬施行。原条例第六条规定,本公债基金,应由国库项下第一年补助二百四十万元,第二年补助三百六十万元,第三、四两年各补助四百八十万元,按期交中央银行收入基金保管委员会户帐。等语。相应照录公债条例暨还本付息表一份,函送贵司查照办理为荷。此致

国库司

附抄第三期铁路建设公债条例暨还本付息表一份〔表略〕

公债司启　三、四

第三期铁路建设公债条例

二十五年二月二十五日公布

第一条　国民政府为筹集资金,兴筑湘、黔、川、桂等干路,及补助平绥、正太、陇海、胶济等路,展长旧有路线,由财政部会同铁道部发行公债,定名为第三期铁路建设公债。

第二条　本公债定额为国币一万二千万元,于民国二十五年三月一日及民国二十六年三月一日、民国二十七年三月一日分三次发行,每次债额四千万元。

第三条　本公债按票面额九八发行。

第四条　本公债年息定为六厘，自每次发行之日起算，每年于二月底及八月底各付息一次。

第五条　本公债分二十次还本，每年一次。每次偿还各该次发行总额百分之五，计二百万元，各自每次发行之日起，扣足一年，开始还本。第一次发行之债票，至民国四十五年二月底，第二次至民国四十六年二月底，第三次至民国四十七年二月底，本息全数次第还清。

前项还本依照各该次还本付息表之规定，于还本前二十日以抽签行之。

第六条　本公债还本付息，指定第一条所定兴筑展长各新路之余利，及国有其他各路除原有应还债务以外之余利为基金。依照各该次还本付息表所载应还本息数目，按月提交中央银行，收入本公债基金保管委员会户帐，专款存储备付。在新路未有余利以前，由财政部于国库项下，第一年补助基金二百四十万元，第二年补助基金三百六十万元，第三、四两年各补助基金四百八十万元，按期交中央银行，收入基金保管委员会户帐，一并专储备付。

第七条　本公债基金保管委员会，由财政部、铁道部各派代表二人，审计部派代表一人，与经理公债银行代表三人，共同组织之。其组织规程，由财政部、铁道部会同拟订，呈行政院核准备案。

第八条　本公债还本付息事宜，由财政部、铁道部委托本公债基金保管委员会办理，并指定中央银行为经付本息机关。

第九条　本公债债款专充第一条规定之用途，不得移作别用。并另由财政部、铁道部各派代表二人，审计部派代表一人，共同组织债款保管委员会，负责收存。其组织规程，由财政部、铁道部会同拟订，呈行政院核准备案。

第十条　本公债债票分一千元、五百元、一百元三种。

第十一条　本公债债票由财政部部长、铁道部部长会同签字发行。

第十二条　本公债债票为无记名式，得自由买卖抵押。凡公务上须缴纳保证金时，得作为担保品，并得为银行之保证准备金。

第十三条　本公债持票人除依照本公债条例享受各项权利外，不得对于第一条规定各铁路有何权利主张。

第十四条　对于本公债如有伪造及毁损信用之行为者，由司法机关依法惩治。

第十五条　本条例自公布日施行。

〔国民政府财政部档案〕

五四、民国二十五年四川善后公债

1.民国二十五年四川善后公债条例

(1936年3月31日)

民国二十五年四川善后公债条例

二十五年三月三十一日国民政府公布

第一条　国民政府为完成四川剿匪工作，加理善后建设事业，发行公债，定名为民国二十五年四川善后公债。

第二条　本公债定额为国币一千五百万元。

第三条　本公债定于民国二十五年四月一日发行。

第四条　本公债利率定为年息六厘，每年三月底及九月底各付息一次。

第五条　本公债还本期限定为十五年，自发行之日起，每届半年抽签还本一次，第一次至第十次各还总额百分之二，第十一次至第十六次各还百分之三，第十七次至第二十四次各还百分之四，第二十五次至第三十次各还百分之五，至民国四十年三月底本息全数偿清。

第六条　本公债应还本息，以中央征收四川部分盐税项下拨给补助金每月四万元，及中央征收四川部分烟酒税项下拨给补助金每月四万元，并由四川省政府于营业税项下每月拨解五万元为基金，由民国二十四年四川善后公债基金保管委员会兼管之。

前项基金由财政部命令盐务稽核总所及税务署转饬四川盐务及烟酒税征收机关，四川省政府转饬四川营业税征收机关，分别按月照数拨解中央银行重庆分行，收入该保管委员会本公债户帐，专款存储备付。

第七条　本公债票面分为百元、千元、万元三种，均为无记名式。

第八条　本公债指定中央银行重庆分行及其委托之银行为经理还本付息机关。

第九条　本公债债票得自由买卖抵押，凡公务上须缴纳保证金时，得作为替代品，并得为银行之保证准备金。

第十条　对于本公债如有伪造及毁损信用之行为者，由司法机关依法惩治。

第十一条　本条例自公布日施行。

民国二十五年四川善后公债还本付息表〔略〕

〔国民政府财政部档案〕

五五、民国二十五年整理广东金融公债

1.财政部抄送整理广东金融公债条例并请接洽办理公函

（1936年9月25日）

财政部公函　公字第二四二七五号

案查中央为整理广东金融，充实毫券准备。发行民国二十五年整理广东金融公债一万二千万元，其条例暨还本付息表业于本年九月十九日奉国民政府明令公布，通饬施行。原条例第六条载：本

公债应还本息基金，在征收粤区统税项下指拨，由财政部令行税务署，依照还本付息表规定每次应还本息数目，按月平均拨交中央银行，收入国债基金管理委员会本公债户帐，专款存储备付。又第七条载：本公债指定中央银行经理还本付息事宜，各等语。除由部训令税务署遵照办理，即自本年十月份起，于每月廿五日照拨基金，暨分函中央银行查照办理外，相应抄同原公债条例及还本付息表，函请贵会查照接洽办理见复为荷。此致

国债基金管理委员会

附抄民国二十五年整理广东金融公债条例、还本付息表十份〔表略〕

财政部长　孔祥熙

中华民国廿五年九月廿五日

民国二十五年整理广东金融公债条例

二十五年九月十九日公布

第一条　国民政府为整理广东金融，充实毫券准备，发行公债，定名为民国二十五年整理广东金融公债。

第二条　本公债定额为国币一万二千万元。

第三条　本公债定于民国二十五年十月一日发行。

第四条　本公债利率定为年息四厘，每年三月三十一日及九月三十日各付息一次。

第五条　本公债期限定为三十年，每年三月三十一日及九月三十日各还本一次，前二十年每年还本百分之三，后十年每年还本百分之四，至民国五十五年九月三十日本息全数偿清。

前项还本，以抽签行之。

第六条　本公债应还本息基金，在征收粤区统税项下指拨，由财政部令行税务署，依照还本付息表规定每次应还本息数目，按月平均拨交中央银行，收入国债基金管理委员会本公债户帐，专

款存储备付。

第七条　本公债指定中央银行经理还本付息事宜。

第八条　本公债票面分为十元、百元、千元、万元四种，均为无记名式。

第九条　本公债债票得自由买卖抵押，凡公务上须缴纳保证金时，得作为替代品，并得为银行之保证准备金。

第十条　对于本公债有伪造及毁损信用之行为者，由司法机关依法惩治。

第十一条　本条例自公布日施行。

〔国民政府财政部档案〕

2.财政部税务署关于已按月拨交整理广东金融公债基金致国债基金委员会公函

（1936年10月12日）

财政部税务署公函　字第1460号

案准贵会二十五年十月六日国字第六六〇号公函略开：以奉部发二十五年整理广东金融公债一万二千万元条例，及还本付息表，其应还本息基金，在征收粤区统税项下指拨，依照表列每次应还数目，按月平均拨交中央银行，收入国债基金管理委员会本公债户帐，专款存储备付，除令税务署即自本年十月份起，每月于二十五日照拨基金，函请查照接洽办理。等因。业经敝会议决，遵照条例代为保管，相应函请将前项公债基金，自本年十月份起，至本息偿清之日止，于每月二十五日，依照还本付息表现定每次应还本息数目，按月平均拨交中央银行，收敝会本公债户帐，并见复。等由到署。查上项公债应还本息基金，业奉财政部令发条例及还本付息表饬遵到署。自应自本年十月份起，遵照办理。查奉发还本付息表内载，第一年，二十六年三月，应还本息三百六十万元，遵令按月平均拨付，计自本年十月份起，二十六年三月份止，每月应拨六十万元。又表内规定二十六年九月应还本息四百七十七万六千元，按月平均拨付，当自二十六年四月起，九月份止，每月应拨七十九万六千元，以后均应依照表列每次应还本息各数，每六个月平均按月于二十五日拨交中央银行，收入贵会本公债户帐，专款存储备付，以符部令。除呈部外，相应函复查照办理为荷。此致

国债基金管理委员会

署长　吴启鼎

中华民国廿五年十月十二日

〔国民政府财政部档案〕

五六、民国二十六年京赣铁路建设公债

1.民国二十六年京赣铁路建设公债条例

（1936年12月22日）

民国二十六年京赣铁路建设公债条例

二十五年十二月二十二日公布

第一条　国民政府为展筑自宣城至贵溪铁路，由财政部、铁道部会同发行公债，定名为民国二十六年京赣铁路建设公债。

第二条　本公债定额为国币一千四百万元。

第三条　本公债定于民国二十六年一月一日，按票面九八发行。

第四条　本公债年息定为六厘，每年六月三十日及十二月三十一日各付息一次。

第五条　本公债定期十年，每年六月三十日及十二月三十一日，依照还本付息表规定数额，各还本一次，至民国三十五年十二月三十一日全数还清。

前项还本于每次到期前二十日，以抽签行之。

第六条　本公债还本付息，指定以左列各款为基金：

一、由铁道部与管理中英庚款董事会订立合同，借用由完成粤汉铁路借款项下，自民国二十六年起至三十五年止归还中英庚款之本金。

二、京赣铁路开始营业后之收入。

前项基金由铁道部依照还本付息表所载每次应还本息数目，按月拨交本公债基金保管委员会，专款存储备付。有不敷时，由铁道部补足之。

第七条　本公债基金保管委员会，由财政部、审计部、管理中英庚款董事会与经理本公债之银行各派代表一人，铁道部派代表二人，共同组织之。其组织规程，由铁道部拟订呈行政院核准备案。

第八条　本公债还本付息事宜，由本公债基金保管委员会办理，并指定中央银行为经付本息机关。

第九条　本公债专充第一条规定之用途，不得移作别用。

第十条　本公债债票分千元、五百元两种。

第十一条　本公债债票为无记名式，得自由买卖抵押，凡公务上须缴纳保证金时，得作为代替品，并得作为银行之保证准备金。

第十二条　对于本公债有伪造及毁损信用之行为者，由司法机关依法惩治。

第十三条　本条例自公布日施行。

〔国民政府财政部档案〕

五七、民国二十六年辟浚广东省港河工程美金公债

1.民国二十六年辟浚广东省港河工程美金公债条例

（1937年4月1日）

民国二十六年辟浚广东省港河工程美金公债条例

二十六年四月一日国民政府公布

第一条　国民政府为广东黄埔辟港及疏浚珠江浚河工程，发行公债，定名为民国二十六年辟浚广东省港河工程美金公债。

第二条　本公债定额为美金二百万元。

第三条　本公债定于民国二十六年四月一日按照票面九八发行。

第四条　本公债利率定为年息六厘，每年三月三十一日及九月三十日各付息一次。

第五条　本公债期限定为十六年，每年三月三十一日及九月三十日，依照还本表之规定，各抽签还本一次，至民国四十二年三月三十一日全数清偿。

第六条　本公债应付本息基金，以粤海关附征百分之五进口税拨充至足敷偿清全部本息为止，由财政部令行总税务司转令粤海关税务司，按月尽数拨交中央银行，收入国债基金管理委员会本公债户帐，专款存储备付。

第七条　本公债指定中央银行经理还本付息事宜。

第八条　本公债票面分为五千元、千元、百元三种，均为无记名式。

第九条　本公债债票得自由买卖抵押，凡公务上须缴纳保证金时，得作为替代品。

第十条　对于本公债有伪造及毁损信用之行为者，由司法机关依法惩治。

第十一条　本条例自公布日施行。

民国二十六年辟浚广东省港河工程美金公债还本付息表〔略〕

〔国民政府财政部档案〕

五八、民国二十六年粤省铁路建设公债

1.广东省政府为发行广东铁路建设公债与行政院财政部来往电

（1937年1月）

（1）余汉谋、黄慕松致蒋介石等电（1月16日）

分送南京军事委员会委员长蒋、行政院院长蒋钧鉴，财政部长孔勋鉴：自密。查粤省地滨海隅，雄据南疆，为中外沟通要区，海陆设防重镇。如黄埔开港，扼西江流域之咽喉，水道交通，可期改善。惟北达章赣，东抵瓯越，连贯中枢，维系边索，陆路交通，尚多梗阻。审度地势，广梅铁路一线，为粤赣铁路初基，诚属巩固国防，联系海陆，开发经济之急切要图。前经本府饬厅筹备，并经提支省款从事测量，惟两部工事预计需费四千五百万元，以本省目前财力，实难措办。顾事关国计，自应勉力图维。现据财厅拟加征本省盐税每担法币三角五分，年约可得二百十余万元，作为基金，由财部发行广梅铁路公债二千五百万元，分二十年偿还，以为建设该路资本基金。如获允准，即由省会同铁道部委托中国建设银公司，略仿成渝铁路办法，组织粤赣铁路公司主持路务，以上项公债拨为工程经费，并招商股，定为官商合办之业，不足悉由建设银公司负责筹补，以竟全功。此种办法经营不需国币，可分中央南顾优勤，建置在于百越，足偿粤民负担代价。计出两全，事似可行。为此，联电钧会、钧院，俯准照办，并请贵部查核施行，不胜迫切待命之至。广东绥靖主任余汉谋、广东省政府主席黄慕松同呈叩。铣。印。

（2）孔祥熙复余汉谋、黄慕松电（1月21日）

广州余主任幄奇兄、黄主席慕松兄勋鉴：自密铣电诵悉。之筑广梅铁路，事关发展贵省经济建设，鄙意固甚赞同。所拟发行公债为建筑经费，自亦可行。惟以加征粤省盐税为公债基金一节，自民国廿年起，各省盐税迭经整理以来，早无附加名目，新盐法中亦无此种规定，且与外债担保有关。如因兴办某种事业，加征附税，致碍整个计划，纵由本部核转，亦恐难邀核准。又伦敦市场亦须以中央正项税款为担保之公债，方能销行。惟粤省盐税税率尚较他省略轻，本部正在统筹整理，分别增减。如果贵省对于缉私疏销能遇事切实协助，俾全年税收增加得如本部预期之数目，自当由部就溢收税款酌定相当数额，以补助费名义拨付贵省，为发行此项公债基金之用。如尊意为然，尚希妥定办法，详为示复，以便统筹办理。弟孔〇〇叩。马。盐。印。

(3)余汉谋、黄慕松致孔祥熙电(1月23日)

南京财政部孔部长庸之兄勋鉴：马关电敬悉。自密。发行公债建筑广梅铁路，备荷赞同，无任感激。承示由贵部在统筹整理盐税，分别增减，就溢收税款项下以补助费名义，拨付本省为发行基金办法，尤佩荩筹。关于留意缉私及一切协助，自当由地方切实办理。谨遵嘱，拟具办法如下：(一)名称拟定为广梅铁路公债。(二)发行机关援照玉萍铁路公债办法，由财政部发行。(三)发行额总额二千五百万元。(四)偿还期限分为二十年。(五)基金以中央指定由盐税项下划拨之补助费为基金，由财政部盐务稽核所按照还本付息表，拨交基金保管委员会保管，以备偿付。(六)用途，指定专充建筑广梅铁路之用。(七)此项公债准作公私各项担保品及银行发行准备之用。以上纲要，仍请贵部裁酌后，拟具发行条例，呈请行政院转咨立法院通过，依照正式手续颁布。至组织铁路公司，前电陈与建设银公司商拟各项办法，当就曾市长就近奉达，希赐商洽为盼。谨复。弟余汉谋、黄慕松叩。漾。印。

〔国民政府财政部档案〕

2.行政院秘书处关于广东铁路建设公债条例由财政铁道两部会同核办函

(1937年2月13日)

奉谕：广东余主任黄主席二十六年二月蒸电陈，广梅铁路建筑经费筹款办法，经与子文兄等商妥，由建设银公司投资，组织公司，主持进行。此项公债条例，乞早提交院会通过，俾利工程一案，应仍交财政铁道两部会同核办具复。等因。查此案前据余主任等一月铣电，经奉交贵部会同铁道部核复，嗣准军事委员会函转核办，复经奉交铁道部会同贵部议复各在案，兹奉前因，除分函外，相应抄同原电，函达查照。此致

财政部

计抄送原电一件

行政院秘书长　翁文灏

中华民国二十六年二月十三日

抄原电

即到。南京行政院孔副院长钧鉴：广梅铁路建筑经费，辱承俯赐维护，准予盐税附加发行公债，观成可期，百粤胪欢。松等对于此事筹款办法，经与子文、子良、养甫诸兄商妥，由建设银公司投资，仿照成渝铁路成例，组织公司，主持进行。此项公债条例，敬乞早赐提院通过，俾利工程进行。无任企祷。职黄慕松、余汉谋叩。蒸。印。

〔国民政府财政部档案〕

3.财政部为同意担任偿付广东铁路建设公债利息等致铁道部公函稿

(1937年3月27日)

公函　补第二三九三号

案准贵部二十六年二月二十六日财字第六五四号函开：关于建筑广梅铁路一案，前经本部拟具公债条例，商请会同发行公债二千五百万元，以加征粤省盐税为基金。现据踏勘结果，核计未免过低，实际约需国币四千五百万元至五千万元。为维持法币准备及巩固金融基础，自以利用外资为宜。近由本部与汇丰银行及中英银公司磋商同意，拟由本国发行英金公债二百七十万镑，交该公司作押，先做垫款，估计约得四千万元，其余不敷之数，将来或募集商股，或由建设银公司投资。该公司要求所发债票，应由广东盐税项下，每年拨足二百七十万元，指充基金。事关财政大计，检同该公债条例草案及还本付息表各一份，请察酌见复，以便会同提出院议。等由到部。查建筑广梅铁路发行公债二千五百万元一案，前准贵部洽商筹拨基金，复准函称，发行债额改为英金二百七十万镑，并由贵部长面称，请由本部担任付息。兹经本部详加核计，为助成粤省铁路建设起见，所有每期应付利息，由本部勉力担任，在粤区盐税增收项下提拨建设事业专款部分，如数拨充。并请照原议办法，此项公债由两部会同发行，以符手续。其发行原则及条例草案，暨还本付息表，业经本部逐一修改，相应抄送查照，即希贵部主稿，会同提院为荷。此致

铁道部

附抄送发行原则及条例草案〔略〕暨还本付息表各一份〔表略〕。

财政部长

中华民国二十六年三月　日

民国二十六年广东省铁路建设公债发行原则

一、债额　英金二百七十万镑。

二、用途　专充建设广州至梅县铁路经费，如有余款时，拨作建设海南铁路之用。

三、发行日期　民国二十六年五月一日。

四、利率　年息六厘，每年四月三十日及十月三十一日各付息一次。

五、期限　三十年。前五年只付利息，自第六年起每年依照还本付息表规定数额，抽签还本一次，分二十五次，至民国五十六年四月三十日全数偿清。

六、基金　付息基金由财政部在粤区增收盐税项下提拨建设事业专款部分充之，如有不敷，由财政部如数拨补足额。其还本基金由铁道部在广梅铁路营业进款项下拨充之，如有不敷，由铁道部如数拨补足额，依照还本付息表所载每次还本付息数额，按月拨交中央银行及其委托之银行，收入本公债基金保管委员会户帐，专款存储备付。

〔国民政府财政部档案〕

4.民国二十六年广东省铁路建设公债条例①

（1937年5月1日）

民国二十六年广东省铁路建设公债条例

二十六年五月一日公布

第一条　国民政府为建设广东省铁路，由财政部、铁道部会同发行公债，定名为民国二十六年广东省铁路建设公债。

第二条　本公债定额为英金二百七十万镑。

第三条　本公债用途专充建设广州至梅县铁路经费。如有余款时，拨作建设海南铁路之用。

第四条　本公债于民国二十六年五月一日按票面九八发行。

① 该条例于1938年2月5日废止。

第五条　本公债年息定为六厘，每年四月三十日及十月三十一日各付息一次。

第六条　本公债期限三十年，前五年只付利息，自第六年起，每年依照还本付息表规定数额，抽签还本一次，分二十五次，至民国五十六年四月三十日全数偿清。

第七条　本公债付息基金，由财政部在粤区增收盐税项下提拨建设事业专款部分充之，如有不敷，由财政部如数拨补足额。其还本基金，由铁道部在广梅铁路营业进款项下拨充之，如有不敷，由铁道部如数拨补足额。

前项本息基金，依照还本付息表所载每次还本付息数额，按月拨交中央银行及其委托之银行，收入本公债基金保管委员会户帐，专款存储备付。

第八条　本公债基金保管委员会由财政部、铁道部各派代表二人，审计部派代表一人，及经理银行推定代表四人，共同组织，负责保管基金。其组织规程，由财政部、铁道部会同拟订，呈由行政院核定之。

第九条　本公债还本付息事宜，由财政部、铁道部委托本公债基金保管委员会办理，并指定中央银行及其委托之银行为经付本息机关。

第十条　本公债票面定为英金一百镑、五十镑两种。

第十一条　本公债为无记名式，得自由买卖抵押，凡公务上须缴纳保证金时，得按汇兑率折合，作为替代品，并得为银行之保证准备金。

第十二条　对于本公债如有伪造及毁损信用之行为者，由司法机关依法惩治。

第十三条　本条例自公布日施行。

〔国民政府财政部档案〕

(三)外债(美棉麦借款)①

一、各方反对签定美棉麦借款

1.上海中华棉业联合会陈述反对借用美棉理由代电

(1932年6月25日)

行政院院长钧鉴:窃阅本月廿四日《新闻报》载南京政讯:沪麦粉棉纱巨商荣宗敬近向美商借美棉四十万包,周息四厘,分四年偿还,由政府担保,将由宋财【长】提请中政会议决定。政府当局以此事关本国棉产甚巨,多主慎重云云。读悉之下,群情惶骇。窃谓处现在情势之下,鉴于我国农产物之种种惨落,有万万不可商借美棉者数端,谨为钧院陈之。查我国以农立国,农产物品向以丝、茶、棉、粮为大宗。曩者丝、茶两项,输出至巨,岁入甚丰,只以外货充斥,丝、茶价格一落千丈。今岁日丝进口尤多,乃至华丝无立足之地,相率倒闭。推厥原因,无非受外货之压迫,此鉴于丝、茶,而不可借用美棉者一也。我国棉产种类甚多,产量亦厚,如果收量在中稔以上,以我国之棉产,供我国之纺锭,不敷有限。故以前外棉进口,至多不过五、六十万担至七、八十万担而止。去年水灾之后,华棉减收,外棉源源输入,计去秋迄今已达五百万担,数量之大,至可惊人。而查华南北国棉存数尚有一百万担余,每担价格又较低三、四两,若再借用外棉,则我国存棉如何用销。此为国棉存数计,而不可借用美棉者二也。我国棉农约占全民十分之一而强,此十分之一之棉农一家数口,均恃一岁之棉产收入为生活。近以外棉输入

① 外债部分,请参见本馆与财政部财政研究所合编之《民国外债档案史料》,本书只选编美棉麦借款部分,其余从略。

时价已较去年低至十两以上，即较外棉亦已【低】三、四两，如再借用外棉，则华棉势益低落。于是昔日可恃以为生活者，今且无以生活矣。饥寒交迫，则老弱填沟壑，壮者铤而走险，国家隐忧，莫此为甚。此为民生计，而不可借用美棉者三也。外棉输入愈多，则现金输出愈巨，以现在金融恐慌之我国，重以输出之巨额现金，血脉干枯，危亡立见，社会秩序何以维护。此为社会计，而不可借用美棉者四也。抑尤进者，美棉过剩，中外喧腾，美政府为维持棉业农商生计起见，故以过剩之棉，博借贷之美名，受畅销之实利。该商承借美棉，为美国棉业农商计，宁不为我国农商计乎！舍本逐末，于此为极。此为大体计，而不可借用美棉者五也。总之，华棉为国产大宗，棉农、棉商生计之源，关于国计民生，两极重要。属会经营棉业，熟悉情形，为特不揣冒昧，呈请钧院鉴念民困，迅即制止，严予驳斥，以固国本，而利民生。迫切陈词，伏乞鉴核。除分呈外。谨呈

上海中华棉业联合会叩

〔国民政府行政院档案〕

2.上海市商会为反对政府与美国签订美棉借款代电

(1932年7月5日)

行政院钧鉴：本月五日接棉花贩运业同业公会函称：近阅报载，有沪商向美商借美棉四十万包，政府担保，由宋财长提请中政会决定等情。阅悉之余，十分骇惊。查我国以农立国，所有出产，大半为舶来所劫持，仅棉花尚留有不绝如缕之生气。上年大水成灾，共匪遍地，所产棉花，收成锐减，而外棉乘此机会次第输入，以致我国内产之棉花价格益见低落，不谋阻止，何以救济农民。若谓借彼有余，补我不足，讵知利权外溢，挽回无期，不独此时有开门揖盗之嫌，而且将来有喧宾夺主之虑。况南北国棉所存尚不在少数，

不为自己疏纳，而为外人推销，此端一开，将无底止。直接固制农民之死命，间接实促成中国之生机，向非丧心病狂，何得为此饮鸩止渴之计，提倡国货，抵制外货之谓，何胡倡议者独无心肝耶。属会经营国棉，难安缄默，只以身力绵薄，不足回当道之聪。用特略述借棉弊害，呈请钧会俯鉴苦衷，转呈中央政府暨各院并财政部鉴，准请勿徇一二人之狂情，破数千年之农产。如系风说，固属万幸；如果不虚，务恳迅速制止。不惟农民之幸，亦我国前途之福也。无任待命之至，等语，到会。查我国以农立国，农商相倚为命，必使农安耕作，始得商利贸迁。盖我国人民既以农占最多数，必先农有盖藏，始货有售主，此实一定不易之常经。近年以来，长、淮、黄河暨赣，湖流域农村经济已濒破产，失业之民从乱如归，匪患之不易肃清，此为最大原因。自连年蚕事欠收，厂丝外销无路，遂致苏浙农家亦复岌岌不可终日，有半菽不饱之现象。松、太各属棉田与稻田参综错亘，若使大批美棉赊贷输入，则今岁棉田收获出品无人顾及，势必又蹈今春蚕茧覆辙。是直逼令农民失业，驱其为赣湘之续。此事关系太大，不敢缄默不言，除分电财政实业部外，理合电请钧院鉴核，对于以政府名义担保赊贷美棉一事，万勿核准，庶为农民保留一线生机，并为国家保全一线国脉。曷胜迫切待命之至。上海市商会叩。歌。

〔国民政府行政院档案〕

3.上海市政府转呈请勿续借美麦免伤农村经济代电

（1932年11月4日）

南京。行政院钧鉴：窃据社会局呈称：案据粮食委员会呈称：呈为呈请事。窃本会第三十七次常会临时动议：为粮价惨落，请中央切勿再借美麦，免伤农民经济一案，经议决：将报载中央拟借美麦情形呈请停止进行等语，在案。查此事据各报纪载，系由财政部美顾问与美国财政善后公司驻沪代表会商续贷数量及运华办法，其续贷总数量约为四十五万吨，价值美金一千二百万，合华币五千万元□□果属实，其影响于本国之农村经济至为重大。况本年各地收获尚丰，粮价惨落，中央正力谋救济之策。如果大量美麦运华销售，国产粮价必更惨落至无可收拾之地步，农村经济将濒于万劫不复之境，占全国人口百分之八十之农民亦均有破产之虞。本会心所谓危，安难缄默，爰将议决情形，备文呈请钧长迅赐鉴核，转电呈中央，对于续借美麦一案，停止进行，等语。据此，查该会第三十七次会议纪录，业经转请鉴核备案有案，据呈前情，除指令外，理合据情备文呈请鉴核，实为公便。等情。据此，查本年各地收获，尚称丰稔，粮价惨落，现正力谋救济，犹虞不遑，果如报载续贷美麦，运华倾销，则国产粮价必更惨落，影响本国农民经济极为重大，实有慎重考虑之必要。据呈前情，除指令外，理合据情电呈鉴核示遵。上海市市长吴铁城叩。支。印。

〔国民政府行政院档案〕

4.全国商会联合会为拒绝订购第二批美麦代电

(1932年11月19日)

洛阳。中央党部、国民政府、行政院、外交部、财政部、实业部钧鉴：顷准北平市商会蒸日代电略开：案查本会对于救济农村经济问题，电请防止舶来食粮进口，免致农业破产、国本动摇，早邀钧鉴。诚以谷贱伤农为古今不易之至理，果使菽粟等于粪土，则农夫耕耘所获，不足偿其粪价，又何能资为生活。盖农夫生活程度虽极简单，然断非仅能糊口即毕其事。况粪价犹能偿，糊口问题更难解决，此所以谓之谷贱伤农，此所以谓之谷价愈贱，农夫愈有破产之虞也。今闻政府第二批美麦运华，方将签订合同，消息传来，殊用危惧。夫以农民挥汗，辛劳所得，地方官府预征钱粮有至民国三、四十年以后者，有丁银一两加征者〔者字衍〕，三、四十元以上者，悉索敝赋，已不胜其诛求。乃中央政府又复大批定购外国食粮，双方压迫，小民诚无死所矣。现平市由汴逃来之难民日以数千计，询其荒欠乎？曰：否。更询其何故流离？曰：毕竭一年辛勤，所得无以自赡耳。嗟乎！以农立国之国家，舶来之稻麦瓜豆日见其多，夺农之力，故使沦胥，窃料政府决不忍为也。惟以既有所闻，未安缄默，谨代电驰，请顾念农村经济，设法勿令外粮运入，勿签订第二批美麦，民生幸甚，国本幸甚，等由，准此。查我国年来外粮入口，以致国内粮食过剩，影响及于农村经济。不久中央且召开民食会议，以讨论维持之法。决议案尚未实行，今又将订购第二批美麦，实与民食会议之宗旨背道而驰。理合电呈钧部、府、院察核，恳准停止订购第二批美麦，并迅即实行民食会议决议案，以维农村经济，至为祷切。全国商会联合会主席林康候叩。效。印。

〔国民政府行政院档案〕

5.国民党西南执行部等反对续借美麦代电①

(1932年11月24日)

南京。中央党部、国民政府钧鉴：据报载，财政部进行续借美麦四十五万吨，值美金一千二百万元，约合华币五千万元，合同初稿已经行政院审议认可，月内即在沪签字，等语。迭接京、沪电讯，所报亦同。此事未经公开，莫知真相。然无论合同条款若何，既属借贷性质，即为变相之外债，而增加国民之负担。去岁因水旱灾荒，借美麦以救济，国民尚可相谅。今则国内各地粮食多丰收，华北及长江各省农民且有熟荒之呼吁，在政府调剂补救，犹虞不及，乃反借贷他国过剩之农产，以增其压迫，至为不可。各报又载，财部决将外米入口税增加百分之三十，使米价增高，以便美麦之推销。果

① 系抄件。

尔则是藉政府之权力，不顾措施之矛盾，使食米区之人民增加负担，微论其影响如何，政府已为丛怨之【政】府。况美麦不常有，米价一经增高，势难平复，将使米价长久增长，害民尤难言喻。抑尤有不能无疑者，现在麦既非国内所需要，而借此巨额，其目的当在得变价之现款，究竟用诸何途。前北京政府所借外借，总理以其非以增进人民之幸福，而维持军阀之地位，故谓中国人民不负偿还之责任。本党指导下之政府，岂宜重蹈其故辙。遗教具在，民言可畏，未容缄默，用敢冒昧电询，盼赐明示，以祛众惑。中国国民党中央执行委员会西南执行部、国民政府西南政务委员会叩。敬。印。

〔国民政府行政院档案〕

6.上海棉花号业同业公会关于反对同美国签订棉麦借款代电①

(1933年6月17日)

国民政府钧鉴：宋部长在美签借棉麦五千万巨款合同，消息传来，举国震骇。连日奉读报载汪院长之谈话，借款合同业已成立，并经实【业】部长拟具支配办法，呈送行政院，具见兼筹并顾，钦仰无仍。但查借款总额为五千万美金，规定以五之四购棉，五之一购麦与粉。至合同内容，如价格、采购、装运及支配等问题，宋部长自有权衡，高深莫测。顾兹事体大，关系全民生计，属会经营棉业，熟悉情形，有不能已于言者数端，谨为钧府陈之。我国以农立国，农产之富，为世界冠。徒以内争不息，水旱兼灾，以致耕种不时，饥馑荐至。欲救其弊，亟应化除私见，精诚团结，以平内乱，整顿农产，改良种植，以裕民生，借债度日，终非久计，此其一。农村破产，影响社会安宁，比年以还，谷价趋落，农民弃田，散之四方，甚者沟渎，自经极端记载，时有所闻。通都大埠，游民激增，社会隐患，莫此为

① 系抄件。

甚。复兴农村，当今急务，若以外人过剩之农产，压迫垂毙之农民，复兴之期，终归乌有，此其二。外货倾销，现金枯竭，列强提倡国货，大抵限止输入，美国禁止棉类入口，此为明证。乃倾销之不已，益之以巨额借贷，不啻以政府而为外商承销机关，造友邦之出品机缘，贻强邻以入输口实，漏卮既巨，国体攸关，此其三。国棉产额丰欠，平均约在八百万担左右，如能竭力提倡，加意改良，以我国土宜，收量必增。照过去产量，以供我国自营纱厂之消耗绰绰有余，即遇荒欠，所差亦属无多，厂商自能采购。矧年来纱销滞濡，已臻极点，自闻大借款之传说，一周之内，花纱市价，益复直下，如再以巨数外棉源源输入，转瞬国棉登场，价值之惨落，必更甚于今日。流弊所至，不特棉值愈贱，棉农直蒙其害，抑且纱积愈厚，纱商势难支持，此其四。曩者纱厂商荣宗敬氏曾传向美借棉之说，群情惶惑，呈经钧院制止，自奉实业部指令，群疑始释，煌煌批示，墨汁未干，以个人之小借款，影响社会已极重大，况倍于此者。此中利害，不言可知，此其五。综上所述，证以我国之农村，衡以今日之情势，无论棉与麦粉，似无接受美国此项借款之必要。仰乞俯顺舆情，收回成命，万一以国际信誉未便变更，则正式合同之签订，务求缜密计划，以不妨国产为前提，再贡管见，并乞准行。一、棉价之均平。棉为国产大宗，生计所关，约占全民十之五、六，美棉价格应以历年中美棉价推算。二、采购者之识见，关系原料之优劣，必须熟悉中美两国棉类之产地、产额，国内纱厂之用品、出品，与夫社会需要，取其所长，补我所短，始能物尽其用，用尽其量。三、物稀则贵，剩余则废，则装运又宜注意，如能划分长期，以他邦之有余，补我国之不足，供求相应，庶几无弊。若于短时期内整批运来，则供过于求，国棉价格势被压跌，必须预计缺乏之实在，分批装运，方无积压。四、支配问题，更极重要。【报】载实【业】部长谈话，支配不得其法则，匪特于我无补，即国内固有之棉业纱业，亦将蒙其绝大恶劣影响、旨哉斯言，诚切握要。我国自营纱厂，全数八十四家，每年用棉不过六百万担左右，除应用国棉外，所缺有限。近因纱销惨落，实行减工，则所需原料益形减少。故欲支配此巨量美棉，必须罗致精熟花纱商人，组织委员会，先事查明国棉存数，各厂所缺确数，及日用数量，斟酌并用，分期接济，既无搁压之累，可免缺乏之虞。属会经营各地棉花，深知农村生命系于棉产者至重，为特不揣冒昧，谨献刍荛，伏乞钧府鉴念农村衰落，棉商艰困，设法兼顾，无任拜祷。除分呈外，谨呈。上海市棉花号业同业公会刘屏孙叩。篠。

〔国民政府行政院档案〕

7.上海面粉业厂业同业公会等为请美棉麦借款免购面粉等呈

（1933年6月19日）

呈为华粉过剩、吁恳借款免购美粉、以维粉业而恤商艰事。窃宋副院长在美棉麦借款签订合同后，业经中政会追认，立法院通过，是棉麦借款已成事实。惟合同所载小麦外，附有面粉。属会聆悉之余，有不得不为钧院陈者。查吾国农村复兴尚在计划中，原料缺乏，政府借棉麦维持纱、粉两业，具见不得已之苦心。但熟货与原料迥异，若购买小麦，搭配面粉，属会期期以为不可。吾国工业之较大者，纱厂而外，当推粉厂。年来粉厂营业不振，相率停歇，其幸存者，亦皆勉力维持，绝无蓬勃之气象。揆厥原因，约有数端：一、厂方负担加重。以前小麦虽有厘金，面粉向不征税。自实施裁厘加税后，面粉统税每包须纳税洋一角，以粉税与麦厘比较，轻重悬殊。且已征统税之粉行销内地，须纳营业税，江北收买小麦，又须勒征营业税，是裁厘其名，加税其实，厂方受重重剥削，成本加重，市面萧条，粉价低落，虽欲不亏耗而不可得矣。二、赈粉输入之影响。前年政府借美麦美粉，以赈济水灾，致各乡镇洋粉充斥。于今三年，皖省内地仍有赈粉余存，长江一带华粉销路，遂蒙绝大之影响。三、华北粉销停滞。华粉销路，向以北方为大宗，自东北不守而后，华粉推销之地等于完全放弃。减价求售，而滞销依然，各厂制成之粉，日积月累，已成过剩之象，只得相继停工。如高邮裕亨、南通复新、清江大丰、芜湖益新厂等，皆事实昭然，而不容掩饰者也。其余如水、旱、兵灾，天时人事随在，予粉厂以重大之打击，经过情形，不胜枚举。际此借款告成，商民佥谓：政府此举，直接维持工厂，间接复兴农村。及闻有美粉运华之说，则又动色相告，一若非意料所及，不胜其惶惑者。诚以华厂制粉，已感积滞，于此设法疏通，犹恐不及。若再以巨额美粉运华，是促成华厂停工歇业，其如工人生计、国家税收何？属会为此呈请钧院鉴察粉业艰困情形，迅电宋副院长免予购粉，以恤商艰。即所购美麦，应请注意麦品，如西部红麦、硬冬麦、西部白麦平均支配。至装运日期，至早须至十月起装，每月以六万吨为限，万勿全装白麦。现值吾国新麦登场之际，祈分期缓装，以惠农民。除分呈实业部税务署外，伏乞批示遵行，毋任吁恳待命之至。谨呈

行政院

上海市面粉厂业同业公会

主席顾馨一（印）

苏浙皖内地机制面粉厂公会

主席卞宗浚（印）

〔国民政府行政院档案〕

8.江苏全省农村协进会为反对政府同美国签订棉麦借款代电

（1933年6月30日）

南京。行政院汪院长钧鉴：窃自美国棉麦借款成功，举国人心惶惶，以为农民生机恐遭铲绝。然已大错铸成，吾侪小民顾全中央威信，何敢公然反对。乃道路传闻，又有不详之谣言发生，云宋部

长又在英国接洽大宗棉麦借款。此谣倘果确实，则恐中国农民从此更无死所矣。查近年来农村破产，其故不止一端，而实以洋米洋麦输入太多为最大之原因。前年水灾，政府借美麦赈济，惜其漫无统计，借数太多，以致各乡各镇赈麦赈粉到处充斥，贬价求售，无人过问，迄今皖省内地，仍有昔年之赈麦余存。灾区虽得赈济于一时，而非灾区因此反受谷贱之害，亦等于被灾，今已三年，余害未已。本年各省小麦丰收，为数年所未有，农民方自庆幸，或可稍得善价，以纾积年之困。不意霹雳一声，美麦借成，商贩裹足麦价不但暴跌，且求速售而不可得。今虽蒙政府宣言，将来货到，妥为支配，以期维持农价。然事实上试问人民衣食所需，总有一定之程度，日食三餐，岂能强为六餐。今既有如许之外国农产进口，何能不影响中国农产之销路。按照美金五千万元，即合华币有二万万元之多，况以美棉洋麦之质美价廉，中国棉麦岂有不为其所打倒者耶？倘再不幸又向英国借款购麦，是不啻尽将中国农民驱于沟壑，而由中国养活外国之农民矣。吾农民与政府何仇，而必欲自速其死耶。为今之计，惟有请政府迅速电宋部长停止进行，纵有大借外债之必要，尽可购中国真正必需之品，如机器、五金、仪器、材料等，切勿再购农产品，以延中国农民一线之生机。倘政府不加采纳，属会等将□迳电彼邦，誓不承认，以谋国民之自救。急不择言，诸祈鉴宥。江苏全省农村协进会叩。

〔国民政府行政院档案〕

9.上海市面粉厂业同业公会为贷借美麦请勿附带美粉致财政部呈

（1933年11月26日）

呈为贷借美麦请勿附带美粉，以免影响粉销而维厂商营业事。窃查我国小麦近年产额日减，采用洋麦制生成熟，藉以维持工人生活，原出于不得已。自九一八以后，东北四省以及平津等处多被日粉侵销，本年我国麦产丰收，因面粉销额锐减，连带小麦滞销，粉、麦市价之惨跌为近十余年来所未有。上海制成面粉无处推销，前此数目，成货堆积无地容纳，方议减少生产，停止开机，藉以疏通积货。而侧闻宋前财政部长贷借美麦，其中附有美粉若干，如果确实，将来美粉运华，供过于求，粉、麦市价之锐跌必更甚于今日，将不知伊于胡底。从前采用洋麦开机，仅仅维持工人生命，保持未被侵占之销路者，因美粉来华之压迫，势将不能继续其营业。事关粉业全体切肤之痛，为此披沥具呈，伏乞钧部鉴核。俯念粉厂营业异常艰困，将贷借美麦中附带美粉设法向前途婉商取消。倘因订约未能全数取销，务恳减少数量，至多勿逾美麦全额一成，俾留余地，以免影响粉销，而维厂商营业，不胜迫切企祷之至。谨呈

财政部

上海市面粉厂业同业公会主席　顾馨一（印）

中华民国二十二年十一月二十六日

〔国民政府财政部档案〕

二、各方利用美棉麦借款建议案

1.铁道部拟具关于棉麦借款用途意见稿

（1933年7月21日）

一、完成陇海铁路并建筑大同至潼关、长沙至贵阳两线查开发西北为目前唯一要图，而开发西北一切建设事业，尤当以完成陇海铁路为先务。迭次全代大会暨国民会议各方提案，咸一致认为必要。本部前亦经拟具详细计划，提出四中全会讨论，尚未及实行。现在潼关至西安及东段与海港工程，本部正在勉力筹款，积极进行。惟西安至兰州一段，所需建筑费用较巨，照目前铁路财政现况，实无筹拨能力，常〔长〕此迁延，与目前开发西北计划之进行，

实多不便。现在棉麦借款成立，交通建设经费当为主要用途之一。本部意见，认为目前交通建设事业，实以完成陇海铁路为急切。此外大同至潼关及长沙至贵阳两线，于国防、经济、实业诸端，亦至关重要，且为本部计划未成路线中之重要干线，现均亟待款兴修，亦拟请酌予借拨棉麦借款一部分应用。（附各该路线所需建筑费预算数目表）〔略〕

二、添购机车车辆　查铁路事业为一国交通要政，有关国计民生至重且巨，欲期路务之振兴，必须先谋客货营业之发达。机车车辆为流通客货之工具，故须充裕适用，不宜缺乏。国有各路开办迄今，已历五十余年，车辆既已缺乏，机力又不充裕，以此工具而谋客货营业之发达，诚戛戛乎其难。况当张作霖出关之际，复将关内各路机车车辆运出关外者，几达总数之半，至今无法收回，且一部份已被日人占用。现各路所有者，仅机车一千零二十三辆，客车一千三百十七辆，货车一万一千五百五十二辆，特种车七百五十辆。而又因历年军运频繁，辗转过轨，此损彼益，清理维艰。各路营业既多属振运、军运，于路收无丝毫之裨益。而一般货运，反因车辆奇缺，无法运输，有碍国民经济之发展至巨。欲谋整顿，自当先其所急，添购大批机车车辆，藉以更换旧腐，不堪行驶者入厂修理。本部有鉴于此，前虽迭经备文，呈请借拨庚款，添购新车。惟所借者为数甚微，而所添者又不足供需要之百一。故需筹借巨款，通盘计划，始能见效。现拟拨借棉麦借款一部份，约国币五千七百万元，专为添购机车车辆之用。兹就各路需要各项车辆及用款估计概数分列详表，以觇各路实际需车情形，俾资参考。（附各路需添机车车辆表、需添机车车辆用款估计概数表各一件）〔略〕

三、举办经济调查　查棉麦借款就性质言，宜以多数用之于农业方面。缘我国以农立国，近年来农村因受天灾人祸种种不良影响，农民经济日濒破产。为昭苏农困计，苟能将该项借款之一部分用以弥补农民经济之损失，并切实举办复兴农村之各项基本工作，实最称适当。但考我国农村日趋衰落，交通不便，农产品失其调剂，亦为其中主要原因之一。本部去年举办铁路沿线各站粮运调查，并厘订各路运粮特价，力争调剂，收效颇宏。但铁道欲尽量发挥此项功能，必先从事沿线经济调查，俾能洞悉沿线之经济实况，以谋适应其需要。本部以往除去冬曾举办上述应急之各站粮运调查一次外，对于铁道沿线一般经济调查，因限于经费、人力，仅及于未成路线之一部份。兹拟将已成各线全部举行经济调查，此项调查经费，约需十万元（此仅指出发调查所需直接经费，至调查人员，当由本部于部、路方面选派，其薪水不须另行开支）。如照预定计划办理，不难于一年之内，将全国国有铁路已成、未成线全部调查完竣，以调查结果作为开发农村经济之指南针，其裨益国民经济，自非浅鲜。（附全国国有铁路已成、未成线经济调查预算表）〔略〕

〔国民政府铁道部档案〕

2.实业部转上海市商会吁请指拨美麦借款救济上海战区呈

（1933年8月29日）

案据上海市商会呈称：属会丁本月四日开执监联席会议，据执行委员叶家兴提议，内开：溯自本市市政府成立以后，为欲求大上海计划之实现，首先从事于市中心区域之完成。吴淞、江湾、闸北等区，因与市中心区域互相毗连，是以市政建设，得有长足进展。各该区人口，日形稠密；工商百业，日臻繁荣。

不幸日寇来侵，战事突起，各区精华，尽毁于炮火。战事终了后，本市社会局、市商会、律师公会、会计师公会，曾联合办理战区损失登记，其登记损失总额，在十四万万元以上，尚有未登记者，当不止此数。创巨痛深，实为本市有史以来所未有。

查四团体会同调查战区损失，原欲为他日救济之张本，但事隔经年，救济之说，渐告沉寂。战区人民，欲归不得；工商百业，欲兴无力。其生活之艰难，情状之穷迫，迥非言语所得形容。再不予以相当救济，则强者流为匪盗，弱者转于沟壑。

中央政府近有美麦借款之订结，前读汪院长与蒋委员长联名通电，谓此美麦借款系充复兴农村之需，具征当局关怀民瘼。窃以上海市区虽为一大都市，而除特区、沪南、闸北三处外，大半尚具农村之形态，恃农业为生者，又何止万千。且此次战事，直接对于农业之破坏，与工商业及市政建设同其深刻。一方复兴工商业，固为目前急要之图，而恢复本市农村之繁荣，亦岂容缓。

且以复兴农村，其目的有二：一则以改善农民之生活，一则以促进农产品之增加。但农产品增加后，全恃都市为之销售，否则农产过剩，徒然形成膨胀之病态耳。是以欲求农产品之畅销，首宜求都市购买力之增厚，都市之购买力，即为间接的复兴农村经济也。

查本市既为全国首屈一指之都市，其销纳农产品之购买力本极雄厚。惟自战后社会经济萧条，百业衰落，迄无起色。症结所在，实由吴淞、江湾、闸北等区之市面不能恢复为其主因。是以此次执政者分配美麦借款用途时，于复兴农村经济之外，应兼筹本市战区之救济，庶使百业复苏。拟请中央借拨此次美麦借款一部份，充作救济战区费用，俟奉准后，仍由前次办理损害登记之四团体，依照登记总额，平均分配。等语。当经议决通过，据情分呈社会局、实业部。理合录案备文呈请，仰祈钧部鉴核俯准，转呈指拨，实为公便。等情。事关吁请借拨美麦借款，救济战区，理合据情转呈钧院鉴核示遵。谨呈

行政院

实业部部长陈公博

中华民国二十二年八月二十九日

〔国民政府全国经济委员会档案〕

3.天津各业工会救国联合会要求将美棉廉价贷与各厂代电

（1933年9月2日）

财政部宋部长钧鉴：棉麦借款，中央一再声明，以作建设之用，并救济日趋衰落之工商业。今全国纱业已难维持现状，虽屡次减低工资，增加工作时间，加紧剥削工人，而此种残忍拙计，不但未挽危局，而且日趋颓势。各股东及有资产者，因鉴营业衰落，更不肯投资经济，周转不灵，几有歇业之虞。万一纱厂倒闭，工业前途，工人生计，以及国家经济，更不堪设想。本会本属劳工组合，利害较切，焦虑犹深，日夜筹思救急之策，惟有赖政府之接济。请由借来之外棉廉价贷与各厂，能使各厂支持三年，纱业或有转机，最低亦不致使沦于破产。本会为国民生计从计，谨以管见所及，不揣冒渎，上贡其意，是否有当，敬候钧裁。如荷采择施行，不胜感激之至。天津市各业工会救国联合会叩。冬。

〔国民政府全国经济委员会档案〕

4.湖北监利县商会恳请美棉到沪时兼顾国棉销路代电

（1933年9月22日）

南京。国民政府财政部钧鉴：我国以农立国，海禁大开以来，受外人经济侵略，端赖农产，以图生存。出口农产物向以粮食、丝、茶、棉花为大宗，年来地方不靖，雨旸失时，粮食、丝、茶出口锐减，所赖以维系农村与市场交易者，厥惟棉花。查棉花尤为农产主要品，活动农村经济，繁荣市场贸易，端在棉花。比年农商交困，实由棉业不振，揆厥原因，在商贩希图渔利，掺和潮籽，遂使品质日下，难与外棉竞争。幸政府为整理棉业，挽回利权起见，业蒙派员检验，严加取缔。各地闻风景从，咸遵令力祛积弊，本年吾鄂棉产收获信形丰稔，刷新棉业，改良棉质，尤不遗余力，冀以抵制外棉，推销国产，藉裕民生。乃近阅报载：钧府定购美棉行将入国，在钧府定购之际，原难预料本年棉产丰收，为环顾国内需要起见，自是贤明措置。不过闻诸道路，谓美棉出售，按价八折，放期五月，果尔则国产棉花势必销路滞迟，价格低落，上负钧府挽回棉产权利之至意，下遗农村金融破产之危机，直接妨碍农民之生存，间接影响商人之企业，是岂我政府恢复农村、繁荣市场之初衷哉！以所谓危，不敢缄默，谨披肝沥胆，万恳于美棉到沪时兼顾国棉，乞详加审慎，勿使售价太低，放期过远，庶国棉得有销行余地，是即所以救济农村与市场也。兹值农商交困，政府力谋恢复元气之际，谅不河汉斯言，用敢电渎，不胜屏营待命之至。湖北监利县商会叩。养。印。

〔国民政府全国经济委员会档案〕

5.龙云请在棉麦借款内拨发一千二百万元以资救济电

(1933年10月1日)

南京。财政部宋部长子文兄勋鉴：行密。棉麦借款告成，国家有从事生产建设之机，庆幸何如。滇虽远在边隅，而逼强邻，情形尤较他省不同，应办之开发事业特多，一经开发，裨益实大。只以财力未逮，故于阳电请主持就借款内拨发一千二百万元，以资兴办，并将办法略陈，谅邀鉴及。兹特派本省实业厅长缪采铭晋京，面述详情，务请主持照拨，俾边地富源得及时着手开发，幸甚。专颂勋绥。弟龙云叩。真。印。

〔国民政府财政部档案〕

6.铁道部关于拨付棉麦借款五百万元完成粤汉铁路致行政院提案稿

(1934年3月31日)

为提案事：窃查本部前以完成粤汉铁路借用中英庚款，比照原定预算，尚属不敷甚巨。经于本院第一百一十五次会议，提请划拨棉麦借款五百万元，以资弥补，荷承通遵，并令行知照在案。嗣以粤汉工程积极进展，需款紧急，而预计全部财政状况，计不敷约达乙千万元。复于第五四二号呈请即行提拨棉麦借款五百万元，藉资挹注，经奉指令第二四五号饬知，已函全国经济委员会照数提拨。兹查该路工程，现以限期短促，进行益急，所需经费，到期拨用庚款已属不敷支配，而原定发行公债计划，方在各方详加核议之中，奉令准拨棉麦借款，亦未提交到部。形势迫切，至堪焦虑。为此拟请援照前案，即将准拨之棉麦借款五百万元，提请全国经济委员会照数拨付，以应眉急。是否有当，敬候公决。

提案人　铁道部

〔国民政府铁道部档案〕

7.交通部转招商局呈请于棉麦借款中酌拨部份购置造船材料咨

(1934年4月7日)

交通部咨　字第458号

案据国营招商局理事会呈称：案准属局总经理刘鸿生提议：查财政部宋前部长在美商借美金五千万元，专用购买美国棉麦等货，运回我国销售。当时合约内规定以四千万美金购买美棉，以一千万美金购买美麦，业已开始履行。合约对于美麦方面，预期可足数购运，其于美棉方面，因特种关系，购运未能足额。近闻政府将与美政府磋商，在原借款美金五千万元之中减少借额，拟将改购棉、麦各一千万元之说，而美政府则于借款总额之中可不限定购办棉、麦两种，如欲改购其他美产运华，以应需要，亦有商量余地，云云。现我国营航业需款正殷，此说果确，似可由本局迳呈交通部，请其转商经济委员会及财政部，与美政府接洽改订棉麦借款合同时，在原借款之中指拨美金若干万元，专备购运造船材料，藉符政府实力扶植国营航业之至意，并向交部向经委会、财政部商定确数后，即行批示，俾可早日筹拟计划暨预算，再行呈候核示，以资实行。是否之处，应请公决，等因。到会。准此。查属局原有船只窳陋居多，且频年减少，不敷行使。自收归国营后，蒙钧部提倡整理，议借庚款，购造新船，扩展方树始基，卒以款项不敷减造江轮一只，综计推广航路，仍苦供不逮求。今者美棉借款有改订之机，如能酌拨一部份为属局购办造船材料之用，裨益国航，良非浅鲜。经属会议决，呈请钧部核示，理合呈乞鉴核，酌量咨商训示祇遵。等情。据此。除分行并指令外，相应咨请查核见复为荷。

此咨

财政部

交通部长　朱家骅

中华民国二十三年四月七日

〔国民政府交通部档案〕

8.财政部关于棉麦借款指定用途不可移拨咨稿

（1934年4月19日）

咨4289

案准贵部咨略开：案据国营招商局理事会呈准总经理刘鸿生提议，请政府与美政府接洽改订棉麦借款合同时，在原借款中指拨美金若干万元，专备购运造船材料一案，转咨查核见复。等由。准此。查招商局船只窳陋，应加整理，诚属事实。惟刘经理提议请指拨棉麦借款购料一节，祇以此项借款为数有限，且早经指定用途，殊难移拨。准咨前由、相应备文咨复。即希查照。此咨

交通部

〔国民政府财政部档案〕

三、美棉麦借款经理与偿还情形

1.财政部关于棉麦借款委托中央银行经理等致中央银行公函

（1933年6月28日）

财政部公函　沪字第三一八号

径启者：本部邹次长前日承询棉麦借款委托经理事，当经电请汪院长将与宋部长往来电文抄发转达。兹奉沁电复开：寝电诵悉。宋部长铣电如下：棉麦借款，弟拟委中央银行为代理机关，经理购买运输堆栈出售及还款各事，并拟实业部派干员一人参加，如是运输，保险经费可由中央银行暂垫，并可与美方随时接洽，如何，盼复。子文叩。铣。伦敦来沪洽转等语。弟已复电核准，并已告庸之、公博两兄，日前我兄与庸之兄在沪寓晤弟时，似亦曾提及矣。等因。合亟函请查照为荷。此致

中央银行

财政部长　宋子文

邹　琳代

中华民国廿二年六月廿八日

〔国民政府财政部档案〕

2.税务署关于遵照办理棉麦借款案致财政部呈

（1933年7月11日）

呈为密呈事：现奉钧部阳代电开：密。现准行政院秘书处函开：奉院长谕：查前据财政部部长宋子文支电报告，与美国政府建设公司签订购买棉麦及面粉美金五千万元借款合同之经过情形一案到院。经本院长于本年六月七日提出中央政治会议第三六零次

会议决议，借款准予成立，交立法院秘密审议。旋于本年六月十六日经立法院第三届第二十二次会议决议，照案通过，应由秘书处抄录宋部长原案来电，函知外交、财政两部，等因。相应抄同原电，函达查照等由，到部。查原电所列借款合同内重要各点如下：利息长年五厘；棉花还本货到国时一成，三个月后一成五，第二年之最后六个月一成，第三年一成五，第四年二成，第五年三成；麦及面粉还本第四年二成五，第五年七成五；担保品：（一）统税各收入。除统税内之烟酒已经有旧合同借款担保，只可作第二担保品；（二）海关收入。有赈灾附加百分之五，本已担保美国赈灾面麦借款，可作本借款之第二担保品。基于上述办法，俟赈灾附加还清美麦借款后，可继续征收，作此合同担保品。又此后统税有任何改组时，不得使收入短少，俾免担保品无着。除分电外，合亟密电该署长即便遵照，切实办理具报，等因。奉此。除遵照办理外，理合具文呈复，伏乞鉴核备案。谨呈

财政部部长宋

次长邹
　　李

税务署署长谢　祺（印）

中华民国二十二年七月十一日

〔国民政府财政部档案〕

3.财政部秘书处关于中央银行已设立机构经理棉麦借款致该部驻沪办事处函

（1933年7月12日）

径启者：本部接准中央银行公函，内开：准贵部沪字三二一号公函内开：查美国棉麦借款委托经理一事，经本部宋部长电呈行政院汪院长核准，委托贵行为代理机关，经理购买、运输、堆栈、出售

及还款各事，相应函达查照办理见复为荷，等因。准此。当经提由本行理事会议决，特设中央银行经理美贷棉麦事务处，并通过该处组织规则在卷，除派席德懋为该处经理外，相应检同该处规则，函达贵部，即希转呈行政院备案为荷，等因。附规则二份到部。查原案系属贵处经办，准函前由，相应函达贵处，即希查照，将原卷检送过处，俾资办理。此致

本部驻沪办公处

财政部秘书处启

七.十二。

〔国民政府财政部档案〕

4.中央银行经理美贷棉麦事务处关于棉麦借款购销情形报告

（1934年3月23日）①

棉麦借款购销情形报告

案准财政部公函开：查关于美国棉麦借款委托经理一事，前经本部呈准行政院，委托中央银行为代理机关，经理购买运输堆栈出售及还款各事，并经该行组织经理美贷棉麦事务处，专任办理各在案。兹准该处将购销情形报告前来，相应检同原件函送贵会，即希查照办荷。等由。并附送报告到会，用特提请公鉴。

本年三月十五日以前棉麦借款情形报告

一、棉

本月内售出之棉花，计八百包，前今售出总数，截至三月十五日止，共计四万七千三百包。销售情形，大致皆依照市价办理，并无损失。上月售数甚微，其原因不一。日本纱厂，继续向别处购

①财政部函送全国经济委员会时间。

货，华南纱厂，则以经济情形不良，对于推销所制棉纱及布，方且极感困难，并决议自六月一日起，停止夜工。其结果，使棉之消费低减百分之四十。美棉之所以滞销，又以银价不定，美国棉价变迁及申棉印棉之跌落，国内一般纱厂减少进棉数量，并以希望嗣后政府让价，咸存观望之意。现在各纱厂进棉，似以足敷需用为度。此外上月份为旧历新年，市面及纱厂，又皆循旧俗休业也。

定购未售之棉，至三月十五日止，共计为五万零六百二十五包。在三月一日起，曾又继续购进。上项总数内有一万五千包，即系自该日期所购进者。单一批平均价目，为每磅九.六八分。而一万五千包之每磅平均价目，为一二.三六分。三月十九日现棉收盘价目，为每磅一二·二〇分。三月份远期，为每磅一一.九一分。故远期购进之全数，有甚厚之帐面利润。早日购进者，自十二月初旬起，存放美国货栈，依照与美国复兴公司之协议，存放时期不得超过六个月。

二、麦

截止三月十五日止，购进麦数为：

西部二号白麦　二十七万四千八百吨（每吨二千磅）

二号冬季坚麦　二万三千七百三十七吨

共计　　二十九万八千五百三十七吨

售出数总计为三十一万九千五百二十九吨，但售出数内之四万二千吨，系售于小厂，尚未确定成交，连此种交易在内，尚可购进之数，约为二万一千吨。购进此数后，美国六百万金元之购麦借款，即全部用尽。此外有面粉三百吨（三千桶），已经购进，亦已售出。

面粉之购销，一时仍难进行顺利。第一、如经理处将面粉在本地售卖，与华粉竞争，则将予小麦市场以重大之损失。第二、世界粉市，仍比美粉低廉，现在尚较低百分之二十。

三月六日售卖美麦余数全部之谈判，已告完成。再商谈此项交易时，经理处因南美阿根廷小麦在市上竞争激烈之结果，颇受牵制。购麦者，为茂新及阜丰两厂，该两厂以前购进之麦，截至三月一日止，已占经理处所销售者百分之八十五，经理处与该二厂约定售卖总数，约十三万吨，分十七次装运，价目为照装运时市价减轻百分之五。并经经理处同意，为维护买主利益计，在一九三四年六月三十日以前，不再装运美国面粉来华，或在此间揽售。惟特别消费用之上白面粉，及一万五千长吨以内之普通面粉，备直接使用并不售卖者，不在此内。此项协议，当然不限制政府购买远期美粉或以运华或以存栈之权限也。

因此项交易，为数巨大，故经理处同意，在六月三十日以前，再装美麦来华销售以六艘为限，其售价亦不得较现在售与该两厂者为低。如此限数之美麦，均经购进后，则美国额定之购麦信用款，即将全部用尽。逆料上海各小厂及外埠各厂，其可以吸收之数量，将不逾此数。盖彼等对于此次借款之美麦，向来不甚赞成，而反已大量购进阿根廷及澳洲之麦也。故于商定销售上述之十三万吨美麦后，即将该六艘小麦，约计四万五千吨，以同样条件，向小厂揽售，当经订定口头售约。惟在以书面签订合同以前，一部份厂家，忽鼓动全体，要求特别减低售价，以补偿彼等所称对麦加征进口税前购定作借款麦所缴关税之损失。实则各小厂均以购进作借款麦，为数甚巨，虽向之揽售，而其吸收大宗借款麦之能力，已告折减矣。

三、运输

棉花　至本年三月十五日止，已定装之数量，共计一万零七百十二吨。其中由美国船运输者，五千七百三十七吨，由其他外国船运输者，四千九百七十五吨，均由经理处委托美国航运处代表为包运。

小麦　至三月十五日止，已定装运之数量为三十万零三千五百九十三吨。其中由美国船运输者，十二万零七百六十吨，由其他各国船运输者，十八万二千八百三十三吨。上列两数内，由招商局承包者，十四万七千零六十吨，由Norton Lilly Co.承包者，十五万六千五百三十三吨。此公司为经理处委办运输小麦面粉出口之经理(上列之吨数均为约数)。

四、棉麦借款条件之修改

二月间、驻美经理魏文彬，在华盛顿洽商减低棉麦借款数目，洽商之结果，经施公使与美国复兴公司于函件交换中，载入下列修改各点：(1)小麦借款美金六百万元，自一九三四年三月一日，展期至是年七月三十一日。(2)面粉借款美金四百万元，自一九三四年三月一日，展期至是年十二月三十一日，但须在七月三十一日以前，利用借款之半数。(3)棉花借款，由美金四千万元，减至美金一千万元，仍以一九三四年八月一日为满期。美国复兴公司承认修改条件时，附带保留，经合理的预先通告，可取消面粉借款。洽商时，中国提议将棉花借款之一部分，改办购买小麦或别种美国物品之用，然未得美国复兴公司之同意。

五、收入情形

观一九三四年三月十五日之收支清单，可以看出除拨江西治标费一百八十万元，经济委员会三百万元，及运输与其他费用(包括购买棉花应付本款之准备金)外，现在净存中央银行之款，共三百七十四万五千九百六十三元五角四分。

此外尚有已售未到或未收售价之棉麦，计棉花一万六千四百五十包，每包计值美金六十元，共计美金一百万元，除去四分之一备作收到货单等件三个月以内还本之用外，约可得二百二十五万元。又小麦款约九百一十五万元(此数不甚正确，因已在输运中之小麦，其大部分已先付款)。上述三数，共一千五百一十五万元，减去运费等五十万元，共计为一千四百六十五万元。凡在一九三四年三月十五日止，应以美金元及英磅拨付之款，除可以美金收款抵付者外，其应付之外汇，均已算清。凡信用书之用美金及英磅开出者，汇票之尚未请求付现者，以及未到期之本息款，均未计算汇价。除棉花借款还本百分之十及百分之十五外，对于其他还本款之外汇结价，似不属于经理处之任务。而该借款须付利息外汇之结价，则已有应付变化，盖此项息款，系由海关水灾救济附加税项下拨付也。

魏文彬之报告，谓截止去年十二月三十一日止，在美帐目，已经委托Price，Waterhouse Co审核，该会计师审核报告之副本，业已寄到矣。

〔国民政府全国经济委员会档案〕

5.美贷棉麦事务处经理预计收入报告

（1934年3月24日）

谨将美贷棉麦借款现在收支状况及预计将来收入总额分条报告于后。

一、借款合同修改后棉麦借额应变更如下：

美棉　美金一千万元

美麦　美金六百万元

美粉　美金四百万元

共计　美金二千万元

上项借额如能使用完毕，除归还第一年本额外，总计收入金额约合国币四千八百万元。

二、现在收支状况　截至本日止，所有借款项下已经售出棉麦之价款及售出棉麦应收未收之货价

收入项下：

美棉　国币七百五十万元

美麦粉　国币一千九百万元

支出项下：

运费及手续费等约国币三百万元。

收支两抵，计余国币二千三百五十万元。

三、预计将来收入总额　棉麦销售均照市面价格办理，并未亏折，除上列已售出棉麦货价余款总数国币二千三百五十万元外，其余未经购运美棉、美麦、美粉之收入，应作下列之预算：

（一）美棉　截至本日止，共计已售出约五万包，若以经过六个月销售情形而论，余剩美棉销售须约一年方可竣事，但因近来市面积存不丰，至本年夏间或可有蹇批售完之希望。

按照市价估计，销售余剩美棉收入，除现在业经收到三国币七百五十万元外，以现在汇票行市计算，约可得国币一千五百万元。

（二）美麦　借款金额为美金六百万元，共可购美麦约三十二万短吨。假定每担平均四元，每吨约合六十元，则美麦三十二万短吨收入约为一千九百万元，内应减除运费约三百万元外，则销售美麦收入净数约为国币一千六百万元。

（三）美粉　截至本日止，共只售出三百吨，其原因一则系职处不欲以美粉在目前国内市场与国粉竞售，一则因美国当局对于世界价格亦不能赞同之，故惟如将来市面需要价格合宜，自可尽量购售，则预计美粉一项可余国币五百万至一千万元。

依照上述计算，截至年终止预计约可净收：

美棉　国币二千二百五十万元

美麦　国币一千六百万元

美粉　国币五百万至一千万元

共计国币约四千三百五十万至四千八百五十万元。

职席德懋谨呈

二十三年三月二十四日

〔国民政府全国经济委员会档案〕

6.席德懋关于整理内外债款及棉麦借款结存数致孔祥熙密电

（1934年11月6日）

南京财政部孔部长钧鉴：懋密。财政部整理内外债户自十八年二月起，每年由关税户拨解五百万元，计每月解四十一万六千余元，截至二十三年十月底止，计结存二千八百七十五万元。又自十八年至二十三年六月止，结存利息一百四十七万余元，共计三千零二十二万余元。棉麦处存款现余国币约一千四百七十万元，棉麦项下应收未收约国币五百七十万元。承询谨复，敬祈鉴察。职席德懋叩。鱼。印。

［国民政府财政部档案］

7.中央银行经理美贷棉麦事务处抄送借款用途致公债司函①

（1935年2月21日）

案准贵司本月十五日函开：查美棉麦借款美金二千万元用途，本司亟待接洽，相应函请贵处查照，希将该项用途详细查明见复。等因。准此。查美贷棉麦借款用途截至本月十五日止，其已经支付者约共计国币四千七百八十四万元整。兹特将各项用途开列清单，随函附奉，即希查照为荷。此致

财政部公债司

经理　席德懋

计开

一、还本项下　百分之廿五　五，八〇〇，〇〇〇元，

---

①抄件。

二、拨付国库　一五，〇〇〇，〇〇〇元，

三、全国经济委员会　一二，六〇〇，〇〇〇元，

四、江西匪区治本标费　三，八〇〇，〇〇〇元，

五、救济四川难民费　三〇〇，〇〇〇元，

六、棉麦进口关税及统税等　四，〇九〇，〇〇〇元，

七、水脚保险及国内外经理处各项开支等费用　六，二五〇，〇〇〇元，

共计　四七，八四〇，〇〇〇元

〔国民政府财政部档案〕

8.财政部公债司为抄送美麦借款及美棉麦借款偿付本息情形等致会计司函

（1935年8月6日）

案准贵司来函，以美麦借款及美棉麦借款应付本息，历年均未列入国家债务费预算，亟应分年度补编概算，专案提请核定，函请查明各该项借款截至二十四年度止，历年本息已付未付各数，折成国币，注明原币数目，分别开列清单，并抄录各该项借款核准原案及合同原文，迅赐见复等由。查前两项借款，均非本司经借，所有核准原案及原合同亦未奉发下，现在本司所存者，仅有该两项借款合同或条件及有关系文件抄本。至该两项借款截至二十四年度止已付未付本息数目，除因棉麦借款民国二十五年起还本数目，前据中央银行美贷棉麦经理处报告应加更改，以致二十四年度应付各数无从核算，应俟该行更改完毕查明应付本息连同美麦借款该年度应付本息数目，一并补送外，其二十三年度以前，该两项借款已付本息各数，业经本司分别查明，相应列表，并抄录该两项借款合同或条件暨有关系文件，连同借款经过说明，送请贵司查核办理。此致

民国二十年美麦借款已付本息数目表

截至二十四年六月底止

日期	还本		付息		
	实还美币数	折合国币数	美方帐单应付美币数	实付美币数	折合国币数
二十.十二.三一			一九,六二〇.一七	一九,八八七.九六	八九,七七六.九七
二一.六.三〇			一六二,一〇八.二九	一六二,六六八.八八	七三四,三〇九.五四
十二.三一			一八五,二六三.三八	一八四,二五六.五三	八七六,六三九.五二
二二.六.三〇			一八二,七四二.〇九	一八四,二五六.五三	七二五,三六八.二三
十二.三一			一八五,七七〇.九五	一八四,二五六.五三	五七八,五一七.六三
二三.六.三〇			一八二,七四二.〇九	一八四,二五六.五三	五三二,二八四.三九
十二.三一	三,〇七〇,九四二.一八	八,八二八,六一三.八四	一八五,七七〇.九五	一八四,二五六.五三	五二九,七一六.八三
二四.六.三〇			一二一,八二八.〇六	一二二,〇〇六.四九	三五〇,七五四.三六
共计	三,〇七〇,九四二.一八	八,八二八,六一三.八四	一,二二五,八四五.九八	一,二二五,八四五.九八	四,四一七,三六七.四七

会计司

附表及说明各二件，抄借款合同，借款条件，外交部照会，施公函使及金融复兴公司函各一件

公债司　　八月六日

附注：查该项借款美方利息算海与我方不同，以致历次已付利息数目，比较美方帐单所列应付数目，互有增减。本部前为划一起见，业经核准改照美方算法计算，所有二十四年六月以前少付利息共美金一百七十八元四角三分，已于拨付二十四年六月底到期利息美金十二万一千八百二十八元零六分时，随时补拨。本表所列二十四年六月拨付利息万十二零零六元四角九分，即此两项利息之总数，以后应付各期利息数目，双方已趋一致，不至再有增减，合并注明。

民国二十年美麦借款说明

民国二十年九月，国民政府因救济水灾，向美国粮市平价委员会购买美麦四十五万吨，先由本部与美国农部议定条件，后由外交部照会驻华美公使正式承认，并未订立合同。此项美麦，由二十年九月底起，至二十一年三月止，分批起运，每次收到美麦时，即以该美麦在起运口岸签发提单日之市价作为借款，计共美金九百二十一万二千八百二十六元五角六分，按年四厘计息，每年六月及十二月末日各付息一次，本金分三期偿还，于民国二十三年至二十五年每年十二月末日各还总额三分之一。截至二十四年六月底，已还本一次，计美金三百零七万零九百四十二元一角八分，已付息八次，计共美金一百二十二万五千八百四十五元九角八分，除第一、第二两期利息由救济水灾委员会拨付外，其余各期利息及第一次本金，均由总税务司在水灾附加税项下按期照拨，并无积欠。

国民政府因救济水灾与美国农部订定购买美麦条件译文如

下：

(一)美国粮市平价委员会经农部核准，愿售美麦(二号西白麦No.2 Western White Wheat) 四十五万吨 (Short Tor, 2,000 Ibs)于中华民国国民政府，国民政府愿承购此项麦粮，其装运上 项麦粮至美国沿太平洋口岸上船之费用，由美国负之。

(二)上项麦粮卖主有代以麦粉之权，但麦粉数量至多不得逾总数之半，麦粉价格以比价定之。

(三)起运美麦之美国沿太平洋口岸由卖主择之，每次运麦数量如左：

九月底及十月全月　　九万吨

十一月

十二厂

一月　　每月七万五千吨

二月

三月　　六万吨

每月起运之日期由买主定之，但须在五日前先行知照卖主。

(四)每次麦价以起运口岸签发提单日之市价为准。

(五)买主每次收到美麦及(或)麦粉后，应备就国民政府购麦欠据交付卖主指定之代表，欠据所填口期应与提单上所填日期相同，前项欠款之本利，应以美金在纽约交付。

麦款利息以长年四厘计算，每年六月三十日及十二月三十一日为付息日期。

麦款分三期偿还，每期付三分之一，第一期一九三四年（民国二十三年)十二月三十一日付清，第二期一九三五年十二月三十一日付清，第三期一九三六年十二月三十一日付清。

(六)买主收到美麦一批时，应委代表将签就之临时欠据交卖主收执为凭，是项临时收据应于短期内依照第五条规定合并为确定的总欠据三份。

(七)上项麦及(或)粉专供中国水灾区域慈善赈济之用。

(八)装运美麦及(或)粉应尽先雇用美籍商船，但如装运时有他国商船舶于起运口岸，能依照第三条规定装载该项麦粮，而其运价低于美船，则买主有另雇是项船只之权。

译王前外长致美国驻华詹公使照会抄件

查国民政府前因国内水灾振济之用，曾向农业联合委员会(Federal Farm Board)订立条件购买美麦，兹特加以证实如后：

一、谷粮稳定公司(Grain Stabilization Corporation)经农业联合委员会之核准，售卖美麦与国民政府，而国民政府亦愿向该公司购买西白二号美麦四十五万短吨(按短吨系美衡，每吨二千磅，长吨则系英衡，每吨二千二百四十磅〔译者谨匡〕)，订明在美境太平洋口岸用船散仓装运，所有运费保险等均归买主自理。

二、售主保留得以堪相比较之价格美粉替代美麦之权，惟其数量不得超过上述数量之半。

三、交货一节由售主择在美境太平洋口岸照下列时期交货：

九月间至十月　　九万吨

十一月起至下年二月止　　每月七万五千吨

三月　　六万吨

上开每月交货之日期，得由买主择定，惟买主应于每次订船前五日知照售主。

四、每批货品价值应照该项货品在出口埠装船所发提单上日期之通行市价计算。

五、每次麦或粉之货价应由买主照提单日期签署国民政府借票，送交售主指派之代表，该项借票本息归还时，应以美金在纽约拨付之借票利息按年息四厘计算，每年六月底及十二月底支付一次，借票分为三次到期，每期三分之一，第一次一九三四年十二月三十一日到期，第二次一九三五年十二月三十一日到期，第三次一九三六年十二月三十一日到期。

六、买主应指派代表于每次装运之日签署临时借票，是项临时借票应于事实可能时，即照上第五条之规定，订成定期借票三张。

七、美麦美粉只能由买主在水灾区域内专作振济之用。

八、装运美麦美粉，应尽先交由美国船只装运，惟在第三条所定装运时期，如出口埠中适有他国合宜船只，其运价等项对于买主较美船为有利者，亦得酌交装运，装运办法应由买主指派代表以公开投标或其他方法酌定，并应由美国驻沪商务参赞代售主核定之。

此致

大美国驻华公使詹

外交部长　王〇〇

二十.九.二十五

民国二十二年棉麦借款已付本息数目表

截至二十四年六月底止

甲、棉类借款本金百分之二十五

日　　期	实付美币数	折合国币数
二十二年九月十四日至十二月三十一日	二九六，二九八.七二	七八八，五一一.一九
二十三年一月一日至六月三十日	三七九，九八二.〇一	一，一一二，五九三.七三
二十三年七月一日至十二月三十一日	一，三三一，五八二.一八	三，八九八，八九五.〇八
二十四年一月一日至六月三十日	五一四，三六一.二六	一，五四三，〇八三.七八
共　　计	二，四九五，二二四.一七	七，三四三，〇八三.七八

乙、棉类借款本金百分之七十五及借款全部利息

日期	还本		付息	
	实付美币数	折合国币数	实付美币数	折合国币数
二二.一二.三一			二四,四四八.〇〇	七五,一九九.九三
二三.六.三〇			二〇〇,五七〇.一〇	五八〇,五一二.〇〇
二三.十二.三一			三六四,九七一.七八	一,〇五八,三一一.八二
二四.三.一	三六,一三九.六六	一〇四,四一六.三一		
二四.六.一	八五,三一二.九六	二四〇,〇二九.九二		
二四.六.三〇			三七〇,六八八.〇七	一,〇二二,三〇三.五〇
共计	一二一,四五二.六二	三四四,四四六.二三	九六〇,六七七.九五	二,七三六,三二七.二五

附注：棉类借款本金百分之二十五，系由中央银行美贷棉麦经理处陆续拨付，其二十二年九月至二十三年十二月所付美金，据该行报告共折合国币五百八十万元，本表所列二十二年九月至二十三年十二月各项折合国币数，即系根据该行所报国币数目比例计算。至二十四年一月至六月所付美金折合国币数目，未据报告，兹姑照美金一元折合国币三元计算。又棉类借款本金百分之七十五，及借款全部利息，系由总税务司拨付，所有美金折合国币数目，均据总税务司呈报开列，合并注明。

民国二十二年棉麦借款说明

民国二十二年五月，国民政府向美国金融复兴公司商借美金五千万元，双方订立合同，规定以借款约美金四千万元，购买美棉，其余美金一千万元，以百分之六十购买美麦，百分之四十购买美粉。中国指定之代表每次购买上项棉麦及粉时，须于十日前知照公司，公司即凭货单付款，中国同时签署期票交与公司。此项期票，自公司支付款项起至三年或三年内付还，若三年期满尚有余数未清，中国得商请展缓二年，惟期票付款办法，棉与麦粉不同，购买美棉之期票，其百分之二十五，应于商请公司发给货单时即时付还百分之十，迟期九十日或出给期票十二个月内付还百分之十五，其余百分之七十五，应于第二年下六个月内还百分之十，第三年还百分之十五，第四年还百分之二十，第五年还百分之三十。至购买美麦及粉之期票，应于第四年还百分之二十五，第五年还百分之七十五。以上期票，除美棉部分百分之二十五外，其余均照上列付还成数，每年分四次，于当年之六、九、十二及次年三月之一日交付。借款利率定为年息五厘，每半年付息一次，至付清为止。本息指定统税为第一担保，水灾五厘附加税为第二担保。嗣因国内棉类市场情形变动，当经本部商准该公司将棉类借款减至美金一千万元，麦及粉借款仍旧。现查该项借款实用数目，计棉类美金九百九十八万零八百九十六元六角八分，麦类美金六百万元，粉类美金一百十万零五千三百八十五元八角，统共美金一千七百零八万六千二百八十二元四角八分，除棉类借款本金百分之二十五由中央银行美贷棉麦经理处陆续付清外，其余百分之七十五并借款全部利息（麦类粉类本金未到期），历经中央银行通知总税务司在水灾五厘附加税项下按期拨付，截至二十四年六月底，计已还本二次，共美金十二万一千四百五十二元六角二分，付息四次，共美金九十六万零六百七十七元九角五分。

译中华民国国民政府与美国金融复兴公司合同

立合同美国金融复兴公司（下称公司）
中华民国国民政府（下称中国），今因公司允照下列条件借给中国美金五千万元，爰于民国二十二年五月□□日经双方同意订立合同如左：

一、借款中一部份约美金四千万元，由中国用为购买美大陆所产棉花。

二、其余约一千万元，由中国用为购买美大陆所产之麦。

中国愿将不得少过百分之四十购麦款项购买美厂出产面粉，中国同意在每五个月内所购麦与粉之数量，应照购麦部份借款比例，不得相差太远，中国并同意棉款用至半数时，麦款至少须用四分之三，但在民国二十三年三月一日或按照第十四条规定之期间以前，将贷麦全数用完，所谓麦款系包括面粉而言。

三、中国欲免除世界棉麦市场受任何影响，愿将此项棉麦只在中国销售，使人民尽量购买，以便救济社会经济。故中国同意不以大宗原料或已经制造之棉麦直接或间接向国外销售，惟棉织品除非律宾群岛外，输出至南亚洲及南洋各国不在此例。

四、中国之指定代表若在十天前知照公司，公司即凭单交付款项与中国，同时签署期票交与公司，期票之数月须照公司认可之购价，所谓货单者，即所付之保险费及由美国出口埠至中国进口埠之运费一切单据均包括在内，如有中国国内货栈所出之记名栈单（即不能抵押之栈单），经公司认可者，连同应有之保险，亦可代替轮船提单。

五、中国所用款项应由中国代表签具期票交付公司，此项期票必须经公司认可，期票上应书明公司代付之款项，自其支付日期起至三年或三年内照数付还，若至三年期满尚有余数未清者，中国或得商请展缓二年借款，利息为年息五厘，每半年付一次，至付清为止。所有本息均交由纽约联邦准备银行经理，该项借款本息归还时，须以美国国债合法货币归还之。为使借款易于归还，并防止妨碍履行本合同条件及中国之期票起见，承中国同意，特为设计如下：

甲、购买美棉所出之期票之百分之二十五连同利息，须于自出票日起十二个月内归还，若于十二个月以内中国商请公司发给货单，则应即时付还货价百分之十，其余百分之十五迟期九十天，或出给期票十二个月内还讫，但须视十二个月或九十天期之先到期者，即为还款之期，至第二年下六个月内再还百分之十，第三年再还百分之十五，第四年再还百分之二十，第五年再还百分之三十。

乙、购麦借款在第四年归还百分之二十五，第五年归还百分之七十五，但上列第四、第五年期须视期限展缓与否而定，苟期限不能展缓，则各项期票到期即须照付，惟对于美麦，须由中国证明该麦已经售出或将销售，再由公司交付提单。

上列各项归还借款办法，其美棉借款之百分之二十五付还后，其余须照上列付还成数，每年分为四次，于当年之六、九、十二月及次年三月之一日交付之。

六、中国同意以统税为公司所借款项之第一担保品，统税项目为卷烟、麦粉、棉纱、火柴、水泥、烟酒及印花税。上列各项税收，上年度收入共约美金二千二百万元（内烟酒税占上年全年税收百分之七，只可作为预备担保品），连同海关水灾五厘附加税，作为借款之第二担保品，上项海关附加税须俟归还粮食稳定会之全数欠款后方可移用。公司得要求中国证明上项担保品已作本借款担保品，并须担保统税继续征收，所举税收数目准确，税收不得再行增减及变更而使收入减少，与前载数目不相符合，并须证明本合同及担保品为合法有效之合约及担保品。

七、中国须负采办员（公司认可者）或其他代表及公司所付检验货色及备缮货单暨调查或收款等等之一切费用。

八、中国同意担负货物上船后所有一切运轮、储藏、保险及起卸等费。

九、中国同意在此合同有效期间内，不得禁止美国棉麦及其制造品输入中国。

十、中国如因棉麦之销售、装运、储藏等事与其他机关有订立合约之必要，中国得询公司之请抄送副本。

十一、棉麦装运来华所用船只，美籍商船之装载吨量至少应占半数，即百分之五十，中国并同意在每四个月内所定船只，他国船舶装载吨量不得超过美船之数。

关于棉麦保险，中国须交在美之美国保险公司承办，其保额至少亦应占半数，即百分之五十，分配办法与船同。

保险及装运取决法须由中国投标或其他方式征得公司代表同意而定之。

十二、中国得请求公司允许遵照本合同各条，委托美国行号代办本合同内所载事务，惟公司因顾全合同内一切权利起见，得建议中国与该美国行号订立代办合同。

十三、遇有下列问题发生，公司得停止付款。

甲、如中国不遵守合同内任何一条条件时；

乙、设使中国与其他国家发生战争或有战事之威胁，公司支付展限已展至民国二十三年一月二十三日以后，而中国不能在同年八月一日以前全数支用时。

若中国不遵照本合同负责办理，则所出期票即全作到期论，受期票人得向中国照数索债。

十四、本合同于民国二十三年一月二十三日满期，若美国国会特许，可展期至同年八月一日止。中国得随时请求公司考虑不在本合同内订明之展期或取销之办法。

本合同由中华民国国民政府财政部长宋子文代表中华民国国民政府及其人民，会同美国金融复兴公司董事长琼斯签订。

译施公使致金融复兴公司函

敬启者：关于中华民国国民政府与贵公司所订五千万美金购买棉麦借款合同一事，顷孔部长来电谓下列办法均系双方意见交换之结果，而敝国政府亦所赞同者。

一、麦类借款期限延长至一九三四年七月三十一日止，俾便履行敝国政府一九三三年十月三十一日与美国农商部所订合同起见，故购买麦与粉期限展延至一九三四年七月三十一日止。

二、粉类借款期限延长至一九三四年十二月三十一日止，惟该借款之半数须在七月三十一日以前动用，即等于履行原借款合同中第二条之办法，敝国政府为应付敝国粉类不景气市场起见，故建议延长此项借款之期限。

三、因国内棉类市场需要情形变动，故棉类借款请减至美金一千万元。

兹敝人代表政府提议将原合同中棉类借款内分提五百万元，至一九三四年十二月三十一日止改为购麦之用。上列各条办法如荷同意，请即见复为荷。此致

金融复兴公司

施肇基　一九三四.二.二三.

译金融复兴公司泰莱君致施公使函

敬启者：二月十六日来函敬悉。关于前魏博士手交敝公司董事长、贵国孔、宋两部长来电一节，除第二条内关于粉类借款，敝公司保留得先期知照中国随时将一部或全部借款取消外，其第一、第二、第三各条，敝公司大致同意。惟美棉借款项下分提五百万美金在本年十二月三十一日以前作为购麦之用不得赞成。至欠。专复。此致

施公使

复兴公司理事会帮办泰莱

一九三四年二月二十三日

〔国民政府财政部档案〕

9．中央银行美贷棉麦事务处关于经理美贷棉麦情形报告①

（1935年12月31日）②

谨陈者：窃德懋于二十二年六月奉钧座交下财政部沪字第三二一号公函，以美国棉麦借款委托经理一事，经本部宋部长电呈行政院汪院长核准，委托贵行为代理机关，经理购买、运输、堆栈、出售及还款各事，等因。旋于同年七月奉谕，即在本行组织经理美贷棉麦事务处，并派德懋为该处经理。各等因。遵即就职。并依照发下组织规程，分设购销、运输、会计、文书四科，由德懋自兼购销科主任，以林顾问枢Mr.F.B.Lynch任运输科主任，劳顾问赫德Dr.O.C.Lockhart任会计科主任，业务局杨襄理安仁任文书科主任，经陈奉钧座核准，分别委派各在案。窃念此项借款系属货品，而货品变现实，具有商业性，故与从前承借外资情形迥然不同，且该借款自接洽以至成立，中经困难尤多。德懋当奉命之后，念兹事经

① 系副本。

② 系中央银行检送财政部秘书处时间。

过之多艰，着手之匪易，于是仰体钧旨，认为欲提高国际信用，并求成绩之良好，公家无损失，必须纯粹商业化，力却情弊，涓滴归公，秉忠实之本志，刻意经营。且此项事业在吾国尚属创举，关于一切进行事宜，非集思广益，难免有所疏虞。爰即呈准钧座，会同林顾问枢、劳顾问赫德、谢署长祺等，将一切情形详加研究。佥以当时政府需款万急，不容或缓，而借约又限时日，不得不夙夜筹维，赶速进行，俾将借款货品迅变现金，以应需要。惟查该项货品在国内销售，应有一定方针，若专事倾销，不特公家损失不堪，而本国市场必因之崩溃，工商即蒙莫大之害。是宜先将国内棉麦商情详加审察，然后按市场需要，逐步出售，则现金收入固不致亏短，而国内市场亦不生影响。德懋等研究之余，以为非有专家管理，并规定划一销售之策，不易收效，因决定下列二项原则。

一、先得承购商厂，再向国外购货。

二、除与借款原约不抵触者外，一切货品销售办法，由另聘专家管理之。再另组中美棉业及中美麦业两合组社经理之。但政府亦得直接自行销售。

同时，并经呈准钧座，另组由中央银行直辖之中美棉业合组社Chinese American cotton Syndicate，由德懋任总经理，派美国棉业专家白慈君Mr. C. F. Bartz为经理，专司美棉销售事宜。并请上海美安Anderson Clayton & Co.、福家Volkart Brothers、安利Arnhold & Co.三洋行为中美棉业合组社会员，与之订立合约代为销售美棉。盖该三洋行在华经营美棉事业，素著声誉，极熟悉吾国棉业情形，况在美国均有直接机关，约成后非特不致与职处竞争，且能反为我用。此外，又另与中国银行之中棉公司订有同样契约，以便专与华商交易。并另组中美麦业合组社Chinese American Wheat Syndicate，其组织与中美棉业合组社同，亦由德懋任总经理，派美国贝克君Mr. J. E. Baker为经理，专司美麦销售事宜。并请上海合义Bunge & Co.、立基Knipschildt & Eskelund、祥茂

A.R.Burkill & Son、达孚Louis Dreyfus & Co.四洋行及华商中国联合公司，为中美麦业合组社会员，专销美麦。此项组织既成，一切交易有合组社为之居间，则政府与商情间当能免除隔阂。又上项合组社之意义，盖可得下列诸项利益。

一、凡属货品，先售与会员洋行，再行转售各厂，货价均为现款，如遇厂方有出货延迟不能如约付款等情，全归会员洋行负责。其棉麦处与厂方所订售约，悉以会员洋行名义代为签署，并担任履行。

二、会员洋行对于货品技术上、物质上一切手续，亦负责代办，即以棉花一项而言，棉花品质每有不同，假定厂商向美安洋行定货，则交货时运华货品之种类品质，全由美安洋行担保。

三、中美棉业、麦业合组社售与会员洋行之货品，同时即向国外购进，庶价格上方有保障，而不致含有投机性之虞。又关于佣金一层，中美麦业合组社会员洋行销售美麦收取佣金百分之一，美棉则所有佣金已包含在售价之内，故亦较普通为合算也。

至在美国方面，关于购买及其他一切事务，另组有办事处，由部派魏文彬博士主持之，一面又于二十二年八月三十一日，与国营招商局订有国内外运输存储以及上下驳卸事项契约，俾便逐批按期运华。承其协助，进行至为顺利。一面部方复设置顾问委员会，聘请张咏霓、叶琢堂、陈健安、陈光甫、谢作楷、胡筠庵诸氏为顾问，指导一切。

上述诸端，为职处进行之计划与夫组织之经过。惟德懋有不能已于言者。此项棉麦货品虽请由会员洋行代为销售，顾以销路有限，国中经济状况处于不景气笼罩之下，而时丁东北事变，外商不予合作，洋行又仅负直接销售之责，对于货品之能否依限脱售，则非所过问。一方面美国所订条件均须照约履行，未容苟忽，一方面国人未明借款真相，动以为势将倾销。影响所及，必致所经营之事业备受重创，顾此则失彼，瞻前则落后，当时在办理过程中殊费周章也。谨将办理情形分类详陈如左。

一、美棉

甲、借额及期限　查借款原约本订明美棉项下借额美金四千万元，须于二十三年一月二十三日以前支用完毕。惟国内销路呆滞，未能尽量购销，故于二十三年二月间，由施公使、魏处长就近与美政府商妥，将债额美金四千万元减至美金一千万元，其期限亦展缓至二十三年七月三十一日止。所有一切商洽经过情形，当经呈报钧座在案。

乙、购买　本决定原则，先得承购商厂，再向国外购货，惟销路滞，期限短，卒不得不略变原议，庶可支用借款。至购买上最感困难者，厥为品质之取舍。职处为避免纠纷及顾全厂商利益起见，特聘美国棉业专家赫巴君Mr.J.B.Hubbard留驻友士顿，专事检验，使品质整齐划一，然后再着手购买。但美棉市价又日有上落，就纽约市场推为标准之7/8″纤微货品，自借约成立时起至，二十四年三月底止，其间最高价为二十三年八月九日每磅美金一角三分九厘，最低价为二十二年八月十六日每磅美金八分六厘，两价相差计达美金五分七厘(请参阅第一表〔表缺〕)。职处只得随时参酌市情，分批购进，计前后实购十五万九千五百三十六包，共合美金九百九十八万零八百九十六元六角八分。中因有退货关系，致未能足美金一千万元之额。又此项美棉，系由美国二十一家棉商所供给，其中最多为美国棉业合作公会American Cotton Cooperative Association，计四万八千七百包，占全数百分之三十.五三分。其次为美国美安洋行Anderson Clayton & Co.，计四万六千一百十一包，占全数百分之二十八.九分。再次为美国曼发登洋行G. H. McFadden & Bro.，计一万六千包，占全数百分之十.〇三分。其余百分之三十.五四分，则购自其他各商行(请参阅第二表甲乙〔甲缺〕)。

丙、销售　查美棉借款原额本为美金四千万元，以之购买美

（第二表乙）

美国各商行售出贷棉百分数表

商　　行	包　　数	百　分　数
美国棉业合作公会	48700	30.53
美国美安洋行	46111	28.90
美国曼发登洋行	16000	10.03
Unrepresented firms	48725	30.54
总　　数	159536	100%

棉，应可达六十至七十万包之谱。按照早年我国华洋各纱厂需要情形，不难脱手。顾以该项借款成立，洋商各厂因种种关系，不能与我方合作，对于贷品未尝过问。而中棉公司当加入合组社时，曾允担任代各华厂购销十六万包。复因我国纱业衰落，购买力薄弱，而同时国内棉产适值丰收，销路益多阻力，致未履行。后虽尽量购买，亦仅及二万二千一百包而已。职处处此环境之下，深感进行困难，于是乃有商减借额为美金一千万元之举。尔时美方金融复兴公司Reconstruction Finance Corporation，U.S.A.又以原订期限将满，力事催促，冀将购买事务从速办竣。职处进退两难，不得不变更俟有承购商厂，再向国外购货之原议，遇有适当价格，立即购入。截至二十三年八月底止，始告完毕。除二十二年七月二十五日实际开始交易起，陆续售出五万六千六百包外，计尚积存未售之货，多至十万零二千九百三十六包（请参阅第三表〔表略〕）。职处鉴于当时市价上落靡定，虑有亏折，曾经呈准钧座在纽约棉市

New York Cotton Exchange抛售远期五万包，俾价格上略得保障，一面仍从事推销。旋中棉公司曾拟一批趸购，惜以价格不合，未能成交。又该项存棉中有二万九千九百六十一包犹存美国，余则存储堆栈。职处是时以存货过多，美棉价格复日跌，而冬季气候干燥，又恐分量减轻，益蒙损失。且所负栈租及利息，尤属不赀。即拟将全部积存悉数出清，但迭次标卖，迄无受主。复几经洽商，始由福家洋行趸批购去，而上述抛售之期货交易，亦一同移转。销售贷棉，至此方得告一结束。至该项存棉购入时，价格每磅平均为美金一角一分四厘零四忽，而抛售价格，其十二月期货平均为美金一角三分零六毫六忽，一月份为一角三分一厘八毫七忽，三月份为一角三分二厘七毫五忽，五月份为一角三分三厘五毫六忽，七月份为一角四分零六毫五忽，共计平均每包获利约美金七元左右(请参阅第四表)。综计职处售出贷棉共十五万九千五百三十六包，所得价款详见会计项下。其按月购买与销售总数列表于后(参阅第五表)。

丁、会员洋行　查各洋行之为中美棉业合组社会员，系以专销美国贷棉为订约之交换条件，进行数月，初颇顺手。嗣于二十三年四月七日，美安洋行忽函请辞退，所举理由，略谓在华各纱厂历年可销美棉甚多。而照本年市面情形，我国纱业不振，职处存棉乃多至十万余包，即以华厂月购四千包计算，需时二年方可销售净尽。苟能准其辞退，则可以不受契约之拘束，而能自由运棉来华竞卖，获利较丰。盖一般洋商各厂，其意总不愿合作购买贷品也。同年九月二十七日，安利洋行亦相继请辞，虽未明言，理由要不外乎上述原因。惟福家洋行与中棉公司则始终合作，至销售完毕而止。至于各洋行经售数量，以福家洋行为最多，占全数百分之七十二.六七分，中棉公司次之，占全数百分之十三.八五分，美安洋行又次之，占全数百分之十二.七三分，安利洋行最少，占全数百分之零.七五分(请参阅第六表)。

（第四表）

纽约棉市抛售远期期货表

抛售日期二十三年十二月份期货，二十四年一月份期货，二十四年三月份期货，二十四年五月份期货，二十四年七月份期货

抛售日期	1934年12月		1935年1月		1935年3月		1935年5月		1935年7月	
	包数	价格	包数	价格	包数	价格	包数	价格	包数	价格
二十三年七月二十日	300	13.05	200	13.05	200	13.13	100	13.17		
同上	600	13.06	200	13.06	100	13.17	100	13.18		
同上	100	13.07	200	13.07	200	13.18	200	13.23		
同上			400	13.08	400	13.19	400	13.25		
同上					600	13.20	400	13.26		
同上							200	13.27		
同上							100	13.28		
二十三年七月二十一日			1500	13.21	1500	13.33	1000	13.38		
二十三年七月二十五日	1000	12.97	1000	13.00	1500	13.12	1500	13.19		
二十三年七月二十六日	1000	12.91	1000	12.94	800	13.08	700	13.12		
同上					700	13.07	800	13.11		

续表

抛售日期	1934年12月		1935年1月		1935年3月		1935年5月		1935年7月	
	包数	价格	包数	价格	包数	价格	包数	价格	包数	价格
二十三年七月二十七日	1000	12.98	1000	13.01	2000	13.14	2000	13.21		
二十三年七月二十八日	1000	12.98	500	13.01	300	13.12	800	13.15		
同上			500	13.02	1200	13.11	700	13.14		
二十三年七月三十日	500	13.13	1000	13.18	800	13.29	900	13.35		
同上	500	13.14			700	13.30	600	13.34		
二十三年七月三十一日	1000	13.34	500	13.38	100	13.49	800	13.58		
同上			500	13.39	1300	13.50	700	13.57		
同上					100	13.51				
二十三年八月一日	1000	13.16	200	13.21	600	13.52	1500	13.39		
同上			800	13.20	900	13.31				
二十三年八月九日			400	13.86	100	13.95	800	14.02	800	14.07
同上			600	13.85	900	13.96	700	14.03	700	14.06
	8000	平均 13.0666	10500	平均 13.1875	15000	平均 13.2755	15000	平均 13.3564	1500	平均 14.0653

（第五表）

贷棉逐月购买与销售总表

年　　月	购后即售包　数	购入期货包　数	总共购入包　数	总共销售包　数	剩余包数
廿二年七月	500	—	500	500	—
廿二年八月	16000	8500	24500	16000	8500
廿二年九月	1600	23000	24600	1600	31500
廿二年十月	12200	8425	20625	12200	39925
廿二年十一月	7400	—	7400	9400	37925
廿二年十二月	3400	—	3400	3600	37725
廿三年一月	—	—	—	—	37725
廿三年二月	1600	—	1600	3700	35625
廿三年三月	300	15000	15300	300	50625
廿三年四月	700	15000	15700	800	65525
廿三年五月	—	15000	15000	2300	78225
廿三年六月	—	15000	15000	3600	89625
廿三年七月	—	15500	15500	1600	103525
廿三年八月	—	411	411	—	103936
廿三年九月	—	—	—	1000	102936
廿三年十月	—	—	—	102936	—
总　　共	43700	115836	159536	159536	bales

（第六表）

贷棉售给中美棉业合组社会员洋行百分数表

会员洋行	包数	百分数
福家洋行	115936	72.67%
美安洋行	20300	12.73%
中国棉业贸易公司	22100	13.85%
安利洋行	1200	0.75%
总共	159536	100.00%

二、美麦

甲、借额及期限　查美麦项下借额美金一千万元，规定麦粉两项六四分摊，即美麦占美金六百万元，美粉占美金四百万元，其期限原订二十三年二月二十三日为止。迨二十三年二月间核减美棉借款时，美麦项下期限亦同时商定展缓至是年七月三十一日。

乙、购买　当美贷棉麦借款发表后，国内舆论以为，美麦输入足以阻碍国麦销路，有妨农村复兴。惟详加研究，实未尽然。盖年来国内麦产量称丰收，但供给全国仍感不足。按近十年来海关报告，吾国进口洋麦数量虽多，均能销售无阻。复查二十三年海关进口统计，麦类进口锐减，只及往昔进口数量之半，而职处贷麦亦已统计在内，足证贷麦运华，并不致充塞市面，仅与加拿大、阿根廷、澳洲诸产方竞争而已，故此举在国产销路尚不致发生影响。换言之，即影响所及，只在国外，而不在国内也。

查借款贷麦，均购自美国农部所组织之出口业社(North Pacific Emergency Export Association)。惟其时美麦国内价格高于世界价格约百分之二十余，美方为奖励麦类出口，对于国内出口商政府得给予补助，其补助标准即为国内价格与世界价格比例之差额。我方鉴于两价相距过远，无法竞销，当要求美方同一享受价格上补助之待遇。初未见许，迭经多方交涉，始商定凡我方所购美麦，其开价得由美方照世界价格增加美金五分。如此办法，其购价虽尚高于世界价格，而较诸美国国内价格便宜已多。于是该社于二十二年十月二十九日起始开价，初愿每斛以美金五角五分出售，职处认为价格过高，电复愿以美金五角承购一万五千吨。旋得该社两次复电，愿让至美金五角四分半又五角二分半，职处仍嫌过昂，至十一月二日，始依职处美金五角之价出售一万五千吨。此为首批成交之数也。嗣正拟以原价续购一万吨，但购至三千吨时，麦价逐步高涨，无法购进，于是只得将购价酌增，按五角至五角二分间续购七千吨。又十一月九日复购一万吨时，价每斛为美金五角七分，与首批购入者，相差计美金七分之多矣。此后，陆续购入，价格逐批不同（请参阅第七表〔略〕）。计自十一月廿日起，至次年四月十六日止，连上述三批并计在内，先后共购得美麦三十二万三千零八十吨又四百十七磅，即一千零七十六万九千三百四十斛又六十分之十七，共合美金六百万元，适与借额相符合。

丙、销售　查国内麦市销路以上海为最大，仅就阜丰、茂新、福新三大粉厂估计，即可占全国销数约百分之八十五。京津次之，青岛、宁波及内地更次之。揆诸上海习惯，销售麦类向以担计，职处售价乃将购进价值加以水脚、保险等费，照美金汇价折合国币，亦以担售。自二十二年十一月初起，中美麦业合作社会员洋行循环代售，初尚顺利，至是月中旬，售至六万余吨时，传闻政府将增加进口关税，厂商咸存观望之心。盖因新税税率既未宣布，成本无从核计，购售两难，我方贷麦销售遂无形停顿。嗣至十二月新税率公布施行（该税计关金三角，附加税关金三分），市面即较安定。惟其时适澳洲及阿根廷新麦上市，致与贷麦竞争，销售更多障碍。且职处依照合同，月须购进五万吨，每两个月运华一次，截至二十三年一月底止，只共购销十五万五千余吨，核诸美麦项下全部借额，仅及其半，势不能因澳、阿麦竞争过烈，遽尔停止推销。乃与厂商磋商，将该部借额尾数十七万五千余吨，由各厂分摊承购，既可藉以抵制澳、阿麦之竞争，又可使粉市稳定。爰于二十三年三月六日，趸售与阜丰、茂新二大厂十三万余吨，价格每担国币四元，实收九五，作趸购之优待。其余四万五千吨，留与内地各小厂，并以同样价格优待之。但尔时内地小厂以政府加税前所定洋麦须多纳关税视为意外损失，原拟组织团体，请求政府准予廉价购买，以资弥补。嗣又以趸售二大厂优待办法误为赔偿两厂关税之损失，认为待遇不公，致起纠纷。经职处详为解释，迨至四月一日，始得了解〔结〕。于是销售贷麦得一段落（请参阅第八表〔略〕）。

三、美粉

甲、借额及期限　美粉项下借额原订美金四百万元，其后因价格上之争执，与夫我方销售之困难，几经磋商，恐不能如数支用。当初美方坚持原约，后以美国国内旱荒奇重，需要麦粉，自甘放弃原约，故美粉借额乃减至美金一百一【十】万零五千三百八十五元八角，其期限原订二十三年七月三十一日届满，亦经展至同年十二月三十一日。

乙、购买　查职处购买美麦时，本拟同时购买美粉，唯当时美粉价格较澳粉约高百分之三十，而较国产约高百分之三十五，苟再加运费等等，更不合算。其时国产粉价适趋下跌。二十二年十月三十一日，美粉每桶在博德伦（Portland）售价为美金三元，在上海交货约合美金三元五角，而澳粉在上海交货约只合美金三元。以汇价折合按袋计算，则每袋到沪约值国币二元六角五分之多，澳粉每袋合二元三角，国粉最低，仅二元一角一分至二元一角五分而已。顾美粉价格既与我国市面不合，而我国又不得不购，经屡次要求，以世界价格售给，卒被拒绝。吾方乃根据协定（美国允照他国在美购价或他国在华售价出售美粉）之规定，商照澳粉在华售价购买，犹未允出售。职处复又提议，愿以美粉借额代以美麦，亦未接受，且更力催速购，绝无论值余地，殊为棘手。迨是年七月，吾国苦旱，粉市较好，于是于十二及十四两日，以每桶美金二元九角五分及二元九角七分半，购得两批，计二十三万桶，计值美金六十八万一千元。此后，又于八月一日以三元三角半续购五万桶，又于八月八、九两日，以美金三元八角二分半再购五万五千桶，连前试购两批三千桶，共购得三十三万八千桶（请参阅第九表〔表略〕），共值美金一百十万零五千三百八十五元八角。是年九月六日，闻美国有不再奖励出口之讯，而美国金融复兴公司（Reconstruction Finance Corporation）即来函通知，原约所载（美商与他商运输船舶各半分配）一节，自愿放弃，作为中止售粉之交换条件。缘是时美国旱灾更甚于吾国，拟将存粉留作赈灾之用也。

丙、销售　查麦与粉销路不同，麦只销与厂商，粉则较为广阔。苟吾国骤以大宗美粉倾销，难免不使粉价下跌，职处贷粉来价既高，如市价再跌，出售更难。时内地建设方兴，职处初拟以美粉代发各种工程劳工工资，适以吾国麦产丰收，内地粉贱，若以洋粉输入，则内地粉价将更下跌。且贷粉加以运输费，用在内地销售，较在沿海各埠更不相宜。乃仍旧由中美麦业合组社会员洋行代售，并由各会员洋行分区办理。计东北数省由达孚洋行接洽，天津由合义洋行与中国联合公司经售，而祥茂与立基两洋行，则在上海及沿海各埠推销。

吾国扬子江一带于二十三年亦苦干旱，国内米价渐涨，粉价亦连带趋高，自五月间每袋一元九角五分，乃逐步见涨，至七月三日为二元一角一分。八月一日，职处以美粉十万桶约四十万袋，以每袋二元五角五分标价出售。当时购方还价二元五角，并谓如所有贷粉除十万桶外，不超过四万三千吨者，亦愿同时趸购。接洽之翌日，国内旱灾消息几与美国相埒，麦价每袋突涨一角四分，而粉则每袋涨至二元六角半。政府以存粉须留作赈灾用途，故对于还价不愿接受，而十万桶一批，则因信用关系，仍照开价出售，于八月四日成交。自此批售出后，至第二星期，粉价忽涨至二元七角七分半，期货则尚较现货为高。至八月十六日，粉市已稍松懈，九月期货跌至二元五角五分半，至下旬九月期货又跌三分，至十月三日，现货复跌至二元一角七分，至是月中旬，市面又呈生气。其时职处在津以每袋二元三角三分售出五万桶，言明栈房交货，除自塘沽进栈费用五分外，实只售得二元二角八分。十月三十一日，在本埠又售出二万五千袋，每袋二元四角五分，至十一月粉价又略下跌，至中旬忽又渐高。职处于十一月间三次售出五十三万三千袋，均系装运天津。又十六万八千袋于十二月初先后分二批运浔出售。又六千袋于十二月中旬售与上海各界筹募旱灾义赈会，其余零星销售，均详见第十表〔略〕。

丁、商标　吾国商情向视商标而定，货品之高下，上海通行商标，因年代久远，俗称老牌，信仰有素，易于推销。职处销售之初，本拟借用，惟各商标或为进口商所有，或为粉厂所有，或为粉厂与进口商所共有，均不愿无条件出借，且职处贷粉购自美厂共有四十家之多，各该厂虽愿以其固有商标借与职处应用，但不愿用之于他厂出品，以防妨害将来销路。换言之，即自信他厂出品不如己厂出品之高雅，不欲为他厂掠美也。职处几经考虑，以各该厂商标同时借用，势必引起市场上之误会，深感非自备商标不可。其时美厂方面，又亟待装印，连电催促，乃即绘定图案，以五角之星外加细圈，色绿，当即电达美厂照样装印。该电甫发，忽据报告已有类似图案经其他外商采用，虽未在市通行，然早经注册，故立即再电美厂更改，将图之星上加一阔线，穿过细圈，摭去绿星二角，几形同箭头。此为职处自备商标之经过（请参阅附图〔略〕）。然未几上海各商厂忽又顿悟，失去利用广告之机会，均愿无条件借用老牌商标。职处以是项商标在上海既有相当历史与地位，自易于推销，故贷粉中三分之一已装印自备商标外，其余三分之二仍借用上海通行商标装印也。

四、运输

甲、契约规定办法　查关于运输事项，实为职处经理全部棉麦借款中重要事务之一部。按借款契约中规定，凡装运该项借款货品，不论美棉、美麦、美粉，美国船只须占运输船只吨位全额半数，因此关系，遂不无稍受拘束。例如职处装运美麦运费，美国商船开价每吨美金三元七角五分，而他国船只运费每吨只需英金十一先令，约合美金二元七角五分之谱，二者相差，至美金一元之多。上项贷麦由美商船只装运者，前后共有十三万九千二百九十吨，运费每吨实摊美金三元八角三分，而由他国商船装载者，前后共十八万三千七百九十吨，每吨只摊美金三元零二分而已。职处以运价相差过巨，迭经与美国船商洽商，要求核减，美国船商坚持运费价目得按照借款契约，自由订定，毋须竞争开价，致未得如愿。同时关于美粉运输，美国船商索价每吨约扯美元四元五角，亦较他国船商所开每吨美元三元五角者为昂。仅运输美棉，各美船商尚能与职处合作，其所开运价与他国船商相差甚微，但于末后数批运费，仍较为略高耳。

乙、租轮运输办法及运费　查租轮运输其办法有二，一为单程租载Trip Charter，一为时期租赁Time Charter。职处办理运输，每视环境情形而定，务使价格等等均得适宜。所有关于每月运输上项货品船只吨位及照约分配数量等，除均经逐项按月呈报钧座在案外，兹再将全部运输美棉、美麦所租船只，以及逐批运费及保险费，分别棉、麦、粉三款，各制明细表附后（请参阅第十一表至第十三表〔略〕）。

丙、国营招商局代理运输　溯自职处奉谕开办后，鉴于运输事务之繁琐，即与国营招商局订立运输存储以及上下驳卸事宜等项契约，俾便货品逐批按期运华，有所管理。此外，凡关于运输船只吨位之须由国外经办者，亦托由该局代订手续，并由该局派有专员何墨林氏专程赴美办理，结果极为圆满。即如美麦一项运输船只吨位全额中，计有十五万三千三百六十八吨，由该局代为订定，运费亦较为低廉。又运输美粉船只，凡应归职处担负之国内一切驳卸等费，经由该局交涉，重行改订，所有各项零费统包括在运费内计算，此对于职处所受美船高价之损失，不无小补也。至于运输美棉办法，各有不同，最初数批为件运Parcel Shipments，系美岸代办，其后则所有吨位，亦全由该局代为定船装运，一切进行，颇称顺利。惟自二十三年五月十一日起，美国太平洋岸驳运工人罢工，所有美岸装运事宜，均行停顿。是时职处订定之运麦船只中，有一艘只装及半，一艘在口外候装，另一艘驶往该埠仅数日。因此职处贷麦不克按期到达，直至七月十七日第一艘方始装毕，而另二艘亦于八月三十日及九月二日先后驶抵上海。以上三轮出发时，幸均订定单程租载，否则我方须负担意外损失美金五万元，即被困时期之迟驶罚款也Demurrage。

丁、上下驳卸及存储　查职处与国营招商局订立契约，载明借款货品运华完全归其接卸存储，故该局东栈、杨家渡及扬子码头等处堆栈，均经指定为职处堆存货品处。所至美棉包装有方包、圆包之别，方包较圆包数量为重，面积较大。该局收取栈租订定，自每次海船卸货末日起算，东栈及杨家渡栈租第一个月方包每包收费国币二角五分，自第二个月起则收国币二角，并得按日计算，圆包则一律按月收费国币一角五分。扬子码头方包按月收费国币二角，圆包每包按月收费国币一角五分，均不限时期，按日计算。又进栈出栈小工搬运，亦统由该局代办，计方包每包进出栈各一次，共收国币二角一分，圆包一角四分。而卸船则因情形各殊，未能先行订定。并有国外所购而未售之贷棉，由职处商准美国金融复兴公司从缓运华，暂存美国，而存储期限则商定不得超过五个月，并同时订明在存储期间，得以随时调换种类，以合上海市场之需要。至于美麦美粉，凡货未运到而已先期在外埠抛售者，即令原装船只迳驶该埠，凡在本埠售出者，则货运到沪，即在船边交货，由买主以驳船迳运入厂。至美粉之未经售出者，则偶或暂存该局东栈或白莲泾大来码头等栈房。

戊、保险　查保险一项，全归美国金融复兴公司承办，因之价格一端，我方无从过问，不然对于保费一项，当尚可略省也。

五、会计

查此次美贷棉麦借款所有进出款项，统由职处经理并在中央银行另立专户，以资往来。关于货品售款之收入，均由合组社会员洋行经手一切，手续及交款日期虽各不同，要皆于成交时预在售约中规定，或全部一次交清，或先交一部分，余俟交货时给清。其日期或以装运时，或以交货时为标准。如实际付款期不符，其间相差日数，以年息五厘计算，迟则补缴，早则照扣，按诸组织合组社时履行合约及货款两层，归会员洋行完全负责之重要原则，从无违误。各会员洋行所交货品价款或直接以美金照付，或向中央银行折汇照付。惟美麦一项，系以国币交款，至支出方面，悉以所得售价内支用，苟遇青黄不接时，则商由中央银行垫付，极称便利。再此项借款因借额以美金为本位，其还本付息亦须照付美金，而拨付政府各项用途，俱为国币，故职处帐目分列两种货币，惟本报告则以便于检阅起见，概以美金计算。兹将会计项下应陈各节逐项详陈如后。

借款全部总额原为美金五千万元，内计美棉项下美金四千万元，美麦项下美金六百万元，美粉项下美金四百万元。嗣经商减借额至美金二千万元，计美棉项下减去美金三千万元，为美金一千万元，美麦项下仍为美金六百万元，美粉项下美金四百万元。至其实际支用之额，兹分述如下：

甲、美棉　查美棉借额为美金一千万元，实际购买总额则为美金九百九十八万零八百九十六元六角八分，计共购进美棉十五万九千五百三十六包。

乙、美麦　查美麦借额为美金六百万元，即按美麦、美粉两项借款原定总额美金一千万元之十分之六，经职处全数支用，共购得美麦一千零七十六万九千三百四十斛又六十分之十七，即三十二万三千零八十吨又四百十七磅。

丙、美粉　查美粉借额为美金四百万元，即按美麦、美粉两项借款原定总额美金一千万元之十分之四，仅支用美金一百十万零五千三百八十五元八角，计共购得美粉三十三万八千桶。

综计以上三项借款，支用总额为美金一千七百零八万六千二百八十二元四角八分整(请参阅第十四表)。

借款支配

一、偿还美棉借款本额　依照此次美棉借款契约规定，凡所购贷棉于货运来华之日，应即付还购货借款支用额百分之十，俟货运到达九十天后，又须偿付百分之十五。查该项还本款项，均由职处随时在收入价款内径即拨付，按美棉借款总额为美金九百九十八万零八百九十六元六角八分，以百分之二十五计，共付美金二百四十九万五千二百二十四元一角七分。内计美金六十六万五千一百二十元七角七分，系以收入贷款美金直接偿付，又美金一百八十三万零一百零三元四角，随时照市以最惠汇率，将国币折合偿还。至其余应偿还本息数目，亦经职处照约开具清单列表，送呈财政部查核办理。兹将职处经付该项偿还本金日期及细数，逐项列表于后(请参阅第十四表附表〔略〕)。

二、拨付纽约办事处款项　查驻美纽约办事处一切开支费用，均由职处拨付，计由海关拨来代汇偿付第一期借款利息美金二十二万五千零十八元一角整，由职处拨付汇交驻美各地办事处经费美金十七万六千五百九十四元九角一分。此外，为付美棉存储美国时栈租及手续费，一计美金六万一千八百二十九元四角六分，一计美金三千九百四十六元七角二分，两共美金六万五千七百七十六元一角八分。又汇付贷品项下所付运费及保险费，计美金九十六万零七百六十九元五角二分(请参阅第十四表附表二〔略〕)。共

（第十四表）

摘要	金额	摘要	金额
原订借款总额US$50,000,000.00		借款项下拨付本额百分之二十五（详附表一）	US$ 2,495,224.17
减去借款总额US$30,000,000.00		拨付纽约办事处	
商减后总额 US$20,000,000.00		US$ 1,428,158.71 内海关拨还 225,018.10 US$ 1,203,140.61	
内 计			
1.美 棉US$10,000,000.00		运输保险费等项下付出数（详附表二） 960,769.52	
除退货US$ 19,103.32 净 计	US$9,980,896.68		
2.美 麦US$ 6,000,000.00 （全用） 净 计	US$6,000,000.00	纽约办事处	
		实际开支	US$ 242,371.09
		关税统税（详附表三） S.S.$ 4,002,740.53	US$ 1,414,869.45
3.美 粉US$ 4,000,000.00		其他付项（详附表四）	US$ 1,049,054.47
除未用额US$ 2,894,614.20		净得贷款（详附表五）	
净 计	US$1,105,385.80	S.S.$ 23,622,624.06	US$11,884,763.30
合 计	US$ 17,086,282.48	合 计	US$17,086,282.48

计汇付美金一百四十二万八千一百五十八元七角一分。各项细数，均详见魏处长报告，兹不赘述。

三、关税统税　查货品到华所有应纳税款，除美棉部分系由购主自理，应不计外，其麦粉部分适值政府加增税率，兼因价格关系，不能不变通办理，且税款原属国家收入，乃决由职处照缴。计关税项下缴纳正附税国币三百八十六万八千七百四十八元五角三分，又统税项下缴纳国币十三万三千九百九十二元，两共计国币四百万零零二千七百四十元零五角三分（请参阅第十四表附表三〔略〕）。

四、其他付项（请参阅第十四表附表四之甲〔略〕）。

甲、麦价差额　关于美麦之输出，其本国出口商得享受政府补助，已如上述。我方迭经磋商，最后仅允较世界价格每斛增加美金五分，虽较之美国国内麦价，已属低廉，但在吾国市场仍不能与世界价格相竞销。故名虽优待，而实际上成本仍大，以购进之一千零七十六万九千三百四十斛计，每斛美金五分，须共超出成本美金五十三万八千四百六十七元也。

乙、各项费用

子、运费　关于运输项下各种费用，有由职处直接付出者，有由驻美办事处付出者，此项运费因限于契约之规定，须装由美国船只运载，占全数吨位之半数，以致所费较巨。是项费用计美金十八万七千零五十一元，应另列者也。

丑、船只管理费　凡运华货品船只，其上下接卸等事，非有专家难以管理。爰与招商局订约时，即委托该局经管，并洽定每船按普通成例，酬给经理费美金二百元。计是项费用，共合国币五万五千七百零一元零二分整。

寅、美棉检验费　查美棉种类不一，必须由专家检验，视其纤微〔维〕长短分别种类，方能论价购售。其分量之轻重，亦因气候关系，干轻湿重，随区域而异，运货时分量每与交货时不同，故每次装运到达地点，必须重行过秤。更于销售交货时，每因交货不齐，发生争执，不得不付之公断。盖当时美岸贷棉购买处人员，系由美国金融复兴公司推荐，并非我国选派，故认为非另委无派别人员留驻不可，庶在贷品未购定时，得先行分类检验。该项费用，计共国币十二万七千五百九十一元一角整。

卯、码头捐及浚浦捐　凡贷品到华，应由职处缴付各项税饷者，均经如数缴纳。除关税及统税两项，已另列表外，尚有码头捐及浚浦捐两项，计共付出国币十三万四千六百三十八元一角五分整。

辰、银行经理手续费　此次借款各项事务，由中央银行经理，不仅手续繁琐，且责任至重。在开办之初，曾呈准钧座按借款实支数，给予中央银行千分之.二十五之手续费。尚有贷品运华提单等之授受，由其他洋商银行经手者，亦向职处收取手续费。以上两项共计付出国币十三万一千五百三十三元二角七分整。

巳、棉麦处薪俸　查职处上级人员或由财部顾问，或中央银行职员兼任，皆不另支薪给，其他办事人员，均由中央银行支薪。惟中美棉业及麦业合组社经理，系财部特聘，其薪俸由职处支付，计共国币十三万五千八百二十元零三角五分整。

午、售价折扣　查职处出售贷品，其所开价格，系根据进价及包括一切运输保险等费，换言之，以顾及成本不受损耗为宗旨。惟国内销售，其困难情形已如上述，且障碍时生，殊属棘手，故有时不得不稍事迁就，以求契约之切实履行。例如美棉一项，其末次十万零二千九百三十六包，如仍照原则随时逐渐求售，则不特市价变迁上或竟致大受亏累，即栈租利息等项支销，已属不堪。后卒由福家洋行趸批购去，照批发例略予优异。中国棉业公司为与华商交易，以销额多寡酌给津贴，以示鼓励。美麦一项，则由二大厂商九五扣趸批承受，美粉亦为推销关系，价格从廉。凡是种种，或以商场惯例，或以情形特殊，在在足以影响售价，其结果即损失成本。然综计借额总数美金一千七百零八万六千二百八十二元四角八分，加各项费用美金八十七万八千九百六十二元八角，合成本计美金一千七百九十六万五千二百四十五元二角八分，与实售货款美金一千七百八十五万八千二百十五元二角三分两数相抵，计差美金十万零七千零三十元零零五分，以百分计算，仅合.6％而已。兹将细数列表于后（请参阅第十四表附表四之乙〔略〕）。

五、净得货款　查职处收入美棉美麦美粉三项货款，除一切费用开支及偿还本借款美棉项下百分之十及百分之十五，共百分之二十五，逐项详前外，净余货款国币三千三百六十二万二千二百二十四元零六分，均随时奉令解交国库，转收政府各项建设等用途（请参阅第十四表附表五）。

（第十四表附表五）

收项		付项	
净收货款	国币 33,622,624.06	解缴国库转拨各项建设用途	国币 14,147,200.0[illegible]
		全国经济委员会	国币 15,370,000.0[illegible]
		南昌行营充作剿匪治本及治标费	国币 3,800,000.0[illegible]
		救济四川被灾难民费	国币 300,000.0[illegible]
		缴解余款	国币 5,424.0[illegible]
	国币 33,622,624.06		国币 33,622,624.[illegible]

六、美贷棉麦借款还本日期及办法

关于美贷棉麦粉三项借款，其还本期限及办法，兹分别缕述如下。

甲、美棉　查美棉借款实支总额为美金九百九十八万零八百九十六元六角八分，该款系陆续支用，每次支用时均另立约据，详载支用款额及其日期，并依照约据规定其借款期限为三年。惟若经双方同意，得延长二年。换言之，该项借款得自支用之日起，至第五年到期之日全部清偿也。兹将其逐年应还成份及其时期列左：

第一年　自借款支用之日起，在一年内应归偿其支用额百分之二十五，该百分之二十五划分两次拨付，计贷棉交货时付百分之十，至贷棉交货后九十日，再付百分之十五。

第二年　自借款支用日之翌年第六个月起，应再偿还其支用额百分之十，该百分之十亦分两次，平均每三月拨付一次。

第三年　自借款支用日之第三年，应再偿还其支用额百分之十五，该百分之十五分四次，平均每三月拨付一次。

其余支用款项之百分之五十，则应于第三年到期之日，全部一次偿清。惟若借款期限果能延长二年，则该项百分之五十可照下列办法归偿之。

第四年　自借款支用日之第四年，应再偿还其借用额百分之二十，该百分之二十分四次，平均每三个月拨付一次。

第五年　自借款支用日之第五年，应将其余百分之三十，亦分四次，平均每三个月拨付一次。

其借款偿还之办法既如上述，又为付还借款时期划一起见，特再规定每年三月一日、六月一日、九月一日、十二月一日为偿付日期，惟末次之拨付期限，则仍须按照约据上所载到期之日期拨付之。

查美棉借款第一次支用款项之日，为民国二十二年七月二十九日，末一次支用款项之日为民国二十三年七月二十七日。所有借款，除第一年应归还之借款总额百分之二十五，已照约按期由职处拨付归还外，其余总额百分之七十五，应自民国二十四年三月一日起，至民国二十八年七月二十七日止，陆续依照上述办法偿还之。

乙、美麦　美麦借款实支总额为美金六百万元，亦系陆续支用，每次支用时，亦另立约据。其借款期限定为三年，自借款支用之日起，至第三年到期之日，应将全部借款一次偿清，惟经双方同意，亦得延长二年。若果延长，则其借款之偿付，应照下述办法偿还之。

第四年　自借款支用日之第四年，应偿还其支用额百分之二十五，该百分之二十五分四次，平均每三个月拨付一次。

第五年　自借款支用日之第五年，应再偿还其支用额百分之七十五，该百分之七十五，亦分四次，平均每三个月拨付一次。

其付款期限亦照美棉借款还本办法，每年定于三月、六月、九月、十二月之一日拨付，惟其末次还本日期，则亦仍按照约据上到期日期拨付之。

查美麦借款第一次支用之日，为民国二十二年十一月十三日，其末次支用之日为民国二十四年七月二十三日，照约应于民国二十五年十一月十三日一次偿清。惟倘能延长二年，则须于民国二十六年及二十七年二年内分期还清。

丙、美粉　美粉借款实支总额为美金一百十万零五千三百八十五元八角，亦系陆续支用。其每次支用之日期及款额，亦均详载于约据。其还本期限及办法，均与美麦相同，兹不赘述。

查美粉借款第一次支用之日为民国二十二年十二月二十七日，末一次支用之日为民国二十三年十二月四日。

此项借款期限是否以三年为满，抑须展缓两年至五年为满，目前尚难预定。兹姑按三年及五年两种，将棉、麦、粉三项每次应还之数额及日期，分别各制本息表备核（请参阅第十五表〔略〕）。

丁、美贷棉麦借款利息　查美贷棉麦粉三项借款利息，均订定，按照年息五厘计算，其起息日期即以借款实际支用之日算起，至清偿之日为止。其付息日期，亦规定每年六月三十日及十二月三十一日拨付一次。此次借款首次实支日期为民国二十二年七月二十九日，故于同年十二月三十一日、二十三年六月三十日及十二月三十一日、二十四年六月三十日先后付息四次，均由职处通知海关总税务司将款拨交中央银行，折合美金汇付，计共美金九十六万零六百七十七元九角五分整（请参阅第十六表〔略〕）。至以后应付利息，业姑就借款期限，分三年及五年两种，分别计算，已见前列第十五表。惟是项利息将来实际上支付，当仍按美方通知数目而定也。

结论

基上所述，美棉既以国产丰收，纱市不振，而外商未能合作，致销售力与原估数量大相悬殊。美麦复因澳货以进口加税，设法倾销，困难万状。至美粉一项，与吾国市价不合，本不易于推销，适遭国内奇旱，米价激增，又值施放急赈，得以照原订贷额售去四分之一强。计二年来所有贷品棉麦粉三项，实共贷美金一千七百零八万六千二百八十二元四角八分整，照原定原则，逐批运华销售，计共得货款美金一千七百八十五万八千二百十五元二角三分。除美棉项下借款本额之百分之十，根据原约须于货运来华时立即归还，又百分之十五须于货运到华九十天后归还，两共美金二百四十九万五千二百二十四元一角七分整，俱已于售得价款内迳自拨付外，其余所得货款为美金一千五百二十三万一千零五十八元三角一分。惟其中尚应除去原属国家收入之所缴关税统税美金一百四十一万四千八百六十九元四角五分，又运输保险及其他费用美金二百零六万五千二百七十五元五角八分，计净得货款美金一千一百八十八万二千八百四十六元零三分，共合国币三千三百六十二万二千六百二十四元零六分。均经由职处随时遵照钧令，转由国库，分拨全国经济委员会等作各项建设等用途。所有逐项细目，详见另列表单。至于将来归还该项借款本息，亦经职处于二十四年五月一日另报财政部，请为按期拨付。是职处事务，即完全结束。惟查此次以货品易现，按照上述收支比例计算，计较借额净差百分之十又五七，即等于增加借款利息三厘六毫强，连原订利息五厘，共合周息八厘六毫强。以货品额数而论，由货变现尚能得此，不可谓非幸事也。但德懋尚有不能已于言者，此次本行奉令经理美贷棉麦，突如其来，事先毫无准备，临时决定，仓卒举办，德懋自惭轻材。棉麦两种不特素无经验，而市面情形，交易惯例，亦均非所长，欲稽成规，又苦无前例。维时北方局面正值多事之秋，社会经济处此环境之下，极度紧张，在在未能打破难关。德懋以事非急办不可，乃不揣驽钝，勉肩其巨。幸赖钧座随时指示，得所秉承同人努力协助，襄与有成。德懋因得免于陨越，而政府民众胥未蒙若何损失，差堪报命。惟同人等义务效力，贤劳足录，爰将各工作人员姓氏及经手事务附列，用资纪念，冀钧座垂察焉。

计附

一、本处工作人员暨经手事务名单〔略〕

二、售得贷棉货价表〔略〕

三、售得贷麦货价表〔略〕

四、售得贷粉货价表〔略〕

五、中央银行与中美棉业合组社及其会员洋行所订英文契约〔略〕

六、中央银行与中美麦业合组社及其会员洋行所订英文契约〔略〕

七、中央银行与中国棉业贸易公司所订英文契约〔略〕

八、中央银行与中美棉麦业两合组社及国营招商局所订英文契约〔略〕

美贷棉麦事务处经理席德懋谨呈

〔国民政府财政部档案〕

10.海关总税务司公署关于用救灾附加税收入拨付美棉麦借款本息致关务署呈

（1936年1月22日）

海关总税务司公署呈　第八七一四号

案查关于奉令由救灾附加税收入项下，拨付民国二十年美麦借款及二十二年美国棉麦借款本息一事，职署前曾奉宋前部长二十一年八月三十一日英文函谕，略以自二十三年一月一日起，所有救灾附加税收入应用□单位存储中央银行，以备该署随时支付二十年美麦借款左列到期本息之用。

职署谨按上列利息数目，经遵照财政部廿四年六月廿二日公字第一六五一四号令饬，更正与原函所列各数略有出入，合并注明。嗣又奉宋前部长廿二年五月廿九日英文函谕，略以自此次函到之日起，至廿六年一月一日止，所有救灾附加税收入，除拨付二十年美麦借款本息外，所余款项，及廿六年一月一日以后该项附加税收全数，概应拨入中央银行专帐存储，以备该署商同税务署支付廿二年美国棉美借款到期本息之用，直至偿清为止。各等因在案。

现查二十年美麦借款项下当欠本息之数，计有廿五年六月卅日到期利息美币六万一千零八十三元二角二分，及同年十二月卅一日到期本息美币三百十三万二千六百九十六元六角六分，两共三百十九万三千七百七十九元八角八分。按照目前大约汇价六七。五核算，计合金单位四百七十三万一千五百二十五元七角五分。而职署救灾附加税帐内截至本年一月一日止，约存有金单位四百八十五万元，足敷拨付上项本息全数之用。为者职署兹谨将对于前项存款及本年一月一日以后之救灾附加税收入，分别拟具两项办法如左。

一、自本年一月一日起，由救灾附加税帐内原有存款项下，酌量分批提款，将应付廿年美麦借款本息所需美币，向中央银行如数购足存储备用。至每批购买美币数目，自当不使过多，兹姑定每批购买美币三十万元，以形汇市不至因而牵动，并负致中央银行或感觉不便。

二、自本年一月一日起，将所有收附加税款，按照宋前部长廿二年五月廿九日英文函谕办法，拨入中央银行廿二年美国棉麦借

日　　期	利　　息（美币数目）	本　　金（美币数目）	共　　计（美币数目）
廿三年六月卅日	一八四，二五六．五三元		一八四，二五六．五三元
十二月卅一日	一八四，二五六，五三元	三，〇七〇，九四二，一八元	三，二五五，一九八．七一元
二十四年六月卅日	一二二，〇〇六．四九元		一二二，〇〇六．四九元
十二月卅一日	一二三，八四七．三〇元	三，〇七〇，九四二．一八元	三，一九四，七八九．四八元
二十五年六月卅日	六一，〇八三．二二元		六一，〇八三．二二元
十二月卅一日	六一，七五四．四六元	三，〇七〇，九四二．二〇元	三，一三二，六九六．六六元

款帐户专款存储，以借拨付该项借款本息之用。再查廿二年美国棉麦借款在本年内到期应付之本息，共约为美币二百三十五万四千五百七十二元，按目前大约汇价六七.五核算，约合金单位三百四十八万八千二百五十五元。本年内救灾附加税收入以上年份所收金单位六百八十七万二千三百十九元，又国币一百九万四千〇八元之数例之，足敷偿付上项本息，可毋庸请由税务署拨款协助。

所有职署呈拟以上两项办法，随呈请财政部核示，并照录本呈一份函致税务署查照外，理合备文，呈请钧署鉴核。谨呈

财政部关务署署长郑

总税务司梅乐和廿五、一·廿二

〔国民政府财政部档案〕

11.海关总税务司公署关于美国进出口银行退还1936年6月美麦借款利息情形呈

（1936年7月25日）

海关总税务司公署呈　第九六七八号

案查关于拨付美麦借款及美国棉麦借款本息一事，所有二十五年六月卅日到期美麦借款利息，及美麦借款暨美国棉麦借款，按照新订还本付息办法，本年六月卅日第一次到期之利息，业经职署分别提拨汇转，核收情形已于本月十五日备具第九六一二及第九六一三号文，呈报钧署鉴核备案在案。

现查关于此事，职署于拨款以后，曾奉部座七月四日英文函发，中国政府与华盛顿美国进出口银行，于本年五月二十八日，签订了关于整理美麦及美国棉麦两项借款还本付息办法之协定抄本一件，饬即按照协定整理办法，拨付本息等因。依照协定办法之规定，系将民国二十年美麦借款及民国二十二年美国棉麦借款合并

为一，由中国政府另拨“整理债券”一纸，其全数本金为美币一千六百二十万八千三百二十九元九角九分，按周年五厘付息，由本年七月一日起算。所有前经中国政府签发关于该两项借款之债券，现归美国进出口银行存执者，俟中国政府于本年六月卅日或该日以前，将前发债券本年六月卅日到期应付之利息，计美币三十九万六千七百三十六元二角六分，如数拨付该进出口银行核收，及将上述整理债券交到该进出口银行以后，应即作废。

上述利息美币三十九万六千七百三十六元二角六分，业经职署于本年六月卅日如数付讫，已在第九六一三号文内呈报有案。惟职署近曾准中央银行七月十日来函内称，奉钧座发下驻美中国大使来电，以接华盛顿美国进出口银行通知，该行计收到汇款两批，一为美币六万一千八十三元二角二分，一为美币三十九万六千七百三十六元二角六分。并据该银行称，美币六万一千八十三元二角二分一款，原系本年六月卅日应付美京农业信用管理局之美麦借款利息，实已包括在整理美麦及美国棉麦两项借款还本付息办法协定内，所订本年六月卅日第一次到期利息美币三十九万六千七百三十六元二角六分之内，应即照数退还。惟以按照二十二年美国棉麦借款原订还本付息办法，该项借款系按季还本一次，按每半年付息一次。该进出口银行近甫发觉前于签订整理两项借款协定时，未将该借款本年三月二日到期利息，计美币三千七百五十九元七角二分（此即棉麦借款本年三月一日到期本金美币四十四万二千六百七十七元六分，由本年一月一日起至三月二日止应付利息之数，该项三月一日到期之本金，前经职署如期拨付，并备具第八九二七号文呈报在案），加入新协定内，列本年六月卅日第一次到期应拨利息美币三十九万六千七百卅六元二角六分数内，要求中国政府补付。当将此项要求补付之利息美币三千七百五十九元七角二分，核对无误，爰准其由多收之美币六万一千八十三元六角二分内扣除，而将余剩之款，计美币五万七千三百廿三元五角退还纽约Chase银行，收入中央银行帐户，暂行存储等因。现经按有纽约Chase银行通知，请收到该项美币五万七千三百廿三元五角之数，存入中央银行帐户。该项余款究应如何处置，请示办理等由。职署当以按照整理两项借款协定，本年七月卅一日应拨付本金美币二十五万八千三百廿九元九角九分，似可将上项余款美币五万七千三百廿三元五角，充作拨还该期本金一部分之用。即经通知中央银行，将上项余款暂存纽约Chase银行中央银行帐内，作为总税务司名下存款，俟至本年七月卅一日再行交署长讫。

复查该项余款美币五万七千三百二十三元五角，现已由华盛顿进出口银行退还，而拟充作拨付本年七月卅一日到期本金一部份之用，则在本年六月份救灾附加税收支表内，自应就实支数目计美币三千七百五十九元七角二分（按六八又八分之一，合金单位五千五百十八元八角五分，再伸合国币一万二百八十九元八角四分），及美币三十九万六千七百三十六元二角六分（按六七又八分之三，合金单位五十八万八千八百四十七元八角八分，再伸合国币一百廿八万四千二百五十一元六角六分）列报，而不应照职署第九六一二及九六一三号呈文内报数目，即美币六万一千八十三元二角二分（按六八又八分之一，合金单位八万九千六百六十三元四角四分，再伸合国币十六万七千一百七十六元五角六分）及美币三十九万六千七百卅六元二角六分（按六七又八分之三，合单位五十八万八千八百四十七元八角八分，再伸合国币一百廿八万四千二百五十一元六角六分）列支。

再关于以上两项借款，职署如于本月月底以前未奉有财政部训令，示知他项办法，拟即于本月卅一日，经由中央银行汇拨下列款项：

一、按照整理两项借款协定附件乙〈Exhibit B〉所列，本年七月卅一日第一次到期本金，计美币二十五万八千三百二十九元九角九分。

二、两项借款合并后，全数本金美币一千六十万八千三百二十九元九角九分，由本年七月一日至七月卅一日（共三十一天），按年息五厘，应付之利息，计美币七万五百二十八元五角二分（此项利息系按每年三百六十五日计算，与前述美国进出口银行所要求补付之利息美币三千七百五十九元七角二分计算办法，完全相同）。

两共美币三十二万八千八百五十八元五角一分。所有以上美国进出口银行退还本年六月卅日拨付之美麦借款利息情形，除呈报财政部，并通知税务署查照外，理合照录中央银行来文备文呈请钧署鉴核。谨呈

财政部关务署长郑

附抄函一件

总税务司梅乐和廿五.七.廿五

〔国民政府财政部档案〕

(四)内外债整理概况

一、各方要求偿还内外债

1.四国银行团代表为盐税抵押外债偿还不能变更致宋子文公函

(1928年6—8月)

(1)四国银行团代表致宋子文公函(6月18日)

译四国团银行代表六月十八日由北平致南京国民政府财政部宋部长公函

径启者：敝代表等为拥护中国政府□□□□担保各项借款之债权人利益，及维持贵国政府与债□□□之财务关系起见，仅以发行中国政府盐税借款债□□□银行代表之资格，致书于贵部长惟垂察焉。查□□□□□担保之各项外债，自一九一四年(即民国三年)实行整顿改良盐税征收办法之日起，均系按期清偿，□□至去年始有第一次未能照偿之情形发生。又本年截至□□止，所有用以担保外债之盐税收入，曾减少至偿债所需数目五分之一以下，有时甚至完全停付，其原因乃由于各区盐税，除附近北平之长芦一区外，均完全停止征收，而长芦税收之一大部分，复被本省长官挪用，所致，自不待言。此种情形如果□□不改，非特违背借款合同，而且不啻完全推翻用盐税作担保之各项外债。敝代表等深信此层，并非中国政府之本意。现值十八行省以税□□□□【国】民政府管辖，敝代表等职责所在，用敢恳请贵政府从速维持，对于债权各国及持券□□□□□□□□等，系代表所有在外国发【行】各种合法盐税□□□□权人利益而出此请求，故不得不□□□述中国政府□□外

债之责任及义务。兹将贵国民政府用盐税全部或一【部作】担保发行外债(所谓盐余借款不在此列)开列于下:

一、一八九八年英德借款;

二、一九〇八年英法借款;

三、一九一一年湖广铁路借款;

四、一九一二年克利斯浦借款;

五、一九一三年善后借款。

此数种借款之中,第一暨第五两种实际上均系用关税作抵,而盐税只系规定作为第二种担保;第二暨第三两种借款,系每年由盐款项下指拨特别数目作担保;第四种则系完全专用盐税作担保,惟第二暨第三两种借款,现时暨无其他抵押之收入可资清偿,遂不得不专靠盐税作抵。

所有以上各种用盐税担保各外债之特别清偿办法如下:前三种借款按照原订合同,系用某某各省之盐税作抵,计共有七省之多,此项合同均订明,对于随后用盐税作担保之借款,有优先权,且各该合同内均有一条声明,如有拖欠□□□□□□□□之盐税,或其他代替之税收划归海关,或□□□□理。第四种借款(克利斯浦借款),则系用盐余作抵(按□□□合同内之估计,全国盐税收入约为库平银四千七百万两,【除】去业经抵押之二千四百万两外,计银二千三百万两)。此项借款□□□□如有拖延情事,应将盐税划归海关受理。至于第五种借款(善后借款),则系规定除按照本合同附单所开,业已指定为从前借款(第一种至第四种借款均已包括在内)债务之□□□□中国盐务收入之余数作为担保,按照善后借款□□,【国】民政府承认将指定为此项借款担保之中国盐□□□□□,按照财政部所定办法,加以整顿改良,并用洋员,□□□□□□□□,须将中国盐税划一管理,并须取消从前各□□□□□□□□□一定之税率代之(即民国二年十二月二十四日中国政府所公布之新盐税条例)。故各省原有之税率,均经分别归并为一。按照该合同内之估计，每年盐款收入共为关平银三千二百五十五万一千两，其中英法借款、湖广铁路借款及克利斯浦借款，每年共需偿还关平银六百〇七万八千两(按每关平银一两合英金三先令折算)。据该合同第五款内载，中国政府承认将盐税征收办法自行整顿改良，并用洋员，以资襄助。至如何办法，已由财政部核定，于财政部内设立盐务署，于盐务署内设立稽核总所，由华总办一员，洋会办一员，主持办理。其□□□□□□下：(一)监理盐觔发放，(二)征收一切盐税，汇编□□□□□□□册，呈报财政部部长核夺；(三)将所收税款存□□□□□□□所认可之存款处，归入中国政府盐务收入□□ 此项存款须由总、会办签字，方能提用。该总会办有保□□□担保各项债务先后次序之职责任。

所有凭中国政府印信所发行之善后借款债票，均在票面注明发行条件，并声明此项债票系根据□□□民国三年四月二十六日所订善后借款合同而发，□□□□□者，一为中国政府由国务总理、外交总长、财政【总长】□□□□□□银行、东方汇理银行、花银银行及横滨【银行】□□□政府应切实履行该合同内之一切规定，并担□□□□□□此项债票，并载明合同简略条文，连同关于整顿盐务之条文，一并在内。

敝代表等新近据洋会办通知，谓现时中国全国官厅之种种牵动，实使稽核机关对于中国盐税，无从行使任何重要职权，藉以维持债权人之利益。果尔，则中国政府对于用盐税抵押各外债之担保品，不啻毫无着落(按此项外债尚未偿还之一部分，则仅就专靠盐税作担保者而论，亦尚有英金一千三百余万镑之多)，而各持券人根据借款合同所应享受之利益，不啻因此断送也。

诚如以上所云，在最近六个月内，盐务稽□□□□□□不能按期负责偿还外债之情事发生，故及时□□□□□□府之国际信用，尚不甚难。敝代表等用敢恳求贵部迅速设法担任，将以上所指各项□□□期清偿，并履行中国政府对于外国债权人之信用责任，将稽核总所之正当职权，予以恢复，并将民国二年【善后】借款合同内所规定保护盐税担保各债，先后次序□□□□□该所办理，无任感激。耑此祇颂崇祺。

汇丰银行代表　　签押
东方汇理银行代表　　签押
纽约市国民银行代表　　签押
横滨正金银行代表　　签押

（2）四国银行团代表致宋子文公函（8月22日）

译四国团银行代表民国十七年八月二十二日由北平致南京国府财政部长公函

财政部长钧鉴：敬启者：敝代表等前于六月十八日关于以盐税作抵借外债一事，曾奉芜函，谅荷垂察。兹悉南京财政会议结果极为□□，对于从前受内战影响之全国财政，已切实着手整理，闻之不胜欣慰。惟敝代表等前函所询各节，尚未蒙赐复，甚望钧座现可加以核办。敝代表等所以希望如此其切者，皆因持有中国政府债券之人，渴望彼等所投之资，得有不久即归安稳之证据，能依照国府宣言，将此项外债予以切实承认。同时，敝代表等有不能不表示慊意者，厥为近来因长芦运使曾将稽核机关发给放盐准单及征收盐税之职权，强行夺取，遂致盐税之征收，与夫以盐税作抵之借款保障，非特毫无起色，甚至每况愈下。尤有进者，查克利斯浦与英法借款，均将于下月届时付款之期，倘无适当办□□，所有用盐税抵借各外债，将不克履行矣。事关重【大，不得】不再行奉达，尚祈亮察是幸。专此祇颂崇安。

汇丰银行代表　　签押
东方汇理银行代表　　签押
纽约市国民银行代表　　签押
横滨正金银行代表　　签押

〔南京国民政府财政部档案〕

2.英日法使领与外交部为中国接收长芦等地盐务有碍偿付债务来往文件

(1928年6—7月)

(1)英日法使领致国民政府抗议(6月28日)

十七年六月二十八日英日两使及法代办致国民政府之抗议

敬启者：近悉国府当局已下令将长芦□□【盐】务强制接收，又烟台稽核支所助理员等，根据民□□□□□□□□所应行使之职权，亦被停止。敝使等应□□□□□□□速收回成命。关于中国目下各处情形，据总所会□□□□在各属稽核机关行使正当职权，已不为国府所许□□□□税担保之各项借款，已无法保其安全，长此以往，各债权人之利益将归乌有。总之，国府完全蔑视中国对于各债权人应负之债务，以致债务之不克履行者，已有数种。敝使等为保持债权人之利益起见，不得不向贵政府忠告，从速设法履行民国二年借款合同所订各项条款，恢复总所正当职权，并将善后借款合同所规定保护盐税担保各债先后次序之责任，以责成该所办理。如此次抗议不获园〔圆〕满之答复，敝使等惟有将此种事实宣布世界，则中国将来之信用，定有不利也。

(2)外交部致英日法使领书(7月5日)

民国十七年七月五日国府外交部长复英日两公使并法代办书

迳复者：关于中国以盐税抵押借款问题，本部长□□照财政部长请加以注意。兹照财长意：□□□□□□□□财政部长曾在沪上召集中国银行□□□□□□□□，其主旨在设法维持各项内外债务，贵使及【代办】□深悉。且于七月一日至十日召集各省代表，在南京开财政会议，讨论各种财政问题，并注意盐款债权人之利益。俟闭会后，财部长当可与盐款债权人之代表磋商实行解决办法。凡此事实，谅在贵使及代办洞鉴中。现值我国政府竭力设法维持各项正当债务之际，贵使等竟出此无理态度，以损害中国之信用为恐吓，财政部长不胜遗憾。

〔国民政府财政部档案〕

3. 中国、交通银行要求中央及地方从速偿还旧欠的提案

（1928年7月2日）

敬陈者：中、交两行自民国肇造以来，代理中央、地方金库，历年或为维持地方治安，或为整理财政金融，垫借巨款，致两行实力陷于困境，各地分行迫于停业收束，影响于地方金融、社会经济至重且巨。查两行资金，不外资本、存款、发行三种，资本俱为官欠所占，存款、发行，各地分行各有借贷关系，未可轻于牵混，致令治丝益紊。此次经济会议对于整理金融，全场一致。惟欲整理金融，首在中央、地方从速偿还旧欠，庶政府之信用既昭，金融界之周转于以灵敏，举凡国家建设，实业振兴，胥于是赖。兹特缮就节略一件，送呈钧核，并恳提交大会，将两行中央、地方旧欠，迅予确定整理方案，以利遄行，毋任公感。此上

国民政府财政会正副主席宋张

中国银行交通银行谨启（借章）

中华民国十七年七月二日

节略

谨略者：窃查此次经济会议建议整理金融机关，以裕国计民生，全场意见殆归一致。夫欲整理金融事业，建设新机关者，其效

缓；维持旧机关者，其效速。且必旧机关能定维持之方针，斯新机关可得相当之援助，其理至为明显。中、交两行，自民国肇造以来，以代理金库关系，中央财政既任调剂，地方财务亦需维护。凡所垫借之款，或为治安所系，或为债信所关，或为局部整理财政之需，即等而下之，亦为中央或地方当局所迫借。其始非无相当之担保，乃政局屡更，担保寻致失据，甚至偿还旧欠，责成新垫，日积月累，致成巨数，两行亦陷于困境，自顾不暇。举凡维持实业，振兴国货，无力融通，社会经济发展之迟缓，此为一大原因。国民政府北伐以来，两行勉效微薄，竭智尽忠，所垫之款，大部分均有偿还方法。惟汉口方面最初所垫之一部分，虽有整理办法，亦经指定担保，中间因政变关系，完全失效。而政变以后，又复勒提现款，迫借兑券，以致酿成停兑之局。差幸中、交两行年来鉴于政局之纷纭，确定分区之制度，以为自卫之计。故甲行虽遭困厄，乙行不致波及。交通银行准备专库创设于前，中国银行准备公开实行于后，社会咸晓。然于各行，各有界限，不相混淆，始释疑虑。惟际此财政刷新，与民更始，社会期望甚殷。若政府对于两行无整理欠款之表示，必因失望而生疑虑，影响于金融界，决非浅鲜，此其一。人民或因此而疑及两行，所受累者不止政府欠款，故政府不允救济，此其二。两行分区制度虽能维持健全行之信用，旧欠若能整理，则受创者且能恢复，健全者益增信用，此其三。至在政府方面，对于旧有机关克尽维持之责，人民对于新设机关自必益形信赖，此其四。汉口为我国国内商业之中心，两行钞票不加整理，市面不易恢复，故汉券整理尤为当务之急，此其五。综此五端，惟有吁请政府将整理旧欠列入全国财政会议议程，确定偿还方法，为两行计，亦即为全国金融界计也。或谓中、交两行为营业机关，钞票债务亟应自行整理。不知银行财源简言之可分为资本、存款、发行三种。两行资本久为政府欠款所占，而存款与发行两种，论法理则各行各有借贷之关系，论事实已成分区之制度，自不能移甲济乙。故除各清各欠外，别无他法。或谓中、交两行借款等于营业放款，应由本行负责。不知政府借款，均有特殊情形，已如上述，自与寻常营业借贷之有保人，或押品银行得自由处分者，迥乎不同。第政府为综核名实起见，尽可于整理旧欠方法决定，以后从严审核。若两行亏短原因由于营业上之滥放款项，或有营私舞弊之迹，两行当局愿受严重处分。至政府借款，即使出于威迫，亦应曲予矜原，其出于维持治安及拥护公益者，尤应曲加维护。然必先定偿还方法，而后施行检查。否则保障未周，疑谤先乘，空穴生风，譬之久病之人投以泻剂，病未去而身已不支，此非政府维护两行之本意也。或谓政府建设伊始，裁兵需款，际此千头万绪，必欲政府整理旧欠，自非权衡轻重之道、窃谓两行全部欠款，只须决定整理方针，还期不妨展长。惟汉口一部分欠款，必须先行筹还，以便克期整理汉券，此则尤不能不仰望于政府也。大部整理财政，维护金融，不遗余力，敝行等为本行职责计，为社会金融计，合词吁恳。是否有当，伏候钧裁。

〔国民政府财政部档案〕

4.军事委员会转上海总商会呈将历次垫借款照原案拨还咨

（1928年9月29日）

国民政府军事委员会咨　第6104号

为咨行事。案据上海总商会主席冯培熹等呈称：呈为垫借军事、善后等款，奉批否认，再行沥情，呈请乞赐会同财政部审核处理以昭大信而恤商艰事：窃本会历次垫借军事、善后等款，请求按照抵押原案迅赐筹拨归还一案，奉钧会批示，内开：呈悉。查该会所拨之款，除总司令部特务处及龙潭之役垫借款项准予另案呈核外，其余均北京非法政府及逆军借款，本会碍难承认，仰即知照。清折一扣发还，此批。等因。奉悉之余，不胜惶悚。伏查此次财政部召集之经济会议，对于各省省债及无确实担保之内外债，均提案整理原案，并称：国民政府统一伊始，首贵昭示信义，体恤民艰，无论为从前军阀所负之债，或为国民政府管辖后所负之债，均应从速整理，等语。而财政会议亦有清理各省内外债提案．是从前北京政府及各省军阀所借之款，国民政府原未否认。本会所垫军事、善后等款，事同一律，断无独令向隅之理。况此项垫款或为给养溃兵，资遣散卒，系属临时急需；或为保管兵工厂，收束军队，事关地方善后。前呈业经详晰陈明，初与纯然供给军阀用款有间。当时此项垫借款，以东南军兴后，国、省两库同时告竭，无法应付，本会属以地方治安关系，不得不勉任艰巨。同时即由前北京财政、陆军两部会衔订定，以兵工厂基地售价作抵，并将该基地契据案卷一并交会保管，信誓旦旦，纯然为国家与商民之私法上契约行为，非或种公法上之权力行为所能予以撤销。即上述经济、财政会议整理内外债提案，亦系保障私法上债务关系效力，本会垫款，同属国家债务，自均应在处理清偿之列。至从前北京政府是否合法政治问题，现在全国统一，国民政府接收全国政权，对于前次北京政府所已施行之政权，本无若何界限之分。征诸事实，如去年八月十二日国民政府通令：凡从前施行之法令，除与中国国民党党纲、主义或与国民政府法令抵触各条外，一律暂准援用，等语。又如近顷十四年公债及金融整理公债，亦均举行抽签，固昭昭在人耳目者也。况从前军阀时代，人民久苦水深火热，今兹革命告成，群情喁喁，幸获昭苏。语云：诛其君而吊其民。当时本会关于此项垫款所处艰难困苦情形，钧会高瞻远瞩，噢咻民生，谅在洞鉴之中。为再沥情呈请，务乞对于此项借款，一律照原案办理。并查此案前经本会分呈财政部有案，应请钧会准予会同财政部审核处理，分别筹拨归偿，以昭大信，而恤商艰。所有奉批再行沥情呈请缘由，理合具呈请求察核，照准施行，实为公便。再，前呈清折一扣奉批发还，惟封套内并未封入，想仍在钧会档案，不另附呈，合并声明。等由。

准此。相应咨请查照核议见复为荷。此咨

财政部长宋

主　　席　蒋中正

常务委员　谭延闿

阎锡山

杨树庄

冯玉祥

朱培德

何应钦

李济琛

李宗仁

白崇禧

于右任

中华民国十七年九月廿九日

（编者按：10月26日财政部致军事委员会会函称："查该会垫借军事、善后等款，应俟归入整理案内，组织委员会严密审查，再行办理"。）

〔国民政府财政部档案〕

5. 交通部抄送旧欠内外债款表及整理旧债意见书公函

（1930年7月26日）

交通部公函　字第八六四号

径启者：案准贵处函开：查所有内外债之无担保及担保不足之债款，前奉饬函财政部分别开列清单，送备查核。等因。当经遵照函达去后。兹准该部公字第一零三六八号函复：以前北京政府之无确实担保内外债，向分交通、财政两部经管，其旧交通部所管部份原卷，系由交通、铁道两部接收，该部无从开列。至旧财政部经管部份，查核原案，经分别照录清单一份，特函送查照转呈。等由。准此。经即转陈。奉主席谕：应函交通、铁道二部分别开具清单，将债款名称、数额及当时借款原因并用途，逐一注明，迅速送备查核。等因。除分行外，相应函达查照办理，速复为荷。等因到部。查旧交通部债款，除完全属路政者，应由铁道部办理外，其电政方面及旧交通部债款，迭经本部制表，连同整理旧债意见书，函送整理内外债委员会查照，提出讨论在案。兹准前因，相应制就债款表三纸，连同整理旧债意见书一份，一并随函送上，即请察收见复为荷。此致国民政府文官处

附表三纸、意见书一份

交通部长　王伯群

中华民国十九年七月廿六日

旧交通部电政债款总表

截至民国十七年十二月底止

债款名称	币别	本额		利息		本利共计		
		应还未还	未曾到期	应付未付	未曾到期	原币数	兑换率	合国币数
1.沪烟沽正水线借款	英金	67,604.0.0	25,560.0.0	37,085.4.7	1,616.0.0	131,865.4.7	21	2,769,169.80
2.烟沽副水线借款	英金	15,686.0.0	5,930.0.0	8,474.17.1	374,0.0	30,464.17.1	21	639,761.94
3.预付报费借款	英金	88,467.16.0	79,074.2.0	28,169.17.6	4,997.18.0	200,709.13.6	21	4,214,903.17
4.无线电报借款	英金	165,619.18.5	—	119,000.0.0	—	284,619.18.5	21	5,977,018.34
5.有线电报借款	日金	20,000,000.00	—	7,000,000.00	—	27,000,000.00	2	54,000,000.00
6,扩充电话借款	日金	3,888,888.89	6,111,111.11	7,780,000.00	—	17,780,000.00	2	35,560,000.00
7.扩充改良有线电报工程垫款	日金	4,325,505.10	5,896,515.37	3,600,000.00	—	13,822,020.47	2	27,644,040.94
8.积欠洋员薪水	国币	30,802.88						30,802.88
共计	英金	337,377.14.5	110,564.2.0	192,729.19.2	6,987.180	647,659.13.7	21	13,600,853.25
	日金	28,214,393.99	12,007,626.48	18,380,000.00		58,602,020.47	2	117,204,040.94
	国币	30,802.88						30,802.88

说明：1.本表所列八种借款，截至民国十七年十二月底止，本利两项总数按现在金价折合国币，为一万三千零十八余万元。

2.本表第五种借款有一部分欠息七百余万元，于民国十四年五月间，由财政部连同其他欠息，与债权者另行汇订付息垫款合同，故未加入本表应付利息之内。

3.双桥无线电信借款英金五十三万六千二百十六七镑，系海军部经办，本部未能知其本息确数，故不列入本表。

4.本表第一至第三种债款，经与大东、大北公司帐单核对无讹。

5.本表第四至第七种借款，各债权者久无帐单寄到，表内所列应付之息系约略举其大数，将来清理之时，须凭帐单详细计算。

6.本表第三、五、六、七种借款，并非完全用于办理电政事业，财政部及路政方面，均有提用，但此为别一问，题当另案整理之。

7.本表第八种债款，系积欠洋员萨文生、高野四郎、孟纳尔、罗泰四员薪水。

旧交通部债款总表

截至民国十七年十二月底止

债款名称	币别	本额	利息	本利共计
1.交通部借换券	银元	8,000,000.00	1,280,000.00	9,280,000.00
2.北京、大陆、盐业、金城、中南四银行	银元	1,700,000.00	1,046,803.33	2,746,803.33
3.天津北洋保商银行	银元	435,404.37	73,960.70	509,365.07
4.北京华北银行	银元	119,840.60	28,526.47	148,367.07
5.北京华北银行	银元	700,000.00		700,000.00
6.北京交通银行向大成银行代借	银元	250,000.00	357,708.33	607,708.33
7.北京交通银行	银元	50,000.00	46,475.00	96,475.00
8.北京交通银行	银元	250,000.00	334,250.00	584,250.00
9.北京交通银行	银元	127,770.00		127,770.00
10.北京交通银行担保北方公司代借	银元	95,208.89	11,425.06	106,633.95
11.天津交通银行	银元	300,000.00	395,250.00	695,250.00

续表

债款名称	币别	本额	利息	本利共计
12.北京交通银行	银元	20,000.00	6,729.33	26,729.33
13.北京交通银行	银元	396,214.98	35,131.00	431,345.98
14.汉口交通银行	银元	400,000.00	252,000.00	652,000.00
15.天津旧边业银行	银元	14,621.36	21,375.83	35,997.19
16.北京中国银行	银元	24,798.49	7,247.51	32,046.00
17.北京金城银行	银元	228,775.04	20,284.70	249,059.74
18.北京中华汇业银行	银元	96,049.85	9,124.68	105,174.53
19.北京新亨银行	银元	274.50		274.50
20.北京农商银行	银元	16,279.07	14,080.22	30,359.29
21.北京中华懋业银行	银元	55,702.59	4,233.39	59,935.98
22.北京农商银行	银元	19,609.12	1,738.62	21,347.74
23.汉口交通银行	银元	57.81		57.81

续表

债款名称	币别	本额	利息	本利共计
24.北京中国金城银行	银元	50,000.00	8,666.67	58,666.67
25.北京中国金城懋业交通盐业新华大陆中南中孚银行	银元	15,589.65		15,589.65
26.上海厂丝干茧交易所	借换券	100,000.00		100,000.00
27.北京恒源永银号	银元	1,000.00	611.33	1,611.33
28.北京中国盐业银行	银元	8,000.00		8,000.00
29.北京中国盐业银行	银元	100,000.00	47,273.33	147,273.33
30.北京大陆盐业金城中国实业银行	银元	419,068.54	44,197.75	463,266.29
共计	银元	13,994,264.86	4,047,093.25	18,041,358.11

说明：1.本表系依照旧交通部原表及检查旧券填造。

2.本表专为供讨论之资料而设，对于各债之承认与否，不发生任何关系至应如何处理系另一问题。

3.各债款之内容及本息确数，如须确切讨论时，尚须与各债权方面核对。

4.现交通事业今设交通、铁道两部，本表所列旧交通部各债，有用之于路，或与路政有关者，有非专用于电邮而为部所用。关于路电邮航公同者，现虽由交通部旧卷开列，至应如何与路政方面划分之处，须俟另商。

交通部整理旧债意见书

查旧交通部向前财政整理会提出之交通内外债款，截至民国十三年年底止，共约六万万余元，其中归入交通部自行整理者，一万四千六百余万元，归入大整理案整理者，四万五千余万元。现整理内外债委员会业已成立，对于内外债款，应从事清厘整理，而交通事业照现制已分属交通、铁道两部，所有前交通方面之债款，除完全属路政者，应由铁道部办理外，其电政方面及旧交通部债款数目，前经本部制表咨送财政部转发设计委员会在案，内计截至十七年年底止，电政债款本息六千五百七十二万余元，旧交通部债款本息一千八百零四万余元，两共八千三百七十六万余元。惟现在金价高涨，照现在金价每英金一镑合国币二十一元，每日金一元合国币二元计算，电政债款应为一万三千零八十万余元。兹酌拟分别整理办法如下：

一、此均系国民政府成立以前之旧债，对于承认问题，应与政府对于旧财政部各债款取一致行动。

二、大东、北公司沪烟沽正水线借款、副水线借款及预付报费借款，三共英金三十六万三千余镑，照现在金价合国币七百六十二万余元，拟归本部电信公债项下整理。

说明：此三款中预付报费借款，本非电政本身所用，不应归电政项下负担，惟因与该两公司之借款于吾国通讯主权所关甚大，且本年底即已到期，尤贵迅速解决。故拟由本部在电信公债项下拨还。

三、有线电借款日金二千七百万元，照现价合国币五千四百万元，应剔出照旧案由财政部整理。

说明：此款系旧财政部向中华汇业银行借用，非电政本身所应负担，前财政整理会债款表，亦列入财政部债款项下，故仍照旧案办理。

四、无线电报垫款英金二十八万四千余镑、扩充电话借款及扩充改良有线电报工程垫款日金三千一百六十万余元，照现价共合国币六千九百一十六万余元。连同积欠洋员薪水三万余元及旧交通部债款一千八百零四万余元，统共国币八千七百二十三万余元。拟请由整理内外债委员会查酌，归入大整理案内整理。

说明：以上各项除无线电垫款系电政所用，扩充电话借款、扩充改良有线电报工程垫款电政项下拨用一部份及所欠洋员薪水外，其他各款为接济财政部拨付铁路借款本息及旧交通部所用，非本部所管电邮航事业所应负担之债。如本部事业发达，盈余丰裕，为整理旧债不分畛域起见，由本部设法清理，固未尝不可，无如部辖事业财政异常支绌，应行建设之事尚多，实无力担任此项旧债。现归入电信公债项下拨还之债款中，已有非电政本身之所用者，故所有上列各债，统共国币八千七百二十三万余元，拟请由整理内外债委员会从长计议，归入大整理案内整理。其中有与路政有关之款，应否与铁道部商酌办法之处，亦请由委员会审酌。

〔国民政府档案〕

6.杨汝梅关于整理各国退还庚子赔款余额用途意见书

（1931年12月7日）①

整理各国退还庚子赔款余额用途意见书

杨汝梅谨拟

庚子赔款依辛丑和约决定，为不平等条约之一，我国受此束缚已逾二十九年，现在尚未满期，自难完全废除。在未能完全废除以前，所有赔款余额用途，亦应斟酌国情，设法整理。自民国三十年起，赔款余额逐年增多，国民政府对此赔款余额之用途，应有统一之整理计划，以挽国权，而利民生，似不宜完全受协定之限制，致令

① 此系提交财政委员会第二次会议讨论之时间。

不平等之办法转形延长。查庚子赔款总额四万五千万海关银两，分三十九年摊还（由前清光绪二十八年起，至民国二十九年止），按年加息四厘。本息共为九万八千二百二十三万八千一百五十两。

（补注）民国六年，英、法、美、日、义大利五国展缓庚子赔款五年，故该五国赔款延至民国三十四年。民国十四年解决金佛郎案，又将法国赔款延至三十六年止，将义大利赔款延至三十七年止。对俄赔款最多，占百分之二十八以上；对德赔款次之，占百分之二十以上；对法赔款占百分之十五以上，对英赔款占百分之十一以上，对日赔款占百分之七.七以上，对美赔款占百分之七.三以上，对义大利赔款占百分之五.九以上，对比利时赔款占百分之一.八以上。此外如奥国，如荷兰，以及西班牙、瑞典、挪威等国赔款，均不及百分之一，葡萄牙赔款则附于英国款内，匈牙利赔款则附于奥国款内。此赔款分配之大概也。兹为明了庚子赔款用途计，先将各国赔款之现状解剖如左：

（甲）因欧战结果而自然消减者，已有德奥二国之赔款。但因财政部利用赔款之名义，以为发行公债及库券之基金，故今不惟赔款名义尚存，而每年付款手续仍由海关总税务司经手，按照旧例办理。

（乙）声明抛弃又复协定用途者，是为俄国赔款。俄款最多，其用途限于教育一项，自民国二十年起，俄款除偿旧债外，其余额逐年增多，按照现时金价计算，民国二十年之俄款余额，约计可合国币一千五百余万元，二十一年至二十六年，平均每年可得余额约合国币二千数百余万元，二十七年至二十九年，平均每年可得余额约合国币三千数百万元（补注：查俄款偿还旧债用银计算，而其收入用金计算，金价涨，则余额益多，其数不能确定）。有此逐年增多之巨额款项，以发展教育事业，自属有益于党国。然教育为永久事业，须有继续不断之经费，逐年平均使用，始获收其效果。现在对于俄款用途，尚未定有完善之支配计划，苟将此款逐年用尽，则二十九年以后，必有一部份之教育事业，因经费无着而有忽然停止之事。拟请自民国二十一年起，将俄款余额全数作为教育基金，发行一种教育公债，将募债所得之本金投诸最有利益而又最合民生需要之事业，以每年所得利益全数，用作教育经费。如此一转移，间可使该项余额用途之效用增加数倍。且现在声明退还赔款者八国，其用途大多趋重于教育，俄款即不全数用于教育，而二十一年以后之教育经费，亦不患无着。

（丙）业已商定用途而尚未见诸实行者，有义大利、比利时及荷兰三国之赔款。义国赔款之用途，曾经中义两方于民国十四年底商定，其用途为中义教育慈善公共实业公益工程，吾国政府声明，先充公益工程如曹娥江铁桥等类。义款余额在民国二十年约计可得美金一百零四万七千八百七十四元，二十一年至二十九年，平均每年可得美金一百五十一万二千九百三十九元；三十年至三十七年，平均每年可得美金一百零四万七千八百七十四元。

比利时赔款之用途，曾经中比双方于民国十四年商定，其用途为中比教育慈善事业、公共实业。我国政府表示，以百分之四十充补助中国铁路及黄河新桥建筑。查比款余额在民国二十年可得美金六十六万八千零三十三元，二十一年可得美金八十一万六千二百七十六元，二十二年可得美金六十二万一千四百三十二元，二十三年至二十九年，每年平均可得美金四千八百万二千二百五十九元。

荷兰赔款之用途，于民国十四年十月，由荷使自动向我国政府表示，愿将赔款余数作为筹划治理黄河之用，曾经我国外交部复函致谢，并经派员商议在案。荷款余数在民国二十年约计可得荷金七万余元，二十一年至二十九年，平均每年可得荷金一十一万余元。

查义、比、荷三国赔款用途大致相同，荷款甚微，不敷治理黄河之用；义款用途之曹娥江铁桥、导淮工程及改良北平市政等项，又曾受英、美、法三国抗议。与其设定许多用途，一事不能成，不如合办一事，除提出一小部分办理教育慈善外，其余三国赔款拟请全数用为治理黄河或整理平汉铁路之用。荷、义、比三国对我国均表示好感，再与协商，划一用途，当不难于解决。

（丁）美国赔款为完全善意退还。其第一次退款虽由中美委员会管理，其第二次退款虽有中美董事会管理，然美国人并不把持操纵，我国教育当局在办理教育及文化事业范围内，实有斟酌支配之全权。拟请教育当局就全国教育经费通盘筹划，将美国赔款加入共同支配，以免偏向一部分事业，致全国教育常有不平等之现象，既可充分表示美国退款之善意，又可为改定他国赔款用途之表率，是一举而二善备也。

（戊）因解决金佛郎问题，而决定将金纸之差额全数借与中法实业银行，充其复业之用者，是为法国赔款。此项协定是否有益于吾国，系已往之事，姑置不论，惟自民国十四年成立中法协定以来，法国方面对于该协定中之有利于我国者，大多未能履行，我政府应命令总税务司停止拨付法国赔款，以促其履行协定条件，以免我国应享之权利，全归无着。按照中法协定，我政府应享之权利颇多：(1)我政府对于中法实业银行，系属债权者，该行提作抵押品之债卷〔券〕，应由银行负责偿清，且于和解办法内指定各项收入为担保。(2)中法实业银行为替代利息起见，每年应提出美金二十万元至二十五万元之实款，充中法间教育事业之用。(3)代付中国政府应缴中法实业银行股本余额至一千万佛郎，与法国方面相等。

以上为协定中之重要条件，法国方面大多未肯履行，我政府以股东资格选派之董事及监察员，均被该管公司拒绝。苟非根据协定力争，法国将视我自行放弃权利矣。

（己）自行变更用途，现经我国换文协定者，是为英国赔款。查一九二五年六月，英国国会通过一法案，系将一九二二年十二月一日以后英国应得之庚子赔款，改充在华教育及其他用途，并由英政府指派英国会八人、中国会员三人，成立谘询委员会，由会派员到华调查，规定关于教育实业之各项用途，其指定之基金以筑路为首，尤认粤汉铁路为最宜。英国自定之用途，原以直接间接有利于英国为前提也。一面以变更用途，买我之好感，一面维持英国在华经济上之利益。今查十九年九月十九日，我国外交部长与英国公使之换文，内有中国政府因鉴于整理中国现有铁路之异常需要，准备将现存及将到期之款之一部，为整理铁路之用，内中与英国利益特别有关之各铁路，更当首先注意，以交还之庚款或以该庚款担保所借得之款，整理并建筑铁路，及经营其他生产事业时，应顾及现有契约内之条款，如以该款向国外购买需用材料，包含桥梁、机车、车辆、钢轨及他种设备器具时，当向英国订购之。中国政府准备同意将现存之款，全部移交于在伦敦设立之购料委员会，以便向英国工厂购买桥梁、机车、车辆、钢轨及他种材料，充中国国有铁道与他项生产事业之用。等语。此次换文之内容，与英国自定之办法，无大区别，款存伦敦，材料向英国购买，所筑铁路又须首先注意于与英国利益特别有关者。吾国金融界及生产事业，对此协定所得之利益，似乎完全无有故，此种换文万难满足国人之希望。如有机会，甚望外交、财政当局更为进一步之交涉，以达到逐渐废除不平等条约之目的也。

（庚）自行变更用途后虽经征询我国意见，设中日文化总委员会管理，而现尚未经我国换文承认者，是为日本赔款。查一九二三年三月，日本国会通过一法案，系将庚款余额及解决山东悬案所得之库券及赔偿金，一并移充对华文化事业之用。日本政府于一九二五年五月，商请我国政府指派委员十一人，共同组织中日文化事业总委员会，管理此款。其用途则拟在上海设立自然科学研究所，在北平设图书馆及人文科学研究所，并拟在适当地点，设博物院；在济南、广州两处，设医院及学校。查日本自行变更赔款用途，其用意与英国大致相同，以示我国与日本关系之复杂，欲得有利于我之换文协定，在现时尤为难能。只有暂行搁制，俟将来遇有有利于我国之机会时，再行交涉。

以上所列美、法、英、日之赔款余额，另详附表，兹不赘列。

根据上述事实之利害，应将整理各国赔款余额用途之办法，归纳为下列数项：

(一)宜特设整理各国退还赔款余额用途总委员会，以昭划一也。

庚子赔款余额既经多数友邦以亲善的名义退还，我国即应自行支配其用途。现值训政时期，建设多端，在在需款，统一财政，尤为急务。拟请依我国现时政治上之需要，组织一整理各国赔款余额用途总委员会，就民国二十年以后之余额总数，通盘筹划，另定适宜用途，并由此会拟定与各国协商之具体办法，交由外交、财政当局，与各国重行协商。其无须协商者，可迳由我国自行决定。总委员会成立后，所有原设之中美委员会、中俄特别委员会、中日总委员会，以及将设之中比委员会、中义委员会、中荷监察委员会，及因中英换文设立之中国董事会，与设在伦敦之购料委员会，均宜一律取消，将原派人员分别调入总委员会，会同协议整理，以昭划一而免纷歧。

(二)经费支配宜求相当的公平普及，不宜偏重一方，致失轻重平衡也。庚款收入源流，既系全体国民担负，则退还余款用途，自宜公平分配，俾适合各方面相当之需要，不宜偏重一方一事，使政治上发生不平等之现象。查各国指定之赔款余额用途，多趋重于教育及文化事业，除俄国赔款余额用途尚未限定为何种教育事业可以自由支配外，其余各国赔款余额，或限定用于中美教育文化事业，或限定为中日文化事业，或限定为中法、中比、中义、中英教育事业，一国内之教育文化，分出各种特殊界限，顾名思义，于一国教育之根本计划，大不相宜。复因各方面之经费多寡不等，多者尽量开支，间或流于浮滥，且因协定所限，不能补助他方之不足，以致一国之教育支离破碎，管理训育难求统一。环顾国内公立、私立之各学校，有成绩优良，因款项支绌停办或缀课，以待发款者，不一而足；而他一方面又往往因款过裕，故为不急需之奢侈设备，以消耗其剩余之公款。虚糜公款，其害尤小，破坏教育计划，影响甚巨。欲救此弊，宜由教育当局切实负责，将指定为教育文化应用之各种款项，合并整理，裒多益寡，重行支配，以昭平衡。现时各国外交趋势，对我多主亲善，我与诚恳协商，当必乐于赞助也。

（三）前与各国协定之用途，多有相同者，宜急谋团结，勿令散漫也。例如已用美款在北平建设图书馆，而日本又拟在北平建设立图书馆，英国与日本同拟在中国设立科学研究所，义、比、荷三国余款之用途，均注重于公共实业及工程。惟所办者同一事业而各不相谋，财力不免薄弱，若能统筹规划，设法合办，则魄力雄厚，而收效较宏。

（四）收款宜酌量设法改存本国银行，以救济金融也。

庚款财源出自关税，前因担保赔款信用，将此项巨款存放外国银行，致我国金融界常受外人之操纵压迫，全国商民均盼政府之早能变更办法，以解除其束缚。今因协定赔款退还，而该款仍旧存放外国银行，实使全国商民失望。嗣后应随时设法，使此项赔款余额收支，能全数移归中国金融界经营，以期调剂金融，活动市面。

（五）赔款余额宜完全由我国政府自由支配也。

款既退还，名从主人，应由我国政府自由支配，始符名实。兹查各协定内常有专向某国购置材料或聘用某国工程师之拘束，是皆于我国建设之进行，及实业之发展，大有妨碍。今宜随时设法废止此种协定，以免妨阻本国生产事业之进行。

（六）协定余额有指作慈善用途者，请速用以赈灾荒也。

查法、义、比庚款余额，均有慈善用途之指定，而尚未见诸实行。民国以来，匪祸、兵灾络绎不绝，现各省又发生巨大之水灾，道殣相望，失业者日多，拯救之方虽不一途，而尤以工赈为最宜。拟请提拨此项指定慈善经费，为积极之救济，开拓实业，以工代赈，容纳失业民众，藉图消弭社会之乱源。

（七）在整理总委员会未经成立以前，拟请先将各种委员会、董事会消减期限规定，以免无形延长也。

赔款条约为不平等条约之一，未能即时完全废除，已使国人失望，若更因协定束缚，而延长其期限，既与原约期限不符，尤为违背总理遗嘱精神。兹查因协定赔款余额用途而设立之各种委员会、董事会，皆未明定其消减期限，假使将来因经手事务未竣，将会期无形延长，于国权财权两项，均属异常危险。我政府应速向协定各国声明，自庚款原定终止期限之日为止（例如民国二十九年止），所有因协定赔款余额发生之董事会、委员会，应一律消减，以免永久受各国之操纵干涉。

附表三种

7.财政部为将归还垫款致中中交三行函稿

（1937年6月29日）

案准贵三行函开：查二十四年十一月间，贵部为维持债市，嘱敝三行陆续购进各项债券，由敝三行垫付价款，按月八厘计息，结至二十五年十二月底止。计敝中央行结存各项债票，票面四百四十三万五千八百八十元，结欠垫款本息国币三百五十五万九千五百七十四元零九分。敝中国行结存各项债票，票面四百四十五万九千四百十元，结欠垫款本息国币三百五十七万五千七百三十六元二角五分。敝交通银行结存各项债票，票面二十一万六千七百六十元，结欠垫款本息国币一百七十七万八千五百四十九元二角七分。共存三行债票，票面一千一百十一万二千零五十元，共欠三行垫款本息八百九十一万三千八百五十九元六角一分。兹承贵部为结束此项垫款起见，与敝三行洽定办法如下：（一）自二十六年一

（一）庚子赔款余额一览表

国别	年别	可利用之赔款余额
俄国	民国二十年	约计国币一千五百余万元
	二十一年至二十六年	平均每年约计国二千数百余万元
	二十七年至二十九年	平均每年约计国币三千数百余万元
义大利	民国二十年	约计美金一百零四万七千八百七十四元
	二十一年至二十九年	平均每年约计美金一百五十一万二千九百三十九元
	三十年至三七十年	平均每年美金一百零四万七千八百七十四元
比利时	民国二十年	美金六十六万八千零三十三元
	二十一年	美金八十一万六千二百七十六元
	二十二年	美金六十二万一千四百三十二元
	二十三年至二十九年	每年平均美金四十八万二千二百五十九元
荷兰	民国二十年	荷金七万余元
	二十一年至二十九年	每年荷金一十一万余元

续表

国别	年别	可利用之赔款余额
美国	二十年至三十四年	第一次退款至二十九年止，每年平均美金九十余万元
		第二次退款至三十四年止，每年平均美金五十三万元
英国	民国二十年	英金四十一万三千一百二十七镑
	二十一年至二十九年	每年平均五十九万六千四百八十一镑
	三十年至三十四年	每年平均四十万三千一百二十七镑
法国	二十年至三十六年	每年平均美金三百二十七万余元
日本	民国二十年	日金二百六十六万余元
	二十一年至二十九年	每年平均三百八十四万余元
	三十年至三十四年	每年平均二百六十六万余元

（二）俄德奥三国赔款担保债务一览表

款名	担保之债券	债券本金	还清年月
俄款及德款	民国三年公债	二千四百余万元	十四年十二月
俄款及德款	四年公债	二千五百余万元	十三年四月
俄款	五年公债	七百七十七万余元	十七年
俄款担保还本	七年长期公债	四千五百万元	二十六年
俄款	十一年公债	一千万元	十六年十一月
俄款	十二年特种库券	五百万元	查十二年特种库券，十三年特种库券，均定二十一年十一月还清，现因俄余额甚多，均已提前还清。现查俄国担保还本者，只有七年长期公债一种
俄款	十三年特种库券	一百万元	
德款	十三年四二库券	四百二十万元	十六年九月
德款	十四年八厘公债	一千五百万元	二十三年九月
奥款	十五年二四库券	二百四十万元	二十六年六月
德款	十五年治安债券	二百万元	二十四年七月
德款	十七年金融短期公债	三千万元	二十四年九月

（三）二十年度总概算内庚子赔款概数表

款别	数额
俄款	二千一百三十七万三千七百九十五元
	附注：查二十年度应由俄款偿还之债款，仅有七年长期公债本金四百五十万元，尚有余额一千六百八十七万三千七百九十五元，自二十一年起，俄款增多，余额亦增多
义款	五百一十二万一千六百二十七元
比款	二百九十六万八千六百一十九元
荷款	一十五万八千七百五十三元
英款	一千零九万六千零九十元
美款	六百四十九万九千五百零四元
日款	六百六十六万七千一百三十三元
法款	一千三百六十三万八千三百四十五元
葡萄牙款	一万八千三百九十九元
西班牙款	五千七百三十五元
瑞典、挪威	一万二千五百二十九元
此外，如德款奥款已因欧战取消，现由总税务司拨付财政部支配故未列入概算。	

〔国民政府全国经济委员会档案〕

月一日起，垫款利息改按周息六厘计算，至六月三十日为止。(二)自七月一日起至七月份公债期货交割前一日止，此项利息敝三行允不再计算。(三)所有全部垫款本息，由贵部于七月二十九日，如数以现款拨还清讫，同时取回全部债票。以上办法业经敝三行同意照办，用特会函奉达，即希察洽见复。等由。准此。查上项垫款迭准贵行催予归还，当以库款支绌未能照办。兹承商定办法三条，自应照办。所有上项垫款本息即按第三条之规定，于七月二十九日由本部如数拨还归垫，同时，收回全部债票，以资结束。相应函复查照为荷。此致

中国

中央银行

交通

财政部长

中华民国廿六年六月廿九日

〔国民政府财政部档案〕

二、主计处、财政部等历年度债务费概算书

1.主计处奉准中政会关于1934年度总概算决议并抄送债务费概算书致财政部函

(1934年7月23日)

国民政府主计处公函　岁字第五五九号

案奉国民政府训令：以准中央政治会议函：为政府所送二十三年度国家普通会计岁入岁出总概算，经交由财政组审查据报告，共拟核定二十三年度国家普通总概算岁入十四款，共为七万七千七百三十万零二千二百二十六元，岁出十五款，共为七万六千四百零三万三千六百六十五元，收支比较，余额一千三百二十六万八千五百六十一元，即照章尽数列为第二预备费以资平衡。本概算核定

后，除由政府依法赶速成立预算外，拟并许由政府照核定总概算内拟列各单位数，自年度开始起，先行执行等语，经提出本会议第四一五次会议决议五项：（一）军费内容暂许秘密，预算内免分目节。（二）历年超过法案之军费，及尚未列入预算之债本收入，准由军政、财政两部迅速合编非常预算送核。（三）二十二年度普通总概算免予改编送核。（四）二十三年度普通总概算照财政组审查意见通过。（五）在正式预算未成立以前，政府一应收支，准照总概算内支配数，从年度开始执行。录案请查照办理一案，仰遵照办理，并将核定总概算书迅速转送各机关知照，等因。计检发原附核定总概算书一份，奉此。自应遵照办理，除将该项核定总概算书函送财政、审计两部查照办理外，相应将该项核定总概算书内所列之债务费抄检一份函达贵部，即希查照，并分别转行知照为荷。此致

财政部

附抄送核定二十三年度国家普通总概算书内所列之债务费概算书一份。

中央政治会议核定二十三年度国家普通岁出总概算分表：

岁出经常门

第十五款债务费：二五七，五三〇，二三一

第一项内债本息金：一三七，九三五，一八五

第一目军需公债：九五一，二四〇

第二目善后短期公债：三，四二八，〇〇〇

第三目十七年金融短期公债：六，四三二，〇〇〇

第四目十七年金融长期公债：三，三三二，八一三

第五目十八年赈灾公债：七五一，〇〇〇

第六目十八年裁兵公债：三，七八五，〇〇〇

第七目河北省海河工程公债：五八二，四〇〇

第八目十九年关税公债：一，六二二，六〇〇
第九目二十年江浙丝业公债：七九一，四〇〇
第十目二十年赈灾公债：二，七三九，〇〇〇
第十一目二十年金融短期公债：五，九四五，六〇〇
第十二目二十二年华北救济战区短期公债：九九八，〇〇〇
第十三目整理六厘公债：一，九五八，一二一
第十四目整理七厘公债：四八九，六〇〇
第十五目七年六厘公债：三，一〇九，五〇〇
第十六目十四年公债：二，六四七，五〇〇
第十七目续发江海关二五库券：三，四八一，〇〇〇
第十八目十八年关税库券：四，二四三，二九一
第十九目十八年编遣库券：五，七六二，四〇〇
第二十目十九年卷烟库券：二二，八七〇，三六〇
第二十一目十九年关税短期库券：一〇，一七六，〇〇〇
第二十二目十九年善后短期库券：六，一五九，六〇〇
第二十三目二十年卷烟库券：六，三九七，二〇〇
第二十四目二十年关税库券：七，四九七，六〇〇
第二十五目二十年统税库券：八，一〇〇，八〇〇
第二十六目二十年盐税库券：八，一六四，八〇〇
第二十七目二十二年爱国库券：六，〇〇〇，〇〇〇
第二十八目二十二年关税库券：一一，五六五，〇〇〇
第二十九目二十三年关税库券：一七，三一〇，〇〇〇
第三十目奥款担保二四库券：二四三，三六〇
第三十一目春节库券：四八〇，〇〇〇
第三十二目治安债券：一二〇，〇〇〇
第二项，外债本息金：四九，三五七，二八八
第一目英德续借款：一三，三六三，六〇〇
第二目善后借款：二三，七七六，三二〇

第三目克利斯浦借款:五,一五二,六二四

第四目英法借款:四,八一〇,〇〇〇

第五目湖广铁路借款:二,二五四,七四四

第三项,庚子赔款:三八,八七二,一五六

第一目,英国:九,七〇二,七六三

第二目,美国:六,八三一,八八三

第三目,日本国:六,三〇二,三五二

第四目,法国:一四,一〇〇,七八六

第五目,比国:一,六八七,九〇八

第六目,葡萄牙:一七,三九三

第七目,西班牙:七,五七四

第八目,荷兰:二〇九,六五三

第九目,瑞典那威:一一,八四四

第四项,借款:二一,〇四九,七九二。本项系本年度增列。

第一目,中国等银行关税凭证第二次借款:三,八四七,七九二

第二目,中央银行俄退庚款余额第二次借款:二,九六〇,〇〇〇

第三目,上海银行意退庚款借款:八,三一〇,〇〇〇

第四目,中央银行垫款:五,五〇〇,〇〇〇

第五目,中法储蓄会等借款:三六〇,〇〇〇

第六目,中法工商银行保息,七二,〇〇〇

第五项,还本付息经手费:三一五,八一〇

第一目,各项内债经手费:一五六,一七七

第二目,各项外债经手费:一五九,六三三

第六项,整理内外债准备金:五,〇〇〇,〇〇〇

第七项,预备金:五,〇〇〇,〇〇〇

〔国民政府财政部档案〕

2.财政部编制1935年度国家债务费岁出概算说明书

(1935年3月9日)

民国二十四年度国家债务费岁出概算说明书

第一项　内债

本项所列内债,凡在二十一年一月以前发行者,除十七年金融长期公债及河北省海河工程公债仍照原定利率外,其余各债券,自二十一年二月一日起,公债均按周息六厘,库券均按月息五厘计算。至应付本息,除河北省海河工程公债本息仍在原定基金内拨付,及二十年江浙丝业公债本银另由关税项下划拨外,其余各债券本息及江浙丝业公债利息,均在每月所拨关税八百六十万元基金内支配。二十一年二月以后发行者,则均按定条例办理。兹将各债券还本付息之计算情形,分别说明如次。

一、军需公债

此项公债,总额一千万元,自十八年上半年起,每年六月十二月各还本一次,每次偿还总额二十分之一,并付息一次,二十一年二月以后,改照新定程表,分十年八个月偿还,每年三月、六月、九月、十二月各还本付息一次,扣至二十四年六月底,计还本十八次,付息二十一次,应欠本银五百四十五万元,(此项公债,因签支关系,每次实还本银数目,与规定应还本银数目,每有出入,截止二十三年九月底实欠本银五百九十五万元,而二十三年十二月及二十四年三月、六月三次还本,尚未到期,兹暂照规定该三次应还本银五十万元计算,故如上数。)本年度应还本付息四次,即二十四年九月及二十五年六月各还本十万元,二十四年十二月及二十五年三月各还本二十万元。再本年度息银概算数,系按二十四年六月底所欠本银五百四十五万元减去以后各次应还本银数目计算,与将来实付数目,略有出入,合并声明。

二、善后短期公债

此项公债，总额四千万元，自十七年下半年起，每年十二月、六月各还本一次，每次还总额十分之一，并付息一次，二十一年二月以后，改照新定程表，分四年二个月偿还，每年六月、三月、九月、十二月各还本付息一次，扣至二十四年六月底，计还本付息各二十一次，应欠本银二百万元，本年度应还本付息三次，即二十四年九月还本四十万元，二十四年十二月及二十五年三月各还本八十万元，本息偿清。

三、十七年金融短期公债

此项公债，总额三千万元，自十七年十月起，每年三月九月各还本付息一次，二十一年二月以后，依照新定程表，除利息改按周六厘计算外，余照原定条例办理，扣至二十四年六月底，计还本付息各十三次，应欠本银二百七十万元，本年度应还本付息一次，即二十四年九月还本二百七十万元，本息偿清。

四、十七年金融长期公债

此项公债，总额四千五百万元，周息二厘半，自十八年上半年起，前五年只付利息，每年三月九月各付一次，自第六年起，每年三月九月各抽还总额四十分之一，并付息一次，现仍照原定条例办理，并无变更，扣至二十四年六月底，计还本三次，付息十三次，应欠本银四千一百六十二万五千元，本年度应还本付息二次，每次还本各一百一十二万五千元。

五、十八年赈灾公债

此项公债，总额一千万元，自十八年上半年起，每年六月十二月各还本付息一次，每次抽还总额二十分之一，二十一年二月以后，改照新定程表，分十五年五个月偿还，每年三月、六月、九月、十二月各还本付息一次，扣至二十四年六月底，计还本付息各十二次，应欠本银五百六十万元。本年度应还本付息四次，即二十四年九月及二十五年六月各还本十万元，二十四年十二月及二十五年三月各还本二十万元。

六、十八年裁兵公债

此项公债，总额五千万元，自十八年下半年起，每年七月一月各还本付息一次，每次抽还总额二十分之一，二十一年二月以后，改按新定程表，分十一年偿还，每年四月、七月、十月、一月各还本付息一次，扣至二十四年六月底，计还本付息各十九次，应欠本银三千八百五十万元，本年度应还本付息四次，每次还本各五十万元。

七、河北省海河工程公债

此项公债，总额四百万元，月息八厘，自十八年十月起，每年十月、四月各还本付息一次，每次抽还总额二十分之一，其本息基金，以津海关值百抽五税收项下附征百分之八收入作抵，二十一年二月各项债券新定还本付息办法，经本部核准仍予维持原案悉照原定条例办法，扣至二十四年六月底计还本付息各十二次，应欠本银一百六十万元，本年度应还本付息二次，每次还本各二十万元。

八、十九年关税公债

此项公债，总额二千万元，自十九年六月起，每年六月、十二月各抽还总额二十分之一，并付息一次，二十一年二月以后，改按新定程表，分十一年十二个月偿还，每年三月、六月、九月、十二月各还本付息一次，扣至二十四年六月底，计还本付息各十八次，应欠本银一千三百二十万五千元，（此项公债，因签支关系，每次实还本银数目与规定应还数目，每有出入，截二十三年九月底，实欠本银一千三百八十万三千元，而二十三年十二月及二十四年三月、六月三次还本，尚未到期。兹暂规定每次应还二十万元计算，故如上数。）本年度应还本付息四次，即二十四年九月、十二月及二十五年六月各还本二十万元，二十五年三月还本四十万元。再本年度息银概算数，系按二十四年六月底所欠本银一千三百二十万五千元，减去以后各次应还本银数目计算，与将来实付数目，略有出入，合并声明。

九、二十年江浙丝业公债

此项公债，总额八百万元，以江、浙两省黄白丝出口时每担征收三十元，为偿还本息之担保，二十一年二月以后，利息归月拨基金八百六十万元内支配；本金由部另筹，嗣经核定自二十三年十月起，由关税项下拨付，此项公债应还第一次本银，系就已发行债票六百万抽签，计已还本金三十万元，并照付第一次利息，自二十一年二月起，除因基金关系提出二百万元并未发行外，实负债额五百七十万元，改照新定程表，二十一年只付利息两次，二十二年上半年起，每年四月、十月各还本付息一次，扣至二十四年六月底，计还本六次，付息八次，应欠本银四百八十万元，本年度应还本付息二次，每次各还本三十万元。

十、二十年赈灾公债

此项公债，第一期发行三千万元，二十一年二月底第一次还本，仍照原条例偿还一百五十万元，并付息一次，二月以后，改照新定程表，分十二年一个月偿还，每年五月、八月、十一月、二月各还本付息一次，扣至二十四年六月底，计还本十三次，付息十四次，应欠本银二千四百九十万元，本年度应还本付息四次，每年还本三十万元。

十一、二十年金融短期公债

此项公债，总额八千万元，本自二十一年上半年起，分七年半偿还，嗣改照新定程表，分九年八个半月偿还，每年四月、七月、十月、一月各还本付息一次，扣至二十四年六月底，计还本付息十三次，应欠本银七千七百十二万元，本年度应还本付息四次，即二十四年七月十月各还本一百三十六万元，二十五年一月还本三百二十万元，四月还本二百四十万元。

十二、二十二年华北救济战区短期公债

此项公债，总额四百万元，周息六厘，以长芦盐税附加农田水利基金全部为基金，自二十三年一月起，每年一月、四月、七月、十

月各还本付息一次，扣至二十四年六月底，计还本付息六次，应欠本银二百八十万元，本年度应还本付息四次，每次还本二十万元。

十三、整理六厘公债

此项公债，总额五千四百三十九万二千二百二十八元，扣至二十一年一月底，实欠本银三千二百六十三万五千三百三十七元，自二十一年二月起，改按新定程表，前四年只付利息，每年三月、六月、九月、十二月各付息一次，自第五年起，分十二年偿还本金，本年度应还本二次，付息四次，计二十五年三月、六月各还本六十五万二千七百元。

十四、整理七厘公债

此项公债，总额一千三百六十万元，扣至二十一年一月底，实欠本银八百十六万元，自二十一年二月起，改照新定程表，四年只付利息，每年二月、五月、八月、十一月各付息一次，自第五年起，分十二年偿还本金，本年度应还本二次，付息四次，计二十五年二月还本八万一千六百元，五月还本十六万三千二百元。

十五、七年六厘公债

此项公债，总额四千五百万元，自二十一年二月起，改照新定程表，分十一年十一个月偿还，每年三月、六月、九月、十二月各还本付息一次，扣至二十四年六月底，计还本二十二次，付息四十二次，应欠本银二千零七十万元，本年度应还本付息四次，即二十四年九月、十二月及二十五年六月各还本四十五万元，二十五年三月还本九十万元。

十六、十四年公债

此项公债，总额一千五百万元，自二十一年二月起，改照新定程表，分三年十一个月偿还，每年三月、六月、九月、十二月各还本付息一次，扣至二十四年六月底，计还本二十二次，付息二十七次，应欠本银二百四十万元，本年度应还本付息二次，计二十四年九月及十二月各还本一百二十万元，全部还清。

二十五、二十二年爱国库券

此项库券，总额二千万元，月息五厘，以卷烟税为基金，自二十二年三月起，分四十五个月偿还，每月还本付息一次，扣至二十四年六月底，计还本付息各二十八次，应欠本银八百零一万零一百九十一元二角三分，本年度应还本付息十二次，每月还本付息共五十万元。

二十六、二十二年关税库券

此项库券，总额一万万元，月息五厘，以关税增加收入为基金，自二十二年十月起，分一百五十个月偿还，每月还本付息一次，扣至二十四年六月底，计还本付息各二十一次，应欠本银八千九百五十万元，本年度应还本付息十二次，每次还本五十万元。

二十七、二十三年关税库券

此项库券，总额一万万元，月息五厘，以关税收入为基金，自二十三年一月起，分八十四个月偿还，每月还本付息一次，扣至二十四年六月底，计还本付息十八次，应欠本银八千二百万元，本年度应还本付息十二次，每次还本一百万元。

二十八、奥款担保二四库券

此项库券，总额二百四十万元，自二十一年二月起，改照新定程表，分七年十一个月偿还，每年三月、六月、九月、十二月各还本付息一次，扣至二十四年六月底，计还本十八次，付息二十四次，应欠本银一百五十六万元，本年度应还本付息四次，二十四年九月十二月及二十五年三月，各还本四万八千元，二十五年六月还本七万二千元。

二十九、十五年春节库券

此项库券，总额八百万元，自二十一年二月起，改照新定程表，前四年只付利息，每年四月、七月、十月、一月各付息一次，自二十五年四月起，分十二年偿还，本年度应还本一次，付息四次，计二十五年四月应还本十六万元。

三十、治安债券

此项债券，原系治安借款一百二十万元，由北平银行公会债权团按照合同规定，发行债券二百万元，自二十一年二月起，改照新订程表，凭债券支付利息，按周息六厘计算，每年四月、七月、十月、一月各付息一次，前四年只付利息，二十五年起，分三年偿还，本年度应还本一次，付息四次，计二十五年四月，应还本十万元。

第二项　外债

本项所列外债，系按本年度应付数计算，其原币数及折合率如次：

一、英德续借款

英德续借款本年度应付本金英金五八七，三二五镑，息金二四七，九〇八镑，两共八三五，二三三镑，按十四元五角折合国币一二，一一〇，八七八元。

二、善后借款

善后借款，本年度应付本金英金四二〇，六八〇镑，息金一，〇六四，七四四镑，两共一，四八五，四二四镑，按十四元五角折合国币二一，五三八，六四八元。

三、克利斯浦借款

克利斯浦借款本年度应付本金英金一三五，一五一镑，息银一八六，七二七镑，两共三二一，八七八镑，按十四元五角折合国币四，六六七，二三一元。

四、英法借款

英法借款本年度应付本金英金二五〇，〇〇〇镑，息金三九，三七五镑，两共二八九，三七五镑，按十四元五角折合国币四，一九五，九三八元。

五、湖广铁路借款

湖广铁路借款本年度应付息金英金一四〇，九二一.五〇镑，按十四元五角折合国币二，〇四三，三六二元。

第三项　庚子赔款

本项所列庚子赔款，均照本年度应付数目编列，其业经取消各国概未列入，兹将各国庚款原币数及折合率，分别说明如次：

一、英国

英庚款全年度应付英金五九六，四八一·二八七镑，每镑按十四元五角折合国币八，六四八，九七九元。

二、美国

美国庚款全年度应付美金一，九一九，九六七.一〇〇元，按三元折合国币五，七五九，九〇一元。

三、日本

日本庚款全年度应付英金三九三，八九七.〇〇〇镑，按十四元五角折合国币五，七一一，五〇七元。

四、法国

法国庚款全年度应付美金四，〇二八，七九五.七四元。按三元折合国币一二，〇八六，三八七元。

五、比国

比国庚款全年度应付美金四八二，二五九，三六九元，按三元折合国币一，四四六，七七八元。

六、葡萄牙

葡萄牙庚款全年度应付英金一，〇八七.〇一六镑，按十四元五角折合国币一五，七六二元。

七、西班牙

西班牙庚款全年度应付法金三九，八六一.七二佛郎，按二角折合国币七，九七二元。

八、荷兰

荷兰庚款全年度应付荷金一一〇，三四三.六五佛乐林，按二元折合国币二二〇，六八七元。

九、瑞典挪威

瑞典挪威庚款全年度应付英金七四〇.二三二镑，按十四元五角折合国币一〇，七三三元。

第四项 借款

本项所列借款本息，均按原定合同或公函计算，兹分别说明如次：

一、上海银行团意退庚款借款

此项借款，总额四千四百万元，二十三年一月二十七日订借，月息八厘，订明四个月平均交付，指定以意国退回庚子赔款还本。自二十三年一月至二十九年十二月，月拨三十七万五千元，三十年一月至十二月，月拨二十七万五千元，三十一年一月至三十三年十二月，月拨二十五万元，三十四年一月拨二十万元，全部偿清，以海关税款付息，每月一付，利随本减。计本年度应付本银四百五十万元，息银三百三十七万八千元。

二、中法储蓄会等借款

此项借款，总额二百四十二万余元，原系旧财政部订借，月息一分，指定大连胶海两关民船税款全部作为偿还本息之用，嗣经本部核定仍照原案继续办理，并于前项民船税取消后，改由海关出口税内月拨三万元，以为抵补，现复核定自二十三年十一月起减为月息四厘计算，并由海关出口税项下按月加拨二万元至三十年三月本利清偿，计本年度应付七十二万元。

三、中法实业借款保息

查旧财政部于民国二年，向中法实业银行，订借五厘金币实业借款法金一万五千万佛郎，嗣以欧战发生，该行仅发债票一万万佛郎，按八四折实收八千四百万佛郎，由旧财政部陆续提用，嗣于民国十四年解决中法悬案之时，中国政府曾由该借款内提出款项，购买北平电车公司债券，其时双方商定，中国政府应将该项债券除已还本六万七千元外，尚余六十八万五千元，交与银行代为保管，收取本息，作为实业借款第二担保，此项债券嗣后迄未还本，每年收息两期，每期银元二万七千四百元，至民国十九年，实业借款尚余存中法工商银行（即中法实业银行改组后之变名），法金二百三十三万余佛郎，及银元九十一万余元，经本部与该行商定，将该款全数提回，按月拨交该行六千元，作为借款第二担保，计本年度应付七万二千元，连同该行代收北平电车公司债券本年度利息五万四千八百元，共付十二万六千八百元。

四、中法教育基金会美金借款利息

此项借款，总额美金二十六万五千元，原系民国十三年十二月份法国退回赔款，应归中法教育基金委员会支配，嗣经本部向该会借用，商明周息六厘，每三个月付息一次，由部筹拨，本金俟法国部份庚子赔款还清后，由总税务司于民国三十六年一月，在关税项下一次拨还。计本年度应付利息美金一万五千九百元，按三元折合国币四万七千七百元。

五、国库证

此项国库证，总额三千万元，民国二十三年十二月发行，为增加中央银行一部份资本之用，月息四厘，自二十四年起，每年六月、十二月各还本五百万元，随给利息，三年偿清，本年度内计应还本金一千万元，息金六十万元。

六、俄退庚款余额凭证

此项凭证，总额一万二千万元，民国二十三年十二月发行，为归还中央银行垫款之用，月息六厘，自二十四年一月起，每月还本付息一次，利随本减，至三十四年十二月止全部偿清。本年度内计应还本金七百七十一万六千元，息金八百十二万六千二百零八元。

七、国库证（统税担保）

此项凭证，总额一万二千万元，民国二十四年二月发行，月息六厘，为国库周转之用，指定应解国库之统税为基金，自二十四年二月起，每月还本付息一次，利随本息，至三十五年一月止全部偿清，本年度内计应还本金七百六十五万六千元，息金八百十七万二千一百四十四元。

第五项　还本付息经手费

一、各项内债

各项内债，除十七年金融短期公债、十七年金融长期公债、七年六厘公债，及治安借款，不给经手费外，其余概按还本付息数给予千分之一.二五经手费，本概算原列内债本息一三八，二二二，一九〇元，除金融公债等四种本息九，七二二，三一三元外，计一二八，四九九.八七七元，按千分之一.二五计算，共为一六〇，六二五元。

二、各项外债

各项外债经手费除英法借款系按千分之二计算外，余按千分之二，五计算，嗣善后、英法、湖广三款，因直接用金拨付，经部核准除原有经手费外，再按应付本息及经手费数目，一律增付千分之一，二五经手费，计本年度应付经手费，英德续借款为二，〇八八〇八三镑，善后借款为五，五七四，九八二镑，克利斯浦借款为八〇四，六九五镑，英法借款为九四一，一九三镑，湖广借款为五二八，八九六镑，统共英金九，九三七，八四九镑，按十四元五角折合国币一四四，〇九九元。

第六项　整理内外债准备金

本项所列准备金五百万元，系按规定由关税项下提拨，作为整理内外债之用，与普通预备费性质不同，故特列一项。

第七项　预备费

本概算所列各项，均按应付确数计算。其庚款外债等，如因金价高涨汇兑上发生亏耗，及国库运用上发生不足时，举借短期借款应付之利息等，均属无从挹注，兹照章酌列百分之二预备费五百三十六万元，以备遇有上项事实发生时，得以兼顾。

〔国民政府财政部档案〕

3.主计处关于核准财政部追加1936年度债务费岁出等致林森呈

(1937年3月17日)

案准财政部会字第二七八六六号公函内开：查二十五年度国家债务费，尚有马可尼及费克斯两公司借款利息六〇六，二〇〇元，美麦及美棉麦两借款本息八，七三二，八二七元，东亚兴业株式会社无利国库券本金一八七，〇七〇元，中日实业公司汉口造纸厂借垫款本息三一九，七〇三元，外债还本付息经手费一，五一六元，应行追加预算。又二十二年华北救济战区公债本息九〇二，〇〇〇元，内债还本付息经手费一，一二八元，应行追减预算。增减相抵，实须追加八，九四四，一八八元。相应编具追加二十五年度国家债务费岁出经常概算书，并付详细说明书各二份，函请贵处查照核转。再美麦及美棉麦两借款本息，系由海关经征百分之五救灾附加税收入项下拨付。前据海关总税务司署编造二十五年度救灾附加税岁入概算，计列一六，六一七，五二八元，利息收入四五，九四七元，又汇费及银行手续费岁出概算，共列一，八二六元。本部查核原报救灾附加税收入数目，实征未能及额，应比照已核定海关百分之五附加税列数，减列为一四，二九七，四四一元。其原报利息收入四五，九四七元，应予照列。汇费及银行手续费支出共一，八二六元，应准在二十五年度财务费类第一预备费项下动支。又二十五年度国家岁入预算其他收入项下所列华北救济战区公债基金保管委员会收入九〇八，一六八元，应依追减该公债本息及还本付息经手费共九〇三，一二八元之数，在原列数内追减。至二十五年度以前，美麦及美棉麦两借款本息，与救灾附加税收支，另由本部核计实收实支数目，再行补报。兹检送海关总税务司署原报二十五年度救灾附加税岁入岁出临时概算书各二份，并请贵处查核，分别办理为荷。等由，附概算书六份，说明书二份，准此。查财政部编送追加二十五年度国家债务费岁出概算内增加部份，计九百八十四万七千三百一十六元，减少部分，计九十万零三千一百二十八元，增减相抵，实在追加八百九十四万四千一百八十八元，又追加二十五年度海关岁入临时概算，计列救灾附加税，改为一千四百二十九万七千四百四十一元，利息收入四万五千九百四十七元，共计一千四百三十四万三千三百八十八元，海关岁出临时概算，计列汇费，及银行手续费一千八百二十六元，查核列数相符。至二十五年度国家岁入预算，其他收入项下，所列华北救济战区公债基金保管委员会收入，九十万零八千一百六十八元，应依追减该公债本息，及还本付息经手费，共九十万零三千一百二十八元之数，在原列数内追减。又海关岁出概算之一千八百二十六元，财政部拟在二十五年度财务费类第一预备费项下动支，查核亦无不合，均应准予备案。唯关于外债项下，有美麦及美棉麦两借款收入实数，未经正式列收，已函请财政部补编追加岁入概算，以符程序。兹将债务费岁出及海关岁入各概算，签注意见，拟请钧府先行核转中央政治委员会准予分别核定备案，并分令行政监察两院转饬知照，是否有当，理合检同原附概算说明等书，及审查意见书，呈请鉴核施行。

谨呈

主席林

计检呈债务费追加岁出概算书一份海关追加岁入岁出概算书各一份又说明书一份本处审查意见书一份

主计长　陈其采

审查追加二十五年度债务费岁出及海关岁入经临概算意见书

原案内容

案准财政部会字第二七八六六号公函内开：

“查二十五年度国家债务费，尚有马可尼及费克斯两公司借款利息六〇六，二〇〇元，美麦及美棉麦两借款本息八，七三二，八二七元，东亚兴业株式会社无利国库券本金一八七，〇七〇元，中日实业公司汉口造纸厂借垫款本息三一九，七〇三元，外债还本付息经手费一，五一六元，应行追加预算。又二十二年华北救济战区公债本息九〇二，〇〇〇元，内债还本付息经手费一，一二八元，应行追减预算。增减相抵，实须追加八，九四四，一八八元。相应编具追加二十五年度国家债务费岁出经常概算书，并附详细说明书各二份，函请贵处查照核转。再美麦及美棉麦两借款本息，系由海关经征百分之五救灾附加税收入项下拨付，前据海关总务司署编造二十五年度救灾附加税岁入概算，计列一六，六一七，五二八元，利息收入四五，九四七元，又汇费及银行手续费岁出概算，共列一，八二六元。本部查核原报救灾附加税收入数目实征未能及额，应比照已核定海关百分之五附加税列数，减列为一四，二九七，四四一元。其原报利息收入四五，九四七元，应予照列。汇费及银行手续费支出共一，八二六元，应准在二十五年度财务费类第一预备费项下动支。又二十五年度国家岁入预算其他收入项下，所列华北救济战区公债基金保管委员会收入九〇八，一六八元，应依追减该公债本息及还本付息经手费共九〇三，一二八元之数，在原列数内追减。至二十五年度以前美麦及美棉麦两借款本息，与救灾附加税收入，另由本部核计实收实支数目，再行补报。兹检送海关总税务司署原报二十五年度救灾附加税岁入岁出临时概算书各二份，并请贵处查核，分别办理为荷。”等由；附概算书六份，说明书二份。

审查意见：

岁入经常、临时门

查财政部函送海关总税务司公署所编追加二十五年度岁入临时概算，原列一千六百六十六万三千四百七十五元，经部改列为一千四百三十四万三千三百八十八元，内救灾附加税，一千四百二十九万七千四百四十一元，利息计四万五千九百四十七元，又原函声叙二十五年度岁入经常预算其他收入项下，所列华北救济战区公债基金保管委员会收入九十万零八千一百六十八元内，应追减九十万零三千一百二十八元，增减相抵，实在追加岁入一千三百四十四万零三百六十元，查核均属相符，拟请准予如数照列。所有国家普通岁入增减数目，另列一表备查。是否有当，仍候核定。

岁出经常门：

查财政部所编债务费追加岁出概算，其增加部份，计九百八十四万七千三百一十六元，减少部份，计九十万零三千一百二十八元，增减相抵，实在追加岁出八百九十四万四千一百八十八元，其抵补财源，系在海关追加岁入一千三百四十四万零二百六十元内，如数划充，查核数目，尚属相符，惟关于外债项下有美麦及美棉麦两借款收入实数，未经正式列收，已函请财政部另案补报，一俟追加岁入概算补编送处，再行核转，拟请钧会准予在二十五年度内，先行如数追列。所有债务费增减数目，另列一表备查。是否有当，仍候核定。

附呈岁入岁出追加追减数目表各一份（原缺）

〔国民政府档案〕

4.财政部公债司抄送1936年及1937年债务费岁出追加概算说明书致会计处函

（1937年6月7日）

查二十五、六年债务费概算及追加概算，前经分别编列，先后函送贵处核办在案。兹因该两年度债务费概算，尚有应行追加之处，相应分别追加概算书，附加说明，送请查核办理为荷。此致

会计处

附追加概算书及说明各二件

公债司启

六.七.

民国二十五年度国家债务费岁出追加概算说明书

一、芝加高大陆商业银行借款利息七九二,三七三元

此项借款,系民国八年十一月订立合同,作为归还该行旧欠,总额美金五百五十万元,年息六厘,以烟酒公卖费及货物税为担保,期限二年。嗣该款第一、二两期利息,旧财政部先后拨付,第三期利息美金十六万五千元,系由该行垫付,其余到期利息及本金,均未照拨,曾经旧财政部归入无确实担保外债案内审核整理。二十六年四月,本部与该行商定整理办法,将该项借款本息,改由盐税余款项下支拨,自民国二十五年十一月一日起,按年二厘半计息,民国二十八年十一月一日起,改按年息五厘计算,每年五月及十一月一日各付息一次,其民国十年五月一日至二十五年十一月一日之积欠利息,按照原利率周年计算之五分之一,连同民国二十五年十一月一日至二十八年十一月一日应付之二厘半利息,与此后应付五厘相差之利息之五分之一,均发给无利小票,以上小票及本金,均自民国三十一年十一月起,每年十一月一日还本一次,至民国四十三年十一月一日还清。二十五年度计拨还该行垫付第三期利息美金一六五,〇〇〇元,按美金二十九元半折合国币百元计算,实付国币五五九,三二二.〇三元,又拨付二十六年五月一日到期利息美金六八,七五〇元,按美金二十九元半折合国币百元计算,实付国币二三三.〇五〇.八五元,两共国币七九二,三七三元,应请如数追加。

二、安利洋行库券本金三〇,〇〇〇元

民国七年二、三月,旧财政部因清理积欠保商银行往来款项,发给瑞记洋行期票二十纸,计行化银八四三,三八三,三九两,嗣此

项期票归由安利洋行继承，结至十三年九月，计欠本息行化银一，四六九，三五四.〇七两，由旧财政部照数填发期票三十一纸，规定十四年九月三十日按照票面付款，以后并未实行，当经旧部归入无确实担保外债项下汇案整理。二十六年三月，经本部与该行商定整理办法，除原发期票面额内有十万两现无着落，已由该行声明不复要求偿付外，以其余一百三十六万余两，折合国币一百九十一万元整数为总额，由部换发无息库券一百九十一张，每张一万元，自二十六年四月起，每月拨付一万元，至民国四十二年二月全数偿清。计二十五年度应拨付二十六年四月至六月每月一万元，共三万元，应请如数追加。

三、三菱会社汉口造纸厂欠款四，八九二元

汉口造纸厂于民国九年二月，向三菱公司购煤，价款洋例银三千三百九十四两五钱，应于十年四月间付款，届期未付，自交煤日起，按年息一分二厘计算，曾经旧部归入无确实担保外债项下汇案整理。二十六年四月，经本部与该会社商定按原价款洋例银三千三百九十四两五钱，照废两改元案内规定价格，申合国币四千八百九十一元二角一分，一次付还，作为完案，应请如数追加。

四、湖广铁路借欠利息六〇七，五三三元

此项借款，即川粤汉铁路借款，系铁道部经管债务，由英美法德四国银行团承借，成立于前清宣统三年四月，总额英金六百万镑，年息五厘，期限四十年，以两湖百货厘金盐捐赈米捐为担保，如将来修改关税减免厘金，应由新增关税内如数补足。嗣此款到期本息，屡有愆期，经本部于十八年九月发表宣言，每年由盐税项下，拨出一千万元至一千三百万元作为拨付该项借款一期利息及英法克利斯浦两借款本息之用。惟该项借款其余一期利息及本金，铁道部仍未照付，至二十六年四月，结欠本金五，六五六，〇〇〇镑，利息英美法部分付至第三十八期止，德发部分付至第三十七期止，当由财政部会同铁道部拟定整理办法，将民国二十六年及二十七年利息，按周息二厘半付给，以后概按五厘计算，积欠利息，改照一厘周单息计算，连同二十六年二十七年中短付之利息，亦按五分之一发给无利小票，于民国三十一年开始偿付，约于二十年内偿清。本金自民国三十年起开始偿还，由二十六年起算，于三十九年内还清。本息基金，均指定由铁路净盈余项下拨付，其利息部分并以盐税关税为担保，本金部分如有不敷，应由财政部主管税收项下补足，嗣经铁道部商准本部，数年之内，仍照旧案于盐税项下代付二厘半利息。二十五年度应付二十六年全年利息十四万一千四百镑，按十七元折合国币二，四〇三，八〇〇元，又德发部分短付之第三十八期利息英金三六，一九九，一〇〇镑，已于二十六年三月补付，实付国币五九九，四〇七元，两共国币三，〇〇三，二〇七元，比较原预算所列二，三九五，六七四元，计多六〇七，五三三元，应请如数追加。

五、外债还本付息经手费三，四四七元

芝加高银行借款于二十六年五月付息美金六八，七五〇元，照千分之五拨付经手费美金三四三，七五元，按美金二十九元半折合国币百元计算，实付国币一，一六六元。湖广铁路借款二十六年三月补付德发部分欠付利息英金三六，一九九，一〇〇镑，按千分之二，五拨付经手费及按千分之一，二五拨付额外经手费共一三五，一七，三镑，实合国币二，二四九，六七元，又二十六年六月付息一四一，四〇〇镑，应拨付经手费及额外经手费五三〇，六九镑，按十七元折合国币九，〇二一．七三元，两共国币一一，二七一．四〇元，比较原预算所列五二八，八九八镑，合国币八九九，一二七元，计，多国币二，二八〇．一三元。以上两借款经手费共国币三，四四七元，应请如数追加。

总计增加一，四三八，二四五元。

民国二十六年度国家债务费岁出追加概算说明书

甲、增加部分一,三〇八,三〇九元

一、二十六年辟浚广东省港河工程美金公债基金六九五，八〇〇元

此项公债,系为广东黄浦辟港及疏浚珠江后河工程,于民国二十六年四月一日发行,总额美金二,〇〇〇,〇〇〇元，年息六厘，以粤海关附征百分之五进口税为基金，按月尽数拨交国债基金管理委员会保管,每年三月及九月各还本付息一次,至民国四十二年三月底全数清偿。二十六年度应付二十六年九月底到期本息基金美金一〇〇,〇〇〇元及二十七年三月底到期本息基金美金九八，八〇〇元，共美金一九八，八〇〇元，按三元五角折合国币六九五,八〇〇元。

二、芝加高大陆商业银行借款利息四八一,二五〇元

此项借款,按照二十六年四月商定整理办法,二十六年度应于二十六年十一月及二十七年五月各付息美金六八,七五〇元,共美金一三七,五〇〇元,按三元五角折合国币四八一,二五〇元。

三、安利洋行库券本金一二〇,〇〇〇元

此项借款,按照二十六年三月商定整理办法,二十六年度每月应付国币一〇,〇〇〇元,共一二〇,〇〇〇元。

四、湖广铁路借款利息八,一二六元

此项借款,按照二十六年四月商定整理办法,二十六年度应于二十七年六月,拨付二十七年全年利息英金一四一,四〇〇镑，按十七元折合国币二,四〇三,八〇〇元，比较原预算所列英金一四〇,九二二镑,折合国币二,三九五,六七四元,计增八,一二六元。

五、内债还本付息经手费六九六元

广东省港河工程美金公债二十六年度拨付本息美金一九八，八〇〇元,照千分之一应付经手费美金一九八.八〇元，按三元五角折合国币六九六元。

六、外债还本付息经手费二,四三七元。

芝加高银行借款二十六年度付息美金一三七,五〇〇元,照千分之五应付经手费美金六八七.五〇,按三元五角折合国币二,四〇六.二五元。湖广铁路借款二十六年度付息英金一四一,四〇〇镑,按千分之二.五拨付经手费及按千分之一.二五拨付额外经手费英金五三〇.六九镑,按十七元折合国币九,〇二一.七三元,比较原预算所列英金五二八,八九八镑折合国币八,九九一.二七元,计多国币三〇.四六元,以上两借款经手费,共增国币二,四三七元。

乙、减少部分四,〇〇〇,〇〇〇元。

一、第三期铁路建设公债基金四,〇〇〇,〇〇〇元。

此项基金,核定自二十六年度起,改由铁路建设费项下拨付所有二十六年度预算原列基金四,〇〇〇,〇〇〇应如数删除。

以上增减两抵实减二,六九一,六九一元。

〔国民政府财政部档案〕

三、日本部分债务整理概况

1.外交部关于整理日本债务应注意国民党对外政策之规定咨暨公债司签呈

(1930年8—9月)

(1)外交部咨(8月20日)

外交部咨　咨字第783号

为咨行事:查中日协定附件四交换照会载明:整理日本债权人借与中国无担保及担保不足之款,召集一债权人代表会议,将关于整理之适当计划提付讨论,俾便设法实行该项之整理。等语。经呈奉国民政府训令:此案提出国务会议,经决议:于召集债权人代表会议时,应切实注意本党对外政策第四、第六两条之规定,仰即遵

照办理。等因。相应咨达，即希查照办理为荷。此咨

财政部

外交部长王正廷

中华民国十九年八月廿日

(2)财政部公债司签呈(9月3日)①

外交部咨请整理日本债款会议时应注意本党对外政策第四、第六两条之规定一节，应否转函财政整理委员会酌核办理之处，呈请示遵。

案准外交部咨开：(内容同上，略)等由。到部。查本党对外政策第四条规定：中国所借外债，当在使中国政治上、实业上不受损失之范围内保证并偿还之。第六条规定：中国境内不负责任之政府，如贿选窃僭之北京政府，其所借外债非以增进人民之幸福，乃为维持军阀之地位，俾得行使贿买、侵吞、盗用。此等债款，中国人民不负偿还之责任。等语。兹准外交部咨请整理日本债款会议时，应注意本党对外政策第四、第六条〔条字衍〕两条之规定一节，应否转函财政整理会酌核办理之处，呈请钧核示遵。

公债司谨呈(郑莱印)

照办。(宋子文印)

〔国民政府财政部档案〕

2.驻日公使蒋作宾抄送日本对华债权者组合要求整理债务理由书呈

(1934年2月14日)

案据日本银行会社二十一家对华债权者组合代表日本兴业银行公森太郎东亚兴业株式会社内田胜司来馆面称："中国政府，欠

① 收文时间。

日本各银行会社债务,结至昭和五年,即民国十九年,应还本利,已达日金五万万九千二百二十九万八千余元,现在约计已达日金七万万元之谱此项债务,前此均由驻华日使与中国政府交涉整理,因中国政局叠有变动,或会议停顿,未见结果。或议有办法,而未至实行。近年中国国民政府屡以关税盐税为抵,发行内债。偿还债务之唯一财源,弥见减少,故不能不急图整理。现在各银行会社,已备有整理方案,中国政府自当亦有整理计划,唯如仍由驻华日本使馆办理,则恐牵涉其他问题,致被外间误解,彼此均感不便。兹拟由各债权者推定代表纯以私人资格与中国财政部或财政部所组织之委员会共同磋商一整理办法。当此中国财政困难之时,决不为中国政府难以办到之要求,亦无要求短期内偿清之意,若能与中国政府商定每年发还若干,仍可将拨还之款存储银行,将来再行增额,以应中国借款之需。总之,债权人方面,唯欲商量一可以实行之办法"。等语,并交来对华债权整理理由书及截至昭和五年本利清单各一件,并内田所著The Problem of China's Loan Reading-justnent一册,合将所交各件随文送呈,敬乞鉴核,转商主管机关办理,并乞赐复为荷。谨呈

外交部

附三件〔缺二件〕

驻日本特命全权公使　蒋作宾

照译日本对华债权者组合送由驻日公使馆转呈之整理对华债权理由书

一、我对华债权者组合,系集合有对华债权之银行会社,互相保持联络,以达整理对华债权之目的,于昭和四年四月组织成立,参加之银行会社,凡二十一家(参照末段),其对华债权额,迄至昭和五年末,约达六万万元。(参照附表〔缺〕)

二、关于此等债权之整理。

（一）一九二五年十月，在北平开关税特别会议，虽经审核关税附加税，并讨论担保不确实之内外债整理问题，但翌年七月，该会议因中国政局剧变，半途散会，整理债务之事，遂亦停顿。

（二）依照一九二九年一月所签订之中日关税协定，国民政府由新关税收入项下，每年拨存五百万元，以充整理无担保及不确实担保之债务之财源，复于国民政府内，设内外债整理委员会，以便根本整理，并允为促进解决讨起见，拟于最近期间，召集债权者代表会议，讨论此事，仍照北平关税会议所讨论之宗旨，加以正当考虑。

（三）依照中国政府一九三〇年一月所签订之中日关税协定，于是年十一月十五日，开各国代表者会议，提出关于整理之节略，但自是以后，则不再继续开会，迄至今日。

惟国民政府嗣复以关税收入及盐税收入为担保，陆续发行内债，而债务整理案唯一之基本财源，遂因之日渐削减。

按以上情形，整理债务之事，益觉难于实现，因此，亟盼中国方面，迅速商定具体整理办法。

三、本组合会社银行列名如下。

株式会社第一银行

株式会社第十五银行

株式会社川崎第百银行

株式会社三井银行

株式会社三菱银行

株式会社安田银行

株式会社台湾银行

朝鲜银行

中华汇业银行

住友合资会社

古河电气工业株式会社

泰平组合
东亚通商株式会社
林熊祥

干　　事　横滨正金银行
同　　上　株式会社日本兴业银行
同　　上　三井物产株式会社
同　　上　三菱商事株式会社
同　　上　合名会社大仓组
同　　上　中日实业株式会社
常任干事　东亚兴业株式会社

〔国民政府外交部档案〕

8.徐谟与须磨为日本提出整理债务事谈话记录

（1934年3月19日）

徐次长会晤日馆秘书须磨弥吉郎谈话纪录

时间　民国二十三年三月十九日上午十二时。

地点　本部政次室。

事由　日本对蒋使提出整理债务事。

须磨：前数月日本对华债权代表团曾向中国驻日蒋公使提出整理债务办法，闻蒋公使已转呈政府核办。不知此间已否决定转令蒋使。

徐次长：本部曾接到蒋公使报告，知日本对华债权人代表，有请求中国政府整理债务之意。查整理债务一事，中国政府向极注意，惟此事极为复杂，极为困难。因中国所负之债务，不止对日本一国，现正在统盘筹划中，尚无何种具体决定，已将此意告蒋公使矣。

〔国民政府外交部档案〕

4.日本驻华使馆关于整理及解决日本债务担保照会

（1934年4月7日）

照译驻华日本公使馆照会　二十三年四月十日到

为照会事：关于日本政府及其臣民对华各种债权之保护，尤于无担保及不确实担保之债权之确保各节，日本政府常予以深切考虑，遇有机会，即向贵国政府极言整理之必要，极力促进各在案。查曩于大正十四年至十五年，在北平所开之中国关税特别会议，涉及关税附加税用途问题，以整理无担保及不确实担保之债务为最重要之问题，交该会议第二委员会正式讨论。复由债务整理关系国之八国代表，开一非正式会议，讨论关于包括中日之主要关系国整理原则之提案，迭次慎重审议之结果，对于主要事项虽曾有所决定，但以贵国政局变动，该会议因而中辍，对于本案之整理，遂未能获有最后之决定。嗣于昭和四年贵国实施暂行海关税率时，王外交部长于是年一月十八日致公文于堀代办，告以关于整理无担保及不确实担保之债务一案，国民政府于是年一月四日第十四次国务会议议决，每年当由关税新收入项下支出五百万元，拨充整理内外债之用，政府设立内外债委员会，俾可专任整理之责。并云拟定下列办法，且有切实实行之准备各等语。

一、每年由依照新税率所增收之税额中，至少支出五百万元（此数得增加之）。

二、第一项之详细办法，国民政府于最短期间，召集债权人代表会议讨论之。

三、为促进第二项所指之会议，迅速解决起见，对于北平关税特别会议之讨论，应予以正当考量。

上述王外交部长公文中之整理办法第一项及第二项，嗣经昭和五年五月六日所签订之《中日关税协定第四附属书》重行加以确认。同时贵国政府鉴于应支付敝国债权人多项巨额之无担保及不确实担保债务，为迅速整理上项债务起见，确认应于十月一日或在是日以前，召集债权者代表会议，并开始由关税收入项下，每年储存五百万元各节。上述中日关税协定签订后，敝国债权人代表重光代办，与贵国家财政部长开始关于整理债务之预备商议，并于是年九月末起，举行中日专家非正式会议，进行具体的讨论，各国债权人代表，亦于是年十一月十五日在南京开会，由贵国代表提示债务整理大纲，述其希望进行交涉，务获公正完妥之结果，并提议希望各国分别进行或全体进行非正式交涉。上述两国间之审议，依照此意继续进行，但此项交涉因贵国方面情势，昭和六年以后，遂告停顿，迄今未能重开。然日本政府关心整理债务，虽在此项交涉停顿之后，仍无改变，而于敝国债权人对贵国关系当局之各自接洽，常予以深切之注意考虑，极力诱导，日本政府及鉴于贵国政府最近因整理对于诸外国不确实债务，有与各国代表者正在进行交涉之事。兹要求对于日本政府及其臣民之债务，亦再行继续上述历次之交涉，对其一般的整理方法，速将具体案决定实行。至日本政府，对于其对华所有债权之整理极为重视，关于此事，抱定遇有机会，即行促进商议之方针，以至今日，就中对于根据关于解决山东悬案之条约第六条及第二十五条，应支付青岛公有财产及制盐业补偿日金国库证券之滞欠本利，希望贵国政府速为提示适切办法，此种国库证券系对于移交青岛公有财产及敝国人所经营制盐业之补偿，贵国政府在条约上业已承认支付之义务。关于该债权之保全方法，在山东悬案细目协定第十八条至第二十条，均有详细规定，尤于第二十条第四项，特为载明："贵国政府将来整理其外债时，应使此项国库证券，在第一次机会列入外债整理案内"。等语。对其特殊性质，特为阐明。而此项债券本利之支付，以大正十五年九月二十五日所付之款为最末次之支付，嗣是以后，积迭延滞，曾经日本政府屡次催还。曩者芳泽公使对于迅速支付本利及选定其他适当担保，并提高滞欠利息之利率等项，于大正十五年五月三日致公文于贵国财政部严重声明，嗣复经驻华日本公使馆于是年十二月十八日，函达财政部声明：希望对于此项证券本利之支付，谋一迅速适切之方法，并按照以关余为担保之既存债权优先顺位，当然对于此项证券应予以公正之考虑。去后。贵国财政部于昭和二年一月十二日复函，则谓：此项国库证券既经决定列入整理案内处分，将来如对于以关余为担保之各种债权优先顺位加以讨论时，自当以公正办法考虑措置之法。等语。而贵国政府则于昭和三年九月断然改革盐务制度，确立所谓盐税一千万元制度，一面于是年十一月十七日宣称：盐务稽核所虽继续征收全部盐税，但只保管拨充支付财政部借款之部份，此外盐税收入概不保管，应由财政部长负措置支付借款之全责。等语。因盐务稽核所权限缩少之结果，此项国库证券，除条约上之关余、盐余外，本有其他适当之担保，但自始即以盐余为实际上之支付，致受重大损失；虽经驻沪日本总领事迭向财政部当局声请注意，亦无任何满足之结果。嗣于昭和四年九月十八日，复经贵国财政部宣称：盐税一千万元制度已有成绩，政府现正计划逐次偿还以盐余为担保之各项借款。等语。是时宋财政部长亦对驻沪重光总领事，确允对于一般盐余借款之考虑，而于昭和五年中，开始关于一般债务整理中日预备商议之结果，该商议所讨论者，当然亦包括此项证券整理问题在内。惟中日债务整理之交涉，因贵国方面情势，停顿至今。日本政府基于上述情形，对于支付此项证券之本利，特为重视，用特要求贵国政府对于上项支付迅速实行。此事应请连同上述一般的债务整理各案，迅即并案见复为荷。

右　照　会

国民政府外交部长汪

日本帝国特命全权公使有吉明

昭和九年四月七日

〔国民政府全国经济委员会档案〕

5.熊式辉为日本偿借款询问如何清偿办法密电

(1934年11月27日)

特急。南京。委员长蒋、院长汪：灵密。江西在民国六、七两年，先后向九江台湾银行借款一百五十万元，到期未还，仅付过利息七万元，现约欠本息三百五十万元。顷据九江日本领事馆来电，派署员桥田亲天郎于本日由浔来省交涉。未审中央对于整理有无确实担保之外债有无整个办法，其范围是否包含各省在内。最近日本对于江西认为剿匪告一段落，政治上占较重地位，态度颇强硬。究应如何应付，可否照华北整理无担保外债停息，分八百个月偿还办法与之交涉，乞即电示。职熊式辉。感。财。印。

〔国民政府行政院档案〕

6.熊式辉报告前向日本借款用途及偿付情形密电

(1934年12月2日)

南京。行政院院长汪钧鉴：艳电奉悉。地密。卷查财政厅向台湾银行借款，先后两次，一为民国六年六月间委托中国银行转向订借日币一百万元，其用途订明于中行与台行借款合同内，系补助地方金融，而财厅与中行订立合同，则载明库款不敷，借作支收军政费。嗣后历次换订转期合同，均照原约。其一系六年十一月间由财厅径向台行订借日币五十万元，其载明用途虽为兴修实业、水利，实际仍作军政费用。至两项借款自订借之日起，迄十四年底止，共付过利息及手续费一百一十六万二千三百零四元七角二分，最后十五年四月间核订转期会〔合〕同，又付过利息七万二千八百六十四元，手续费二万二千五百元，以后并未换订合同，亦未付过息金。前电所称付过利息，即十五年四月间最后订约所付之款、谨电奉复。再，本省迭遭变乱，案卷略有散失，上述各节，系参照零卷及簿册纪载，合并陈明。江西省政府主席熊式辉叩。冬。绿总。印。

〔国民政府行政院档案〕

7.行政院秘书处抄送交通部长朱家骅关于整理日本债务提案致铁道部笺函

（1934年12月13日）

本院一九〇次会议，交通部部长提出旧交通部向中日实业公司扩充电话借款及购料欠款案，拟援照东亚兴业债款整理办法，将欠息减至本金相等不再起息，每月拨付日金八万元，先行还本，本还清后，再充付息之用。偿还期间，须四十余年，除原由本部担负二万元外，其余不足之数，应如何筹足，请公决一案。经决议，“大体通过。关于担负方法，由孔部长、朱部长、顾部长会商”。除分函外，相应抄同原提案函达查照。此致

顾部长

计抄送原提案一件。

行政院秘书长　褚民谊印

为提案事：查北京旧交通部所借日债款，计有：一中华汇业银行电信借款日金二千万元，二东亚兴业会社有线电扩充及改良工程垫款日金一千零二十二万余元，三中日实业公司扩充电话借款日金一千万元，四中日实业公司电话购料欠款日金约四百六十万元，除第一项中华汇业银行电信借款系属西原借款，向由财部应付，第四项系交通部及各附属机关购料欠款外，其二三两款，多系

财政及路政提用，但因担保系属电政之财产收入及营业权，故该公司等逼索债款辄向本部交涉，不以执行担保为言，以遂其要挟之图，即以优先投资为言，以遂其阻挠之计，所有经过情形，均经先后呈报钧院有案，本年十月中旬，东亚兴业会社常务理事内田胜司来华催索有线电借款，为一劳永逸计，曾秉承钧院整理外债意旨，得有解决办法，经提出十一月六日钧院第一八五次会议通过在案，现中日实业公司因本部前年增拨月款一万元后，所约两年过渡期间已届，东亚借款亦已解决，于日前派该公司副总裁高木陆郎由青岛来京，催促将电话借款及购料欠款从速根本整理，除购料欠款本息约日金八百六十万元拟与另案磋商外，其电话借款本金日金一千万元，利息日金一千八百四十一万元，拟照下列东亚兴业债款整理办法，与之接洽，一、将欠息减至本金相等，并不再起息，二、以后本金照每年单息六厘计算，利随本减，三、交部每月拨付日金七万元，先充还本之用，本还清后，再充付息之用，此项条件虽与东亚兴业借款解决先例相同，但该公司担保品较东亚为佳，而息金又须多减去八百余万，加之材料借款并案解决，每月偿还之数再加一万元，偿还期间已须延至四十余年，较东亚之二十九年，相差至十数年之多，能否就范，尚复难必，且本部经济支绌已达极点，对于支出，虽经一再紧缩，对于业务，复力求整顿，无如经济衰落，开源无方，匪患未平，欠费犹昔，而必要之建设，仍不能不勉予进行，应清理之债款，不得不分别解决，挖肉补疮，愈形竭绌，驯致各地员工欠薪达百数十万之巨，尚在继长增高，解决乏衡，此次东亚债款解决，复增担负三万元，如此次中日还款，再由本部独任，实属力有未逮，查该项借款一千万元：计旧交部提用一百二十二万八千二百八十六元七十一钱，铁路事业提用四百二十二万七千六百九十九元九十七钱，电信事业提用一百三十三万四千〇八十三元十八钱，财部提用一百四十万元，拨付本借款利息一百九十一万三千六百八十一元六十三钱，本借款折扣二十三万元，共计日金一千〇三十三万三千七百五十一元四十九钱，除借款本金日金一千万元外，余系借款存入台湾银行所生利息，此项数目系根据本部帐册案卷计算，与财铁二部帐册是否相符，固待核对，然大致当无上下，依照用款比例分配，铁道约占百分之五十九，财政约占百分之十七，电信约占百分之二十四，查此项借款本系国家担负，能力所及，原无畛域之分，中日实业公司以电话借款铁部所用居其大半，且第二次展期时，订明将来还本，平汉路须负还本五百万元之责，屡欲本部将偿还之一半责任，移诸铁部，均经婉词拒绝，以免增加纠纷，但本部自家骅到任以来，即秉承钧院整理内外债意旨，对于毫无问题之零星料款及洋员欠薪，先后解决者数起，并新兴事业按月拨还之款，每月约需增加开支二十五万余元，加以江西福建，因剿匪关系，催修线路，急于星火，毁而复修，修而复毁，所费月逾数万，最近家骅鉴于所属盈余局所则浪费无度，亏绌局所则痛苦非凡，因从统一收支入手，力事整顿，自本年七月实行以来，苦乐略均，成效尚著，而上月份因年关届迩，各项开支继长增高，统收统支户内，竟透支二十七万余元，较原定十万之额，相差太甚，邮汇局声明如不将二十七万元如数补足，下月即不能继续合同，以致本月急用材料款项到期未付者，竟至十万元之巨，如再迁延，不但数月来勉强提高之信誉，又将扫地无余，且本月二十五日东亚十一月份第一期月款支付之期即届，尚缺五万余元，亦费踌躇，瞻望前途，殊深隐忧，此次中日实业借款及购料欠款，即令能如愿以日金八万元解决，除原由本部担负之二万元外，其余不足之数，应如何筹足之处，理合提请公决。

交通部部长朱家骅

十二月十一日

〔国民政府铁道部档案〕

8.铁道部与日方关于胶济国库券还款案非正式谈判纪录

（1936年3—6月）

本部与日方非正式商谈情形记录

三月十八日午前十一时秘书张水淇往日使馆晤日大使川樾茂，语以关于胶济国库券还款之件本部意见，先由本部及大使馆各派二人非正式的商谈，俟有同意之办法，再经由外交部移于正式办理。川樾允向外务省请示后回复。

三月廿四日午前十一时秘书张水淇往日使馆晤大使川樾催询回音，川越答：尚无回训。

三月三十一日秘书张水淇晤日使翻译官清水，询问回训是否未到，答：尚未。

四月六日午后四时五十分大使川樾偕翻译官清水见本部部长于一号官舍，川越谓：关于胶济国库券还款办法事，本国政府同意于贵部主张，派书记官曾祢、翻译官清水为商谈人，本部部长语以本部派财务司司长张竞立、胶济铁路理事会理事陆梦熊为商谈人。

四月十三日午后七时半本部财务司司长张竞立宴曾祢、清水、胶济铁路管理委员会委员长葛光廷、胶济理事会理事陆梦熊、秘书张水淇于私宅。由张司长提出胶济国库券日金四千万元本年底先还一千万元，其余三千万元利率减低为周息四厘，并定分十年偿还。自后胶济营业进款除去规定偿金外，由本部自由支用。另由本部向日方赊购材料一千万元，用途由本部支配。曾祢、清水允向本国政府请示。

五月六日午后五时日使馆参事日高、翻译官清水来部，谒本部部长，本部部长催询胶济之事，清水答：曾祢正回国商洽中。

六月十日午后四时日代理大使日高、翻译官清水来部，谒本部部长，本部部长语以胶济国库券还款事，贵处迄未答复，如本月底前不谈出一办法，则先交换书面，使办法之决定可延至满期以前，而本国亦不负延期之责任。

〔国民政府铁道部档案〕

9.中政会秘书处关于议准财政部整理日本东业兴业株式会社等借款密函

（1936年10月1日）

径密启者：准行政院第四零九六号密函称："据财政部呈称，案查本年四月间，据日本东亚兴业株式会社代表内田胜司来函，请将该公司继承大仓洋行所执旧财政部因华宁铁矿公司借款发给之国库券日金一百八十万一千二百三十一圆二十五钱，截至民国二十四年底结欠之本息日金四百五十四万五千八百零五圆七十二钱，一次清偿，以恤商艰。等情，到部，查此项债款，系民国五年，大仓洋行预交购买华宁铁矿公司铁砂定款日金一百万圆，由旧财政部，以之归还中国交通两银行垫款，嗣旧农商部以公司所订买卖铁砂合同，事先未经批准，呈明取消，令由旧财政部筹还华宁铁矿公司日金一百万圆，经旧财部按照该款，结至十年四月二十日止，所欠本息日金一百四十五万九千三百四十一圆六十钱之数，发给国库券五纸，定自十二年十一月三十日起，至十四年十一月三十日止，分五次付清，年息八厘，预计至还清日，共计利息日金四十二万一千八百八十九圆六十五钱，另发给国库券九纸，计共发国库券十四纸，总计券面日金一百八十八万一千二百三十一圆二十五钱，本息均未付过，业经归入整理案内办理。二十三年十月间，本部据大仓洋行函称，前项库券，已卖与东亚兴业株式会社，此后一切债权，由该会社完全继承。同时据东亚兴业株式会社函同前由，当经本部分别函复，姑准照办，并声明该项库券本息计算，及偿还办法，仍应俟整理内外债委员会汇案审查覆核各在案。此次该会社代表内田胜司函请，将结欠本息日金四百五十四万余圆一次清还，并来部交涉面索。本部当查二十三年四月间，曾奉钧院第二二八四号密令，以关于整理外债一案，经本院第一五七次会议决议，取分别整理办法，不取整个交涉方针，(一)其数小而毫无问题者，应不待交涉，即时开始偿还。(二)其数大而无问题者，即予承认，商议偿还方法。(三)其有问题者，另行交涉。等因，此案为数较大，核与决议案第二项情形相合，自应遵照商洽整理。且该代表系日本正当商人，如能将债款予以整理，不惟减轻国库将来负担，即目前关于本部主管事项之待决问题，或亦不无用以互助之处，因拟定整理原则两项，(一)以原发国库券所载数目为标准，不得再计利息。(二)整理债务，须分年摊还。派员与之磋商，该代表以库券支付，早已逾期，自应计算利息，按照日金四百五十四万余圆，如数付还，磋磨多次，迄不肯让步，嗣经祥熙晓喻至再，对于不再计息一节，始行就范，但分年摊还一层，则以既不计息，应于一次付清，又经磋磨至十余次，始允照原发库券日金一百八十八万圆整数，分为十年二十期无息摊还，经令据该代表于本年五月二十五日，将原发库券十四纸如数缴部核销，即日金一百八十八万圆，定自民国二十五年六月二日起至三十五年五月三十一日止，每届六个月支付一纸，交该代表收执，作为结束。此案办法，免除从前积欠利息，更免除以后摊还期内新生利息，仅照原发库券之数，且分作十年二十次摊还，比较所要求之数，计节省日金二百六十六万五千八百零五圆七十二钱，实为政府整理债务创一良好先例。所有整理前项债款经过情形，理合备文呈请鉴核转呈备案。”等情，查核尚无不合，除报告本院第二八一次会议外，嘱转陈备案，等由；准此，当经陈奉。

中央政治委员会第二十三次会议决议：“准予备案”。相应录案函达，请烦查照转陈饬知为荷！

此致

国民政府文官处

中央政治委员会秘书处

廿五年十月一日

〔国民政府档案〕

10.中政会通过财政部整理汉口造纸厂所欠中日实业公司借款办法密函

(1936年10月14日)

径密启者：据行政院报告财政部整理前汉口造纸厂所欠中日实业公司购机售纸垫借款，与该公司签订合同，转请鉴核等情，经本会第二十四次会议决议："通过"。相应录案并抄同财政部原提案及原附合同函请查照饬遵为荷！此致

国民政府

计抄财政部原提案一件，合同两份

中央执行委员会政治委员会

廿五年十月十四日

提案

查北平旧财政部直辖汉口造纸厂于民国八年与中日实业公司签订购机售纸垫款合同。原定购机垫款，日金五十一万六千四百八十四元，年息八厘。预付售纸价款，实交日金二十万元，月息九厘。因垫款未还，售纸未交，至十四年十月十五日，计结欠该公司：(一)购机垫款本息，日金七十九万八千四百零五元五十二钱。(二)售纸价款本息，日金三十六万五千七百五十二元六十七钱。(三)垫付造纸厂与加藤工场讼费本息，日金三千零七十三元三十八钱。

(四）垫付进口税本息，银七千三百九十四两五钱一分。（五)手续费，银一千四百二十五两五钱又银元一千一百四十五元九角一分。共计：日金一百十六万七千二百三十一元五十七钱，银八千八百二十两零一分，银元一千八百四十五元九角二分。于十四年十月十六日，将日金一百万元由造纸厂长与该公司另行改订借款合同，月息一分，期限三年。其余日金银两，一并折成银元，连银元欠款共计银元六十三万五千七百三十五元六角五分，作为尾数一次拨付。现款归还均由旧财政部核准，但订合同后所有备款，本息及原定一次拨还之尾数银元一款，均未拨付。嗣由旧财政部核定，一并归入无确实担保外债案内，汇案整理。

中日实业公司对于前项借款叠函旧财政部及本部，请求偿还，并以借款尾数银元十三万五千余元，及积欠利息，原定拨还现款，尤不承认归入整理案内办理。本年一月复据该公司代表江藤丰二到部，面陈困难，要求设法清偿，当以此项债款为数，尚非过巨，核与二十三年四月间院令第二二八四号内开：整理外债通则，数小而无问题者之规定尚属相符，叠据该代表催促偿还至为急迫，因派员与之磋商整理办法，经几阅月，数十次之磋磨，现经议订下列办法：

一、依当时借款实欠本金日金七十二万五千元，以一本一利计，为日金一百四十五万元，每月摊还日金一万五千元。

二、八年十一月、十四年十月两次所订垫借款合同一律取销，原提交之造纸厂担保财产目录、契据、凭单等件，缴还财政部核销。惟据该代表声称，此项财产目录、契据、凭单等件，当时并未收受，经设法调查造纸厂原□无着，并令饬该前厂长王宰善，查复亦称当时未及提交，经核定合同登报声明作废。一面由该公司出具声明书，由驻京日本领事馆盖章证明，并在合同内订明将来如发生第三者轇轕时，本部即将尚未摊付之款停付，所付之款应由该公司负责理楚。

三、该公司要求以后对于原欠本金，日金七十二万五千元，在未还清期内，计算新生年息六厘。经力予驳复取消。

四、其余如造纸厂无论开办或停办，乙方不得主张任何权利，又如遇政府发行公债，整理一般债务时，乙方不得自动要求加入，又政府可自由缩短摊还期限，乙方不得要求，又本合同不得让渡与他人，如遇解释疑义时，以中文合同为准，如政府不能摊付时，该公司得恢复原合同计算本息，但先将已还之款如数扣除。

至尾数银元十三万五千余元一款，该代表以当初旧财政部允为一次拨还，且以此款早由公司转为抵借，坚持将应付本息银元四十余万元如数照付。磋磨至再，始允退，即援照借款办法按一本一利之数计算改为二十七万余元。同时因要求借款本金部分摊付期间之新生利息，坚持亦力，本部乃与合并磋磨。当以尾数银元一款，既在原订借款合同之外，仍应取消，即借款本金新生利息，亦应免计，仅可另给与银元若干作为了结。该代表至此始承认照办，但对于给与数目又几经磋商，始议定为二十万元不能再减。于签订合同日，一次付给。兹为郑重起见，商定签立附合同，以昭凭信。

以上系整理此项借款之经过情形，自开始磋商几经一年，反复力争，得有如此结果。计截至二十五年九月底，借款本息原应为日金三百五十八万六千五百三十九元六十一钱，今以日金一百四十五万元结算，计节省二百一十三万六千五百三十九元六十一钱，又其尾数本息原应为银元四十八万六千八百二十一元三角，合以银元二十万元了结，计节省银元二十八万六千八百二十一元三角，且免去借款本金摊付期（九十七个月）内之新生利息，尤为整理日债创一良好先例。是否可行，理合检同双方会商合同及附合同条文缮请公决。

附拟财政部整理前汉口造纸厂垫借款合同一份附合同一份

提案人财政部长孔祥熙

财政部整理前汉口造纸厂垫借款合同

中华民国财政部(以下简称甲方)按照前汉口造纸厂与中日实业公司(以下简称乙方)于中华民国八年十一月二十七日所订垫款合同及于中华民国十四年十月十六日改订之借款合同对于乙方所负之债务截至中华民国二十五年九月三十日止，其结数计本金日金一百万元，利息日金二百五十八万六千五百三十九元六十一钱，本息总计日金三百五十八万六千五百三十九元六十一钱。

兹甲方为整理旧债起见，由甲乙方同意将所负债务本利总括减至日金一百四十五万元，订立条件如左：

第一条　甲方对本合同总额日金一百四十五万元，自本合同签订之月(即中华民国二十五年十月)起，于每月二十八日以前，按月摊还日金一万五千元，在上海交付乙方沪行；乙方于每月收到摊还款后，即日开具摊还结欠数目帐单送甲方查核。

第二条　本合同签订后，所有中华民国八年十一月二十七日及中华民国十四年十月十六日垫借款合同所订条件一律取消，并由乙方即日将甲方原提供之担保财产目录、契据、凭单等件一律缴还甲方核销。惟甲方以后万一不能履行本合同第一条规定时，乙方即恢复原合同计算本利，但先将甲方依照本合同第一条已还之款，如数扣除作为还款之一部分。

前项乙方应缴还甲方之财产目录、契约、凭单等件，因据乙方声称当时并未收受，无从缴还。兹特郑重订明，倘日后关于此项业生第三者轇轕时，除甲方即将本合同第一条债额尚未摊付之款不再支付外，所付之款应由乙方完全负责理楚。

第三条　本合同签订后，前汉口造纸厂与乙方之债务关系，甲乙两方认为全体解决。以后甲方对汉口造纸厂无论为何处分，乙方不得主张任何权利。

第四条　甲方对第一条日金总额每月摊还数目在未清偿前，决不变更。但将来如遇甲方(以整理一般债务时，甲方如不自动加入，乙方）不得要求。

第五条　甲方对第一条日金总额无论何时均可一次还清，或缩短摊还期限，但须由甲方自动，乙方不得要求。

第六条　本合同乙方不得让渡与他人。

第七条　本合同用中日两国文字各缮写两份，甲乙两方分执中日文合同各壹份，如遇解释疑义时，以中文合同为准。

第八条　本合同自签订日起业生效力，至第一条日金总额全部清偿之日为止。

中华民国二十五年
昭　和　十　一　年十月订于南京。

财政部

中日实业公司

财政部整理前汉口造纸厂垫借款合同

中华民国财政部（以下简称甲方）按照前汉口造纸厂与中日实业公司（以下简称乙方）于中华民国八年十一月二十七日所订垫款合同于中华民国十四年十月十六日改订之借款合同，对于乙方所负之附带尾数债务截至中华民国二十五年九月三十日止，其结数计：

尾数：国币一十三万五千七百三十五元六角五分正。

利息：国币三十五万一千零八十五元六角五分正。

总计：国币四十八万六千八百二十一元三角正。

兹甲方为整理旧债起见，除正式垫借款已于本日另行签订整理合同外，由乙方同意将上项尾数及利息完全抛弃。另由甲方给予国币二十万元，于本附合同签订之日，即日一次支付，并由乙方缮具领到国币二十万元收据，交与甲方存查。

中华民国二十五年
昭 和 十 一 年 十月订于南京

财政部

中日实业公司

〔国民政府档案〕

四、内外债整理概况

1.行政院关于英美义三国庚款缓付一年办理经过情形致财政部训令①

（1932年8月2日）

行政院训令　第二九〇八号

令财政部

为令行事：案据外交部呈称：窃查财政部前以关税收入锐减，国内经济状况日趋困难，议将英、美、义三国业已退还之庚子赔款，自一九三二年二月一日起，至一九三三年一月三十一日止，缓付一年，以资挹注。当经本部于二月十一日分别照会英、美各使暨义代办征求同意，嗣准英、美各使照复，以赖此项赔款维持之文化或互利事业，如不因赔款停付而陷于停顿，或最后蒙其影响，且不视为一种先例，可表赞同。各等因。又准义代办照复，附有条件六项，大致以此项缓付之款，应由中政府在义购买义国制造之物料，于一九四九年内分十二个月付还。所有购买物料事宜，由两国政府各派代表共同处理，而于此项缓付办法不得视作先例一层，并与英、美各使有同样之声明。复经本部照会各该公使、代办，对于所提条

① 系油印件。

件予以接受，并告各该公使以此项缓付赔款办法，改自本年三月一日起实行。各该公使、代办随即分别来照承允。先是美国方面对于还款办法略有误会，经本部申说提议原议，告以此项缓付之款须俟原定赔款终了期后一年，即一九四六年，再行补付。美方当即了解。而关于义国缓付庚款购料代表，义方所派为Grande Ufficiale Liovello Scelsi，我国则派驻德公使刘文岛为代表，并已由本部与义代办互相通知在案。理合具文呈请钧院鉴核。等情。据此，合行令仰该部知照。此令。

中华民国二十一年八月二日

〔国民政府财政部档案〕

2.孔祥熙关于整理内外债工作情形致国防委员会报告

（1934年11月）

案奉行政院密令第五九七七号开：关于整理债务问题一案，本年十月二十六日国防会议决议：（一）督促财政部迅速在整理内外债委员会中分组（如英、美债等），切实拟议整理办法；（二）属于交通事业、影响国防之债务，由本会议下次决定办法，下次会议时，财政、铁道、交通三部部长出席，如部长因事不能出席，可指定次长一人代表列席，令仰知照，等因。祥熙现因要公赴沪，特指定本部邹次长琳、整理内外债委员会曾秘书长鎔浦代表列席。兹先将本部对于整理债务一事大致情形，报告于左：

查整理无确实担保内外债一案，前经核定自十八年二月起，每年由增收关税项下，划拨五百万元，作为整理基金，并经国府设立整理内外债委员会，办理该项债务整理事宜。

本年春间，日、美债权人要求整理甚亟，当经国防委员会于四月二十日议决整理原则两项：（一）整理外债取分别整理办法，凡数小而无问题者，即时偿还；数大而无问题者，即予承认，商议偿还方法；其有问题者，另行交涉。（二）对美债务，请美政府列表送核，无疑义部分，协商偿还方法；其有疑义部分，如美方坚持公断，亦可赞同。同时并经行政院议决，与国防委员会所设相同。本部当以各国债务，情形复杂，进行整理，应先确定整理范围，开列债务情形四项：（一）旧财政部于民国十四年关税会议时承认整理之债务，此时是否全部继续承认整理；（二）关于地方债务及各机关债务、欠薪，并赔偿损失等，按照旧部所订办法，仍由各省及各机关自行清理，现在对于此种债务，是否一并整理，或另定办法；（三）铁道、交通两部债务原有确定偿还办法者，应否仍照原定办法办理；（四）铁道、交通两部所列债务，间有还本付息未照合同履行，但尚有相当担保，此项债务，按照旧定办法，由旧交通部自行清理，现在应否归入整理，或令铁道、交通两部自行设法偿还。呈请行政院核示，以便计算债务数额，编制总表，拟具办法，并请示对于内债，应否加以考虑。旋奉指令：第一项应全部继续整理，第二项应由各省及各机关自行拟定办法，第三项应照原定办法办理，第四项应由交通、铁道两部会同财政部商议整理办法。至对于内债，应同时整理。

本部奉令指示范围后，正在拟议办法，分别进行。兹奉前因，特先将上列四项债务列表〔缺〕，附请查阅。

〔国民政府全国经济委员会档案〕

3.铁道部关于国有铁路负债及商订整理办法经过情形报告

（1935年）①

国有铁路负债近年来履行合约及商订整理办法经过情形（二十三年十二月底止）

一、合同借款

① 无行文日期。报告截止日期为1934年12月。

1.北宁铁路

A. 关内外铁路借款　该路年来虽遭多故，经济情形尚堪应付，故对于到期本息，均已照约履行，并未愆期。计自二十一年一月至二十三年年底止，付还本金十七万二千五百镑，利息十万零三千五百镑，行佣六百八十九镑十九先令十本士。以上共付英金二七六六八九镑十九先令十本士。

B.唐榆双轨借款　此项借款原系英金五十万镑，银元二百万元，业于二十二年八月完全清还，对于中英公司已无债务关系。惟查英金部分内有余欠二十二万镑系借款偿付，故自二十二年九月起，每月尚须付还借款本息四千余镑，约五年可将借款清还。截至廿三年十二月止，结欠上项借款十五万七千六百六十六镑十三先令四本士。

2.平汉铁路

A.汇丰汇理银行借款　该路自身无力偿付，由部援案咨请财政部，于该借款担保品盐税项下拨付，现每年付息二次，还本一次，均能照约履行。计自二十一至二十三年份，偿还到期本息及行佣共英金九五四四〇五镑。

B.正金银行借款　此项借款系以平汉路进款，除去汇丰汇理借款及京汉赎路公债本息外，尽先拨付。现该路对于本借款正另筹整理。

3.津浦铁路

A.华中公司等一九〇八年原借款

B.华中公司等一九一〇年续借款　该路因叠受时局影响，无力偿还债款，致以上两项借款本息积欠甚巨。经部饬该路自二十一年八月份起，每月于进款项下，提存国币九万元至十四万元，俟积有成数，备整理上项债款欠息之用。实行以后，业于二十一年十二月拨付原借款德发部分第三十三期利息一次，连同行佣，计英金二五一八七镑一六先令三本士，折合银元四十三万零六百四十七元一角七分。二十三年二月，拨付续借款德发部分第二十八期利息，连同行佣，计英金三〇二五六镑八先令一本士；又补付原借款德发部分三十三期利息之一部分及行佣，共一五八镑，以上共付三〇四一四镑八先令一本士，折合银元四十四万余元。溯自订定提存款办法以后，共计拨还原续借款利息八十七万余元。嗣后该路继续提存准备金，预计于二十四年一月，又足敷补付原借款德发部分第三十四期利息之用。

4.京沪铁路

A.中英公司借款

B.中英公司购车垫款

C.中英公司余利凭票 该路因沪战影响营业不振，无力偿付各项借款本息。沪变敉平以后，本部衡度该路经济情形，饬自二十一年十月份起，于进款内提存百分之五，备陆续偿付积欠之用，翌年十月，改为提存百分之七.五，二十三年一月，则改为提存百分之十。照最近进款情形，每月约可提存十万元以上。此项提存专款，原系指定尽先偿还中英公司垫付广九银元借款尾欠，及该路购车垫款本息，暨欠付中英公司余利之用。以后并随时斟酌财力，清理其他债务。实行以后，所有广九银元垫款尾欠本息八万余元，已照案代为偿清，报部转帐。关于购车垫款，自二十二年三月起，陆续偿付一万八千镑，合国币二十八万六千余元。廿三年一月起，继续按月拨付，全年共付英金六万六千镑，共合国币九十八万余元，连前共计付还一百二十余万元。又十八、十九、二十各年份应付余利凭票九十三万余元，亦于二十二、三两年内悉数偿付。至于一九〇三年借款，在昔尚能勉付，利息及本金到期只曾筹付一次。二十一年年底止，欠付本金三期，利息二期，嗣经令饬务将到期利息陆续筹付，计二十二至二十三两年中，共付到期利息三期，计英金二十万余镑，其中曾由积存准备金内拨用二十七万余元。截至二十三年年底，仍欠本金五期，利息三期，尚须陆续筹议整理清偿。

5.沪杭甬路

A.中英公司借款　部令该路自二十一年十月一日起，于进款内提存百分之十，备陆续偿还积欠本息之用，嗣于二十二年六月份，改为提存百分之二十。实行以来，除到期本息照付外，其逾期本金共欠三期，约十一万二千五百镑，已悉数清偿。截至二十三年年底止，到期本息均无延欠。

6.湘鄂铁路

A.湖广(汉粤川)借款　该路经济竭蹶较他路为甚，实无力偿还借款本息。爰由部咨请财政部，援案由该借款担保品盐税项下拨付。兹查财部每年仅付息一次，约合十四万一千余镑。

7.粤汉南局

A.收赎商股公债　此项公债截至二十三年年底止，尚未届还本之期。现年付利息四十万元，该路尚堪应付，故无延欠情事。

8.广九铁路

A.中英公司借款

B.中英公司酬金

C.中英公司银元垫款　该路进款短绌，对于借款垫款本息等项，均属无力偿付，只欠付酬金一项(每年一千镑，连同利息，约共欠万余镑)，曾与该公司议定，自廿二年一月份起，每月付还二百镑，付满十次，作为清还二年酬金。据该路呈报，已付过二百镑，嗣无报告。但路局要求豁免利息，中英公司不许，往返交涉，迄未解决。其欠付银元垫款一项，共欠本息尾款八万余元，已照案由京沪路于上年陆续还清。

9.陇海铁路

A.比公司借款

B.比荷借款

C.一九二四年八厘债券

D.一九二五年八厘债券

E.比荷垫款　该路负债久未照约履行，致积欠本息甚巨，益无力清还，非俟该路全线通车业务发展，难资整理。其所负各债，只一九二四年八厘债券一项，由部于上年与中国银行团商定整理办法，计债券五百万元六分之五，四百十六万元，由部按原发价格八五折实收回，所有应付本息，由部与银团另订整理办法，合同所未整理者，只六分之一，共八十四万元。该路实已减轻担负六百三十余万元。

10.汴洛铁路

A.比公司借款　此线包括陇海路内，本身虽略有盈余，但全路统计均属有亏无盈。陇海路年来既乏偿债能力，本线亦受影响，积欠到期本息，亦属甚巨，债权人啧有烦言。故经由部令饬陇海路局筹付汴洛借款利息，该路于二十二年一月，勉付利息一期，嗣于二十三年内先后遵令勉付利息三次，计两年内共付利息及行佣二三五五八七五法郎，约合银元四十余万元。

11.胶济铁路

A.赎路国库券　该路国库券本金日金四千万元，期限十五年，满五年后可随时偿还。对于还本计划，虽曾一再筹议，终未实现，仅每年应付利息日金二百四十万元，尚能如期应付，并无延欠。本部以期限短促，亟宜筹划还本，以维国信。经令饬该路于上年年底，就积存盈余内，先行提拨二百万元，专户存储，备还本之用，并饬逐月提存二十万元，一并存储。已据该路先后遵办，或于最短期内先行偿付本金一部分，以轻担负。

12.道清铁路

A.福公司借款　该路借款本息积欠未付，部令自上年一月份起，于进款内按月提存百分之十，备整理旧欠本息之用。已据遵办，并于二十二年十二月付还第五十七期利息一次，连同行佣，计英金一二四二三镑九先令七本士。二十三年份仍继续提存专款，估计明年一二月又敷付息一期。

13.正太铁路

A.一九〇三年借款 此项四千万佛郎借款,历年均由该路照约偿还本息,迄二十一年三月一日为最末一次,到期本息连同行佣,共计三百零六万二千六百三十七佛郎五十生丁,届期由路悉数偿付。故此债已完全清还。

B.华比银行七十万元借款 此款系以正太路余利三分之一为担保,历经照付,至上年九月,结欠二十余万元,当由部代该路悉数垫付清楚,借款合同已经注销,随由路将款解部归垫。

14.平绥铁路

A.东亚兴业会社借款 因该路叠受军事影响,进款短绌,无力偿付本息,以是积欠愈巨,截至二十二年十二月底,计结欠借款本金日金五百二十万元,利息日金一千一百九十九万余元。该路为维持债信,减轻担负起见,与债权人商洽整理订定办法,将欠息减为日金五百二十万元(即息不逾本之意)。此项欠息以后不再生息,其原欠本金,则自整理后改为按年单利六厘计息,每月由路付给日金一万七千四百元,作为还本之用。俟本金还清后,依次偿还六厘新息及旧欠五百二十万元利息之用。如路局收入超过年额一千万元时,应按超过额百分之二.九之比率,增加每月摊还金额。此项办法经呈部核准,于二十三年四月签订协定书,该路已照约履行。

以上系各路合同借款已未整理之经过情形也。

二、短期借款

1.平汉铁路

A.北平中南银行借款,原订利率悉为一分五六厘不等。二十年三月,路行互商改订利率办法,十七年七月以前,按原利率计算,共欠本息六十七万四千余元;七月以后,减轻利息所生新息,俟路款充裕,即行拨付。经令准作暂时结束旧帐办法。二十二年五月,路局复呈以十七年七月以后欠息,拟另与行方订立六十万元透支契约，即将前项欠息，转入陆续抽还，与十七年七月以前旧欠本息，仍俟路款充裕，统筹整理。是项办法，业经令准。嗣于二十三年八月，该路与金城、盐业、中南三行，商将旧欠借款及透支本息共十六户，加以整理，旋经拟其办法呈部核准，并订立合同，以资遵守。所有上项旧欠中南银行债款，遂经汇案一并整理。

B.金城、盐业两行押款，系十八年三月，以该路房地产抵押，月息一分，订期三个月，除于同年七月冲还一部外，从未还过。该行等将余欠按复息计算，路局损失甚巨，遂与行方商定，免除复利，改订利率为单息，月息八厘。二十二年十二月，该局呈报，拟将此项押款分四个月清偿，业经令准。据该路照约定办法，陆续偿清，并呈准备案。

2.津浦铁路

A.天津、金城等五银行借款，共计八项，截至二十一年年底止，共计结欠本金二〇八九九三八.三一元，以前利率多系月息一分三四厘不等，且行方多按复息计算，致累积甚巨。二十一年十二月，由部与行方商定以前，本息统括为六百二十四万元，自二十二年一月份起，以后八年，足由津浦按月支付五万元，自三十年一月份起，至次年十二月份止，按月支付六万元，即将本息如数清偿。此项办法业经订立换文，并饬局遵办。已据呈报照约履行，并无延误。

3.平绥铁路

A.金、盐、中、交等七行借款，原订利率多在月息一分以上，久未偿付，银行皆按复息计算，以致累积甚巨。二十二年九月，该路与行方商订整理办法，原欠款二十二项，结欠本金三百零二万余元，按照原订利率结算，至二十二年年底止，计利息洋六百二十七万二千余元，两共九百二十九万二千余元，议定本息统作五百十六万元，分六十七个月偿还清楚。计自二十二年十月份起，前三十三个月每月付五万元，后三十三个月每月付十万元，余数于第六十七个月支付。此项办法业经呈准备案，并据呈报，已照约按月支付，并无愆期。

B.保商银行旧欠共计四万六千余元，经路行磋商，特别减让一次，以现款二万余元清还，已实行，并呈准备案。

C.金、盐、中、大四行借款，截至二十二年九月底止，共欠本息八十万余元，经路行议定，减为四十万元，于十月一日一次交付，作为本息两清。业经令准，并如期清结矣。

4.正太铁路

A.保商银行四十万元借款，此项借款本息，原系以该路余利担保华比借款部分还清后为担保。二十二年九月止，结欠本息已达八十万元(以上经本部与行方磋商减让后，以六十万元)。一次清还，该款由部先行垫付，旋由该路解还。

5.陇海铁路

A.国内银团欧息垫款，此项垫款除已经拨还一部分外，按原订利率月息一分二厘计，截至廿一年十二月底止，积欠本息达一百九十余万元之巨。经路行商订整理办法，将二十一年年底以前利率减轻，共计本息为一百二十四万元，尽两年期间分偿清楚。在此期内，复按新订利率，息随本减，计算应付息六万七千余元。以上总计一百三十万〇八千余元，统括为一百三十万元，自二十二年一月份起，每三个月拨还八分之一，至本年十二月底止，共付八次，完全清偿。此项办法，已经令准，并据呈报，陆续照约履行付款矣。

以上系各路短期借款分别整理之经过情形也。

三、料债

1.平汉铁路

A.美商慎昌鲍尔温机车公司及美国车辆公司料债　上项料债，由部与美商代表议定整理办法，减订欠款利息，计至二十二年九月底止，计欠本美金四三四五三〇一.八七元，银元四三七五七一.〇三元，作为新本，自二十二年十一月一日起至清还止，每月并由平汉拨付五万元，呈部转交美商支配，至本息偿清为止。此项办法，由部与美商订立合同，并经令发平汉遵照，自开始履行之月，迄至二十三年年底止，共计拨付十四次，共洋七十万元，均经先后转交上海花旗银行，照约支配。

2.津浦铁路

A.英商十四家料款　此项料款由部与英商代表议定整理办法，减订欠款利息，自二十二年一月一日起，按月拨付银元五万元，以本息付清为止。照此计算，计欠新本英金一四九一二五镑一四.二、银元八〇八五一九三.七七元，英商代表每月收到拨款，即按比例分配，列单报部。当经双方订立合同，并令发津浦遵照履行。兹查该路截至二十三年十二月份止，计已拨付一百零一万元，其余已由部令饬陆续筹补，以维信约。

3.平绥铁路

A.美商美国车辆公司及泰康洋行料债　此项料债于二十二年十一月，由路与美商代表议定办法，减轻利息，结成新本美金四百十万元，以后永不计息。此项新本分八百个月平均清还，计每月付美金五千一百二十五元，自二十三年一月份起实行。业经令准，并据呈报如约办理矣。

B.华洋商号料款之整理　该路呈拟整理华洋商号料债办法：1.数在百元以下者，一律照数发还。2.欠数在三万元以下者，称为零星料款，分甲、乙两种办法，由债权人选择：甲、剔除利息，其本金减半，以现金偿还；乙、剔除利息，本金分六十个月偿还。嗣又呈报零星料债，请以十万元以下为度，十万元以上者称为巨额料债。其整理办法，以息不逾本，一本一利为原则，但整理时随时将办法呈请核示。以上办法经部先后令准。关于零星料债，已有大部分商号愿照甲、乙两项整理，并据呈报陆续实行矣。

4.湘鄂铁路

A.怡和洋行料款　自二十一年八月份起，每月由部代该路垫付三万元，迄至二十三年七月份止，已先后垫拨二十四次，计洋七十二万元。嗣以部款支绌，暂停垫拨，俟财力稍裕，再行继续办理。

以上系各路偿还料债大略情形。

〔国民政府铁道部档案〕

4.交通部电政司整理电政内外债款概况

（1935年底）①

整理电政内外债款概况

查旧交部电政负债，积欠甚巨，是项债款，虽大部份非用于电政本身，然其抵押担保，几为电政现有及将来之全部财产，此外尚有购料优先权与聘用技师、会计及顾问等种种苛刻条件在内。最近本部秉承行政院整理旧债之意旨，着手整理旧交部电政债务之计划，冀彻底清理，俾电政之束缚，得以解除。兹将已经整理之各项债款清偿情形，略述如后：

1.日商东亚兴业株式会社之扩充及改良有线电报工程费垫款

旧交部于中华民国九年二月十日因安放沪烟水线，向日商东亚兴业株式会社订借日金一千五百万元。后仅提用日金一千零二十二万二千零二十元四十七钱，以有线电报全部财产及收入为偿还本利之担保，并订定由交款之日起，满十二年为止，年利九厘，且须每半年预付一次。每年由青、佐、沪、崎等水线应得报费，烟、大、南满等经转报费，及天津、青岛等报局收款项下拨付，约共日金四十余万元。以之偿付利息，尚属不敷，致历年累积，结至二十三年十月止，本利合计，已超过本金一倍有奇。上年十一月，本部与东亚兴业株式会社，一再磋商，改为起息本金减至日金一千零二十二万元，利息亦减至日金一千零二十二万元；又不起息本金二千另二十元四十七钱，本金以单利六厘起息，新旧利息均不再起息。以前每月由本部拨付国币约三万五千元，新协定成立后，自二十三年十一

① 原文无时间，系从文内推出。

月份起，改为每月由部拨发日金七万元正，先还本后清利，预计在二十九年以后，即可偿清。而本部每月增付，不过国币二万数千元而已。

2.日商中日实业公司之扩充电话借款及材料欠款等　旧交部于中华民国七年十月二十五日，向日商中日实业公司订借扩充电话借款日金一千万元，以九七七折交付。其担保品为部辖电话局及长途电话现有及将来扩充后之全部财产，并其收入及营业权；当时已设立之吴淞、武昌、福州、广州、张家口、北京等六处无线电台，并其收入，价值日金五百万元之国库券。第二次展期时，又加入已设立之北京、天津、汉口、南京、苏州及上海南市等处之电话局为优先担保。原订利率八厘，于第二次展期时加至九厘，且须半年预付一次，后改为每月十五日一付。其他尚有购料优先权，暨技师、顾问、会计人员之聘任，均订于合同之内。结至二十三年底止，本部积欠公司计扩充电话借款本金日金一千万元，利息日金一千四百八十五万零五百七十一元；又扩充电话借款付息借款本金日金一百六十七万四千五百二十二元六十钱，利息日金二百九十四万零八百六十元；又扩充电话借款第二次展期手续费期票本金日金二十万零五千八百三十四元四十八钱，利息日金二十一万八千一百二十五元；尚有中华民国八年六月三十日暨同年十月二十五日，向该公司材料团古河住友所订话料五合同欠款，本金日金三百四十万零二千一百十五元五十钱，利息日金三百九十五万五千七百八十八元；又中华民国五年一月十八日，与该公司材料团三井所订武昌话料合同欠款期票本金英金七万二千九百七十一镑三先令三便士，利息英金四万六千七百十六镑。以上各款本息共计已达日金三千九百二十九万九千五百九十二元五十八钱。经磋商结果，成立新协定，改为起息本金日金一千四百六十五万元，不起息本金及利息日金一千四百六十五万元，两共日金二千九百三十万元，较原欠数目，约已减去日金一千万元。所有利率，由半年预付九厘复利减至单利六厘。以前每月拨付国币二万元，自二十四年一月份起，每月由部归还日金八万元，由铁道部担付国币二万元，先还本，后还息，预计三十七年后，可以清偿。

关于清理上项两家欠款所订之办法，各订有协定书，均经提请行政院院议通过遵行在案。

3.英商马可尼无线电公司之西北三无线电台垫款　旧交部于民国七年十月九日，因购买建设兰州、迪化、喀什噶尔三台弧光式双压器二十五启罗华脱无线电报机件工程及运费，向英商马可尼无线电公司订立垫款合同，无条件垫借英金二十万镑，仅提用英金十七万零三百七十六镑八先令一便士，订明年利八厘。结至二十三年年底止，计积欠英金四十七万六千二百七十镑十一先令一便士。经磋商结果，公司允将利息英金三十万零五千八百九十四镑三先令，完全不计，所欠本金英金十七万零三百七十六镑八先令一便士，分二十年偿清，每月由部偿付英金七百零九镑十八先令，公司并愿将每月付还期款之半数合作材料，退还本部，或充作本部派遣工程师赴该公司实习经费。

4.中美合办之中国电气公司料欠　旧交部于中华民国七年九月二十八日起，至十年十一月止，向中国电气公司订购各种报话维持扩充及临时机料，共订合同二十件，计总价美金一百九十六万九千九百七十六元七角二分，规元六千二百零二两，原订年利七厘。十三年五月七日，本部允给年利七厘五，且该公司系与本部合办，故有卖给本部材料优先权之签订。上项料欠结至民国二十三年底止，计积欠本息美金一百九十七万一千九百十六元六角四分。除津话局共电式料款期票本息美金三十九万八千五百三十八元二角四分，另有清偿办法外，尚有民国八年八月一日与公司所订闸北交换机合同已到机件退回，并由公司退还美金六万元正，计本部尚欠公司尾数，为美金一百五十一万三千三百七十八元四角。经磋商结果，于二十四年一月二十九日改订新合同，由本部每月拨还公司美金三千元，以本部股票美金四十七万五千元每年应得之股息，如为股额百分之三以下时，作为付息之用。设公司是年无利盈余，或至亏负时，则利息免计，倘股息超过百分之三时，即以超出之数，作为还本之用，一俟每月三千元付款与股息超过三厘之额，达美金九十万元时，作为清帐。

5.德商西门子电机厂各项料欠　本部积欠德商西门子电机厂料欠，计有：

第一项：本部于十八年、十九年欠该厂料款本金美金三千一百九十五元二角九分，日金一千二百七十二元，暨结至二十二年十月底止利息美金一千零六十七元五角五分，日金三百五十五元三角一分。

第二项：本部于十七年及十九年欠该厂料款本金英金一百四十一镑四便士，规元一百零三两六钱四分，暨结至二十二年十月底止利息英金五十九镑十二先令五便士，规元二十九两五钱一分。

第三项：旧交部上海电料管理局于民国十四年、十五年间，向该厂订购材料，积欠料款本金美金一万三千零八十五元三角九分，规元三百八十五两六钱二分，暨结至二十二年十月底止，利息美金七千九百八十二元二角七分，规元二百五十两零八钱九分。

第四项：旧交部于民国十四年至十七年间，积欠该厂料款本金美金一千六百十八元八角七分，暨结至二十一年年底止，利息美金一千二百七十八元三角三分。

第五项：该厂于十二年十二月，承购扩充北平西分局机料欠款期票，结至二十二年年底止，共积欠本息美金二十四万六千三百五十七元一角六分。

第六项：民国十年至十六年北平料欠，计本金美金一千四百五十八元八角七分，墨洋四十元六角，英金二十八镑十六先令十一便士，暨结至二十三年九月底止利息，美金一千零九十元一角三分，墨洋四十六元七角，英金二十镑三先令。

第七项：十四年十一月三十日及十五年一月三十日，北平话局欠料款美金二千零五十七元三角，内减去墨洋三元七角一分。

上列各项料欠，除第一、第二两项，已以美金三千一百十三元四角九分，规元一百零三两六钱四分，英金一百四十一镑四便士，日金一千二百七十二元，一次偿清外，其余各项，一并减至美金六万元，分十年偿清，并不计息，按月摊付美金五百元。所有旧欠利息及复利，概予免计，未交材料，悉由公司补齐。

6.英商通用、喊厘、久胜三公司料欠　旧交部积欠三公司料款，结至二十年年底止，共计本息英金二万九千三百二十五镑十先令七便士，减至英金二万一千九百十八镑十三先令，分期摊还，按月归付英金八百镑。原有利率有单利七厘、八厘者，亦有复利九厘者，悉减至单利四厘，现已付款至十四期矣。

7.美商慎昌洋行料欠　旧交部积欠美商慎昌洋行料款，结至二十二年年底止，计共美金六万二千零八十六元一角七分，国币二万四千四百九十二元二角七分。经磋商结果，以国币十万元清帐，分期摊还，按月偿付五千元，利率自复利七厘半减至单利四厘，现付款已至十五期矣。

8.日商须藤洋行料欠　旧交部积欠日商须藤洋行料款本金洋四万七千四百元，利息洋三万五千零七十六元。经磋商结果，免利还本，分四年摊还，按月摊付洋二千元，自二十四年三月一日起付。

9.华商同新和料欠　旧交部欠同新和料款，本息共洋十四万五千六百二十二元三角九分，商定以洋六万九千元清帐，按月偿付三千元，不计利息。现已付至十四期。

10.华商大东公司料欠　旧交部欠大东公司料款本金洋一千三百六十九元，商定免利减本以洋一千一百元，一次付清。

11.洋员萨文水欠薪　旧交部欠挪籍洋员萨文生〔？〕薪金洋

一万二千二百五十元，商定免利还本，第一次付还一千二百五十元，以后每月付还一千元。现已付至第五期矣。

12. 南满铁路株式会社代垫洋员中山龙次欠薪　旧交部应付日籍顾问中山龙次薪金，已由南满铁道株式会社代为垫付者，计本息洋三万六千七百十三元三角六分，商定免息还本，一次清付洋二万二千八百元作为清帐。

查上列十二项，均已清理完竣，并经呈奉行政院核准有案，或已全数付清，或已依期照付，一无延误。其他尚有少数料欠，约国币十余万元，现因债权人地址不明，正在设法通知，以待解决。至国民政府交部成立后所订债务之有拖延者，以及归交部借款之有确实收入作为担保者，现均如期清付，毫无分文延误。此本部最近整理电政债务之大概情形也。

续整理电政内外债款概况

兹将交通部二十四年四月份继续整理清还之各项内外债款，赓述如后：

13. 华商商务印书馆料欠　旧交部欠商务印书馆电报材料欠款本金洋二千四百三十元，经商定免利减本，以八折归还，计洋一千九百四十四元，一次付清。

14. 华商福新公【号】水脚欠费　旧交部悬欠福新公号水脚银二千八百五十二两六钱一分，经商定免利减本，以九折归还，计合洋三千五百九十元零七角，一次付清。

15. 丹籍洋员伊立生、孟纳尔欠薪　旧交部欠丹籍洋员伊立生薪金洋一万六千八百元，孟纳尔薪金七千三百九十四元五角五分，共计二万四千一百九十四元五角五分。经由丹使代为商定，免利还本，自本年三月份起，每月共偿还一千元，至清偿为止。

16. 美商中国自动电话公司之首都、上海两话局自动电话借款　交通部因改装首都、上海两话局自动电话，与美国自动电器公司

(后改称中国自动电话公司),于民国十七年十一月七日,签订首都自动电话借款合同,计总价美金七十三万零一百九十八元,年利八厘。又于民国十八年六月十五日,订立上海自动电话合同,计总价为美金五十七万元正,年利七厘。二十四年一月,因首都话局情形变迁,未能履行合同付款,及上海话局未照合同规定付款,致首都话局积欠美金四十六万三千三百十八元六角四分,上海话局积欠美金五十万三千四百四十五元六角九分,两项共计美金九十六万六千七百六十四元三角三分。经商定减低利率,改为年利五厘,延长期限,分一百二十次还清,每月一次,每次两项债款共付还美金一万另二百五十四元另四分,自二十四年一月起,至三十三年底,可以偿清。

17.丹籍洋员罗泰欠薪　旧丹籍洋员上海话局工程司罗泰,因无故被撤,要求赔偿薪金、川资等一万四千七百二十五元,旧交部仅允发给川薪五千六百二十五元,致未定案。兹由丹公使代为商定,以九千一百七十五元结案。自二十四年三月份起,第一月付给一千一百七十五元,以后八个月每月付还洋一千元。

18.日籍洋员中山龙次欠薪　旧交部悬欠中山龙次薪金八千七百十九元,经由日总领事代为商定,免利还本,每月给付国币五百元,至偿清为止。

〔国民政府交通部档案〕

5.交通部电政司续整理电政内外债款概况

(1935年底)

续整理电政内外债款概况

19.德商天利洋行旧欠料款　旧交通部上海电料管理局,于民国十四年间,向德商天利洋行订购电料,欠有料价英金四百三十一镑十七先令三便士,规元一百七十六两二钱五分。于民国二十四年六月，天利洋行派律师王政劭、工程师爱希伦，随带证件，来部核对，尚属实在。当按六月十五日行市，共折合国币五千四百七十八元五角一分。经商定以五千元清帐，分十个月偿清，每月付还五百元，前后利息，概不计算。

20.英商薛和洋行旧欠料款

民国十一年四月十日至十二年年底止，旧北京交通部向该行订购电缆盐脑及莫尔斯纸条等用料，结欠英金二千九百十一镑十九先令十便士，规元七千另六十九两七钱六分，洋一万九千一百三十九元九角八分。经于廿四年七月，双方商定，以英镑及国币归还，计共英金二千九百十一镑十九先令十便士，又国币三万另二百八十六元五角，先将国币分十五期偿付，每月偿还国币二千元，至十五期偿还国币尾数后，再开始偿还英金，自第十六期起至二十九期止，每月偿付英金二百镑，至三十期偿还尾数为止，所有利息，概不计算。

以上各项旧债，均已清理完竣，现在或已清付，或正在清还中。其他如中华电气制作所之电话铜线料款，华商天津福州记木行木杆料款，新盛昌水脚、长泰纸号之料款，及同和祥与顺泰料款等，均因无从接洽，故尚未清理。

〔国民政府交通部档案〕

6.铁道部整理各路债务概略

(1935年12月)

本部整理各路债务概略　二十四年十二月　张乙垣编

本部整理各路债务，历经三载，成效渐著，其内容可分为(一)政策，(二)方法，(三)经过，(四)趋势，(五)今后之任务，(六)各路应月付整理债数等类。兹分别言之：

(一)政策

本部整理债务政策，约言之，可别为（甲）恢复债券信用，（乙）由整理而吸收外资，（丙）活动金融，（丁）树立购料信用，（戊）减轻担负，（己）由还债而节省用款等六项。查各路负债，截至二十年年底止，依当时外汇市价，统加估计，约为国币十二万万一千七百余万元，因积欠既久，偿付无期，而多数债券系在国外发行，持票人以本息屡经愆期，频加诘责，于是信用大丧，致铁路债券价格，在海外市场日趋跌落，外人之欲投资中国者，率多裹足不前。而国内银行亦以曩昔各项放款无法收回，资金停滞，对于铁路借款亦多畏缩不前。至华洋料商，则以从前料价偿付无期，亦不敢赊料与铁路，用是各路金融，备极枯涩。益以各路泄泄沓沓，开支漫无范围，所有收入，率多用于不生利之途，致收支失其平衡，更无余力为偿债之图，坐是负债愈积愈巨。本部鉴于以上情形，乃决定整理路务大政，先从整理债务入手，遂自二十一年下半年起，先后饬由京沪、沪杭甬、津浦道清等路，于进款内，按月提存偿债基金，以期陆续补付欠息，俾债券信用，渐次恢复，自是各路债券，在伦敦市价，即日有起色。如二十二年初，京沪债券本为三九.五〇镑，现为六九.五〇镑；道清本为七镑，现为二十八镑。已可概见，其后对于内债料价，亦经陆续筹议整理。故国内银行及中外料商，鉴于本部整理债务之诚意，遂亦变更心理，而乐于投资，先后假以长期放款。如比商巴黎电机厂之前后赊料五批，计总价法金五千余万佛郎，又英金四十五万五千四百镑。国内银行对于完成陇海铁路潼西段、西宝段，先后订立工程垫款合同，共计国币九百三十六万元，开滦矿务局息借本部供给株韶之款，计共国币五百万元，定年内用三百万元。又国内银行承销浙赣铁路之第一期建设公债，计国币一千二百万元，中外银团承借之完成沪杭甬垫款，计英金二十二万五千镑，国币二百五十万元。他如各路购办材料，或由本部购料委员会经办，或由各该路自行赊购，率皆获有长期信用，各料商无论中外，均以各路旧债已有办法，各路有余款可资挹注，亦均放胆投资。故各路所需整理之材料，至是稍稍获有相当办法。至本部整理债务方法，初以减低或免除单复利息，并分期清还为原则，要以减轻担负为最后目的。而各路以整理债务之故，不得不量入为出，举凡薪工杂费，均大加撙节，其材料之非急需者，则从缓购买，以一部分节省之经费，充作偿还债务之用，全路效率，因是增进。凡此胥属本部整理债务政策之收获，差堪自慰者也。

（二）方法

铁路债务为数綦巨，内容复杂，头绪纷繁，从事整理，首须有固定财源为清偿之用。本部初拟以全国铁路之收入，除必要开支外，充作整理全国铁路债务之用，冀收统盘筹划之功。顾各路路线，长短不一，负债数目，既互有多寡，营业情形，亦间有盈绌，加以各路各有借款合同之束缚，此路之收入，不能用以挹注他路，致统筹之议，终难实现。继乃欲分别召集各路债权人，就各路财政情形，共同商讨，以定整理债务之方针，顾以债权人分散各地，召集为难，又倘无切实办法，徒耗时间与财力。是债务未及整理，反重各路之负担，故此议又成画饼。嗣后几经研求，衡度利弊，以为一路之收入，只整理一路之债务，更别其性质，审其缓急，循序进行，与债权人个别协商，斯为妥适。于是整理债务方法，遂告决定。嗣后循此意旨，先后解决湘鄂怡和洋行料款、津浦英商料款、五银行借款及平汉美商料款等，然仅系各路债务局部之整理。既而平绥铁路遵照部颁整理原则，确定整理办法，或将欠本减折付现，或全免先后利息，分期付本，或减轻先后利息，分期摊还，非特所欠各债本息，大事轻减，而同时到期之欠款，得于以后逐期拨还，亦轻减以后逐期之支出。至是整理方法，略具规模，平汉铁路继起办理，津浦亦筹议进行，本部理债政策，因以贯彻，成效大著，而部路信用，亦渐臻巩固。

（三）经过

自本部确定整理债务方法以后，即于二十一年十二月间，开始与津浦路英商代表马锡尔君，磋议整理津浦欠付英商十四家料价办法，于次年二月正式签订合同。其内容系将所欠料价，按年息单利六厘，计至二十一年十二月底止，连同本金作为新本，自二十二年一月起，每月由路拨付国币五万元，交由代表，按各商新本欠额，比例支配。新本按年息五厘单利计息，另行列计，不再生息，所有每月拨付之款，俟新本及所生单息偿清为止。此项债务，多系外币，按当时市价估计，原欠本息约合国币一千四百余万元，订约以后，因单复利息之减免，计欠新本约合国币一千万余元，先后相较，计可减轻担负，约在国币四百万元之谱。未几，该路欠付天津五银行借款，亦由部订定整理合约，将原欠本息八百万余元，统括减为六百二十四万元，永不生息，分十年一百二十个月清偿。前八年每月付五万元，后二年每月付六万元。此项债款，除分还期间，十年内不计利息外，约一次减轻债额一百八十万余元。旋又解决平汉、平绥欠付美商料价，相继订立合约，计平汉约减轻债额七百四十万元，平绥约减轻债额约一千二百万元。其后平绥锐意整理，所有债务几已全部解决。外债如东亚会社借款，核减利息日金七百万元，并将月息九厘之复利，减为年息单利六厘计算。内债如金城等七行借款，减轻债额四百六十余万元，并免计整理以后之利息。其对于料款之整理办法，或系免息，将本金折半一次偿还，或系免息，本金匀分六十个月偿还。其数在十万以上之欠款，大都依息不逾本原则，本息匀分八百个月摊还。该路自整理债务以后，信用日著，对于复兴路务，购办材料，颇得国内银团与华洋商号之助。因是营业渐趋发达，进款逐渐增加，不徒减轻担负已也。继平绥而有具体整理债务办法者，为平汉铁路。该路自审财力，并仿照平绥办法，拟具整理债务方案呈部核准。自二十三年一月以来，中外行商之订约整理者，月有数起，尤以洋行料款之按年息单利二厘计息，于该路最为有利，减轻担负之数不可胜计。至如津浦路并曾拟具整理方案，顾以财力未逮，迄未实行。然只零星料款及少数内债，将来不难解决。至于各路外债之发行债票者，各以借款合同关系，一时尚难着手整理，现只少数商定办法，如同成垫款、沪枫借款、邮传部借款、南浔借款等。其余津浦、道清、广九、京沪、沪杭甬各路，亦只暂定按月提存基金办法，勉筹补付欠息，尚未能根本解决也。

（四）趋势

各路债务，自经本部督饬整理以后，所有北宁、平汉、平绥、胶济、南浔、津浦、道清等路，及沪枫、同成借垫各款，可谓已有相当办法；广九一路，略有办法；至湘鄂、广韶、陇海三路，及未成各路之垫款，或因收入不裕，或因路未修筑，收入毫无，尚须另觅整理途径。津浦零星债务，现虽尚未着手，但为数无多，整理尚易，不久当可就绪。今后对于各路已经整理之债务，势须竭力履行，因一旦违反整理合约，则各种债务即恢复整理以前之旧状，路债失坠，势将不易挽回也。

（五）今后之任务

本部以一路之收入，整理一路之债务，而以料债及银行借款应居债券之先，故债券之整理，或仅及其一部份，或尚未着手。如陇海债券，久未付息，津浦应年付八期利息，现平均每年只付二期；湖广债券，仅由财部于盐余项下，每年付息一期，而负担此债之湘鄂，则分文无出；京沪积欠本金六期，利息三期，后顾尚无把握；广九及道清只有一部份之办法。总之，各路积欠本息，为数过巨，衡度现状，推测未来，势将无法清偿。故本部欲确立债信，吸引国外巨量投资，则对于此种债务亟宜逐渐整理。然以欠额过巨，整理决非易易，势非请求持券人豁免以前积欠利息，减轻债本或以后利息，方能为各路财力所及。其中尤以陇海一路负债独巨，积欠独多，而收入又极少，实为一大问题。现闻财部曾为本部借箸代筹，与罗斯爵士作整理英国投资路债之商酌，本部似宜从旁襄赞，以促其成也。

（六）各路已整理之债务每月应偿付数目之估计

各路整理债务之经过，已略如上述，惟各项合约，泰半订明偿不能按照整理条件履行，则新约立时失效，而原订各种契约，概须存续其效力，易言之，即恢复原欠债额及利率，暨其他条款。而已减轻担负之数，仍归债权人所有，不啻前功尽弃。所谓整理条件之首要而必需履行者，厥为按期付款，故本部必须督饬各路切实履行付款义务，方能保持威信，而享受整理合约减轻担负之权利。此固部路应共同认清而加以深切注意者也。兹将各路业经整理之债务，截至二十四年十月底止，汇总加以估计，其各路按月应偿付债款数目，计平汉路约为十三万二千余元，津浦路约为三十一万七千余元，北宁路约为三十三万八千余元，平绥路约为二十六万四千余元，粤汉南局约为三万三千余元，湘鄂路约为三万一千余元（内由部每月垫拨三万元），京沪路约为十四万八千余元，沪杭甬路约为九万四千余元，陇海路连洛汴付息在内约为四万三千余元，广九路约为九千元，道清路约为一万八千元，胶济路连赎路基金在内，约为四十万元，正太路约为十三万五千元，南浔路约为七万元。以上各路每月共计应付数目，约为二百零三万数千元，其中虽亦有按外币拨付者，均已按照最近市价折合国币，其折合率假定如下：英金一镑合十六元五角，美金一元合三元四角，日金一元合一元，法金每五佛郎合一元。以后继续整理，则所付之数当随之增加，倘外汇高涨，尤不止此数。凡此业经整理之债务，多属内债料价，外债仅属少数，所有业经整理之债款详细名称，兹附表开列，用资查考。

各路业经整理之债务规定每月应还额数表〔略〕

国有铁路未经整理之债务总表

路名	欠付外债	欠付内债	欠付料债	合计	备考
平汉铁路	$ 15,000,000.00*	$13,207,885.14	$ 7,350,532.32	$ 35,558,417.46	* 1908年英法借款系由财政部照约按期支付本息。
津浦铁路	$138,990,115.85	$ 5,625,163.98	$ 1,331,235.35	$145,946,515.18	
平绥铁路	—	$ 1,917,449.50	$ 1,184,997.38	$ 3,102,446.88	
北宁铁路	$ 7,838,000.00*	—	$ 172,422.52	$ 8,010,422.52*	* 该路外债向能照约履行。
京沪铁路	$ 35,940,744.00	—	—	$ 35,940,744.00	
沪杭甬铁路	$ 5,152,173.73*	$ 177,047.00	—	$ 5,329,220.73	* 此系完成沪杭甬借款之垫款，现能照约履行。
胶济铁路	$ 28,000,000.00	—	—	$ 28,000,000.00	
道清铁路	$ 9,558,832.15	—	—	$ 9,558,832.15	
陇海铁路	$229,514,973.93	$ 8,314,928.27	$ 110,787.48	$237,940,689.68	

续表

路名	欠付外债	欠付内债	欠付料债	合计	备考
汴洛铁路	$ 3,900,642.55	—	126,703.42	$ 4,027,345.97	
湘鄂铁路	$ 87,969,436.00	$ 2,389,594.24	764,324.56	$ 91,123,354.80	
广九铁路	$ 20,294,000.25	$ 76,190.21	383,656.56	$ 20,753,847.02	
南浔铁路	—	$ 7,190,921.39	—	7,190,921.39	
吉长铁路	$ 7,480,327.35	$ 1,007,686.25	—	$ 8,488,013.60	东北各路债务根据九一八以前报告。
四洮铁路	$ 37,018,800.00	—	—	$ 37,018,800.00	
吉敦铁路	$ 22,843,430.99	—	—	$ 22,843,430.99	
宁湘铁路	$ 7,936,328.87	—	—	$ 7,936,328.87	
浦信铁路	$ 4,922,444.35	—	—	$ 4,922,444.35	

续表

路名	欠付外债	欠付内债	欠付料债	合计	备考
株钦铁路	$ 6,083,089.10	—	—	$ 6,083,089.10	
清孟铁路	$ 2,598,386.45	—	—	$ 2,598,386.45	
包宁铁路	$ 17,322,240.00	—	—	$ 17,322,240.00	
粤汉南段	—	$ 20,663,954.51	$ 395,650.57	$ 21,059,605.08	
漳厦铁路	—	$ 500,000.00	—	$ 500,000.00	
烟潍汽车路	—	$ 699,140.60	—	$ 699,140.60	
财政部担负之路债	$ 37,571,854.05	—	—	$ 37,571,854.05	沪枫借款现已整理，故不列入
收赎各商路	—	$ 36,416,847.36	—	$ 36,416,847.36	
合计	$ 725,935,819.62	$ 98,186,808.45	$ 11,820,310.16	$ 835,942,938.23	

说明：一、此表系根据二十四年六月底止负债总表数目编列。

二、截至二十四年十二月底止，各路已整理之债额本表内悉已剔除。

三、各项外币折合率悉依二十四年六月底止负债总表假定率计算，计为

F = $12.00 G$ = 2.50 ￥ = $.70 Fr. = $.20 B.Fr. = $.11 $̄ = $1.40 HK.$ = $1.00

四、同成垫款及四路部件运费借款，已经订有整理办法，故本表概未列入。

〔国民政府铁道部档案〕

7.铁道部债务科编《整理铁路债务》

(1937年6月底)

整理铁路债务 国民代表大会报告用件 二十六年六月底止编制 债务科编

国有铁路债务,在民国十四年以前,仅发行债票之外债一项,当时尚能勉力履行,其后内政多故,军事频仍,重以天灾,旱潦洊至,铁路营业大受打击,进款顿形短绌。而外债本金逐渐到期,铁路财政遂失其平衡,债务始多延欠。同时为一时周转之计,息借内债料债,大率息重期短,子母相权,日积月累,乃成积重难返之势。铁道部成立后,即蓄意整理债务,以维信用。顾政局未定,信誉不坚,债权人率多观望,于是先从整理路务着手,力谋扩展营业,以期增加进款。同时估计各路营业之趋势,预测财政情形,研究理债之步骤。至最近数年,时局安定,各路情形亦入常轨,于是决定整理债务原则,以削减利率、免除复利、减付本金及展期偿付各要点,分饬各路,各就财力,分别进行。五载以还,先后由部路解决之各项旧债,不胜枚举。兹就其荦荦大者,分外债、内债、料债三大类,略述整理情形于后:

(一)外债

外债之已经整理者,发行债票部份,计有(1)邮传部正金银行借款,整理后约减免复息日金三百万元之谱,期限则延长十五年,财力得以稍纾。嗣后还本付息,不致再有愆付情事。(2)沪枫铁路借款,免除欠息约计一百五十万元,按月由北宁铁路提存英金五千镑,备到期偿付。预计至民国三十一年,可完全清偿。(3)津浦铁路英德原、续借款,整理以后,削除欠息五分之四,并将最近三年利息,减半偿付;本金则展期偿还,计减轻担负英金三百二十万镑之谱，约合国币五千三百万元。四十年后，可将债票全部清偿。(4)道清铁路借款，比照津浦铁路办法，削减欠息，并减付最近三年之利息，本金分二十七年清偿，计减让债额英金二十万镑左右，约合国币三百余万元。(5)陇海铁路借款，积欠利息完全免除，整理后之利率，开始一年一厘半，以后每年递增半厘，增至最高四厘为度，此后悉按四厘付息。自第十一年起还本，分三十五年还清。其减轻担负之数，约合国币一万五千余万元。(6)广九铁路借款，自整理后，前二十年内利息减付二厘五，以后仍付五厘，其整理前之欠息，亦一律取消五分之四，本金则于五十年内清偿。共减债额约为国币八百万元。(7)湖广铁路四国银团借款，整理后，前二年内，利息减付二厘半，欠息取消五分之四，本金自第五年起，分三十五年清偿，计减让债额英【金】一百七十余万镑，约合国币三千万元之谱。以上整理外债发行债票部份，共计减轻担负计国币二万万四千八百五十万元。其未发行债票之外债，则有各铁路所欠各外国行商之长短期借款各款，其中业经整理为数较巨者，计有平绥铁路东亚兴业会社借款、鄂葛岭借款，共减债额国币七百三十余万元；同成铁路比法公司垫款，减让本息国币一千二百二十余万元；平汉铁路华比银行及麦加利银行透支，共减债额国币三十万元；道清铁路福公司清孟支线垫款及购车垫款，约计减免利息国币二百二十万元；陇海铁路比荷两公司各项垫款，减让债额约及国币一千万元之谱；津浦路德华银行垫款，削减债额约合国币二千零三十万元；宁湘铁路中英公司垫款，减免利息约及国币三百万元。此项对外所负借垫各款，约共削让债额，计国币五千五百三十万余元。所有解决办法虽互有参差，而与铁道部原定整理债务原则，若合符节，即减低利率，免计复息，削让本金，分期偿还，种种条件，所获之结果，综计铁路外债项下，截至二十六年六月底止，经整理后所减债额，除未到期利息部份，因减低利率所省无从核计确数外，仅以整理前后之债额相较，估计减轻担负总数，约为国币三万万零三百八十万元。

（二）内债

内债项下，首先整理者，为津浦铁路天津新华等五银行借款，其后平绥铁路金城等七银行借款，陇海铁路内国银行团欧息垫款，平汉铁路金、盐、沪南三银行十六户债款，相继整理，皆为内国各银行透支及短期借垫各款。此外陇海铁路十三年八厘短期债券、包工工款押款、员司欠薪、前交通部邮件运费借款、同蒲铁路欠款、收赎苏浙路商股股款及浙路公司债票等项，亦经先后解决，均照整理债务原则，分别订定整理办法。凡此因削减债额及单复利息所减轻之担负，估计已逾国币二千万元以上。至于平汉、平绥、津浦等三路，自行拟订整理方案，先后依照解决者，为数甚多，只以数较零星，兹不一一赘述。然其所减之债额，化零为整，其数当极可观。

（三）料债

各铁路所负料债，首先解决者，为津浦铁路英商十四家料款，平汉铁路美商三家料款，胥由铁道部与各债权人商洽订约。其后平绥铁路美商及其他华洋商号料款，陆续整理，几已全部解决。继之者为平汉铁路，亦已解决十之八九。而津浦铁路整个整理方案，亦于二十六年一月实施，陆续商洽解决，月有数起，短期之内，不难全部解决。总计各铁路料债，整理后减轻担负之数，当在国币四千五百万元以上。

总观上述情形，整理铁路债务经多年之努力，其结果共计削减债额，已达国币三万万六千八百余万元之巨。昔之久未偿付者，及今均能依照整理合约，按期履行。风声所播，债信赖以恢复，外债赖以吸收，金融赖以周转。他如购料信用之树立，各路用款之撙节，胥因理债，有以促成。至于铁路债票价格，在国外市场逐渐高涨，远非昔比。姑就二十四年底各债票最高价格与整理以后之最高价格相差情形试为比较，计津浦自三十二镑涨至七十八镑半，道清自二十八镑涨至八十八镑，湖广自四十三镑半涨至七十八镑半，陇海自十九镑涨至五十八镑半，广九原无市价，整理开始为三十二镑半，旋涨至四十四镑又四分之三。综观各债票，均逐渐上涨三十五镑至六十镑不等。因而新路工程材料之投资，中外互竞，致新工有迅速之发展。旧路营业，日趋发达，进款逐渐增加，其成绩尤为显著。凡此情形，实皆整理铁路债务有以致之也。

〔国民政府铁道部档案〕

8.1927-1936年国民政府内外债整理概况①

(1936年9月14日)②

公债之整理

一、用于经济建设各债之举借

国家财政，原与国民经济息息相关，而公债之借偿及整理，更直接或间接与经济建设有莫大之影响。国民政府奠都南京以后，对于公债一项，力主慎重，历年所借内外债及退还庚款，除一部分弥补岁计外，其直接用于经济建设者，可分左列各项。

(甲)用于金融建设者

南北统一告成，政府即注意于金融建设事业，始因筹拨中央银行资本及中国、交通两银行官股，于十七年十月，以德国退还赔款为担保，发行十七年金融短期公债三千万元。又因武汉施行现金集中政策以后，汉口中央、中国、交通三银行钞票流通停顿，亟须整理，同时以关税余款为基金，发行十七年金融长期公债四千五百万元，以是金融巩固，政府人民两受其益。迨十八、九年间，国家多故，需用浩繁，多由银行临时垫借。政府为调剂金融起见，复以德国赔款为担保，于二十年十月，发行二十年金融短期公债八千万元。又为充实银行资金，拨还垫款，于二十四年四月，以增加关税为基金，发行二十四年金融公债一万万元。至二十四年十一月施

① 选自《十年来之中国经济建设·财政部分》初底稿。

② 系公债司报送该材料时间。

行法币政策，所有改善银行制度，健全金融组织，扶助生产事业，平衡国库收支诸大端，亟须分头进行。遂于二十五年三月，以腾出旧有债券基金之一部分关税，为还本付息的款，发行二十五年复兴公债三万四千万元，以期达到整个经济复兴之目的。此外，尚有十九年关税公债二千万元，二十四年四川善后公债七千万元，及二十四年整理四川金融库券三千万元。前一种系于十九年一月发行，以增加关税为基金，用以整理汉债；后两种系于二十四年七、八月先后发行，分别由中央所收四川部分盐税统税及印花烟酒税项下，拨充基金，用于整理债务，收回地钞，藉以便利剿匪进行。此关于金融建设事业所发行公债之情形。

（乙）用于交通建设者

政府于致力金融建设之余，并注意交通事业。适十九年九月间，英国庚款协定退还，遂经决定以退还总额三分之二，借充建筑及整理铁道。二十三年五月，为完成粤汉铁路，补充建筑基金，指定借得前项退还庚子赔款为基金，发行二十三年六厘英金庚款公债英金一百五十万镑。同时为修筑江西省自玉山至萍乡铁路，以中央拨交江西地方盐附捐项下每年一百九十三万元，为还本付息基金，发行二十三年玉萍铁路公债一千二百万元。二十五年三月，又为兴筑湘黔、川桂等干路，及补助平绥、正太、陇海、胶济等路展长旧有路线，以该项新旧路余利及财政部补助金为还本付息的款，发行第三期铁路公债一万二千万元，分为三次，每次发行债额四千万元。现第一次业已发行，其第二、三两次，尚未届规定发行之期。此皆为铁路建设由财政部会同铁道部发行。至用于电政建设，则有二十四年电政公债一千万元，系二十四年十月，由财政部会同交通部发行，指定交通部所收国际报费为基金，用以整理扩充电报电话及无线电事业。此关于交通建设事业所发行公债之情形也。

（丙）用于水利建设者

水利建设，亦关重要，政府曾经决定以英国退还庚款三分之一，借作该项经费。嗣因荷兰庚款继英国之后协议退还，复经规定，以百分之六十五，专充南京市水利事业之用。以上两项，系以现款直接拨充。至发行公债备用者，计有海河公债一种。天津海河为北方通航要路，十八年间，河身淤塞，商航停滞，工商事业受害匪浅。遂以津海关值百抽五税收项下，加征百分之八作抵，发行海河工程短期公债四百万元，充作海河疏浚工程及购地等经费。此关于水利建设所发行公债之情形也。

（丁）用于生产建设者

吾国以农立国，蚕丝一项，尤为出口大宗。据海关统计，全年出口货值约在二万万两以上，关系政府税收，社会经济，与夫农工生计，极为重要。乃民国二十年间，江浙两省春茧歉收，成本加重，且外感日丝竞争之压迫，内受工潮起伏之摧残，更属无法维持。政府徇丝商之请，于是年四月，以江浙两省黄白丝出口时，每担征收三十元为偿还本息基金，发行二十年江浙丝业公债八百万元，以四分之二为奖励生丝出口，四分之一为改良丝厂机器，其余四分之一为改良蚕桑。嗣因基金关系，提出二百万元注销，计实发六百万元。此项公债数目虽少，然江浙两省丝业赖以维持，其成效大有可观。丝业公债发行之后，至二十二年十一月间，华北战区因受军事影响，农村濒于破产，政府乃以续征芦盐附加农田水利基金为担保，发行二十二年华北救济战区短期公债四百万元，用以办理赈济及补助农村。此关于生产建设所发行公债之情形也。

此外，尚有美国棉麦借款，亦用于经济建设。当二十二年四月前财政部长宋子文奉命出席华盛顿经济会议之际，政府根据总理实业计划，令其相机接洽国际投资。是时美国金融复兴公司存有多量棉麦，可供借用，而国内本国纱厂适因木〔本〕棉缺乏，亟须接济。且美麦及面粉近年原有巨量进口，不至影响市场。当经宋前部长于是年十月，代表我国政府，与该公司签订美金五千万元借款合同，规定以四千万元购买美棉，一千万元购买美麦及粉，并指定统税为第一担保，海关水灾五厘附加税为第二担保。嗣因国内木〔本〕棉市场情形变动，复于二十三年二月间，商定美棉借款由四千万元减为一千万元，麦及粉借款仍旧。该项棉麦及粉运回国内后，陆续出售，所得价款，除拨还到期本金、完纳关税统税及杂用外，大部分拨交全国经济委员会，充作各项经济建设经费。

以上所述，系政府举借内外债及退还庚款与经济建设之关系。若就偿还方面而言，则国民政府统一南北以后，对于旧政府所负有确实担保内外债及赔款，业经承认与新发行内外债同样偿还。其旧政府所负无确实担保内外债，并经承认汇案整理。盖内债之偿还，固可调剂金融，促进生产，然偿还外债及赔款，亦可增进国际信用，引起外人投资。且外债与内债之区别，仅在发行区域之不同，外债债票往往多量流入国内，其与本国金融市场发生关系，较诸内债债票实无二致。至庚子赔款大部分业已协定退还，拨充各项建设经费，其偿还与否，亦影响于建设事业。是以近十年来，无论财政如何困难，所有内外债及赔款到期本息，无不极力筹付，其间偶为事势所迫，基金稍感不敷，亦必设法为之整理，故公债信用日益昭著，而债票价格亦继长增高。兹将十年来内外债及庚子赔款偿还数目，列表于左。(表见第412页)

右表所列偿还数目，以内债为最大，外债次之，赔款又次之，三者总数计达三十万万元以上。此可以证明政府对于公债，实有维护之决心，而对于国民经济，尤为深切注意也。至各债整理之详细情形，当于下两节述之。

二、有确实担保债款之整理

有确实担保债款，可分为内债与外债，其整理情形，亦分为内债与外债两部分，兹分述如下。

(甲)内债之整理

政府历年处财政困难之中，对于内债本息，均能如期偿付。迨二十年九月，沈阳事变突发，债市大受影响。翌年沪变继起，基金

年度	内债偿还数	外债偿还数	赔款偿还数	共计
十六年度	38,705,375.77元	72,245,563.65元	27,538,655.22元	138,489,594.64元
十七年度	75,399,017.22	79,048,845.00	29,141,935.48	183,589,797.70
十八年度	108,393,999.23	103,632,145.32	29,141,935.48	241,168,080.03
十九年度	142,074,700.22	76,103,319.75	29,141,935.48	247,319,955.45
二十年度	159,722,273.75	72,962,869.38	28,323,980.59	261,009,123.72
二十一年度	106,320,975.56	49,975,641.18	25,889,442.51	182,186,059.25
二十二年度	128,285,770.56	49,623,152.96	46,351,753.95	224,260,677.47
二十三年度	195,031,441.06	71,168,720.60	35,690,977.85	301,891,139.51
二十四年度	1,262,884,025.69	63,424,668.90	35,690,977.85	1,361,999,672.44
共计	2,216,817,579.06	638,184,926.74	286,911,594.41	3,141,914,100.31

附注：查各项内国债券，除十七年金融长期公债数种外，其余概于二十五年二月按照各债券实欠本金数目，以二十五年统一公债换偿。表中内所列内债二十四年度偿还之数，系该年度拨付现金及以统一公债换偿两者总数，合并注明。

亦虞动摇，全国持票人激于爱国热忱，均愿牺牲私益，以纾国难，遂与政府妥协，决定整理办法，是为二十一年二月整理案。不特债信赖以维持，而国库收支亦因之差可平衡。无如二十二年至二十四年间，收入短绌，预算不敷，加以华北战事，地方变故，相继发生，剿匪军事既未完成，而江河泛滥又须救济，其他铁路、金融各项建设，尤属刻不容缓，于是不得不再发公债，以资挹注。至二十五年二月，各项债券计达三十余种，名称既极繁多，期限又长短不一，且按月领取本息之债券数目奇零，计算尤为不便。加以二十四年七月以后，关税短收，拨付各债基金，月约不敷四百万元，悉由政府临时垫拨。为维持公债信用起见，爰徇各界之请，核定整理办法，是为二十五年二月整理案。兹将该两项整理现案内容，摘要分述如左。

（子）民国二十一年二月整理案

1.整理范围　归入本案整理之债券，公债项下计有七年六厘公债、整理公债六厘债票、整理公债七厘债票、十四年公债、军需公债、善后短期公债、十七年金融短期公债、十七年金融长期公债、十八年赈灾公债、十八年裁兵公债、十九年关税公债、二十年赈灾公债、二十年金融短期公债、疏浚海河公债（此项公债嗣经改定，仍照原案办理）、二十年江浙丝业公债等十五种；库券项下计有十五年春节特种库券、治安债券、粤国赔款担保二四库券、续发江海关二五附税国库券、十八年关税库券、十八年编遣库券、十九年卷烟税库券、十九年关税短期库券、十九年善后短期库券、二十年卷烟税库券、二十年关税短期库券、二十年统税短期库券、二十年盐税短期库券等十三种，两共二十八种。

2.延长偿期　各项公债，除十七年金融长短期公债、海河公债仍照原案办理，及整六、整七两公债、治安债券、十五年春节库券，改定四年内只付利息，第五年开始还本外，其余各债券，自二十一年二月起，约照原定每年还本数额四成偿付，分别延长年限，将公债每年还本两次，改为四次。库券除治安债券、十五年春节库券、二四库券每年还本四次外，余仍每月摊还本息一次，均将还本年限酌量延长，各债券还本付息表均重行厘定。

3.减轻利息　各项债券，原定利率大小不一，其最大者曾达月息八厘。本案所定利率，除整理六厘债票及七年六厘公债原定年息六厘，十七年金融长期公债年息二厘半，仍旧不动外，其余各债券，自二十一年二月起，一律改按年息六厘或月息五厘计算。

4.确定基金　原有债券基金，大都由关税项下拨付，卷烟税次之，盐税及印花税等又次之。本案规定每月由关税项下划拨八百六十万元，作为各项债券本息基金，除海河公债本息及二十年江浙丝业公债本金，仍由原案指定基金内拨付外，其余各债券本息，及江浙丝业公债利息，统由该项基金内分配。

5.改组基金保管机关　从前债券基金，多由江海关二五附税国库券基金保管委员会代为保管。此次整理，将该委员会改为国债基金管理委员会，所有各项债券基金，除海河公债仍由海河公债基金保管委员会保管，及江浙丝业公债由国债基金管理委员会拨交该公债基金保管委员会保管外，其余概归国债基金管理委员会保管。

6.换发新票或加给息票　各项债券附带息票或本息票，均截至原定还清之日为止。此次延长偿期，其息票及本息票自不敷用。在公债部分，除海河公债及十七年金融长短期公债外，核定整六、整七两公债换发新票，其余加给息票；在库券部分，除二四库券加给息票外，余均换发新票。

（丑）二十五年二月整理案

1.发行统一公债换偿旧有债券　旧有各种债券，除善后短期公债二十五年三月底即届期满，余剩之数无多，十七年金融长期公债原定利率颇低，期限本长，海河公债系指定附税为基金，此三种各照原案办理外，其余概按实欠债额，各依其原定清偿年限，分为五类，以统一公债甲、乙、丙、丁、戊五种债票，分别换偿。甲种债票换偿二十二年爱国库券、短期国库证、十八年关税库券、二十二年华北战区公债、治安债券、十九年关税库券等债券。乙种债票换偿十九年善后库券、二四库券、二十四年整理四川金融库券、二十三年关税库券、二十年卷烟税库券等债券。丙种债票换偿十八年编遣库券、二十年统税库券、二十年金融短期公债、二十年盐税库券、二十年江浙丝业公债、十八年赈灾公债、军需公债、十八年裁兵公债、二十年关税库券等债券。丁种债票换偿十九年关税公债、七年六厘公债、二十年振〔赈〕灾公债、意庚款凭证、二十四年金融公债、二十三年关税公债、俄款凭证、统税凭证等债券。戊种债票换偿二十二年关税库券、二十四年水灾工振〔赈〕公债、整理七厘公债、整理六厘公债、十五年春节库券等债券。

2.统一公债发行总额及偿还期限　总额为十四万六千万元，甲种债票一万五千万元，十二年还清；乙种债票一万五千万元，十五年还清；丙种债票三万五千万元，十八年还清；丁种债票五万五千万元，二十一年还清，戊种债票二万六千万元，二十四年还清。

3.统一公债本息基金　仍照旧有债券原有规定，在关税项下除拨付赔款外所余之税款支付，由总税务司依照五种债票还本付息表所列应还本息数目，按月平均拨交中央银行，收入国债基金管理委员会户帐，专款存储备付。

4.统一公债还本付息日期　定于每年一月三十一日及七月三十一日各还本付息一次。至还本抽签日期，第一次抽签，甲乙两种债票定于二十五年五月十日，丙丁两种债定于二十五年六月十日，戊种债票定于二十五年七月十日。第二次抽签，甲种债票定于每年二月十日及八月十日，乙种债票定于每年三月十日及九月十日，丙种债票定于每年四月十日及十月十日，丁种债票定于每年五月十日及十一月十日，戊种债票定于每年六月十日及十二月十日。以上抽签日期，如遇假日，则提前一日办理。至中签债票，得向中国、交通两银行贴现，并得向中央银行重贴现。

5.统一公债利率　仍为周息六厘，与旧有各债券利率并无增减。

6.旧有各种债券换偿日期　原定自二十五年三月十一日起开始换偿，至二十五年六月三十日为止，嗣为顾全持票人利益起见，业已展期六个月，至二十五年十二月三十一日截止。

7.统一公债换偿案内旧债券利息　旧债券除整理六厘公债、整理七厘公债、二十年振〔赈〕灾公债，二十五年二月底及三月一日中签之债票及其附带息票照付本息外，其余均补付二十五年一月底以前之利息。

8.同时发行复兴公债　此项公债，系充完成法币政策，健全金融组织，扶助生产建设，及拨存平准债市基金之用。总额为三万四千万元，二十五年三月一日发行，年息六厘，还本期限为二十四年，每年二月底及八月底各还本付息一次，并定于每年一月十日及七月十日各举行抽签一次。本息基金指定在关税项下，除拨付赔款外债及十七年金融长期公债、二十五年统一公债外，所余之税款，照每次应还本息，按月平均拨存备付。

(乙)外债之整理

吾国外债，始于前清。在旧政府时代，关税担保部分，尚能按期照付，盐税担保部分，本息辄有愆期。国民政府北伐告成，对于上项外债，承认继续偿还，并于十八年九月间，将盐税担保之三项外债核定整理办法。嗣因格于事实，未能完全实现。至二十三年十月，复经重行厘订切实施行。盐税担保外债整理以后，救灾附加税担保之外债，又因每次还本逐渐增加，应付不无困难，乃于二十五年五月，设法整理，藉以维持债信。兹将该三次整理详细情形，分别述之。

(子)民国十八年九月整理案

1.整理之范围　归入本案整理之外债，计为英法借款、克利斯浦借款及湖广铁路借款，该三项借款皆以盐税为担保。惟此次所整理者，在英法借款及克利斯浦借款，则为本息之全部，在湖广铁路借款，则为利息之一部，其范围稍有不同耳。

2.基金之拨付　自民国十八年十月一日起，至十九年九月三十日止，每月由盐税项下，拨付基金九十万元，一年计拨一千零八十万元。自十九年十月一日起，至二十三年年底止，每月拨付一百万元，每年计拨一千二百万元。该项基金，每月照数准期拨付，不得短少。如遇某产盐区域认解之盐税减少时，须以其他产盐区域之盐税，充作优先担保。至二十四年以后，所需基金数目减少，每月应拨之款，应视当时情形再行核定。

3.本息之补偿　英法借款规定于民国十八年九月，将十八年三月及九月到期之第四十一号及第四十二号息票同时付款，并将十七年九月到期之本金，计英金二十五万镑，一并拨付。嗣后于十九年度内还本一次，二十年度内还本二次，至二十年十二月，欠付本息均已偿清。克利斯浦借款规定于十八年九月，将十七年九月到期之第三十二号息票付现，十九年度内将欠息四期补付，计每季付息一次。自二十一年起，英法借款所欠本金业已清偿。克利斯浦借款愆期本金，应分年补付，计二十一年度偿还十七年九月及十八年九月到期之两期本金，二十二年度偿还十九年九月及二十年九月到期之两期本金，二十三年度偿还二十一年九月及二十二年九月到期之两期本金，二十四年即可按照原定还本付息表办理。至湖广铁路借款，规定每年六月一期利息，由本案基金拨付，其余每年一期利息及本金，仍由铁道部设法筹拨。

4.补息之给付　英法借款及克利斯浦借款抽签还本，未能按照原定日期举行，所有中签债票，均应发给补息，并应由盐税项下筹拨。

5.汇兑之计算　本案基金每月应拨国币数目，系暂按英金一镑折合国币十二元估计，将来国外汇兑变迁，每月所拨国币数目不敷偿还本息或有余时，再行核定办法。

(丑)民国二十三年十月整理案

1.英法借款延期本金之补付　英法借款原定自借款第十一年起，每年还本一次，当十八年九月整理时，曾有一次到期本息延而未付，规定应在二十年度内补付(即该年度内还本二次)，惟并未实行。至二十三年十月，始将该项延期本金付清。二十四年以后，按照原定还本付息表，偿付本息。

2.克利斯浦借款愆期本金之核定补偿办法　克利斯浦借款原定自借款第十一年起，每年还本一次。当十八年九月整理时，曾有二次到期本金延而未付，业经规定将该二次延期本金，及十九年应还一次本金，于二十一年度至二十四年度，分三年补还。嗣后并未实行，不特三年内每年应补还一次本金，未曾照补，即该三年内原定每年应还一次本金，亦未拨付，至二十三年十月，计共积欠到期本金六次。经核定自二十四年起，至二十九年止，分六年补还，即每年除原定应还一次本金外，再补还一次愆期本金。三十年以后，按照原定还本付息表偿付本息。

(寅)民国二十五年五月整理案

1.整理之债款　归入本案整理之外债，计有两款，一为二十年美麦借款，一为二十二年美棉麦借款。

2.统一债券之发行　美麦借款原因财政部发给债券三纸，除二纸业已到期收回外，尚余一纸，计美金三百零七万零九百四十二元二角。美棉麦借款原由财政部发给债券(即期票)一百三十一纸，除已偿还一部分外，尚欠美金一千三百五十三万七千三百八十七元七角九分。两共美金一千六百六十万零八千三百二十九元九角九分，改发一种统一债券，交与美国华盛顿进出口银行，将原发两项债券取消或缴还。

3.利率之改订　美麦借款利率原为年息四厘，美棉麦借款利率原为年息五厘，自二十五年七月起，一律定为年息五厘。

4.期限之延长　美麦借款原定自民国二十三年至二十五年，每年十二月三十一日还本一次；美棉麦借款原定自二十二年七月二十九日至二十三年十二月七日发行债券之日起，三年内偿还，每年三月、六月、九月、十二月一日各还本一次。此次整理之后，改定自二十五年七月一日起，除第一次还本，系定于二十五年七月底举行外，其余每年三月、六月、九月及十二月末日各还本一次，至三十一年十二月底全数清偿。

三、无确实担保债款之整理

此项债款，大都为旧政府所欠债务，曾经旧政府设立机关，专司整理，适因政局变动，未克实行。国民政府成立以后，一面设立整理内外债委员会审核整理，一面核拨基金，专款存储，以备实施。兹将债款之状况，整理内外债委员会之设立及基金之准备，分两节述之。

（甲）债款之概况

无确实担保债款，可分内债与外债两部分，而内债部分又可分为左列之四类：

1.公债　公债共有六种，其中四种系由前北京政府发行，经旧财政部承认归案整理。其余两种系国民政府在广东时发行，经财政部核准并案整理。

2.国库证券　国库证券分为特种库券及普通库券两项，特种库券共有八种，其中五种与公债性质相同，其余三种则与兑换券相似，均由前北京政府发行，经旧财政部承认归案整理。普通库券共有六十七种，或抵发经费，或拨还价款，或作其他用途，亦均由前北京政府发行，经旧财政部承认归案整理。

3.银行号债款 银行号债款，分为盐余借款、内国银行借款、内国银行续借款及内国银行垫款四项。盐余借款共有银行号三十五家，计七十七款，系民国十四年以前前北京政府向各银行号订借，指定盐余为担保，曾以八厘债券存抵一部分，经旧财政部承认归案整理。内国银行借款共有银行号四十二家，计六十四款，亦系民国十四年以前前北京政府向各银行号订借。惟不指定盐余为担保，亦经旧财政部承认归案整理。内国银行续借款共有银行号三十一家，计七十五款，系民国十五年以后，前北京政府继续向银行号订借，尚未经旧部归案整理，将来应由整理内外债委员会核明加入。内国银行垫款共有银行号二十一家，系前北京政府历年向各银行号垫借，亦经旧财政部承认归案整理。

4.各机关欠款 各机关欠款，共计四十款，或系旧财政部所欠，或系旧教育部等其他各机关所欠，一部分由旧财政部承认整理，其余一部分由国民政府财政部核准汇案整理。

至外债部分，按照债权人国籍，可分左列九部分：

1.美国部分 美国部分共有七款，内大部分为烟酒借款，其余为赔款损失及物料价款等，原币有美金、银两、银元三种。

2.比国部分 比国部分共有五款，内大部分为北京大学建筑宿舍借款，其余为留学垫款及库券款，原币有英金、银元二种。

3.丹麦部分 丹麦部分仅有巩县兵工厂欠文德公司机件价美金十七万一千五百四十三元八角八分一款。

4.法国部分 法国部分共有三款，内大部分为实业借款，其余为库券款，原币均为法币。

5.英国部分 英国部分共有十三款，内大部分为飞机、无线电及铁路借款，其余为留学垫款、赔偿损失、物料价款及期票款等，原币有英金、印银及银两三种。

6.日本部分 日本部分共有三十七款，占无确实担保外债中大部分，内铁道、电信、林矿、参战借款为数最巨，公债库券次之，其余为物料价款及其他借款等，原币有日金、银元、银两三种，以日金为最多。

7.义国部分　义国部分仅有前奥国借款债票一款，原币为英金。

8.荷兰部分　荷兰部分仅有荷兰银行保商银行转期期票一款，原币为行化银。

9.瑞典部分　瑞典部分仅有唯昌洋行汉口造纸厂货价一种，原币洋例银。

（乙）整理内外债委员会之设立及基金之准备

国民政府成立之初，财政部对于旧政府所负之无确实担保内外债，即认为有继续整理之必要，故接收北京政府时，即将前财政整理会收隶于部内，缩小范围，派员办理。十八年一月，国民政府复有整理内外债委员会之组织，公布章程六条，并于十九年十一月十五日，由该会召集各国债权人代表，会议于南京，到者有比利时、法兰西、英吉利、义大利、日本、荷兰、美利坚七国代表。

经正式会议及非正式讨论多次，其重要议决，足供参考者如下：

一、整理铁道、交通各债务之原则。

（一）凡各铁路自能负担之债务，应出各铁路自行清还之。

（二）向来由盐款付还各铁路债务，应仍由盐款支付之。

（三）凡用铁路名义各政治借款，应由财政部负责整理。

（四）凡铁路债务，铁道部无力单独担负者，应由财政部尽力协助之。

（五）整理交通部旧债之原则，应与铁路债务相同。

一、中央各部院债务，由本委员会计划整理，各省区债务及非债务之损失赔偿等项，另案办理。

一、整理债务基金，由本委员会负责保管。

一、另造整理债务应发公债总数表，使财政、铁道、交通及其他各部院之债，皆可收纳其中。

一、所有内外债之利息，应于起债时减低利率，不加复利。

二十三年四月，政府对于处理内外债复决定原则三项：(一)其数小而毫无问题者，应不待交涉，即时开始偿还。(二)其数大而无问题者，即予承认，商议偿还方法。(三)其有问题者，另行交涉。又范围四项：(一)旧财政部于民国十四年关税会议时，承认整理之债务，由财政部全部继续承认办理。(二)各债权从前开送帐单内，关于地方债务及各机关债务欠薪并赔偿损失等，仍由各省及各机关自行拟定清理办法。(三)铁道、交通两部表列债务，已经确定整理办法者，仍照该办法办理。(四)铁道、交通两部所列债务，间有还本付息虽未能按照合同履行，但尚有相当担保品者，此项债务在未有根本解决办法以前，由交通铁道两部会同财政部商议整理办法。

至整理债务基金，已自十八年二月起，由关税项下暂行年拨基金五百万元，按月分拨专款存储，以备整理之用。

〔国民政府财政部档案〕

9.公债司为报告1936年下半年工作情形致财政部秘书处函

(1937年1月20日)①

案准贵处二十六年一月十一日密，以五届三中全会已定期举行，本部应提出之财政报告，请就主管事务，将二中全会后至现在止之重要工作，仍照历次财政报告格式体裁，尽本月十八日以前编就，密送本处汇办。附奉二中全会时之财政报告一册，藉供参考，办毕仍请掷还。等由。查前项财政报告关于本司主管部分，业经

① 系封发时间。

编就，相应检同报告暨原送报告书，密函送请贵处查核汇编为荷。
此致
秘书处

附报告一件，报告书一册〔缺〕

公债司启

债务

公债政策，关系国家财政，社会金融，至为重大。半年以来，本部对于各债到期本息，均经如额照付。内债方面，并力避举办新债，无如广东省发行毫券数额，截至二十五年七月中旬，有帐可稽者，数达二万四千九百五十八万元之巨，而现金准备，不及法定六成之额，以致金融极为紊乱。西南底定之后，本部为解除粤民痛苦起见，不能不勉筹办法，发行二十五年整理广东金融公债一万二千万元，抵补短少之数。又为谋首都与西南交通直达便利起见，亟待完成京赣铁路，会同铁道部发行二十六年京赣铁路建设公债一千四百万元。前者基金，系由中央所征粤区统税项下拨充；后者基金，系由铁道部借用由完成粤汉铁路借款项下归还中英庚款及京赣铁路开始营业后之收入拨充，均不增加国库负担。且此两项公债，一用于安定金融，一用于铁路建设，与从前发行公债多以维补岁计者，亦有不同，以是公债信用日益巩固，债票市价继长增高。以前发行各种公债库券，利率既高，偿期尤短，然其市价，多在五六折之间，偶有事变发生，有跌至三四折者。现在统一公债，利率不过六厘，偿期最短为十二年，长者且至二十四年，考其市价，甲种债票达七折以上，即戊种债票，亦逾六折，其间虽有西南变动，绥远战事，市价竟不受影响。西安事变，债市不免稍跌，不旋踵而即恢复，且超过之。复兴公债偿期，亦为二十四年，最近开拍，价格即在七折以上，足见人民之信仰公债，非偶然也。至外债方面，遵照院议分别整理办法，拟定整理两原则，(一)以前欠息及以后利息不计或减轻，(二)应还本额，延长年限，或减少偿额。数月以来，本此原则，对于无确实担保外之外债，加以整理者，计有费克斯公司飞机借款、马可尼公司无线电话机借款及中日实业公司汉口造纸厂借款。前两项借款，一为英金六十万镑，一为英金一百八十万三千二百镑，系民国七、八年间旧政府所订借。此次整理，民国二十五年六月底以前积欠利息，一概免除，其七月起利息，第一年按一厘半周息付给，以后每年加给一厘之四分之一，增至周息三厘为止。本金则自民国三十年六月三十日起，分年偿还，至民国六十四年还清。后一项借款，计日金一百万元及银元十三万五千余元，系旧政府订借，民国十四年十月改订合同。此次整理，除银元部分一次拨付银元二十万元作为清还本利外，其日金部分，按实欠本金七十二万五千元，以一本一利，计为日金一百四十五万元，每月摊还日金一万五千元，分为九十七个月偿清，且免去借款本金摊付期内之新生利息。凡此办理，在国库方面，既有裨益，而国际信用更可提高。费克斯借款债票，在外国市场原无价格，近几及三折，其他外债债票如英德续借款、英法借款等，其价格常与票额相等，或超过之，实为国际一良好现象。兹将上年七月至本年一月，本部直接负担内外债赔款发行偿还结欠银元数目，列表如左：（表见第425页）

10.财政部经管无确实担保内外债至1936年底止结欠本息数目表

（1937年1月）

财政部经管无确实担保内外债务，结至二十五年十二月底止，约合国币十八万八千五百十八万零四百五十八元七角一分。兹分列两表如下：（表见第426页）

款别	二十五年六月底结欠	二十五年七月以后发行	二十五年七月以后还本 付息	二十六年一月底结欠
内债	一,八四二,五七五,〇〇〇		一九,七七五,〇〇〇 九八,一三〇,七八七	一,八二二,八〇〇,〇〇〇
外债	五八八,〇八二,四八一		一五,九三三,九五三 二四,二八二,九四九	五七二,一四八,五二八
赔款	三一四,一六二,三八一		二一,七八七,〇二六	二九二,三七五,三五五
共计	二,七四四,八一九,八六二		一七九,九〇九,七一五	二,六八七,三二三,八八三

附注：右表所列内债数目，以国库直接负担者为限，其由补助费项下拨付基金及由本部会同各部发行之公债，概不列入。整理广东金融公债系属补助性质，京赣铁路公债系由本部会同铁道部发行，故均未列表内。至费克斯及马可尼两公司借款，原属无确实担保外债，现已整理，自应加入计算，以期核实。

〔国民政府财政部档案〕

甲、无确实担保内债积欠本息数目表

债务种类	类数	积欠本息约合国币数		
内国公债	六款	一七三,六五一,四六六	六	一
特种库券	八款	四〇,五九八,九七九	一	七
普通库券	六十七款	五三,五七五,一四七	三	二
盐余借款	七十七款	一四一,三八四,三二九	六	九
内国银行借款	六十四款	一〇八,四九一,九三〇	七	二
内国银行续借款	七十五款	六一,二〇九,二五八	四	三
内国银行垫款	二十一款	一二一,五五〇,七一八	五	七
各机关欠款	四十四款	一四,八九八,九九七	五	六
共计	三百六十二款	七一五,三六〇,八二八	〇	七

乙、无确实担保外债积欠本息数目表

国别	款数	积欠本息约合国币数		
美国	七款	九四,九一七,三七七	二	三
比国	五款	一,〇七四,七六一	二	四
丹麦	一款	一,九三六,二一一	一	一
法国	三款	三九,三二八,三一五	七	二
英国	十一款	二二,六一二,四八一	八	二
日本	三十六款	七九六,五八八,八二一	九	六
义国	一款	二一一,六一一,二三三	一	六
荷兰	一款	一,七四二,八五〇	五	二
瑞典	一款	七,五七七	八	八
共计	六十六款	一,一六九,八一九,六三〇	六	四

〔国民政府财政部档案〕

11.国民政府整理内外债委员会关于整理外债情形报告书

(1937年2月10日)

国民政府整理内外债委员会报告书

查我国所负内外债,原属前清及北京政府时代,历来所积欠除有确实担保部份,赖关盐税收按期拨偿外,其有确实担保而愆期未付,及无确实担保部分,向无清理办法,本利不偿,以致引起国际方面责言,国家信誉扫地。国府为图补救起见,特设本会从事整理,只以历年以来,国家多故,人力财力均感不给,且从前拟以整个计划汇案整理办法,迭与债权方面洽商,皆因款目繁多,性质复杂,意见各别,希望不同,以致荏苒数年,鲜著成绩。迨二十三年四月,中央决定采取分别整理办法,汪前院长奉派兼长本会,各关系部会长官兼任委员,经开会讨论,分别进行,整理工作略有眉目。五全大会以后,祥熙奉命继长本会,以信义为我国固有之美德,关系国家经济信用甚巨,财力纵或不及,亦当勉事图维。因秉中央既定方针,会同关系各部,将应行整理各债,分头积极进行,并规定以免让欠息、减低利率、延长年限、分期摊还为原则,庶于维持国信之中,仍得减轻国家担负。洽办以来,幸获成效。我国整理债票在国外市场价格增高,平均约在三倍以上,为历年所无之高价。国际信誉,因而增进,影响所及,国家地位亦得提高。截至二十五年底止,计业经商定整理办法及已全部还清之大小债务,共四十九款,统计免让债额欠息,减轻国库担负,约合国币三万五千七百余万元。此外,湖广铁路借款及芝加哥大陆商业银行,烟酒借款两项整理办法,亦正洽商,将次就绪。其他各债亦正分别进行协商,兹值三中全会开会,合将各部业经商定整理办法及已全部还清偿务,分别主管机关逐款汇列报告，以供省览。

此致

中国国民党第五届中央执监委员会第三次全体会议

委员长孔祥熙

二六、二、十

甲、财政铁道两部会同整理之债务

（一）整理津浦铁路英德借款债券

此项债务计原借款一九〇八年发行英金债票五百万镑，续借款于1911年发行英金债票四百八十万镑，英国部份占总额百分之三十七，德国部份占总额百分之六十三。自中德宣战以后，路款竭蹶，英发、德发两部份，一并未能按期支付本息。因借款合同规定以厘税担保，并订明裁厘后改以新增关税担保。屡经英、德驻华使馆请求履行，经由财政部于民国二十三年十一月商同铁道部，拟订整理原则，与华中公司、德华银行商洽进行。经长时期之磋商，始于二十五年二月二十五日订定整理办法，通告中外，定自二十五年至二十七年三年间，每年各付利息二厘半（即原订利率之半）；自二十八年起，恢复原订五厘利率；二十九年起，开始还本。以往欠息及二十五年至二十七年三年中减付之利息，由持票人放弃五分之四，其余五分之一另行换发无利小票，自三十年起，分二十年摊还。应还各款均由津浦路进款项下拨付，应付利息如有不足，由财政部担任，以关税余款补足。预计四十年后，此项债务完全可以还清。按整理办法，共减免利息约计英金三百二十万镑之谱。

（二）整理陇海铁路借款债券

陇海铁路筑路借款，系先后向比公司及荷兰公司订借，计有民元英金五厘债票四百万镑；又民九以后比荷借款，比公司发行四次，计比币一万三千七百七十四万三千佛郎；荷公司发行三次，计荷币三千〇七十五万佛罗令，均系周息八厘；又十四年归还比公衔民八短期借款，换发新债票比币二千一百二十五万佛郎；又国内银团借款国币五百万元。因历年该路进款不裕，多未能还付本息。截至二十四年度止，所欠各项借款本金，约合国币一万五千余万元，积欠利息，约合国币一万余万元。经与比公司往返磋商、筹议、整理，历时甚久，始于二十五年八月二十五日，由财、铁两部会衔通告中外，定将各项债票自一九三六年七月起，均付周息一厘半，以后每年增加半厘，至一九四一——一九四二年增为四厘，以后均永为周息四厘。所有以前积欠利息，全部免除。各债票本金自一九四七年七月起，分三十五年抽签偿还，还付本息之款，由陇海净进款拨付。免除旧息之数，估计约及国币一万五千余万元。

（三）整理陇海铁路比荷公司借款

陇海铁路前因进款短绌，先后由比荷两公司垫款凑付，各项借款利息及材料价款，截至二十四年年底止，结欠本息英金一万八千余镑，比币八千九百余万佛郎，荷币一百八十余万佛罗令，约合国币一千五百余万元之谱，原系以陇海未发行之债票作抵。其整理办法，经于二十五年七月，与比公司磋商整理陇海债票案内同时解决，由财、铁两部会同呈报行政院转呈核准。计将垫款原本以四厘单利计息，所积本息总数共英金二十八万八千二百镑，荷币七十三万三千佛罗令，各以民二陇海借款比荷部份未发行之债票如数划抵，并将该项债票并入已发行部份，作为有效。此项手续当于二十五年九月办妥，垫款作为完全还清计划，削让利息约合国币九百万左右。

（四）整理津浦铁路德华银行垫款

津浦铁路前在工程时代，因续借款债票未能全数发行，工款不敷，曾向德华银行息借垫款，以资应用。自民元起，计陆续垫付本金六十七万八千镑，截至民国五年六月底止，已共欠本息九十万零零四百二十四镑六先令四本士，系以德国部份未发续借款债票一百一十三万四千镑，作为抵押，按年息厘七计息。本息久未付还。自津浦铁路英德借款债券整理以后，德华银行力请设法整理，经财铁两部会同债权人商洽，经于二十五年十一月间，订定整理办法，将截至民国五年六月底止积欠本息英金九十万镑整数，作为债额；自民国五年六月至二十五年十月一日之利息，一律免计；自二十五年十月一日起，三年内亦不计息，自第四年起，按年息二厘行息。前三年内分三次付还本金十万，自第四年起，每年拨基金五万镑，以备偿还之用。由津浦铁路发给期票，将原作为抵押未发行之续借款债票一部分，计四十五万六千镑缴回注销，其余六十七万八千镑，承认发生效力，与整理津浦英德原续借款债票一律办理，作为期票抵押品。上项承认生效债票，由财政部担保付息，其所得还本付息之款，即用以偿还期票，如有不足，由津浦路局补足。按此项整理办法，约减轻负担二千余万元。

乙、财政部整理之债务

(一)偿还华比银行留比学费垫款

查民国十一年二月，留比学生膏火无着，由驻比公使馆向华比银行商借比币一万法郎，年息八厘，期限六个月，迄未偿还。民国二十三年，该行抄送帐单，计结至九月三十日止，共欠本息比币一万九千八百九十八法郎四十生丁，业于二十三年十一月全数还清。

(二)偿还汉口造纸厂欠付英商顺昌洋行煤价款

查此案系汉口造纸厂于民国八年十二月间，向汉口顺昌洋行订购六河沟煤五千吨，每吨价洋例银十两。自九年一月起，经该洋行向该厂陆续批交煤三千一百四十六吨又一吨之十分之二，合价洋例银三万一千四百六十二两，十年一月间，该厂曾付该洋行银元五千元，以后积欠未付。此款前经核准，归入整理。按照原利率年息一分二厘计算，结至二十三年六月底，应欠本息洋例银十四万六千八百十四两二钱四分。此款迭准英公使来函，以该商年老窘甚，现典质度日，恳先筹还。经与该商接洽偿还办法，决定欠本洋例银三万一千四百六十二两，合银元四万五千三百三十四元三角，民国九、十两年利息全数抛弃，自十一年起，按五厘单息计算，共计利息银元二万六千九百六十七元二角九分，连同欠本共为银元七万二千三百〇一元五角九分，其零数二千三百零一元五角九分，亦减让。作为净欠本息银元七万元，此款业经分批偿付，于二十三年十二月全数还清。

（三）偿还驻德使馆欠德华银行借款

查驻德使馆于民国十五年五月至十六年七月间，先后向德京德华银行借用五万九千二百九十二马克五分尼，以馆屋作抵，利率八厘、七厘、七厘半不等。欠未归还。经该行屡次索偿，业由驻德大使与该行切商减让利息，经商妥，以六万二千五百马克结案。于二十五年七月间一次如数还清。

（四）偿还驻巴西使馆欠巴西国家银行借款

查驻巴西使馆于民国十五年至十六年间，经巴西政府介绍，向巴西国家银行商借巴币十万米雷司，利息一分，结至二十五年六月，约欠本息二十一万五千米雷司，按一八折合国币六万零二百元。此款迭经驻华巴使催还，经与洽商，以美金一万零八百九十元清结了案，于二十五年七月间一次如数还清。

（五）偿还神户中华学校留日学费借款

查民国十年五月间，驻日本公使以应发民国十年五月份留日学生学费无着，特派专员分赴日本神户、大阪等处华侨零星凑借，共借到二十二户之款，计日金五万元。内有日金二万元系由神户中华学校承借，月息一分五厘，预扣六个月利息一千八百元，计实交日金一万八千二百元。民国二十二年十一月间，准教育部咨准侨务委员会函：据神户中华学校校董詹廷英呈请拨还，当时未予核准。至二十五年，复经中华学校催索，财政部因该校业经呈准立案，且办理颇有成绩，前项借款又系由该校基金移借，当与磋商，免息归还。经该校同意，于二十五年九月间，将原欠本金日金一万八千二百元，如数交由侨务委员会转发。计减免应付利息日金二十一万二千一百四十二元三十九钱。

（六）商定费克斯飞机借款整理办法

查民国八年十月一日，陆军部因订购维梅式飞机一百辆，并筹备地面一切组织及设备，与英商费克斯公司签立借款合同，计价款总额英金一百八十万三千二百镑，经陆军部商由财政部核准，照数发行八厘息国库证券，订明期限十年，前五年只付利息，自第六年起至第十年为止，平均分年还本，每年还本均于十月行之。至付息办法，系于每年四月、十月各付一次。此项借款除付过第一期至第五期利息五次外，以后本息均未照付。结至二十五年六月底止，计欠付利息二十八期又九十一天，共合正息英金二百零五万五千五百四十九镑三先令十本士；若欠付利息加给过期利息，则正复息共为英金三百六十七万六千一百五十八镑十二先令七本士。业经与债权人代表商妥整理办法，所有民国二十五年六月三十日以前积欠利息，一概免除，库券利率自民国二十五年七月一日起，第一年按一厘半周息付给，以后每年加给一厘之四分之一，至周息三厘为止，每年七月三十日及十二月三十一日各付息一次；还本自民国三十年六月三十日起，前三年各还百分之一，次四年各还百分之二，又次八年各还百分之二.五，再次十一年各还百分之三，最后九年各还百分之四，至民国六十四年全数还清。由民国三十年起，每年三月抽签一次，中国政府得于任何一次还本期前，以相当预告，增加还本之数，不另加价，还本付息基金以中国政府除以指作借款担保及抵押外之盐税收入为担保。此项整理办法，已于民国二十五年十月六日登报公布施行。

（七）商定马可尼公司无线电话机借款整理办法

查民国七年八月间，陆军部与马可尼公司订立借款合同，计借英金六十万镑，以三十万镑作为购买马可尼公司最新式行军无线电话机器二百架及运送保险各费之用，其余三十万镑归政府收用。

订明年息八厘，定期十年，前五年只付利息，后五年分期还本，每年一月、八月各付息一次，曾由财政部照数发行国库证券，即以民国七年八月二十八日为起息之期，除第一期至第四期利息，已由财政部先后拨付，第五期利息由经理银行自行垫付外，以后应还本息，均未照付。结至二十五年六月三十日止，共欠本金六十万镑，正复息一百四十七万七千九百九十八镑零九本士。现此项借款业经与债权人代表商妥整理办法，所有民国二十五年六月三十日以前积欠利息，一概免除；至库券之利率及还本年限暨本息基金之担保，均与整理费克斯飞机借款合并，登报公布施行。

（八）商定华宁公司库券借款整理办法

查民国五年间，因中国、交通两银行金融紧急，其时适值华宁矿务公司呈准领采江宁县凤凰山等处铁矿，由农商、财政两部委托该公司代为筹款，接济中交两行。并经华宁公司与大仓洋行商议，以该公司所出铁砂，除以五成留归中政府收买外，其余售与大仓洋行。经订立合同，由大仓洋行先交定货款项，即以此项定款存入中交两行，归财政部借用大仓洋行，于民国五年五、六月间，先后交付日金一百万元，即以维持市面名义，由中国、交通两银行各收一半，作为财政部拨还该两行垫款之用。嗣因原订买卖铁砂合同，经农商部以未经批准，认为违法，提出阁议，决定取消，虽经华宁公司迭次抗议，仍归无效。直至民国十年四月间，经财政部核准，将结至十年四月二十日为止之本息，共计日金一百四十五万九千三百四十一元六十钱，由部分为五批付还，并连同每批应付之利息，共发国库券十四纸，总值日金一百八十八万一千二百三十一元二十五钱，应自十二年十一月底起，开始偿付，以后每半年付还一次，至十四年十一月底全数还清。但每期应付本息，迄未照付。于二十三年十月，据东亚兴业株式会社来函，前项库券十四纸，其债权已由该会社收买，应由该会社继承，与大仓洋行无涉。经财政部准予照办，此项库券结至二十四年底止，共欠本息日金四百五十四万五千八百零五元六十九钱。二十五年四月，东亚兴业株式会社函请提前整理，由财政部派员与该会社代表商定整理办法，所有积欠利息日金二百六十六万余元，全部减让，由该会社将所持旧库券十四纸缴销，另由财政部发给无利国库券二十张，分二十期付款，每张日金九万四千元，共计日金一百八十八万元正，自民国二十五年六月一日起，至三十五年五月三十一日止，每满六个月付款一次，不计利息。

(九)商定汉口造纸厂欠中日实业公司借款整理办法

查民国八年十一月间，汉口造纸厂因扩充营业，与中日实业公司签订购机售纸垫款合同一件，以造纸厂全部财产为抵押品，其垫款金额关于购办机器者，为日金五十一万六千四百八十四元，关于预付货价者，为日金二十万元。十四年十月间，该厂以所负该公司垫款本息过多，无法偿付，特与该公司续商将前欠本息及其他垫款，结至十四年十月十五日止，共计日金一百十六万七千二百三十一元五十七钱，银八千八百二十两零一分，银元一千一百四十五元九角二分，除将所欠尾数折合银元十三万五千七百三十五元六角五分，另案办理外，其整数日金一百万元改订借款合同，期限三年，月息一分，每半年付息一次。此项改订办法，亦未实行。二十五年十一月，经财政部与中日实业公司订定整理办法，将债务结至二十五年十月三十一日止，计欠本金日金一百万元，利息日金二百六十二万一千五百五十五元十二钱，共计本息日金三百六十二万一千五百五十五元十二钱。此项积欠本息，经中日实业公司同意，减为日金一百四十五万元，自二十五年十一月起，于每月二十八日以前，按月摊还日金一万五千元，在上海交付，所有民国八年十一月及民国十四年十月垫款合同所订条件，一律取销。至另案办理之银元十三万五千七百三十三元六角五分之一款，截至二十五年十月三十一日止，共欠本息四十九万一千五百七十四元一角八分，则于整理办法签订之日，由财政部偿给国币二十万元，作为全部还清。

（十）整理农商银行旧部欠款

查旧财政部积欠农商银行款项共有四笔，一为银元三十万元，二为法金一百五十五万佛郎，三为旧盐务署透支，四为天津造币厂欠款，均经归入无确实担保内债案内整理。二十四年十二月间，该行因本部实行法币政策，发行权取消，计短缴发行准备金五十万零二千元，呈请由旧部欠款项下如数划拨。本部为体恤该行实际困难，姑准以上项四款实欠本金按一本一利计算，计为五十五万二千八百七十六元七角六分，除划抵发行准备金五十万零二千元外，余欠五万零八百余元，仍归内债整理案内汇办。

（十一）整理大中银行旧部欠款

查旧财政部积欠大中银行款项，共有六笔，一为银元一百八十二万七千六百三十三元一角一分，二为银元七万元，三为银元六万元，四为银元五万元，五为银元四万元，六为垫款，均经划入无确实担保内债案内整理。二十四年十二月间，该行因本部实行法币政策，发行权取消，计短缴发行准备金一百万元，请由旧部欠款项下拨抵。本部为维持该行营业起见，姑准以上项六款，除一百八十二万余元借款及垫款，实交现金部分本金业已清偿，勿庸计算外，其余按实欠本金以一本一利计算，计为一百五十二万三千四百二十元，即在此项欠付本息之内，划抵短交准备金一百万元，尚余五十二万三千四百二十元，仍归内债整理案内汇办。

丙、交通部整理之债务

（一）清理东亚兴业株式会社有线电报工程费垫款

查民国九年二月十日，交通部因电报各项事业之改良及扩充无力进行，与东亚兴业株式会社订立扩充及改良有线电报工程费垫款合同，共垫用日金一千零二十二万二千零二十元四十七钱，利息九厘，期限十三年。最初三年祇付利息，自第四年起，本利分十年摊还，以有线电报全部财产及收入为偿还本息之担保。此项垫款欠付利息，结至民国二十三年已超过本金，经该会社代表来华催索，由交通部与之磋商整理办法，决定要点三端如下：

一、积欠本利减至一本一息；

二、欠息不再起息，本金以每年单利六厘计算，利随本减；

三、先还本金，俟本金还清后再付欠息。

每月由交通部偿付日金七万元，约二十九年本利可以还清，并为计算便利起见，本金定为日金一千零二十二万元，但其尾数并不免除，仅免除其利息，业于二十三年十一月一日，经双方签订协定书照约履行，截至二十五年年底止，已付还本金日币一百二十六万元。

(二)清理中日实业公司扩充电话借款

查交通部于民国五年至十五年之间，为扩充电话起见，曾向中国实业公司(包含古河公司、住友洋行、三井洋行在内)借款并购料订立合同及期票多种，迄今积欠本利甚巨。由交通部与该公司商议延长清偿期限，减少欠息数目，并减轻将来之利率。经双方议妥，于民国二十四年一月签订协定书，其大要如下：

一、原欠本金日金一千五百二十八万二千四百七十二元五十八钱，利息日金二千一百九十六万五千三百四十四元。又本金英金七万二千九百七十一镑三先令三本士，利息英金四万六千七百十六镑，减为共欠本金日金一千六百三十二万元，利息日金一千二百九十八万元。

二、前项欠本内有日金一百六十七万元，以后免息，其余一千四百六十五万元，按年息六厘单利计算，利随本减，至欠息日金一千二百九十八万元，不再计息。

三、自民国二十四年一月起，由交通部每月摊还日金八万元，先还有息本金，次还免息本金，又次还欠息及有息本金新利之单利息。截至二十五年年底，已付还本金日币一百四十四万元。

(三)清理马可尼公司无线电报垫款

查交通部为谋西北通信安全起见，于民国七年十月九日，与英商马可尼无线电公司订立垫款合同，建设兰州、迪化、喀什噶尔三处电台，共提用英金十七万零三百七十六镑八先令一本士，年息八厘，分四期归还。除付过利息四期外，其余本息均未照付。由交通部于二十三年一月二十五日，与该公司商定清理合同，其大要如下：

一、原欠本息结至二十三年十二月底止，共为英金四十七万六千二百七十镑十一先令一本士，倘交通部按月归还英金七百零九镑十八先令，分二百四十个月，将欠本十七万零三百七十六镑八先令一本士全部还清。其间并无拖欠，则公司方面愿将欠息免还，若每月应还之款，其间有欠付情事，则公司仍照原欠总额加息索偿。

二、交通部每月应还之款，若均能如期照付，则公司方面允提出半数专款存储，作为交通部将来续购材料或派遣学生在公司所办学校学习之费用。

三、截至二十五年年底止，已付还本金英币一万二千七百七十八镑四先令。

四、清理中国电气公司各种报话料款

查交通部对于积欠中国电气公司债务，因欲减轻利率及订定较优惠之付款办法，特向该公司磋商双方满意之办法。经双方商妥，于民国二十四年一月二十九日签订合同。其办法大要如下：

一、交通部积欠该公司债务，结至二十三年十二月底止，计美金一百五十一万三千三百七十八元四十分。

二、交通部允每年至少偿还该公司美金三万六千元，按月支付美金三千元。

三、前项按月偿还之款总数达美金九十万元，并已履行所订一切条件时，则交通部可以停止偿付余欠数美金六十一万余元，公司亦认为全部偿清。

四、交通部若有不切实履行订定合同内之任何条件时，则原有合同之一切条件，均继续有效。该公司并对交通部索偿原欠美金一百五十一万余元之债务，并加索七厘半之利息。

五、上述欠款之利息，即以交通部所持该公司股票分得之红利拨给，但以票额百分之三为限。

六、截至二十五年年底止，已付还本金美币六万七千七百二十六元三十五分，利息美币一万四千二百五十元。

(五)清理西门子洋行各种材料欠款

查交通部积欠西门子洋行扩充北平电话西分局机料欠款本金美金六万五千三百六十八元；郑州、烟台、芜湖、汉阳、苏州、太原暨北平西分电话局料价美币一千六百十八元八十七分；各电话局料价本金美金一千四百五十八元八十七分，英金二十八镑十六先令十一便士，墨洋四十元六角；北平电话局料价本金美金二千零五十三元六十一分；暨民国十四年至十五年上海电料管理局订购料价本金美金一万三千零八十五元三十九分，墨洋五百三十九元三角二分(即规元三百八十五两六钱二分)等款。经交通部与该洋行商妥，以美金六万元结帐，其余数暨利息美币十九万一千三百三十九元八十九分，规银二百五十两零八钱九分，国币四十六元七角，英币二十镑三先令，概予免除。自二十四年二月起，每月摊还美金五百元，不计利息，至美金六万元还清为止。截至二十五年年底止，已付还美币九千元。

(六)清理慎昌洋行材料欠款

查交通部积欠慎昌洋行材料款，结至民国二十二年底止，计美金六万二千零八十六元十七分，银元二万四千四百九十二元二角七分。经交通部与该洋行商妥，将全部积欠料款折为国币十万元，按单利年息四厘计算，每月拨还国币五千元，至还清为止。倘不依约履行，付款时仍恢复原欠数目归还。业经双方换文，于二十三年一月实行。上项本金全数连同利息国币三千二百五十三元六角九分，至二十四年八月偿清。

(七)清理英商通用、威厘、久胜三行料款

查交通部积欠英商通用电气公司及威厘洋行暨久胜洋行三家料款，由该三行委托代理人向交通部磋商清理办法。经双方商妥，于民国二十二年十二月三十一日，订立合同，其大要如下：

一、交通部积欠料款总额，结至民国十五年一月一日止，共英金一万六千六百零五镑九本士，债权人在准期付款之条件下，自愿将十五年一月一日至二十二年底止应付利息，减为年息四厘，以单利计算。此项单息应为英金五千三百十三镑十二先令三本士，连同旧欠，共为英金二万一千九百十八镑十三先令。自二十三年一月一日起，作为交通部欠付债权人之新本金。

二、交通部应于每月月底拨付债权人之代理人英金八百镑，至还清新本金及其所生之利息为止。

三、新本金未付余额之利息，应以年息四厘单利计算，逐月利随本减。

四、上项新本金及其所生之利息英币一千零六十镑十八先令二便士，业于二十五年五月偿清。

八、清理日商须藤洋行料款

查交通部积欠日商须藤洋行料款，共计本金国币四万七千四百元，利息结至民国十九年底止，计国币三万五千零七十六元。由该行委托代理人向交通部磋商清理，于二十四年二月商得解决办法，所有本金分二年摊还，自二十四年三月一日起，按月摊还二千元，至二十五年二月一日可以偿清，其余利息概予免除。

(九)德商天利洋行料款

查交通部积欠德商天利洋行料款，计共英币四百三十一镑十七先令三便士，银一百七十六两二钱五分，由该行委托代理人向交通部清算。经于二十四年六月商得解决办法，将上述欠款按照当月十五日行市，折合国币五千四百七十八元五角一分，以五千元清帐。自二十四年八月起，分十个月偿清。已于二十五年五月清讫。

（十）华商同新和料款

查交通部积欠华商同新和料款，计欠本金七万零四百七十二元八角，暨其利息七万五千一百四十九元五角九分。经于二十三年二月九日订定清理办法，自二十三年一月份起，每月由交通部付还三千元，至六万九千元作为清帐，余款及利息不计，现已告清偿。

（十一）华商大东公司料款

查交通部积欠华商大东公司料款，计一千三百六十九元正，业于二十四年二月商定，以一千一百元付清。

（十二）华商商务印书馆料款

查交通部积欠华商商务印书馆文具用款，计价款本金洋二千四百三十元，业于二十四年三月，商得双方同意，以国币一千九百四十四元一次付清，余款利息免除。

（十三）华商福新公水脚

查交通部旧欠华商福新公报关行出口水脚，共计银二千八百五十二两六钱一分一厘，经于二十四年三月二十三日，以九折清帐，计一次给付国币三千五百九十元零七角。

（十四）英商薛和洋行料款

查交通部积欠英商薛和洋行料款，计结欠本金英币二千九百十一镑十九先令十便士，规元七千零六十九两七钱六分，洋一万九千一百三十九元九角八分。民国二十四年七月，该行清理处委托代理人与交通部磋商清理。经商定解决办法，免除利息，分期偿还，计所欠本金中之银两，以七一五折合国币，连原有国币额，共计三万零二百八十六元五角，自二十四年七月份起，分十五期先行偿付，每月付还二千元，至十五期加付尾数。又英金二千九百十一镑十九先令十便士，于国币清偿后，分二十期清偿，每月付还英币一百五十镑，以偿清尾数为止。

（十五）日员高野四郎欠薪

日员高野四郎欠薪五千五百二十三元三角三分，经于二十二年九月如数发给，不计利息。

（十六）日员中山龙次欠薪

日员中山龙次欠薪八千七百十九元，于民国二十四年四月，由该员委托代理人，向交通部商定，自二十四年二月二十六日起，每月付还八百元，至付清尾数为止。现已全数付清。

（十七）南满铁道株式会社代垫中山龙次薪金

查南满铁道株式会社代垫中山龙次薪金二万二千八百元，及其利息一万三千零八十一元六角六分。民国二十三年九月，经该社派员赴交通部商洽，由交通部一次拨付代垫薪金二万二千八百元，其余利息概予免计，作为清帐。

（十八）丹员罗泰欠薪

丹员罗泰欠薪及津贴，因合同纠纷，据该员称，系一万四千七百二十五元，而前交通部仅允发给五千六百二十五元。民国二十四年四月，由该员委托代理人，向交部商得解决办法，以九千一百七十五元清偿，自二十四年三月起，分九个月偿付。现已付清。

（十九）丹员伊立生、孟纳尔欠薪

丹员孟纳尔欠薪七千三百九十四元五角五分，暨伊立生欠薪一万六千八百元，两项共计二万四千一百九十四元五角五分。于民国二十四年四月，由该员等共同委托代理人，向交通部商定，自二十四年三月份起，每月由交部拨还洋一千元，至偿清尾数时为止。

（二十）挪员萨文生欠薪

挪员萨文生欠薪一万二千二百五十元，交部允自民国二十三年九月起，分十二个月发还，现早已清偿。

丁、铁道部整理之债务

（一）偿还广九铁路英金及银元垫款

广九铁路因进款不敷偿付一九〇七年之英金借款到期本息，

曾先后商由中英银公司垫付银元二十一万六千余元，又英金五千六百十四镑十一先令八本士。银元部份已于二十二年二月间，由担保品之京沪余利项下扫数清偿，其英金部份，亦于二十五年四月间，由广九联运进款内完全还清，计削让欠息约在英金一千五百镑左右。

（二）整理邮传部正金银行借款债券

此项借款总额日金一千万元，仅付过到期本金一次及到期利息若干次，十二年以后，即未照付。至二十四年六月一日止，计欠到期本金十三期，利息二十四期，共计日金一千一百八十八万元。经于二十四年四月间商定，欠息自二十四年五月份起，分三年偿清，自第四年起，每年付还本金一期及其利息，由部饬令平汉路按全年应付数目，每月平均支付十二分之一，计较原约延长还期十五年，预计可于民国四十一年四月还清。其债权人所要求之复利，完全免计。

（三）整理沪枫铁路借款债券

此项借款共计英金三十七万五千镑，系以北宁路余利为第三担保，故曾由北宁路偿付本息数次。十五年二月以后，即未照付。二十四年六月底，本金已完全到期，计欠英金三十万镑，又利息十六万七千九百十镑四先令。中英公司屡经催索，经于二十四年七月，令饬北宁路局，自是年八月份起，每月提拨英金五千镑，以为陆续偿还上项本息之用。已函准中英公司同意，预计至民国三十一年一月可完全还清，计可省利息十八万镑。

（四）整理道清铁路借款债券

此项借款计发行债票英金八十万镑，民国十五年以前，尚能照约偿付到期本息。此后因路款短绌，遂致延欠。二十四年十二月间，该路裁撤，归并平汉路，作为该路支线，以节路帑，为还债之需。旋与福公司商洽，援照整理津浦借款办法，计将二十五年至二十七年三月间，各付利息二厘半（如道清现款除付开支及债款外，倘有余裕，则增加付息为不逾五厘），以后每年照付周息五厘。本金自二十五年七月起，分二十七年偿清。以往欠息放弃五分之四，其余五分之一另行换发无利小票，俟至二十七年后，本金清偿后，照数支付。当得福公司及持票人会商，同意接受，于二十五年五月五日，由部通告，在中外报章同日公布。预计至民国五十二年全部还清，计减免利息英金二十万余镑。

(五)整理广九铁路借款债券

此项借款，计总额英金一百五十万镑，自民国十四年下半年起，未能偿付本息，计欠到期利息英金六十一万一千三百二十五镑，又尚欠本金英金一百一十一万一千五百镑。经与债权方面磋商整理，于二十五年八月订定整理办法，在最初二十年内每年付息二厘半，以后付给五厘，但如在最初二十年内，广九每年进款净数超过国币二十万元之数，则尽先用以增付利息，至最高五厘之数，其余数再用以增加还本。自民国二十五年六月起，每年由广九路局拨付二十万元，由铁道部拨付三十五万元，为还本付息准备金；自民国三十年六月起，每年再由铁道部加拨二十五万元，为还本之用。上项准备金除用以付息外，余数用以还本，借款本金当至多于五十年内清偿。以前欠息取消五分之四，其余换给无利小票，俟本金还清后开始偿付。此项办法，已于二十五年八月二十六日登报通告施行。按此项整理办法，约减轻负担八百余万元。

(六)整理道清铁路车辆借款及清孟枝路垫款

查道清铁路民国八年因增置车辆，由福公司借给英金十二万六千八百三十八镑十八先令七本士，年息七厘五，定自民国十年起，匀分十年偿还。其应付本息，自民国十四年下半年起，因进款短绌，即未照付。又民国九年，因展筑清孟枝路，与福公司订立借款合同，由该公司陆续垫借英金八万七千三百镑十八先令十本士，年息七厘五，其本息始终未付。民国二十四年十二月间，经铁道部将道清路局裁撤，归并平汉，以期节省开支，增加偿债能力。与福公司磋商整理办法，于二十五年四月间商定，将以前欠息减为年息单利三厘，算至整理之日止，连同本金，以后不再计息。自民国二十五年七月起，匀分十二年偿还。按此项整理办法，两项债款共减轻负担约二百余万元。

（七）整理同成铁路垫款

查同成铁路自与比法公司订立借款合同后，于民国二年七月至三年三月间，节次由公司交到垫款英金七十七万零二百一十七镑六先令六本士，又法金五百七十九万八千五百一十八佛郎九十五生丁，年息六厘，计息本息均定于发售债票时提还。后以年久积欠过巨，公司因垫款之初，曾特订以正太路作为抵押，要求以正太余利拨还，经订定以正太每年余利三分之二归还垫款，虽经历年照拨，但积欠仍巨，至民国二十二年，因正太余利不敷周转，遂未照付。经与磋商整理，于二十四年五月商定，将所欠本息总数减至四折八五，以后息率改为按年二厘单息计算，每半年付还二十万元，先还本金，俟本还清，再付利息，应付之款，由部负责筹拨。按此项整理办法，约减轻负担一千二百余万元。

（八）整理平绥路东亚兴业会社借款

此项借款系展筑路线之用，第一次三百万元，年息九厘；第二次三百万元，年息一分，两共日金六百万元。因期限短促，路款不裕，只还过日金八十万元，截至二十二年底，欠息达日金一千一百九十九万余元。经与东亚会社再四磋商，于二十三年四月商定，以息不逾本为原则，将欠息减为日金五百二十万元，不再生息，其余欠本金五百二十万元，自二十三年一月起，每月付还日金一万七千四百元，并改按单利年息六厘计息，息随本减。本金还清后，再依次偿还六厘新息。此项减让旧息，约在日金七百万元左右。

（九）整理南浔路东亚兴业会社借款

此项借款先后订立四次，共计日金一千万元，四分之三利率六厘五，四分之一利率七厘五。该路路款向极艰窘，积欠本息甚巨，经于二十四年四月与该会社商定，本金一律改为按周息五厘单利计算，其旧欠利息不再计息，并减免一部分之复息。自二十四年五月起，每月偿还日金七万元，作为尽先还本之用。本金还清，依次偿付五厘新息，但须于二十年之内清还本息。此项办法计减让复息日金一百六十余万元。

(十)整理平绥路中英煤矿公司京门枝路借款

此项借款三十万元，年息一分五厘，截至二十二年年底止，积欠本息已达六十一万二千余元。经于二十三年十二月间商定；债额一本一利计算，作为六十万元，匀分四百个月清偿，自二十三年一月份起实行。计减让欠息一万二千余元，又分还期内免计利息，所省实多。

(十一)偿还平绥路鄂葛领借款

此项借款英金一万三千七百五十镑，月息一分七厘，期限两个半月。订约后仅付四次，致积欠本息甚巨。经于二十三年十二月间商定，免除利息，本金折半，一次清偿，计只偿付英金六千八百七十五镑，作为了结，减让债额约及英金三万镑之谱。

(十二)偿还同蒲路旧欠

查同蒲路原系商办，于民国二年让归国有接收，合约内规定，由部归还者，除股款本息已于民国四、五两年如数偿还外，尚欠商号借款库平银五十四万零五十两五钱三分，又晋省行政公署亩捐款库平银九万七千六百六十七两五钱五分，及保息款库平银五万八千二百二十四两四钱五分，共计库平银六十九万五千九百四十二两五钱三分。按废两用元折合国币办法，计一百零六万七千八百五十八元一角一分。二十二年五月间，晋省修筑同蒲轻便铁路，商准本部运输材料，核收五折现款，即以抵偿政府旧欠同蒲路款。截至二十四年下半年止，已完全抵偿清讫。

(十三)偿还苏浙路股款证券及浙路公债

查前交部收赎苏路、浙路所负之股款证券，及应摊还之浙路公债余欠，本息共计国币一百五十八万六千二百七十六元一角三分。二十三年间，曾与苏浙路股款清算处商定，由完成沪杭甬借款划内出国币八十万元，作为清偿前项证券公债本息之用，但以债票未发售，致未实行。二十五年五月，完成沪杭甬六厘金镑借款成立，遂照前议办法，由银团所借款内，如数划出八十万元，分别偿清上项债务。计减清〔轻〕担负约及国币八十万元之谱。

（十四）偿还陇海欧息垫款

此项垫款，系由国内银团承担，为偿还陇海路民元债票到期利息之用，除已还一部份外，截至二十一年年底止，积欠本息达一百九十余万之巨。经商定统括为一百三十万元，不再计息，以三个月为一期，分八期偿还，自二十二年一月实行。兹已如期完全还清，计减免利息约计七十万元。

〔国民政府交通部档案〕

12.财政部公债司为送内外债及赔款数目表致秘书处函

（1937年5月4日）

奉谕：将本司主管事项及经办情形，并现在内外债及赔款数目表，编叙纲要，备送意顾问斯泰文参考。等因。查前项参考资料，业经本司编叙完毕，相应检同底稿，送请贵处查核汇送为荷。此致

秘书处

附件

公债司启

五月四日

债务

吾国国债，分为内债、外债及庚子赔款三项。内债始于前清光绪甲午之募集商款，外债始于前清同治初年之平捻平回，而庚子赔款则发生于义和团事件，要旨由内忧外患而起。民国成立，前清国

债，继续偿还，当时军政各费，需款浩繁，遂陆续举借新债，其中有担保确实本息能按期照付者，亦有担保不确实本息未能按期照付者。国民政府成立以后，前项有确实担保债款，业经承认照案拨付，其无确实担保债款，亦经承认设法整理。一面对于新债，原拟不再举借，无如筹措军需，办理善后，救济灾祲，裁撤厘金，编遣军队，剿灭赤匪，以及经济建设等项，在在需款，不得不再发公债，以资应付。兹将近十年来财政部办理国债情形，分别叙述如左：

甲、有确实担保债务

此项债务，大都以关盐两税为担保，历次到期本息，均能如数照付，其种类有左列之三项。

（一）内债　此项内债，大部分以关税为担保。有由旧政府发行，经国府承认继续偿还者，如整理六厘公债、整理七厘公债等；有由国府发行者，如江海关二五附税国库券、续发江海关二五附税国库券等。其本息基金，在旧政府发行之债券，多委托总税务司保管；在国府发行债券，除津海关二五附税国库券、海河工程公债数种外，其余债券基金，概由江海关二五附税国库券基金保管委员会兼代保管。至二十一年二月改订各项债券还本付息办法，所有各项债券本息，除海河工程公债本息及江浙丝业公债本息仍照原案办理外，其余债券概由关税项下月拨八百六十万元内支配。同时江海关二五附税国库券基金保管委员会改组为国债基金管理委员会，将前项债券基金，交由该会管理。迨二十五年二月，政府因以前所发债券，计达三十余种，名称繁多，偿期不一，而按月摊还本息之库券，数目奇零，尤为不便，乃发行二十五年统一公债，用以换偿旧有各债券。一面腾出一部分基金，发行二十五年复兴公债，作为复兴经济之用。兹将旧财政部发行经国府承认继续偿还，暨财政部发行或会同他部发行之已还清各债券发行条件，及未还清债券截至二十五年底尚欠数目，分别列表，并将未还清债券，逐款说明，俾供参考

已还清债券一览表

债券名称	发行日期	发行债额	利率	折扣	基金	备考
七年六厘公债	七年五月	四五,〇〇〇,〇〇〇	年息六厘	无	本,俄退庚款;息,关税余款	此项公债系以统一公债换偿清楚。
整理金融公债	九年十月	六〇,〇〇〇,〇〇〇	年息六厘	无	关税余款	
整理六厘公债	十年五月	五四,〇〇〇,〇〇〇	年息六厘	无	关税余款	此项公债系以统一公债换偿清楚
整理七厘公债	十年六月	一三,六〇〇,〇〇〇	年息七厘	无	关税余款	同上
使领库券	十二年十二月	五,〇〇〇,〇〇〇	年息八厘	无	俄退庚款	
教育库券	十三年六月	一,〇〇〇,〇〇〇	年息八厘	无	俄退庚款	
十四年公债	十四年四月	一五,〇〇〇,〇〇〇	年息八厘	九〇	德退庚款	
春节库券	十五年一月	八,〇〇〇,〇〇〇	年息八厘	九二	关税余款	此项库券系以统一公债换偿清楚
治安债券	十五年五月	二,〇〇〇,〇〇〇	年息八厘	六〇	德退庚款	同上
二四库券	十五年十二月	二,四〇〇,〇〇〇	年息八厘	八二	奥退庚款	同上
江海关二五库券	十六年五月	三〇,〇〇〇,〇〇〇	月息七厘	无	关税增加收入	
续发江海关二五库券	十六年十月	四〇,〇〇〇,〇〇〇	月息八厘	九八	关税增加收入	
卷烟税库券	十七年四月	一六,〇〇〇,〇〇〇	月息八厘	九八	卷烟统税	
军需公债	十七年五月	一〇,〇〇〇,〇〇〇	年息八厘	九八	印花税	此项公债系以统一公债换偿清楚

续表

债券名称	发行日期	发行债额	利率	折扣	基金	备考
津海关二五库券	十七年七月	九,〇〇〇,〇〇〇	月息八厘	九八	关税增加收入	
善后公债	十七年七月	四〇,〇〇〇,〇〇〇	年息八厘	九二至九六	关税增加收入	
十七年金融短期公债	十七年十一月	三〇,〇〇〇,〇〇〇	年息八厘	九二	德退庚款	
十八年赈灾公债	十八年一月	一〇,〇〇〇,〇〇〇	年息八厘	九八	关税增加收入	此项公债系以统一公债换偿清楚
裁兵公债	十八年二月	五〇,〇〇〇,〇〇〇	年息八厘	九八	关税增加收入	同上
续发卷烟税库券	十八年三月	二四,〇〇〇,〇〇〇	月息八厘	九八	卷烟统税	
十八年关税库券	十八年六月	四〇,〇〇〇,〇〇〇	月息七厘	九八	关税增加收入	此项公债系以统一公债换偿清楚
十八年编遣库券	十八年八月	七〇,〇〇〇,〇〇〇	月息七厘	九八	关税增加收入	同上
十九年关税公债	十九年一月	二〇,〇〇〇,〇〇〇	年息八厘	无	关税增加收入	同上
十九年卷烟税库券	十九年四月	二四,〇〇〇,〇〇〇	月息八厘	九八	卷烟统税	
十九年关税库券	十九年八月	八〇,〇〇〇,〇〇〇	月息八厘	九八	关税增加收入	此项库券系以统一公债换偿清楚
十九年善后库券	十九年十一月	五〇,〇〇〇,〇〇〇	月息八厘	九八	关税增加收入	同上
二十年卷烟税库券	二十年一月	六〇,〇〇〇,〇〇〇	月息七厘	九八	卷烟统税	同上

续表

债券名称	发行日期	发行债额	利率	折扣	基金	备考
二十年关税库券	二十年四月	八〇,〇〇〇,〇〇〇	月息八厘	九八	关税增加收入	同上
二十年统税库券	二十年六月	八〇,〇〇〇,〇〇〇	月息八厘	九八	卷烟统税及棉纱麦粉等税	同上
二十年盐税库券	二十年八月	八〇,〇〇〇,〇〇〇	月息八厘	九八	盐税	同上
二十年振灾公债	二十年九月	三〇,〇〇〇,〇〇〇	年息八厘	九八	盐税	同上
二十年江浙丝业公债	二十年四月	六,〇〇〇,〇〇〇	年息八厘	无	江浙黄白丝出口特税	同上
二十年金融公债	二十年十月	八〇,〇〇〇,〇〇〇	年息八厘	九八	德退赔款	同上
二十二年爱国库券	二十二年三月	二〇,〇〇〇,〇〇〇	月息五厘	九〇	卷烟统税	同上
二十二年关税库券	二十二年十月	一〇〇,〇〇〇,〇〇〇	月息五厘	九八	关税增加收入	同上
二十二年华北救济战区公债	二十二年十一月	四,〇〇〇,〇〇〇	年息六厘	九八	长芦盐税附捐	
二十三年关税库券	二十三年一月	一〇〇,〇〇〇,〇〇〇	月息五厘	九八	关税增加收入	此项库券系以统一公债换偿清楚
二十四年金融公债	二十四年四月	一〇〇,〇〇〇,〇〇〇	年息六厘	无	同上	同上
二十三年关税公债	二十四年六月	一〇〇,〇〇〇,〇〇〇	年息六厘	九八	同上	同上
二十四年整理四川金融库券	二十四年八月	三〇,〇〇〇,〇〇〇	月息五厘	九八	四川部分统税及印花烟酒税	同上

续表

债券名称	发行日期	发行债额	利率	折扣	基金	备考
二十四年水灾工振公债	二十四年十一月	二〇,〇〇〇,〇〇〇	年息六厘	九八	本,意退庚款;息,海关税款	同上
意庚款凭证	二十三年一月	四四,〇〇〇,〇〇〇	月息八厘	无	俄退庚款	
俄款凭证	二十四年一月	一二〇,〇〇〇,〇〇〇	月息六厘	无	统税	此项凭证系以统一公债换偿清楚
统税国库证	二十四年二月	一二〇,〇〇〇,〇〇〇	月息六厘	无	国库	
短期国库证	二十四年十二月	一〇〇,〇〇〇,〇〇〇	月息六厘	九八		
共计		二,〇二三,三九二,二二八				

未还清债券结欠本金数目表

截至二十五年十二月底止

债券名称	发行债额	已还本金	结欠本金	备考
十七年金融长期公债	四五,〇〇〇,〇〇〇	六,七五〇,〇〇〇	三八,二五〇,〇〇〇	此项公债应付本息列入岁出预算债务费内
海河工程公债	四,〇〇〇,〇〇〇	三,〇〇〇,〇〇〇	一,〇〇〇,〇〇〇	同上
二十五年统一公债	一,四六〇,〇〇〇,〇〇〇	七,三〇〇,〇〇〇	一,四五二,七〇〇,〇〇〇	同上

续表

债券名称	发行债额	已还本金	结欠本金	备考
二十五年复兴公债	三四〇,〇〇〇,〇〇〇	一,七〇〇,〇〇〇	三三八,三〇〇,〇〇〇	此项公债应付本息列入岁出预算债务费内
二十三年玉萍铁路公债	一二,〇〇〇,〇〇〇	一,八〇〇,〇〇〇	一〇,二〇〇,〇〇〇	此项公债应付本息列入岁出预算补助费内
二十三年六厘英金庚款公债	英金 一,五〇〇,〇〇〇	英金 二一七,〇〇〇	英金: 一,二八三,〇〇〇	此项公债应付本息列入营业预算内
二十四年电政公债	一〇,〇〇〇,〇〇〇	一,五〇〇,〇〇〇	八,五〇〇,〇〇〇	同上
第三期铁路建设公债	四〇,〇〇〇,〇〇〇		四〇,〇〇〇,〇〇〇	此项公债前四年应付利息之一部,由铁道建设费内拨付,其余本息列入岁出预算债务费内
二十四年四川善后公债	七〇,〇〇〇,〇〇〇	四,九〇〇,〇〇〇	六五,一〇〇,〇〇〇	此项公债应付本息,列入岁出预算补助费内
二十五年四川善后公债	一五,〇〇〇,〇〇〇	三〇〇,〇〇〇	一四,七〇〇,〇〇〇	此项公债应付本息,列入中央预算补助费及省预算内
二十五年整理广东金融公债	一二〇,〇〇〇,〇〇〇		一二〇,〇〇〇,〇〇	此项公债应付本息列入岁出预算补助费内
共计	二,一一六,〇〇〇,〇〇〇 英金 一,五〇〇,〇〇〇	二七,二五〇,〇〇〇 英金 二一七,〇〇〇	二,〇八八,七五〇,〇〇〇 英金 一,二八三,〇〇〇	

未还清各债券说明

一、十七年金融长期公债

此项公债系财政部为整理汉口中央、中国、交通三银行之停兑钞票，于十七年十一月发行。总额四千五百万元，利率年息二厘半，基金指定由关税余款内照拨，期限二十五年。第一年至第五年只付利息，自第六年起每年分三月、九月还本两次，每次还本一百十二万五千元，至民国四十二年九月底，全数还清。

二、海河工程公债

此项公债系财政部为筹付疏浚河北省海河及收用土地经费，于十八年四月发行。总额四百万元，利率月息八厘，基金指定以津海关值百抽五税收项下附征百分之八之收入作抵，期限十年。每年分四月及十月还本两次，每次抽还总额二十分之一，至民国二十八年四月二十日，全数偿清。

三、二十五年统一公债

此项公债，系财政部为统一债券名称，换偿旧有债券，于二十五年二月发行。总额十四万六千万元，分为五类，甲种债票定额一万五千万元，乙种债票定额一万五千万元，丙种债票定额三万五千万元，丁种债票定额五万五千万元，戊种债票定额二万六千万元，利率年息六厘。基金仍照旧有债券原案规定，在关税项下，除拨付赔款外债外所余之税款支付。期限甲种债票十二年，乙种债票十五年，丙种债票十八年，丁种债票二十一年，戊种债票二十四年，每年分一月及七月还本两次，至民国四十九年一月底，全数偿清。

四、二十五年复兴公债

此项公债，系财政部为完成法币政策，健全金融组织，扶助生产建设，平衡国库收支，及拨存平准基金，于二十五年三月发行，总额三万四千万元，九八实收，利率年息六厘。基金指定在关税项下除拨付赔款、外债及十七年金融长期公债、二十五年统一公债外所余之税款支付，期限二十四年，每年分二月及八月还本两次，至民国四十九年二月底全数偿清。

五、二十三年玉萍铁路公债

此项公债，系为修筑江西省自玉山至萍乡线路，由财政部会同铁道部于二十三年六月发行，总额一千二百万元，九八实收，利率年息六厘。基金指定以中央拨交江西地方盐附捐项下，每年一百九十三万元拨充，期限九年，前一年利息预扣，不还本，自第二年起，每年分五月及十一月还本两次，至民国三十二年五月底全数偿清。

六、二十三年六厘英金庚款公债

此项公债，系为完成粤汉铁路，补充建筑基金，由财政部会同铁道部于二十三年六月发行，总额英金一百五十万镑，利率年息六厘，基金指定以铁道部借得英国退还庚子赔款拨充，期限十二年又七个月，民国二十四年一月为第一次还本之期，以后每半年还本一次，至民国三十六年一月一日全数偿清。

七、二十四年电政公债

此项公债，系为整理及扩充电报电话及无线电，由财政部会同交通部于二十四年十月发行，总额一千万元，九八实收，利率年息六厘。基金指定由交通部国际报费项下，除已指定拨付(一)中英庚款董事会各项借款本息，(二)邮政储金汇业局代理收付合同，每月透支之款暨按月结帐找款外之余款支付，期限七年半，每年分三月、六月、九月及十二月还本四次，至民国三十二年三月底全数偿清。

八、第三期铁路建设公债

此项公债，系为筹集资金，兴筑湘黔川桂等干路，及补助平绥、正太、陇海、胶济等路展长旧有路线，由财政部会同铁道部发行，总额一万二千万元，于二十五年、二十六年及二十七年，每年三月各发行四千万元，九八实收，利率年息六厘。基金指定由前项兴筑展长各新路之余利，及其他国有各路除原有应还债务以外之余利支付。在新路未有余利以前，由财政部于国库项下，第一年补助基金二百四十万元，第二年补助基金三百六十万元，第三、四两年各补助基金四百八十万元。期限每次发行债票各为二十年。每年二月还本一次，至民国四十七年二月底，全数还清。

九、二十四年四川善后公债

此项公债，系为督促四川剿匪，办理善后建设事业及整理债务，由财政部于二十四年七月发行，总额七千万元，利率年息六厘。基金指定以中央征收四川部分盐税项下所拨给补助金，第一年每月四十七万元，第二年起每月九十三万元拨充。期限九年，民国二十五年六月为第一次还本之期，以后每半年还本一次，至民国三十三年六月底，全数清偿。

一〇、二十五年四川善后公债

此项公债，系为完成四川剿匪工作，办理善后建设事业，由财政部于二十五年四月发行，总额一千五百万元，利率年息六厘。基金指定以中央征收四川部分盐税项下拨给补助金每月四万元，及中央征收四川部分烟酒税项下拨给补助金每月四万元，并由四川省政府于营业税项下每月拨解五万元拨充，期限十五年，每年分三月及九月还本两次，至民国四十年三月底，全数偿清。

一一、二十五年整理广东金融公债

此项公债，系为整理广东金融，充实毫券准备，由财政部于二十五年十月发行，总额一万二千万元，利率年息四厘。基金指定在征收粤区统税项下支付，期限三十年，每年分三月及九月还本两次，至民国五十五年九月底全数偿清。

以上各项债券，均在二十五年底以前发行。至二十六年一月一日以后发行者，尚有二十六年京赣铁路建设公债，及二十六年辟浚广东省港河工程美金公债。前者系为展筑宣城至贵溪铁路，由财政部会同铁道部，于二十六年一月发行，总额一千四百万元，九八实收，利率年息六厘。基金指定由(一)铁道部与管理中英庚款董事会订立合同，借用由完成粤汉铁路借款项下，自民国二十六年起至三十五年止归还中英庚款之本金；(二)京赣铁路开始营业后之收入，拨付。期限十年，每年分六月及十二月还本两次，至民国三十五年十二月底全数还清。后者系为广东黄浦辟港及疏浚珠江后河工程，由财政部于二十六年四月发行，总额美金二百万元，九八实收，利率年息六厘。基金指定以粤海关附征百分之五进口税拨充，期限十六年，每年分三月及九月还本两次，至民国四十二年三月底全数偿清。

(二)外债　此项外债，大部分以关税为担保，盐税次之，救灾附加税又次之。有由前清政府举借者，如英德借款、俄法借款等；有由前北京政府举借者，如善后借款、克利斯浦借款等；有由国民政府举借者，如美麦借款及美棉麦借款。就中以前清政府举借为最多，国民政府举借为最少。其到期本息，在关税及救灾附加税担保部分，历经总税务司如数照付；在盐税担保部分，虽于北京政府时代本息偶有愆期，然亦经国民政府为之设法补付，其间如马可尼及费克斯两公司借款，及芝加高银行借款，原系无确实担保债务，为增进国际信用起见，并经先后核定改归盐税项下拨付本息。兹将前清政府及北京政府财政部举借，经国民政府继续还清之各项外债原借条件及现负外债截至二十五年底止结欠本金数目分别列表，并将未还清各外债逐款说明于左：

已还清外债一览表

债款名称	举借日期	举借债额	利率	折扣	基金	备考
俄法借款	清光绪二十一年闰五月	英金：一五，八二〇，〇〇〇	年息四厘	九四又八分之一	关税	
英德借款	清光绪二十二年二月	英金：一六，〇〇〇，〇〇〇	年息五厘	九四	关税	
共计		英金：三一，八二〇，〇〇〇				

未还清外债结欠本金数目表

截至二十五年十二月底止

债款名称	举借债额	已还本金	结欠本金	备考
英德续借款	英金：一六，〇〇〇，〇〇〇	一一，〇七八，二二五	四，九二一，七七五	
英法借款	英金：五，〇〇〇，〇〇〇	四，五〇〇，〇〇〇	五〇〇，〇〇〇	
善后借款	英金：二五，〇〇〇，〇〇〇	四，三五七，二四〇	二〇，六四二，七六〇	

续表

债款名称	举借债额	已还本金	结欠本金	备考
克利斯浦借款	英金：五,〇〇〇,〇〇〇	九四六,五七七	四,〇五三,四二三	
美麦及美棉麦借款	美金：二六,二九九,一〇九	一〇,五九九,一〇九	一五,七〇〇,〇〇〇	
中法教育基金委员会借款	美金：二六五,〇〇〇		二六五,〇〇〇	
华宁公司库券	日金：一,八八〇,〇〇〇	九四,〇〇〇	一,七八六,〇〇〇	
费克斯马可尼两公司库券	英金：二,四〇三,二〇〇		二,四〇三,二〇〇	
汉口造纸厂借款	日金：一,四五〇,〇〇〇	三〇,〇〇〇	一,四二〇,〇〇〇	
芝加高银行借款	美金：五,五〇〇,〇〇〇		五,五〇〇,〇〇〇	
安利洋行期票	银元：一,九一〇,〇〇〇		一,九一〇,〇〇〇	
共计	英金：五三,四〇三,二〇〇 美金：三二,〇六四,一〇九 日金：三,三三〇,〇〇〇 银元：一,九一〇,〇〇〇	二〇,八八二,〇四二 一〇,五九九,一〇九 一二四,〇〇〇	三二,五二一,一五八 二一,四六五,〇〇〇 三,二〇六,〇〇〇 一,九一〇,〇〇〇	

未还清外债说明

一、英德续借款

此项借款，系前清光绪二十四年二月，即西历一千八百九十八年三月，因拨付日本甲午赔款，与英德银行总会签订合同，总额英金一千六百万镑，八三实收，利率年息四厘五毫，以关税及厘金为担保，期限四十五年，每年三月还本一次，其历届本息均经总税务司按照合同规定，提前按月平均拨交经理银行保管，到期支付。计至民国三十二年三月一日全数还清。

二、英法借款

此项借款，系前清光绪三十四年（即西历一千九百零八年）十月，因凑还京汉铁路所借比款及兴办实业，与汇丰、汇理两银行签订合同，总额英金五百万镑，九四实收，利率前十四年年息五厘，十五年以后年息四厘半，以直、鄂、江、浙四省盐斤加价及烟酒税房契捐为担保。期限三十年，十年以内只付利息，自第十一年起，每年十月还本一次，其到期本息，在北京政府时代，原由交通部在京汉铁路余利项下拨付，自民国十一年起，由交通部商准财政部在该项担保品之盐税项下拨付。嗣因盐款不敷，以致民国十四年以后每有欠付。迨民国十八年九月本部发表宣言，规定在盐税收入项下，每年拨出基金一千万元至一千三百万元，专为拨付英法借款及克利斯浦借款本息并湖广铁路借款一期利息之用。至二十三年九月，所有欠付此项借款之本息，业已悉数补还，以后本息即照原定还本付息表拨付，计至民国二十七年十月全数还清。

三、善后借款

此项借款，系民国二年四月，因拨还中央及各省所欠零星外债，赔偿我国革命时各国人民在中国所受之损失，及办理一切善后费用，与五国银行团签订合同，总额英金二千五百万镑，八四实收，利率年息五厘，指定以盐税收入全数为担保。倘海关收入除已指作担保之从前债务外，如仍有余款，应默认或商订尽先充作本借款之担保，偿还本息。倘上项有余之关款足以偿付本息时，则盐务收入之赢余，应归中国政府办理他项事业。期限四十七年，前十年只付利息，自第十一年起，每年七月还本一次，其到期本息均经盐务稽核总所按合同所订办法及原订还本付息表，如期实行，并将一年应本息匀分为十二个月，提前按月拨付。至民国六年，改由总税务司在关税收入项下按月照拨，从无愆期。计至民国四十九年七月一日全数还清。

四、克利斯浦借款

此项借款，系民国元年八月，因偿还从前借款及整理政务、兴办实业，与英商克利斯浦公司签订合同，借款总额原为英金一千万镑，仅交半数，故实际总额为英金五百万镑，八九实收，利率年息五厘，指定以盐税为担保。期限四十年，前十年只付利息，自第十一年起，每年九月还本一次，其到期本息历由盐税项下拨付。至民国十七年间，盐税锐减，应付本息不免停顿。嗣于十八年九月由财政部发表宣言，规定由盐税项下每月筹付基金，专为拨付克利斯浦借款、英法借款本息及湖广铁路借款一期利息之用。至民国二十九〔十九？〕年九月，所有欠付此项借款之本息，业已悉数补还，以后本息即照原定还本付息表拨付，计至民国四十一年九月全数还清。

五、美麦及美棉麦借款

此两项借款，系民国二十年九月及二十二年五月，先后向美国粮市平价委员会及美国金融复兴公司订借。前者用于救济水灾，总额美金九百二十一万二千八百二十六元五角六分，利率年息四厘。后者用于经济建设，总额美金一千七百零八万六千二百八十二元四角八分，年息五厘。以上两款均以海关救灾附加税为担保，所有历次到期本息，均经总税务司在救灾附加税项下如数拨付。至二十五年五月修订合同，将两款合并，计共欠美金一千六百六十万零八千三百二十九元九角九分，仍以救灾附加税为担保，每年三月、六月、九月及十二月还本四次，至民国三十一年十二月底全数还清。

六、中法教育基金委员会借款

此项借款，系因法国部分庚子赔款拨充中法实业银行美金债券基金之后，尚有民国十三年十二月份之庚款连同存息，由中法工商银行拨交中法教育基金委员会，作为办理中法间教育事业经费。当由财政部商准该委员会暂借应用，总额美金二十六万五千元，利率年息六厘，每年付息四次，每次美金三千九百七十五元，均由国库如期照拨。其本金定于三十七年一月底，由总税务司在关税项下一次付清。

七、华宁公司库券

此项库券，系因旧财政部借用华宁矿务公司所收大仓洋行定货款项，计日金一百万元，于民国十年四月将结欠本息连同以后应付利息，共发国库券十四纸，总值日金一百八十八万一千余元。原定自十二年十一月底起，每半年付还一次，但每期应付本息迄未照付，当经旧财政部归入无确实担保外债项下汇案整理。至二十五年四月，经财政部与该库券继承人东亚兴业株式会社商定整理办法，将积欠利息免除，换发国库券二十张，分二十期付款，每张日金九万四千元，共计一百八十八万元。自民国二十五年六月一日起，每六个月付款一次，不计利息，至三十五年五月三十一日全数偿清。

八、费克斯、马可尼两公司库券

查费克斯库券，系民国八年十月前陆军部因订购飞机并筹备地面设备，与英商费克斯公司签订合同，计价款总额英金一百八十万三千二百镑，由财政部填发八厘息国库券，订明期限十年，前五年只付利息，自第六年起分年还本。所有历次到期本息，除第一期至第五期利息业已拨付外，其余均未照付。至马可尼公司库券，系民国七年八月前陆军部因购买行军无线电话机器，与马可尼公司签订合同，计总额英金六十万镑，由财政部照数填发国库券，年息八厘，定期十年，前五年只付利息，后五年分期还本。所有历次到期本息，除第一期至第五期利息业已拨付外，其余均未照付。以上两项库券，均经旧财政部归入无确实担保外债项下汇案整理。至民国二十五年十月间，经财政部与债权人代表商妥整理办法，改由盐税项下拨付本息，所有民国二十五年六月以前欠息，一概免除，自民国二十五年七月起，第一年年息一厘半，以后每年加给一厘之四分之一，至年息三厘为止。自民国三十年六月三十日起，每年六月及十二月各还本一次，至民国六十四年全数还清。

九、汉口造纸厂借款

此项借款，系民国八年十一月汉口造纸厂与中日实业公司签订购机售纸垫款合同，其垫款金额，关于购办机器者为日金五十一万六千余元，关于预付货价者为日金二十万元。十四年十月，经造纸厂与该公司商定将垫款结欠本息，除尾数折合银元十三万余元另案办理外，其整数日金一百万元，改订合同，期限三年，月息一分，每半年付息一次，但未实行。嗣经旧财政部归入无确实担保外债项下汇案整理。至二十五年十一月，经财政部与该公司订定整理办法，将结欠本息日金三百六十二万余元，减为日金一百四十五万元，自二十五年十一月起，每月摊还日金一万五千元，其另案办理银元十三万余元之结欠本息，由财政部一次偿给国币二十万元作为了结。

一〇、芝加高银行借款

此项借款，系民国八年十一月订立合同，归还该行旧欠，总额美金五百五十万元，利率年息六厘，以烟酒公卖税及货物税为担保，期限二年。所有到期本息，除第一、二、三三期利息业已拨付外，其余均未照付，当经旧财政部归入无确实担保外债项下汇案整理。至二十六年四月，经财政部与该行商定整理办法，改由盐税项下拨付本息，自民国二十五年十一月一日起，按年二厘半计息，自民国二十八年十一月一日起，改按年息五厘计算，其民国二十五年十一月一日以前之积欠利息，按照原利率周年单利计算，连同民国二十五年十一月一日至民国二十八年十一月一日应付之二厘半利息，与此后应付五厘相差之利息之五分之一，均发给无利小票。以上库券及小票，均自民国三十一年十一月起开始还本，至民国四十三年全数还清。

一一、安利洋行期票

此项期票，系民国七年二、三月，旧财政部清理积欠保商银行往来款项，曾经发给期票，内有应发瑞记洋行期票二十纸，计行化银八十四万三千三百八十三两三钱九分，嗣此项期票由安利洋行继承。结至十三年九月，计欠本息行化银一百四十六万九千三百五十四两零七分，由旧财政部照数填发期票三十一纸，规定十四年九月三十日按照票面付款，以后并未实行，归入无确实担保外债项下汇案整理。至二十六年三月间，经财政部与该行商定整理办法，将积欠利息一律免除，照原发期票面额折合国币一百九十一万元整数为总额，由部换发无息库券一百九十一张，每张一万元，自二十六年四月起，每月拨付一万元，至民国四十二年二月底全数偿清。

此外尚有湖广铁路借款，原系铁道部经管债务，每年由财政部在盐税项下拨付一期利息。二十六年四月，此项借款经财政、铁道两部会同整理，仍由财政部在盐税项下代付二厘半利息，其本金应由铁道部拨付，合并叙明。

（三）赔款　此项赔款，系前清光绪二十六年我国北部诸省发生义和团事件，各国联军入京，至事变平定，有关系各国要求赔偿，当于光绪二十七年订立辛丑和约，规定赔款总额关平银四百五十兆两，列名各国为德意志、奥大利、美利坚、俄罗斯、法兰西、荷兰、比利时、义大利、英吉利、日本、瑞典、挪威、葡萄牙、西班牙等十四国。年息四厘，期限三十九年，预计利息为关平银五万三千二百二十三万八千一百五十两，统计本息总数为关平银九万八千二百二十三万八千一百五十两。依照各国金钱之价分别折合外币，以光绪二十八年为还本付息之起期，民国二十九年为终期，每年还本一次，每半年付息一次，指定以关税常关税及盐税为担保。所有历届到期本息，原由各省摊解，交由上海江海关道收存备付。辛亥革命以后，改由总税务司在关税项下按月平均拨付。至民国六年，我国对德参加宣战，英、美、法、比、日、义、俄、葡八国允将各该国应收赔款，自民国六年十二月起缓付五年，免算利息，惟当时俄国情形特殊，只能缓付一部分。至退还赔款，以美国一部分之退还为最早，其事远在前清光绪三十四年，退还之款指作清华学校每年经费，其他各国之退还，均在民国十三年之后。总计各国赔款情形，则俄国赔款协定抛弃，德、奥两国赔款自然消灭，义国赔款协定退还归由我国自由支配，杂费之款，早已提前于民国八年付清，荷兰则缓付五年并未加入，但已退还，葡萄牙则加入缓付并未退还，西班牙、瑞典、挪威三国则始终未加入缓付五年之事，亦无退还之议。兹将各国赔款除俄、德、奥、义四国外，截至民国二十五年十二月底结欠数目列表，并说明如左：

各国庚子赔款结欠数目表

国别	原摊数	已还数	结欠数
英国	英金：一六,五七三,八一〇	一三,二五二,一〇八	三,三二一,七〇二
美国	美金：五三,三四八,一四五	四四,〇六一,七三二	九,二八六,四一三
法国	法金：五八〇,一六〇,九三六	法金：一八八,五七九,四〇七 美金：五三,六九六,一三六	美金：二一,八六〇,八二八
比国	法金：六九,四四七,〇六一	法金：二二,五七三,五三九 美金：七,〇五四,八一〇	美金：一,九八九,五九二
日本	英金：一〇,九四四,八一〇	九,〇二九,八三七	一,九一四,九七三
葡萄牙	英金：三〇,二〇四	二四,九一九	五,二八五
瑞典挪威	英金：二〇,五六八	一七,八八一	二,六八七
西班牙	法金：一,一〇七,五九六	九六二,九一二	一四四,六八四
荷兰	荷金：三,〇六六,〇〇五	二,六六五,四九八	四〇〇,五〇七
共计	英金：二七,五六九,三九二 美金：五三,三四八,一四五 法金：六五〇,七一五,五九三 荷金：三,〇六六,〇〇五	英金：二二,三二四,七四五 美金：一〇四,八一二,六七八 法金：二一二,一一五,八五八 荷金：二,六六五,四九八	英金：五,二四四,六四七 美金：三三,一三六,八三三 法金：一四四,六八四 荷金：四〇〇,五〇七

各国庚子赔款说明

一、英国部分

此部分赔款，占总额百分之一一.二四九〇一，应付本息总数为关平银五千零六十二万零五百四十五两，折合英金一千六百五十七万三千八百十镑。民国六年，英国政府与各协约国政府取一致态度，允将该部分赔款自民国六年十二月起展缓五年，定在民国三十年至三十四年间分五年补还。至民国十九年九月，中英互换照会，将该部分赔款自民国十一年十二月起交还中国政府管理，准其借充整理及建筑中国铁路及其他生利事业之用，以其借出之利息，用于教育文化事业。其借用支配原则，并经中央政治会议决定以三分之二借充建筑及整理铁路，三分之一借充办理水利电气等建设事业。迨民国二十一年美、义两国赔款商定展缓一年之际，英国部分亦自民国二十一年三月起展缓一年，商明在最后一年即民国三十五年补还，计至是年年底全数还清。

二、美国部分

此部分赔款，占总额百分之七.三一九七九，应付本息总数为关平银三千二百九十三万九千零五十五两，折合美金五千三百三十四万八千一百四十五元。此项本息数目，较之美国实在所用军费及官商民教应行抚恤之款，浮溢甚多，经美政府承认，自西历一千九百零九年一月起退还一部分，指充清华学校经费。民国六年，各协约国政府商议缓付赔款五年，美国一致加入，但应付清华经费除外，其展缓之款，定在民国三十年至三十四年补还。至民国十二年间，美国政府又将该项赔款尚须照付部分完全退还，指定充作发展中美间教育及文化事业之用。迨民国二十一年间，英、义赔款商定缓付一年，美国部分亦同样办理，其缓付之款摊在最后一年，即民国三十五年补还，计至是年年底全数还清。

三、法国部分

此部分赔款，占总额百分之一五.七五〇七二，应付本息总数为关平银七千零八十七万八千二百四十两，折合法金五万八千零十六万零九百三十六佛郎。民国六年，法国政府与各协约国政府采取一致态度，允将法国部分赔款展缓五年，定在民国三十年至三十四年补还。至民国十四年中法协定，将未收之民国十一年十二月至十三年十一月赔款，展在民国三十五及三十六两年补还。并商定将民国十三年十二月以后之法国赔款法金余额折成美金，悉数退还，逐年借垫与中法实业银行发行五厘美金债券，分为四项用途：(一)换回该行所发远东债权持有之无利证券；(二)办理中法间教育及慈善事业；(三)代缴中国政府所未交清之中法实业银行股款；(四)拨还中国政府所欠中法实业银行之债务。该项赔款计至民国三十六年年底全数还清。

四、比国部分

此部分赔款，占总额百分之一.八八五四一，应付本息总数为关平银八百四十八万四千三百四十五两，折合法金六千九百四十四万七千零六十一佛郎。民国六年比国政府与各协约政府采取一致态度，允将比国赔款展缓五年，定在民国十四年九月起至十九年八月止，连同各该年应付之款，双分归还。至民国十四年九月中比成立协定，将未收民国十一年二月起至十四年八月止赔款，展自十九年九月起至民国二十二年五月止，连同各该年应付之款，双分归还，并将民国十四年九月以后赔款法金余额折合美金，一面照赔款本金法金二千九百零五万三千六百十一佛郎十五生丁按电汇方法计算，由华比银行一次垫出交付比国政府，作为付清，以后总税务司按月应付比国赔款拨交华比银行，偿还垫款。至民国十六年五月还清之后，尚余美金二万三千余元，连同截至民国十七年三月底之十个月之款，交由中比两国政府为第二次协定，准将上款提回应用，定自民国三十年一月至十月补还。一面由中国发行美金债券五百万元，即以民国十七年四月起，按月所付比国赔款为担保，作为陇海铁路及其他国有铁路向比购料费用，及办理中比间教育慈善经费。该项赔款，计至民国三十年十月全数还清。

五、日本部分

此部分赔款，占总额百分之七。三八一八，应付本息总数为关平银三千四百七十九万三千一百两，折合英金一千零九十四万四千八百零八镑。民国六年，日本政府与各协约国采取一致态度，允将日本部分赔款展缓五年，定在民国三十年至三十四年补还。至民国十二年十二月，日本政府国会通过将庚子赔款余额，及解决山东悬案所得之库券及赔偿金，一并移充对华文化事业之用。此仅属变更用途，并无正式退还之声明。该项赔款计至民国三十四年底全数还清。

六、葡萄牙

此部分赔款，占总额百分之。〇二〇五，应付本息总数为关平银九万二千二百五十两，折合英金三万零二百零四镑。民国六年，葡国与协约国一致允将赔款展缓五年，定在民国三十年至三十四年补还，计至三十四年年底全数还清。

七、瑞典挪威部分

此部分赔款，占总额百分之。〇一三九六，应付本息总数为关平银六万二千八百二十两，折合英金二万零五百六十九镑。民国六年，各协约国允将各该国赔款展缓五年，瑞典、挪威并未加入，故该国赔款仍照原定期限，于民国二十九年年底全数还清。

八、西班牙部分

此部分赔款，占总额百分之。〇三〇〇七，应付本息总数为关平银十三万五千三百十五两，折合法金一百十万零七千五百九十六佛郎。民国六年，各协约国允将各该国赔款展缓五年，西班牙因未加入协约国方面，未曾参加，故该项赔款仍照原定期限，于民国二十九年年底全数还清。

九、荷兰部分

此部分赔款，占总额百分之。一七三八，应付本息总数为关平银七十八万二千一百两，折合荷金三百零六万六千零零五佛乐林。民国六年，各协约国允将各该国赔款展缓五年，荷兰因未加入协约国方面，故未参加。迨民国二十二年四月中荷互换照会，规定将该国赔款自民国十五年一月起，悉数退还，以百分之六十五用于中国水利事业，百分之三十五供作文化用途。该项赔款计至民国二十九年年底全数还清。

乙、无确实担保债务

此项借款，均系前北京政府举借，曾经国民政府承认整理，计自民国十八年二月起，每年由关税项下划拨五百万元，作为整理基金，并设立整理内外债委员会办理无确实担保债务之审核及整理事宜。至二十三年四月，复经核定采取个别整理，并决定原则三项：(一)其数小而毫无问题者，即时开始偿还；(二)其数大而无问题者，商议偿还方法；(三)其有问题者另行交涉。所有数小而无问题各款，如华比银行留比学费垫款、英商顺昌洋行汉口造纸厂煤价欠款等，业经一次偿清。其数大而无问题各款，如费克斯、马可尼两公司库券，芝加高银行借款等(已详于前)，亦经商定分期偿还办法。其余无确实担保债务，正在核拟整理办法之中。兹将此项债务分为内外债两项，述之如左：

(一)内债　此项内债，或属公债，或属库券，或属借款，若详加区分，仅就欠付本金计算，则有左列八项：

一、公债	七千一百万元
二、特种库券	一千九百万元
三、普通库券	二千二百万元
四、盐余借款	二千万元
五、内国银行借款	二千八百万元
六、内国银行续借款	二千万元
七、垫款	二千六百万元
八、核准汇案整理各款	三千万元

以上八项，大概计算结欠本金二万四千七百万元，应俟逐款详加审核，方能确定应还数目。

（二）外债　此项外债，有借款，有价款，有赔款损失等。若照国籍划分，仅就欠付本金折合国币计算，则有左列十项：

一、美国	四千万元
二、比国	四十万元
三、丹麦	三十万元
四、法国	七十万元
五、英国	七百万元
六、日本	五千三百九十万元
七、义国	八千六百万元
八、荷兰	六十万元
九、瑞典	七千元
十、中法实业借款	一千五百七十万元

以上十项，大概计算结欠本金合国币二万零四百万元，应俟逐款审核商定应还数目，所有政治借款及业经整理各款，均已除外。至此项外债多属外币，其国币数目，系照现时外币市价折合计算，将来市价如有变动，则此项国币数目自应随之变更。

〔国民政府财政部档案〕

（五）附　录

1.江海关二五附税国库券基金保管委员会会议记录

（1927年12月24日—1932年4月5日）

（1）第七次会议（1927年12月24日）

十六年十二月二十四日下午三时开第七次委员会，到会委员：

李馥荪君、叶扶霄君、吴蕴斋君、林康侯君（吴蕴斋君代表）、谢弢甫君、吴麟书君（李馥荪君代表）、王伯埙君（谢弢甫君代表）徐静仁君（叶扶霄君代表）。

议案如后。

主席李馥荪君报告，财政部函请本会保管续发江海关二五附税国库券二千四百万元本息基金，前于十月十四日开会议决遵办，即经函复财政部，并分函江海关及江浙卷烟统局，请其按照条例，自十月一日将应拨之江海关二五附税奢侈税及江浙卷烟统税补拨过会。复函均以抵押他项借款，未能照拨，均经函询财政部设法照拨。嗣于十一月十四日接江海关监督公署函，以七十万短期借款，至十一月十日止业已还清后，所有江海关续收二五附税奢侈税之全部，自应遵照部令，拨作付息基金等语。本会于十一月十一日至即日止，共收此项税款银十四万七千八百八十九两三钱二分，亦经函请财政部请将十月一日至十一月十一日未解之数补拨，并请按照修正续发库券条例第九条，将江苏邮包税及邮包二五附税奢侈税，自十月一日起，一并补还，迄未奉复。于本月廿三日接财政部来函，业经令行江苏省邮包税局自十一月起，每月拨洋三万元，所收二五附税之奢侈税，一并照数拨交等语。今晨派员至邮包税局接洽，据云十一、十二两月税款，早已解厅，现无款可拨。查中国银行邮包税户存洋一万余元，邮包二五附税奢移税户存洋六千余元，现拟知照中行止付，并再函财政部补拨不足之数。

众赞成。

邮包税局局长沈应镛君适于此时到会，报告该局十一、十二两月税款早经解厅，厅中训令于本月十九日方收到，现在实无款筹解。所存中国银行之款，系局用及员司年终酬劳及抵还银行借款之用，万难扣留，请求允予通过。自一月份每月三万元，自当负责照解。经众议决，以收到训令后十九日至月底解洋一万元，自一月份起，由会咨照中国银行在税收内每月扣足三万元，余多仍交还该局应用。沈君赞成，允明日即备文解洋一万元来会，以后照办。

李馥荪君提议，社会习惯，旧历年间需款最急，而距江海关二五附税国库券第七次还本付息及续发江海关二五附税国库券第一次付息之期，尚差旬日。现拟遵照前财政部来函，提前付给本息，不扣利息，以资接济。请讨论。

谢弢甫君谓：可提前于一月二十日，即旧历十二月廿八日付给。

叶扶霄君谓：应报告财政部备案。

李馥荪君谓：所差十日税款不足付还本息之数，可请中交两行暂垫，亦不计息，以库存现银担保，二十日以后税收补还。

谢弢甫君谓：旧历年底中交两行亦在忙时，加以续发库券同时付息，手续甚繁，未知能商允否。

众议决：俟商允中交两行后，提前于一月二十日付给本息。

谢弢甫君提议，本会职员以上海生活程度增高，本会只贴膳费，不贴宿费，薪金少者，万难敷用，拟请酌增。原属实情，但各员未来之前，均先由介绍人告知薪额，愿就而来，且本会成立不及一年，即予加薪，似应不妥。请讨论。

叶扶霄君谓：各员办事清闲，且为日无多，似可不必加薪。

谢弢甫君谓：可于旧历年底阳历一月份发给双俸，以资津贴。

众赞成。

散会。

(2)第八次会议(1928年4月19日)

十七年四月十九日下午三时开第八次委员会，到会委员：

王伯埙君、朱吟江君(沈景周君代表)、李馥荪君、虞洽卿君、徐静仁君、王晓籁君、林康侯君、吴蕴斋君(李馥荪君代表)。

议案如后。

主席李馥荪君报告，财政部来函，委托本会兼代保管卷烟税国库券一千六百万元基金，附卷烟税国库券条例、还本付息表及基金保证办法三件，请公阅讨论。

众议决：承认代为保管。

虞洽卿君谓：卷烟税充库券基金，情形与二五税不同，须与英美公司接洽，尽先认购财政部送交本会之印花，或每月认定向本会购买若干。

林康侯君谓：华商各烟公司亦须接洽。

李馥荪君谓：财政部议定之基金保证办法第三条载，由部命令卷烟统税处将英美烟公司应缴税款，由该公司直接向本会购换印花办法，尚欠稳妥。现另拟一份，请讨论后再行函商财政部办理。惟保管卷烟税库券基金，须向烟公司接洽，事务繁琐，拟请在委员中公举二人，每日到会办理会务。鄙意林康侯君不日须在银行公会担任职务，最好请其就近兼顾。又王晓籁君正办卷烟税务，情形熟悉，即请两君担任，最为适宜。

众议决：王晓籁君有公职，不能专顾会务，只可请其随时照顾。林康侯君即聘为本会坐办，保管卷烟库券条例等，即请林君审订。

李馥荪君谓：本会既请林君担任坐办，每月应致送夫马费若干，以资办公，即请公决。

虞洽卿君谓：坐办夫马费至少每月二百元。

众赞成坐办夫马费定为每月二百元，自本年五月起致送。通过。

李馥荪君谓：本会开办时，曾有人提议委员应送夫马，当时以经费不裕，会务尚简，因定暂划义务。近来二五库券既经续发，又兼保管卷烟库券基金，事务既繁，责任亦重，委员到会办公或会议自任车费，似究未妥。诸君意思如何。

王晓籁君谓：委员致送夫马，似亦理所当然，常务委员到会时较多，应较其他委员加倍，或定为常务委员每月一百元，其他委员每月五十元。

李馥荪君谓：委员名义虽有不同，会议时均须到会，夫马不宜差别。

众议定：自本年五月份起，本会委员月送夫马费洋五十元，其向不到会各委员不必致送。

李馥荪君谓：本会经费自财政委员会撤销后，自八月份起，节经向部请领，均未得复，近来纯仗少数基金生息，藉付开支。现在兼管卷烟库券基金，事务加繁，人员须添，经费更须筹划。前承财政部张咏霓次长面告，保管卷烟税库券基金，经费不敷，可由卷烟税项下每月津贴两千元等语。应由本会去函，请其拨付。

众赞成。

徐静仁君谓：二五库券发行已将一年，颇闻内地处购券人尚有仅持收据未曾换取库券者，或者竟有仅付券价，并收据而未得者，谅有承办官吏隐匿侵吞情事。此事于国家信用大有关系，亟应彻究，以重廉洁而崇国信。应由本会致函财部酌定办法，登报通告，以免购券人损失，且全本会保管职责。

李馥荪君谓：上年十二月间，崇明三桥乡曾来文催询换给库券，当经转函财政部，嗣后想已换取。现在可再函财政部请其登报公告，一面并由本会登报公告，使购券人注意。

众赞成。

议毕散会

(3)第九次会议(1928年5月2日)

十七年五月二日下午四时开第九次委员会,到会委员:

王晓籁君、叶扶霄君、朱吟江君、林康侯君、李馥荪君、吴麟书君(李馥荪君代表)、吴蕴斋君。

议案如后。

主席李馥荪君报告,四月十九日本会议决兼代保管卷烟税国库券基金,会务既日益增繁,职任亦须扩大,所有前定办事细则,业已略加修改,并另拟定办事员规则七条,并请公决。

由林康侯君逐条宣读,经众修改后通过。

李馥荪君报告,本会保管基金现已达八千余万元,除第一次库券已还十次,计一千余万元外,尚有七千余万元,负责甚重。且卷烟库券事务更繁,常务委员五人中只有谢弢甫君、林康侯君及鄙人管理会务。而林君比较稍有空闲,现又兼银行公会总干事,更可就近兼管,故聘为本会坐办,月送夫马二百元,亦仅半义务性质,已于本月一日就职。又谓现在财政部已指定在卷烟税处每月拨经费二千元,本部开支向从节省,职员薪俸之薄,为其他机关所无。现拟酌量增加,请讨论。

众议决:由主任委员商同坐办斟酌办理。

李馥荪君谓:本会组织迄今,保管基金事事公开,深得社会信任。上年十月间财政部续发二五库券二千四百万元,及本年一月间增发一千六百万元,所有基金,亦规定由本会保管。券数增加,会务已甚繁重。近日财政部发行卷烟税库券一千六百万元,基金亦悉托本会代理。保管责任愈重,事务愈繁,本会委员原有中央特派三人,内有二人迄未到会,本会会务与财政部时有接洽关系,可否致函财政部由部推派二员,加入本会为委员,会同保管基金,以重会务。请讨论。

众赞成。

散会。

(4)第十次会议(1928年5月17日)

十七年五月十七日下午四时开第十次委员会，到会委员：

李馥荪君、王晓籁君、王伯埙君、吴麟书君(李馥荪君代表)、谢祺君、林康侯君、张景文君、徐静仁君、叶扶霄君、朱吟江君、虞洽卿君、谢弢甫君、吴蕴斋君。

议案如后：

主席李馥荪君报告，今日列席新委员张景文、谢作楷两君，系由财政部委派加入，二君对于本会会务，赞助甚力。张君现任内地税局局长，接任之初，即向鄙人谈及各项附税，关系库券信用至巨。凡可协助本会之处，无不尽力。现在续发库券基金，二五奢侈税及出口税，逐日先由本会尽数收存，至月终始将基金外之余款拨还内地税局，即系张君顾全库券信用之美意。按照条例，并非如此。谢君现任卷烟统税处处长，于卷烟税库券基金，悉力赞助，已向英美烟公司接洽购买印花等事，于本会会务俾益甚宏。

全体表示欢迎。

李馥荪君报告，本会曾函请财政部将卷烟统税处每日所收税款，拨交本会，倘有不敷，以续发库券付息，余款为第二担保，已得复函照准。惟卷烟统税处及内地税局，尚未奉到部令，当再向部催询。又谓中交两行代付本息票送存本会，为数甚多，现已由部派三人来会会同销毁。应如何销毁，请讨论。

众议决：备函交部员点收，索取收据，由会派员会同销毁。

李馥荪君谓：财政部来函，纳税华人会经费二千元，嘱在二五奢侈税及二五出口税项下按月拨给等语。此事系纳税华人会去函错误，当函复财政部，请其另函内地税局照拨。又谓中交两行来函，对于代付卷烟库券本息手续费，拟照内国公债办法，每千元酌取洋一元二角五分。查二五库券，每月以规元计洋，照市价加一厘，作为手续费。卷烟库券，完全洋数，似应酌给手续费，请讨论。

众议决：照给手续费每千元一元二角五分，另函财政部每月酌量多拨数百元。

李馥荪君谓：卷烟印花应领一千八百余万元，现已由卷烟统税处先领到二百五十余万元。至于本月基金，顷谢君云，已与英美烟公司接洽，在廿五日左右，定有办法。本月应付本息之数，自当拨足。

谢作楷君谓：现在卷烟统税处每月所收税款，已不解财政部，可直接拨交本会，与英美烟公司接洽等事，无不尽力办理，以固库券信用。

张景文君谓：鄙人承本会同人盛意，欢迎加入保管，甚为欣幸。查本会保管基金，总数已达八千余万元，事事公开，深得社会信任。从前内国公债基金，完全由外人保管，国人于基金内容，难得明了，曾有由国人组织团体，会同保管之议，事未果行。今本会办理甚佳，足资模范，将来前议不难实现。实现以后，于国家财政，社会经济，均有裨益。

李馥荪君谓：本会初办时，力主俭省，且事务尚简，因之各委员皆尽义务，办事员俸给亦属甚低。嗣后兼管续发库券基金，及派人会同换发新票。近又兼管卷烟税库券基金，并保管出售卷烟税印花，会务大繁，不得已添用办事员数人。兹承财政部月拨经费银二千元，经将各办事员俸给略为酌加，并致送各委员每人每月夫马费洋五十元。特此报告。

散会。

(5)第十一次会议(1928年5月26日)

十七年五月二十六日下午四时开第十一次委员会，到会委员：虞洽卿君、朱吟江君、王伯埙君、张景文君、李馥荪君、徐静仁君、吴麟书君、谢作楷君、林康侯君、吴蕴斋君、谢弢甫君、叶扶霄君。

议案如后。

李馥荪君报告，现在本会已收到卷烟统税处洋十万元，又英美烟公司购买印花记帐洋五十二万九千九百八十七元五角，定于三十一日拨交现款，足敷本月份偿付卷烟库券本息之需。故卷烟库券担保甚为确实，其债券信用当然可以提高。此皆谢作楷君极力帮助本会之效果。

又谓：近日沪埠金融渐紧，银钱两业当有相当之预备。惟本会前有成议，于必要时，为维持大局调剂金融计，得将库存余款之现金，拆应市面之需要。现拟托银行公会、钱业公会代为放出现银若干，即以二五库券作抵押品，限期收回。此种办法既可提高库券信用，又可代政府及社会作些公众事业，请讨论。

吴蕴斋君谓：作押款似觉繁琐，或照去年所议，贴现办法如何。

谢弢甫君谓：此恐办不到。

林康侯君谓：现在李馥荪君所提以库银出放一案，系先决问题，请公决。

张景文君谓：对于现银久存库内，似觉可惜，如有妥善方法，不妨放出。

众议决：照办。并议定放款以银钱两业为限，其数目以规元一百五十万两为限，银行方面得放三分之二，钱业方面得放三分之一。

李馥荪君谓：放款以银钱两业为限，极表赞同。惟徐静仁君拟仅限第一期库券作为抵品一层，鄙见谓不必限于第一期，即第二期库券亦可作抵。至于配搭成数，亦不必限定。无论头期、二期，均按照票面每百元抵押五十元，既为维持市面起见，利息亦不求高，只照外国银行周息六厘足矣。

众议照办，并议决周息为六厘半。

徐静仁君谓：所收利息除去银力等费用外，拟将整数移充直鲁赈灾。

众赞成。

谢作楷君谓：同为国家发行之库券，二五库券可作押品，卷烟库券是否亦可作为押品，此事关系卷烟库券信用。请讨论。

李馥荪君谓：现在卷烟库券发行尚少，兹为提高信用起见，可按照发行成数配搭作为押品，亦无不可。

叶扶霄谓：可照发行成数七千万与一千六百万之比例，得五分之一兼作卷烟库券押款。

众议决：以十分之八作二五库券押款，十分之二作卷烟库券押款。

张景文君谓：此事应备函报部，请其备案。

众赞成，并议定先行分函银钱两公会接洽。

散会。

(6)第十二次会议(1928年6月2日)

十七年六月二日下午三时开第十二次委员会，到会委员：

林康侯君、李馥荪君、叶扶霄君、吴蕴斋君(叶扶霄君代表)、王晓籁君、张福运君、谢弢甫君、朱吟江君、王伯埙君、吴麟书君、谢祺君。

议案如后。

李馥荪君报告，本会所议以库存余款，应市面之需要，函托银钱两公会代放一案，今得该两公会复函，据称照目下市况，尚无拆款必要等语。请公阅。

经公阅后，众谓既无拆款必要，则此事可不成问题。

李馥荪君谓：照本会条例第八条之规定，本有存放基金之全权，因为谨慎起见，所以将现款拙守不放。前议以市面需要关系，托银钱两会代办，即以二五库券作抵，正欲提高该库券之信用，使该库券有益而无损，且仅限于银钱两业代放，更属慎之又慎。外人或未加察，致有误会之处，不得不附带声明。

叶扶霄君谓：本会现在从拙做事亦好，外人误会，可置不理。

众议决：对于所提放款一案，暂从缓议。

散会。

(7)第十三次会议(1928年7月27日)

十七年七月二十七日下午四时开第十三次委员会，到会委员：朱吟江君、王伯埙君、谢弢甫君、谢祺君、李馥荪君、叶扶霄君、虞洽卿君、吴麟书君(李馥荪君代表)、林康侯君、王晓籁君、徐静仁君。

议案如后。

主席李馥荪君报告，中行来函，本会委托该行及交通银行代付二五库券及续发二五库券本息，当时以北伐尚未完成，仅指定江浙两省内地各分行一律代付，并经登报通告。现在统一告成，湖北、江西等处往往持有二五库券，不能向就地该两行支取本息者，殊感不便，应否通知全国各分支行，将二五库券、续二五库券及卷烟税库券，一律代付本息。请讨论。

谢弢甫君谓：凡有中交银行设立之处，均应代付各种库券本息。

叶扶霄君谓：应请政府公布续发二五库券号码。

李馥荪君主张，一面函请财政部公布续发二五库券号码，一面致函中交两行，通知各分支行代付各种库券(二五、续二五、卷烟税券三种)本息，俟两行复到，即登报通告。

众赞成。

李馥荪君报告，本月卷烟税库券基金，由统税处交来洋二十万元，英美烟公司购买印花洋四十六万七千余元，前月余存洋一千三百余元，除应付本月份本息洋六十一万六千元外，计尚余洋五万二千四百余元。此款拟留充下月拨付本息之用。

众赞成。

李馥荪君报告，财政部来函，仿照前例，委托本会兼代保管善后短期公债四千万元基金，先发二千万元，以煤油特税全部之收入，作为还本付息，并附到善后短期公债还本付息表及基金保管条例各件。请讨论。

虞洽卿君谓：是项善后短期公债，既经政府公布，将煤油特税拨交基金保管委员会兼代保管，本会只有承认照办。

叶扶霄君谓：现在应先研究该项基金是否确实，倘代保管，须另商条件。

李馥荪君谓：今日与煤油特税处长讨论煤油特税，每月收入可得五十万元，足敷二千万还本付息之需，惟须提出条件，以资保障。

经众议决，提出条件六条：

(一)善后短期公债四千万元，分两期发行，第一期先发行二千万元，其债票上号码，应由部通知基金保管委员会登记，并登报公告，尚有未发之二千万元债票，须归基金保管委员会保管。

(二)美孚、亚细亚、德士古等公司每月底应缴煤油特税税款，应由煤油特税处通知各该公司按月送交基金保管委员会。

(三)煤油特税处处长与本公债基金关系綦重，如有更换，须得基金保管委员会之同意。

(四)基金保管委员会得随时派员稽核煤油特税处逐日收数。

(五)如将来关税增加，煤油特税势必停止，政府应以新发关税债票，调回此项善后短期公债。

(六)俟国债基金保管委员会成立后，即将此项善后短期公债移交该会保管。

以上议决条件六条，应即函复财政部核准施行。

众通过。

散会。

(8)第十五次会议(1928年10月23日)

十七年十月二十三日开第十五次委员会，到会委员：

王晓籁君、王伯埙君、谢弢甫君、谢祺君、朱吟江君、林康侯君、叶扶霄君、李馥荪君、吴蕴斋君、徐静仁君。

议案如后。

主席李馥荪君报告，本会存放中交两行款项，向无利息。前次总税务司来沪，问及对于银行存款一节，据云向以三厘计息。乃于九月中旬与中交两行接洽，并分函该两行，从九月一日起，所有存款，凡未转入备付本息户之帐时，应以往来存款论，按周息三厘计算。现在均已接其复信照办，以后本会经费，可告无虑。

李馥荪君报告，财政部来函，募集金融短期公债三千万元，所有基金，仍交本会兼代保管，并经部令总税务司，将德国退还赔款余额，按月交会备付本息。条例请公阅。鄙意现在暂可代为保管，俟国债基金委员会成立时，再行交出，请讨论。

叶扶霄君谓：该公债条例第六条所称，是项赔款，按月拨交指定之银行保管云云，核与财政部来函请本会暂代保管，不相符合。应请将条例修改。

林康侯君谓：该公债简章第七条亦须照改。

李馥荪君主张，函复财政部，请将条例第六条、简章第七条均形修改，声明交本会暂为保管，俟国债基金保管委员会正式成立，将是项基金改交该委员会保管之。

众赞成。

李馥荪君报告，财政部来函内称：现在财政渐次统一，卷烟税收入增加甚巨，请从十一月份起，将拨足卷烟税库券应付本息外之余款，每月归还本部，而从前积欠之款，决不动用。等语。查本会现在卷烟税基金，已积存一百余万元，可留作永远基金，以后收数，照统税处预算，每月可有一百二十万元。即以本会所收英美烟公司一家而论，每月可收六十余万元，对于库券基金，当可无虑。鄙意以后每月余款，不妨归还财部，请讨论。

经众议决，前存余款，决定不动，准从十一月份起，每月将余款拨还财部，由公函答复。

散会。

(9)第十六次会议(1928年11月26日)

十七年十一月二十六日开第十六次委员会，到会委员：

王晓籁君、朱吟江君、吴蕴斋君、张福运君、叶扶霄君、虞洽卿君、李馥荪君、林康侯君。

议案如后。

主席李馥荪君报告财政部来函，善后短期公债定于十二月一日下午二时，在上海总商会举行第一次还本抽签之期，十二月三十一日开始还本，所有应还本洋二百万元，应由本会先期拨给各银行查收备付，等语。并请本会届期派员莅场，参观抽签。来函请公阅。

李馥荪君主张，还本之二百万元，当俟抽签后距还本前五日拨款，抽签时公推代表二人参观，以昭郑重。

众赞成。公推叶扶霄、王晓籁二君届时前往参观，并分函二君接洽。

李馥荪君报告：财政部送来善后短期公债基金保管条例及保管办法，即前次会议通过者，请公阅存案。

李馥荪君报告：财政部来函，善后短期公债之未发行债票二千万元，除本年十二月应抽第一期中签号码相同之债票二百万元外，其余额一千八百万元，定于十二月一日继续发行，加拨芜湖、九江、浙海三关所收二五内地税及常关税全部为基金，按月由各关迳行解款到会保管，每月平均收入三十三万五千余元，以之抵拨尚属有余，等语。此事应如何办理，请讨论。

叶扶霄君谓：以三关收入作基金，似与该公债条例不相符合。

林康侯君谓：三关关税明年恐有变更，且觉鞭长莫及。

李馥荪君谓：照本会现在卷烟税收入，每月平均可得一百万元以上，除付卷烟税库券本息约六十万元外，其余款足敷补充善后短期公债之基金，论其性质，尚属相同，且较有把握。如从明年一月一日起，每月能拨足卷烟余款三十三万五千元，似可允其发行。

林康侯君谓：此事须向财部商办，现在张次长在沪，可请其到会面谈。

张次长到会后谓：煤油特税已命令粤、鄂等省将税收悉数拨交，但现在未交到前，此三关关税作抵，甚属可靠。

众议：此项公债目前即欲发行，与其另谋抵拨，不如以卷烟税余款补充为直捷。即议决：自明年一月一日起，在本会每月经收卷烟税款项下，除付卷烟库券本息外，每月扣拨三十三万五千元，添作善后短期公债基金，则本会可负保管之责。通过。

李馥荪君谓：现在卷烟税增加在即，如每月能增加五十万元，即可拨足三十三万五千元之数而有余，应请张次长陈明部长照办。本会为债票信用计，不得不如此郑重也。

张次长表示同意，允俟与部长商议后办理。

议毕散会。

(10)第十七次会议(1929年1月12日)

十八年一月十二日下午四时开第十七次委员会，到会委员如左：

李馥荪君、王伯埙君、吴蕴斋君(李馥荪君代表)、王晓籁君、张福运君、林康侯君、徐静仁君、虞洽卿君、叶扶霄君。

议案如后。

主席李馥荪君报告，本会保管各种库券公债基金，截至上年十二月底止，二五库券项下，计存银四百七十余万两；卷烟库券项下，计存洋一百二十余万元；又善后公债项下，计存洋三十余万元。本届一月份收数，亦复畅旺。惟财政部公布海关进口新税则，已定于二月一日实行，则此后关于原定各项基金，除卷烟税不生问题外，其他均有变更。故日前已先函达财部，今日复与宋部长、张次长面商，请由新增关税项下，将各种应付基金每月按期照数拨付，一面令知总税务司定案，并由总税务司函达本会证明照办。大率二五库券本息及续发二五库券利息，每月约一百五十万元。善后公债本息，每半年约五百余万元，应由正税项下，除规定五厘抵还外债外，余在七五内优先拨付。已蒙部长、次长许可，复函正在商酌，不日即可到会。兹将本月九日致财政部函稿，请林康侯君宣读。

李馥荪君又谓：此事再请张景文君竭力主持，早予核定，切实照复。

张景文君允为照办。

李馥荪君报告，上年十月间本会所议决存放中交两行款项，除备付本息户外，凡属往来款项，从九月一日起，按周息三厘计算，藉作本会经费，此事业已照办。至上年年底，已收过利息一次，除将前在二五库券基金洋户项下借拨开支洋五千元一笔，照数归还外，现在并拟将善后公债还本付息之手续费，亦在该息款项下开支，业已函报财政部备案。函稿仍请林康侯君宣读。

李馥荪君谓：十六年十月间本会议决拨出基金余款银二十万两，分存各银行钱庄，按每三个月收息一次，以补开支一案。当时以各银行钱庄认购库券之数目，为分配存款之多寡，本埠汇业银行，亦存有银五千两。讵该行宣告休业，一月已满，仍未复业。此项存款，系属国币，无论如何不能短少。请讨论。

众议决：请林康侯君向该行整理员郑重声明，将来应如数收回。

李馥荪君谓：本会保管基金种类数额逐有增加，会务日见繁重，各职员平日办事，颇形繁劳。兹届岁序更始，鄙意拟每人各给月薪三个月，为普通奖金。此外视办事之成绩，得酌给特别奖金，以资鼓励。又谓本会成立之初，为节省开支计，职员薪水较各处为薄，现在会中经费较充，拟从本年一月份起，每人薪水酌予增加，俾各安心办事，用示体恤。应请公决。

众赞成，即请主席会同坐办酌量办理。

(11)第十八次会议(1929年1月17日)

十八年一月十七日下午四时开第十八次委员会，到会委员如左：

王伯埙君、王晓籁君、谢弢甫君、张福运君、李馥荪君、徐静仁君、林康侯君、叶扶霄君、朱吟江君。

议案如后。

主席李馥荪君报告：十二月十二日本会会议函请财政部自新税实行后，将二五、续二五及善后三项债券基金改由关税项下尽先拨付一案，业于十五日接到复函，关于应付各项债券本息基金，准由关税增收项下按月由总税务司拨交到会，并附来办法三条。又十六日接张次长来电，内称：基金改由关税总收入首先拨付，福运已办稿，极为妥洽，原拟办法撤回，以免两歧，云云。今日张景文君亲送部函到会，内言：第一次及续发二五库券还本付息之基金，及善后公债还本付息之基金，应即照各该券及公债还本付息表所规定数目，自二月份起，按月由总税务司由增收关税项下尽先送拨到会，等语。财政部如此答复，自较前函切实。来函请公阅。

李馥荪君谓：各项基金须每月分四期拨付，即每星期拨付一次，应函致财政部，令饬总税务司照办，并请在二五库券、续发二五库券及善后公债本息未付清以前，不得变更办法。

张景文君谓：各项债券基金以全国海关税收作抵，每星期拨款一次，不知于手续上能否办到？

李馥荪君谓：二五库券、续二五库券及善后公债三项，本息每月约需二百二十万元，似应每月分四期陆续拨付为是。

徐静仁君谓：应先函致总税务司，请其将基金改由关税尽先拨付一层，答复照办。

叶扶霄君谓：各基金改由关税总收入尽先拨付，则变更条例之处，应请财政部登报公布。

众议决：将财部第一次复函及办法，请张景文君带部缴还，并即分别函电：(一)函致财政部，基金每月分四期拨付，并在各债券本息未付清以前，不得变更办法，请令饬总税务司遵照；(一)函致总税务司，基金由关税增收项下尽先拨付，请其答复照办；(一)电请财政部，关于三项债券基金变更条例，即日登报公布。

李馥荪君报告：又接财政部一月十日来函，内称二五库券余款将近五百万两，援照成案，参酌条例，除将积余两个月基金存储本会外，余款悉数放还，等语。来函请公阅。

张景文君谓：鄙人承宋部长之委托，请本会将该项余款全部放还政府，一面令由总税务司以专款二百万元存在中央银行，为二五库券本息之担保，可否照办，请讨论。

李馥荪君【谓】：若照以后关税增收预计之数目而论，基金可无顾虑。惟本会为公众保持利益，为政府维护信用，宁使基金宽留，毋使社会误会。现在持平之计，各项基金当存储两个月，二五库券存储二百二十万元，善后公债存储六十万元，续发二五库券不生问题，且十日部函已明明承认存储二个月之办法矣。请张景文君将此意代达政府。

叶扶霄君【谓】：如此最为公允。

众议决：二五库券基金准存二百二十万元，善后公债基金准存六十万元，须俟财政部登报公布及总税务司来函答复照办后，乃将余款放还。

散会。

(12)第十九次会议(1929年3月5日)

十八年三月五日下午二时开第十九次委员会，到会委员如左：王伯埙君、李馥荪君、吴麟书君、谢弢甫君、林康侯君、吴蕴斋君、叶扶霄君（吴蕴斋君代表）、朱吟江君、徐静仁君、王晓籁君。

议案如后。

主席李馥荪君报告，财政部来函，十四年八厘公债第三次还本及十七年金融短期公债第一次还本，均定于三月十日下午二时，在上海总商会举行抽签，请本会派员届时莅场参观。等语。兹推定林康侯先生为代表，届时前往商会监视抽签，以昭郑重。

众赞成。

李馥荪君报告，一月十七日本会会议，二五库券、续发二五库券及善后短期公债三项债券基金，函请财部改由关税增收项下，尽先拨付一案，已由财部令总税务司自二月份起，按照各项债券还本付息表规定数目，定每月二十五日拨款到会。上月二十五日已如数拨到，二月份之十七年金融短期公债基金，亦一并收到，办法较为简便。其经过详情已披露于上月二十七日各报矣。

李馥荪君报告政府发行十七年金融长期公债四千五百万元，原定本息基金在关税增收项下拨交指定之银行保管。又十八年赈灾公债一千万元本息基金，在关税增收项下拨交中央银行保管。查金融长期公债四千五百万元，系收回汉钞而发，额数甚巨，基金须求巩固，不得使人民再受损失。赈灾公债系慈善事业，亦当尽责保管。且金融短期公债基金，既归本会保管，上述两项事同一律，前经函致财部，请将两项基金改归本会保管。兹得财部复函，照准来函。请公阅。

谢弢甫君谓：本会最初为保管二五库券基金而设，现在兼管多种债券基金，仍用原名太与实际不符。

李馥荪君谓：此节曾向当道接洽，原有委员人数及办法一律仍旧，惟须将改组章程拟定后，呈请国民政府批准。此事应请林康侯君起草办理。

李馥荪君报告，财部发行十八年裁兵公债五千万元，按照条例，将基金拨交本会保管，希与总税务司接洽办理。等语。来函请公阅。

朱吟江君谓：照关税增加收入通盘计算，足敷各项债券本息之用否。

李馥荪君谓：各项债券基金，除二五库券系固有税款，卷烟库券系独立性质，十七年金融短期公债系退回德国赔款，善后短期公债系煤油特税收入，当可不计外，现在只论十七年金融长期公债每年计需一百十二万五千元，赈灾公债每年计需一百八十万元，裁兵公债每年计需九百万元，共计约一千二百万元。照现在关税增加收入，至少当有三千万元足敷金融长期公债、赈灾公债、裁兵公债三项基金备付之款，故通盘筹算尚不成问题。

谢弢甫君谓：照现在情形，上述三项基金当可代为保管，如以后再有增加，须请注意。

众通过。

林康侯君将来函两件宣读后，议决办法如下：(一)函致财部，交本会保管十七年金融长期公债、十八年赈灾公债、十八年裁兵公债三项基金，遵照办理。惟基金存放机关，请援照本会保管条例第八条之规定，由本会指定。(一)函致总税务司抄送上述三项公债还本付息表，请于每月二十五日一并如数拨交。

散会。

(13)第二十次会议(1929年4月17日)

十八年四月十七日下午三时开第二十次委员会，到会委员如左：

王伯埙君、张福运君、王晓籁君、吴蕴斋君、李馥荪君、林康侯君、吴麟书君、叶扶霄君、虞洽卿君、朱吟江君。

议案如后。

主席李馥荪君报告，本年三月底，为十七年金融长期公债第一次付息之期，应付息洋五十六万二千五百元。此项基金，本指定以关税余款作抵，但财政部因与总税务司未能结帐之关系，未能如期照拨，业经代部商由中央、中、交三行暂行借垫，年息四厘。现在此案已接部函核准，自四月份起，由关税余款于每月二十五日照拨，以后可无问题。至所借三行之款，业函财部，迅予拨还。

又报告十八年赈灾公债基金，前次本会议决，代为保管，嗣悉是项公债一、二、三三个月基金，已由总税务司拨存中央银行，故本会曾函致财部，请将是项基金仍交中央银行保管，较为直捷。但今又接财政部来函，谓赈灾公债基金，自四月份起，按月于二十五日拨交中央银行列收本会户帐，备付本息等语。此事想系财部内部办事隔膜之故，应请财部将已拨中央银行之款，迅予转拨本会。

张景文君谓：此事鄙人当初并未接洽，嗣经李馥荪先生嘱托，宋部长赴鄂临行时亦嘱为办理，故从四月份起照拨，不致再有隔膜。至于已拨中央银行之款，须俟宋部长回沪后拨转。好在款存中央银行，现在不能动用。

李馥荪君谓：张景文先生对于本会各项事务，从中接洽协助，本会得益非浅，甚为可感。

林康侯君将财部来函两件宣读毕，并谓上列金融长期、赈灾、裁兵三项公债基金，部函均指定拨交中央银行，其办法与本会保管条例第八条不相符合，应请讨论。

张景文君谓：各项基金，系由中央银行转收本会户帐，得随时开支票支存其他银行，似可不成问题。

李馥荪君谓：既系转帐性质，当然本会可随时支用，好在款既拨会保管，其权操诸本会，自可不必过虑。

众赞成。

李馥荪君报告，本会保管各种库券公债基金，信用卓著，非经本会保管者，即不能邀社会之信任。此次财政部续发卷烟库券二千四百万元，原定条例，其基金由指定之银行保管，现又来函委托本会继续保管，而华商证券交易所亦来函恳请。兹将来函两件，请林康侯先生宣读。

李馥荪君又谓:兹在诸君未加讨论之前,先将经过情形特为报告。当财政部欲续发卷烟库券时,曾与本会商议,其基金仍拟托本会保管。适以时局多故,鄙人与各委员接洽,均以本会系独立性质,在用兵时期,所发债票由会保管基金,恐遭社会物议,且影响从前所保管之债信,于是婉辞谢却。所以原定条例,由指定之银行保管,而是项库券,在战争期内,亦未发行。此次金融界及交易所迭经请求,以非本会保管不可。故前日张次长来会商称,欲本会继续保管是项基金,有两种理由,(一)是项库券,系作行政经费之用,(二)卷烟税向由本会直接收款,似宜继续办理,以免划分。鄙人即谓,卷烟税余款,早经抵与各银行借款,尚未清了,如何管法。张次长谓,当与各银行接洽,将欠款如数还清。从本月份起,即以现金委托保管等语。用特召集会议,应请公决。

张景文君谓:只要基金有所出,即可保管。

林康侯君谓:本会宁可郑重,毋使人议本会轻于从事。

叶扶霄君谓:现在首先研究者有二:(一)基金充分与否,(二)基金缺少时如何补救。

李馥荪君谓:今年一月至三月,卷烟税收数,每月均在一百二十万元以上,四月份至本日止,未及两旬,已达一百二十余万元。查四月底应付原发卷烟库券本息五十八万元,又续发卷烟库券本息六十七万二千元,合计洋一百二十五万余元,以后逐月减少,当可敷用。至十九年十一月原发库券还清后,更可无虑。

王晓籁君谓:设遇不敷,应求后盾,以资保障。

叶扶霄君谓:现在能将卷烟税逐月余款,留存本会,积至三个月,亦可作为后盾。

众议决:是项库券基金,原则上应允保管,惟对于修改条例及保障办法,应推举代表,与财政部张次长面商后,再行定夺,以示郑重。当公推叶扶霄、林康侯两君为代表,前往接洽。

散会。

(14)第二十一次会议(1929年6月10日)

十八年六月十日下午四时开第二十一次委员会，到会委员如左：

王晓籁君、王伯埙君、叶扶霄君、李馥荪君、林康侯君、虞洽卿君(王晓籁君代表)、吴蕴斋君、张福运君、朱吟江君(林康侯君代表)、吴麟书君、谢弢甫君。

议案如后。

主席李馥荪君报告：财政部来函，为整理税款及抵补整理期内收支不敷起见，发行十八年关税库券四千万元，月息七厘，其基金由关税增收项下，每月拨出本息洋八十万元，分六十二个月还清，委托本会兼代保管办理还本付息事宜。来函及条例请公阅。

张景文君谓：是项基金之充裕，绰绰有余，毫无顾虑。

李馥荪君谓：财部训令总税务司遵照办理之公文已否发出？

张景文君谓：业余【于】上星期五照发。

李馥荪君谓：如此基金已无问题，现在只须讨论应否代为保管。

林康侯君谓：此案既经明令公布，本会只可照办，惟以后发行债券，似以先得本会同意，然后公布，乃为正办。

众议决：应即函复财政部，承认保管，并声明嗣后发行债券，其基金委托本会兼代保管者，拟请于提案之前先行知照本会，俟得同意，再行公布。等语。

散会。

(15)第二十二次会议(1929年6月19日)

十八年六月十九日下午四时开第二十二次委员会，到会委员如左：

王晓籁君、王伯埙君、林康侯君、谢弢甫君、虞洽卿君、叶扶霄君、吴麟书君、吴蕴斋君、李馥荪君。

议案如后。

主席李馥荪君报告：财政部来函，请将本会所存之二五库券及两次卷烟库券基金余款准予提存一个月，其一个月外之余款照数放还，并另提关税库券二百万元，交存本会，为万一之准备，等语。来函请公阅讨论。

林康侯君报告：二五库券计余存洋二百二十万元，卷烟库券计余存洋一百二十六万七千余元，续发卷烟库券计余存洋一百五十六万八千余元。

众议决：将财部允拨之关税库券二百万元及上次允拨之续发卷烟库券一百万元，以一部份作为拨还卷烟库券基金互抵押品，以一部份作为拨还二五库券基金之抵押品，每月由本会收取本息，补充基金。结至五月底止，除本会留存一个月基金外，将余款放还财部，公推林康侯君面向财部张次长接洽，再行函复。

散会。

(16)第二十三次会议(1929年8月20日)

十八年八月二十日下午四时开第二十三次委员会，到会委员如左：

林康侯君、李馥荪君、谢弢甫君、朱吟江君(林康侯君代表)吴麟书君(李馥荪君代表)、叶扶霄君、吴蕴斋君(叶扶霄君代表)、王晓籁君、虞洽卿君(王晓籁君代表)。

议案如后。

主席李馥荪君报告：财政部来函，谓六月二十四日送存本会作为二五库券及两次卷烟库券拨还基金余款之抵押品关税库券三百万元，因另有用途，特送来裁兵公债三百万元，请将关税库券换去，等语。来函请公阅。

经众讨论，关税库券可每月收款，裁兵公债须半年收款，故其价值裁兵公债不及关税库券。但财部既有用途，商量调换，本会只可照办。

李馥荪君谓：但求基金不生问题为第一要义。

叶扶霄君谓：关税库券五年还清，裁兵公债十年还清，本会可将此理由，请财部加拨裁兵公债数十万元，谅可办到。

王晓籁君谓：请增加二成，为三百六十万元。

众议决：函复财政部，请加拨裁兵债六十万，共三百六十万元，换回关税库券三百万元，仍由本会收取本息，以裕基金。一面先由李馥荪君电话致财部国库司长接洽办理。

散会。

(17)第二十四次会议(1929年9月7日)

十八年九月七日下午一时三十分开第二十四次委员会，到会委员如左：

王晓籁君、李馥荪君、林康侯君、谢弢甫君、叶扶霄君、吴蕴斋君、吴麟书君(李馥荪君代表)、徐静仁君(吴蕴斋君代表)、朱吟江君(林康侯君代表)。

议案如后。

主席李馥荪君报告：九月四日财政部来函，发行民国十八年编遣库券七千万元，委托本会保管基金，事关重要，请众讨论。

佥谓：本会保管各种公债库券基金已不在少数，现在关税增加收入项下是否足付此项库券本息，非详加审查不可。当即推定谢弢甫君、叶扶霄君、吴蕴斋君、林康侯君为审查员，一俟审查报告，再行答复财部。

再，此次发行编遣库券，其如何编遣计划，应请政府从速公布。且既发编遣库券，则以前之裁兵公债，政府应即收回，以表示此次发行编遣库券确为实施编遣之用。公推主席向财部询明后，于下次开会时报告之。

议毕散会。

(18)第二十五次会议(1929年9月12日)

十八年九月十二日下午二时三十分开第二十五次委员会，到会委员如左：

李馥荪君、吴蕴斋君、叶扶霄君、谢弢甫君、林康侯君、吴麟书君、徐静仁君(吴蕴斋君代表)、王晓籁君。

议案如后。

主席李馥荪君报告：九月十日财政部来函，谓发行编遣库券经立法院审查，按诸现在每月实收，除拨各项债券基金外，尚有巨数盈余，因将条例通过，等语。并报告与财政部接洽情形，与来函大致相同。本会于本月七日开会议决各节，当经函达财部，尚未见复。兹将来去函件请公阅讨论。

众议：财部十日来函对于本会前提各节仅言新增关税尚有巨额盈余，而于裁兵公债是否可以收回及如何编遣计划，均未能切实声明。应俟本会七日去函接到财部答复后，再行开会讨论。

议毕散会。

(19)第二十六次会议(1929年9月16日)

十八年九月十六日下午四时开第二十六次委员会，到会委员如左：

张福运君、林康侯君、虞洽卿君、王晓籁君、李馥荪君、谢弢甫君(李馥荪君代表)、吴蕴斋君、叶扶霄君、吴麟书君。

议案如后。

主席李馥荪君报告：前本会两次开会对于财政部发行编遣库券一案，本会复函所提各节尚未见复。兹经宋部长、张次长来沪面商，谓已发裁兵公债之用途，均系正当支出，有帐报告，立法院并可公告。至抵押各银行之票额，约可收回一千万元。经与磋商，准允收回二千万元，交会保存。此次编遣库券用途，确为实施编遣之用，其支出将来亦可公布。闻已设立裁兵协会，实行监督编遣。此项编遣库券基金兼代保管问题，应请讨论。

虞洽卿君谓：此项公债基金是否充足？

张景文君谓：照现在关税增加收入数目而论，对于此项库券支付本息绰绰有余，可无顾虑。

众议决：照原则基金既见充足，本会应予保管。惟本会全体委员为各公团之代表，有不得不力为维护者。当经提出三项，请财部答复。

（一）本会对于未发之裁兵公债二千万元，请悉数收回。

（二）裁兵协会，请从速组织成立。

（三）前交本会作抵之裁兵公债三百六十万元，是否在已发裁兵公债三千万之内。

以上三项，公推虞洽卿君、叶扶霄君、吴麟书君为代表，向财政部、次长洽商决定。

议毕散会。

（20）第二十七次会议（1929年11月8日）

十八年十一月八日下午四时开第二十七次委员会，到会委员如左：

王晓籁君、张福运君、虞洽卿君、徐静仁君、李馥荪君、林康侯君、吴麟书君、叶扶霄君、吴蕴斋君。

议案如后。

主席李馥荪君报告：财政部来函，内开：本部为使各埠华侨了然于政府发行各项公债、库券基金巩固，以期益坚信用起见，特加聘李清泉、邱允衡、林秉祥、薛母院四人为本会华侨委员，如因事不能回国，并准指定人员代表到会，等语。惟查现在各华侨委员均尚未指定代表到会。来函请公阅。

李馥荪又报告最近基金保管状况，计库存一百五十万元，存中央银行四百万元，存中国银行二百余万元，存交通银行一百余万元，其大部份于十二月内善后公债抽签后即须付出。此后为基金格外稳固起见，应如何布置，请公决。

经众讨论，库存现金愈多愈善，应向中央、中国、交通三银行平均收现一百五十万元，使库存常备三百万元。众无异议。

散会。

(21)第二十八次会议(1929年11月30日)

十八年十一月三十日下午一时半开第二十八次委员会，到会委员：

王晓籁君、林康侯君、叶扶霄君、吴麟书君、张福运君、谢弢甫君、李馥荪君、吴蕴斋君、徐静仁君。

议案如后。

主席李馥荪君报告，财政部来函，以本年九月低〔底〕止，十七年金融短期公债基金，除付还本息外，结余洋八十八万三千一百五十七元六角一分。此项公债基金，系以退还德国赔款除担保十四年公债及治安库券外之余款为担保，将来十四年公债及治安库券等逐渐还本，余款必渐加增，决无不足之虞。嘱将现有之余款缴回国库等语。来函请公阅讨论。

众议决：十七年金融短期公债基金余款，照数拨还财政部，以后每一年结算一次。

散会。

(22)第二十九次会议(1930年1月4日)

十九年一月四日下午三时开第二十九次委员会，到会委员如左：

王伯埙君、谢弢甫君、王晓籁君、林康侯君、张福运君、叶扶霄君、吴麟书君、李馥荪君、吴蕴斋君、虞洽卿君。

议案如后。

林康侯君报告：本会主任委员李馥荪君来函，内称：现在江海关二五附税国库券应还本息业经如期还清，原定任务已告完成，身兼数职，精力不逮。所有本会委员一职，拟自本年一月一日起不再担任，并称已函致银行公会，辞退原推代表，附来致该公会函稿一份，等情。到会。事关重要，来函请公阅讨论。

叶扶霄君报告：李委员馥荪之来历，系由银行公会推举之代表，再由本会委员推举为常务委员，又互推为主任委员。倾间银行公会亦以接到李君辞职函件，开会讨论佥谓：李君任事以来，办事之成绩及所感之痛苦，同人交相钦谅。夫以本会关系国家债信及持票人利益既重且巨，一有更张，深恐引起外界误会，影响债券市面，实非浅鲜。故银行公会议决，一致挽留，务请勉为其难，如有为难之处，银行公会及各团体愿为李君后盾，并为本会后盾，云云。此银行公会议决情形，且已函复李君矣。

李馥荪君谓：鄙人任事以来，已经三十三月，所有经过事实，均详在致银行公会函中。实因身兼数职，会务繁冗，不克兼顾。且外界不明真相，不免尚有误会。今幸二五库券业已还清，于任务上告一段落，极愿暂息仔肩。公债与金融界休戚相关，鄙人辞职以后，仍可追随于诸君子之后，随时协助。区区愚衷，深望共谅。

经众答复，佥谓现在二五库券虽已还清，而续发二五库券尚有四十个月之期限，名义仍属相符，且本会委员之地位系为社会服务，即为人民保持利益完全独立，性质与政治毫不相关，悠悠之口，何足介意。务请勉任艰巨，勿萌退志，全体同人，一致愿为后盾。

议决复函：李委员辞职一节，一致挽留，一面函致银行公会，征求挽驾之同意，俾资接洽，

议毕散会。

(23)第三十次会议(1930年1月11日)

十九年一月十一日下午三时开第三十次委员会，到会委员如

下：

王伯埙君、张福运君、林康侯君、虞洽卿君、李馥荪君、叶扶霄君、吴蕴斋君（叶扶霄君代表）、谢弢甫君、吴麟书君、王晓籁君。

议案如后。

林康侯君报告：上次本会议决关于函复李馥荪君挽留辞职一节，嗣接李君复函，允予续任一年，并抄附复银行公会函稿到会。此事业经各报披露，兹将来函宣读众听。

众一致欢迎。

主席李馥荪君报告谓：上年九月七日本会为会议保管编遣库券一案，曾公推代表向财部当轴协商，收回未发之裁兵公债二千万元。嗣准财部来函：先送裁兵公债一千五百万元到会，尚有五百万元允予续送，而迄未送来。十一月四日又接部函，谓裁兵公债仍照原额五千万发行，所有还本付息数目，应仍照旧表，按月匀拨本会。前因减额，所扣八、九、十三个月之基金，亦照数加拨，请将存会该项公债一千五百万元悉数缴回。等语。本会未允照办，乃昨日财部来函，内称：现在对于武汉金融之整理，已由中央政治会议通过，发行十九年关税公债二千万元，而前存本会之裁兵公债一千五百万元为救济目前国家经常之需要，既将基金拨足。惟有就裁兵公债仍照原额发行，所有送会保存之一千五百万元，请如数交还本部，以便抵用，等语。鄙见两次部函，均与本会议决案不合，牵涉武汉金融，尤属节外生枝，请公阅讨论。

叶扶霄君谓：查本会上年九月七日议案，关于裁兵公债收回二千万元一节，核与此次财部来函，牵涉整理武汉金融问题毫不相关，若即照来函发还，于议案上何能自圆其说。

经众讨论议决，公推林康侯君面向财政部次长接洽，并缴还原函，再行开会解决。

议毕散会。

(24)第三十一次会议(1930年1月14日)

十九年一月十四日下午三时开三十一次委员会，到会委员如左：

王伯埙君、李馥荪君、吴蕴斋君、林康侯君、徐静仁君、谢弢甫君、叶扶霄君、吴麟书君、王晓籁君。

议案如后。

林康侯君报告：上次本会会议，为财政部来函请发还裁兵公债一千五百万元一节，因函中措辞牵涉武汉金融问题，与本会前次议案不符，委鄙人为代表，向财部当轴接洽，并缴还原函。兹又接财部来函，内称：裁兵公债基金已拨足五千万元，所有前存本会之一千五百万元，因另有用途，请即如数发还财部，以待抵用，等语。来函请公阅讨论。

经众讨论，最好仍将该项公债保存本会，即使抵用他处，由本会备函证明，代为保管，至必不得已，惟有准予发还。好在基金已经拨足，对于本息可无问题。

经众议决：将存会之裁兵公债一千五百万元，准交财部领还。

谢弢甫君谓：本月底本会各种债券还本付息，适以旧历年关关系，援照本会前、昨两年成例，应予提前付款，不加利息，以资接济，请讨论。

众议决：准提前于一月二十八日付款(即为旧历十二月二十九日)，并先期登报，通告及函知各银行照办。

李馥荪君报告：本年年终对于各职员之办事勤〔谨〕慎者，略予加薪，并照前例，每人各给与月薪三个月，为普通奖金，及酌给特别奖金，以示体恤。

众赞成。

李馥荪君又谓：坐办林康侯君平日办事多劳，鄙意拟自本年起，坐办每月夫马费量为增加，并年终亦同得三个月之酬劳金，请公决。

众议决：坐办夫马费改为每月三百元，并年终致送三个月之酬劳金。

林康侯君提议，各委员夫马费应否略为增加。

经众议决：委员夫马费从本年起改为每月致送一百元，并于年终一律致送三个月之酬劳金。

议毕散会。

(25)第三十二次会议(1930年2月12日)

十九年二月十二日下午一时半开第三十二次委员会，到会委员如左：

王伯埙君、虞洽卿君、王晓籁君、李馥荪君、黄汉樑君、林康侯君、谢弢甫君(林康侯君代表)、吴麟书君(李馥荪君代表)。

议案如后。

主席李馥荪君报告：财政部来函，为收回民国十六年整理湖北金融债票起见，发行十九年关税公债二千万元，该公债应还本息在关税增收项下照拨，每月二十五日，由总税务司拨交中央银行，列收基金委员会户帐，请为照办等语。并附来条例、还本付息表各一份。查是项公债大部份为收回湖北金融债票之用，应还本息指定关税拨足。来函请公阅讨论。

众议决：复函财政部，照办，并函致总税务司接洽办理。

又报告：前由财政部加聘薛君武院为本会华侨委员，如因事不能回国，准指定人员代表到会。兹薛君函托黄汉樑先生为代表出席会议，黄君对于侨商方面颇通声气，本会得此臂助，受益非浅。黄君今日到会，特为介绍。

全体表示欢迎。

又报告：总税务司来函，内称：奉财政部令：自本年二月份起，德国退还赔款，除应付十四年公债、治安公债及十七年金融短期公债到期本息外，其所有余款，每月由海关拨交大陆银行，为偿还财政部新向大陆等四银行借款之用。故嗣后每月总税务司解款，只照金融短期公债还本付息表之数拨付，等语。请讨论。

众议：此事本会并未接到财部公函通知，总税务司来函所云虽已成为事实，然本会不得不向财部询问，请其明白答复。

议决：总税务司之函暂时缓复，先行函致财政部，请其查明见复，再行办理。

议毕散会。

(26)第三十三次会议(1930年3月19日)

十九年三月十九日下午二时开第三十三次委员会，到会委员：

李馥荪君、吴麟书君、朱吟江君、林康侯君、黄汉樑君、谢弢甫君、叶扶霄君、王伯埙君(谢弢甫君代)、虞洽卿君、王晓籁君、吴蕴斋君。

议案如后。

主席李馥荪君报告财政部来函，请将本会所存裁兵公债三百六十万元之第二次中签票及息票送部，另照中签票数补送债票，以符原额，等语。请公阅讨论。此案经过情形，请林康侯君报告。

林康侯君谓：十八年六月十八日财政部来函，请放还二五库券及卷烟库券基金余款之一部份，以关税库券二百万元交存本会，为万一之准备。经本会开会讨论后，公推鄙人向财政部接洽，改为以关税库券三百万元为抵押品，放还基金二百六十万元。十八年八月十七日，财部又来函，谓关税库券另有用途，拟以裁兵公债三百万元换回。又经开会讨论，以关税库券与裁兵公债比较，还本期限不同，请加拨票面六十万元，共三百六十万元，并蒙照拨。本年一月底收入第二次中签还本洋十九万一千八百元，又息洋十四万四千元，共计三十三万五千八百元。此次财部请提换者，即系此款。

又谓：本会所存裁兵公债三百六十万元，在本会认为抵押品，而财政部则认为保证品，故要求提取第二次还本付息之款，一面补发公债，以符原额。

众议决：函复财政部。

散会。

(27)第三十四次会议(1930年5月5日)

十九年五月五日下午二时开第三十四次委员会，到会委员如左：

王伯埙君、李馥荪君、林康侯君、黄汉樑君、谢弢甫君、叶扶霄君、吴麟书君、朱吟江君、王晓籁君、吴蕴斋君、王天申君。

议案如后。

主席李馥荪君报告：近日报载津海关税收除抵偿外债之五厘外，余款悉数由津截留，数目虽属不多，然各海关五厘以外之税款，首先指抵本会所保管各种内债之基金，故无论截留之数若干，必含有大部分基金在内。其为破坏基金制度则一，此等恶例一开，恐日后不免发生危险。且同一国债而保护外债，不保护内债，本会为国家债信、民众债权起见，不便缄默，应如何发表意见，设法挽回，请讨论。

经众议决：(一)电致财政部，请其维护；(二)通电平、津银行公会，请就近向当局切实陈说，一致进行；(三)在沪上各报披露，俾众咸知。并推定叶扶霄君、吴蕴斋君、王晓籁君三人审定电稿，分别施行。

李馥荪君又报告：上月财政部为欲发行十九年卷烟库券二千四百万元一案，迭次来函，委托本会保管基金。经鄙人向宋部长声明，已得谅解。所有第一次及续发卷烟库券基金外之余款，此后依照原案拨还财部，请其自行分配。此事当时不欲多劳诸君，未经召集开会，今日特此报告。

众赞成。

议毕散会。

附件

江海关二五附税国库券基金保管委员会致财政部为津海关税款被截留发表意见

江海关二五附税国库券基金保管委员会因津海关税款有被截留之说，日前开会议决，电致财政部并电平、津银行公会，发表意见。兹觅得原电如下。

国民政府财政部钧鉴：报载津海关税收除抵偿外债之五厘外，余款悉数由津截留。查此款指抵敝会所保管之各种内债基金，有优先拨充之权利。此项债券数额至巨，流通甚广，持票人不独普遍全国，即海外侨胞、友邦商旅，亦多踊跃投资。故基金之稳固与否、与国民经济、国际声誉均有莫大之关系。敝会保管以来，兢兢业业，深冀全国上下，不分畛域，合力维持，以保债权，而昭国信。若截留之恶例一开，势必引起全国经济之恐慌，此后政府设施，更何以取信于中外。且同一国债，而内债基金不能与外债受同等之待遇，获同等之安全，尤为国人所隐痛。敝会职责所在，难安缄默，仰祈钧部鼎力维护，以安人心，不胜企祷。

(28)第三十五次会议(1930年7月17日)

十九年七月十七日下午一时半开第三十五次委员会，到会委员如左：

林康侯君、吴麟书君、王伯埙君、叶扶霄君、王天申君、李馥荪君、朱吟江君、王晓籁君(林康侯君代表)、谢弢甫君(叶扶霄君代表)。

议案如后。

主席李馥荪君谓：今日开会事件，系由林康侯君所接洽，一切情形，请烦林君报告。

林康侯君报告：财政部来函，内称：前以裁兵公债三百六十万元送存本会，放回款项二百六十万元。兹因裁兵公债另有用途，特将此次关税借款余额一百四十万元，仿照各银团借款办法，填就凭证二十三纸，仍加裁兵公债一百二十万元，合成从前二百六十万元之原数，请将本会此次中签票及未中签票之裁兵公债二百四十万元交还财部，以应用途，等语。查此事在财部初欲将裁兵公债三百六十万元如数收回，经鄙人一再交涉，结果乃以关税借款凭证一百四十万元，仍加以前存本会之裁兵公债一百二十万元，合成二百六十万元之原数，归本会保管，作为摊还借用之款。如此办法，在本会交出公债，收入现款，于基金不致受何影响，应请讨论。

经众议决：准将前存本会之裁兵公债提出二百四十万，交还财部，并致函部中，声明是项关税借款以及裁兵公债本息以后收回之款，即作为财部拨还本会前次借用之款，请其复函照办。

议毕散会。

(29)第三十六次会议(1930年8月23日)

十九年八月二十三日下午四时开第三十六次委员会，到会委员如左：

虞洽卿君、林康侯君、朱吟江君(林康侯君代表)、张景文君、徐静仁君、王天申君、黄汉樑君(王天申君代表)、吴麟书君、王晓籁君、吴蕴斋君。

议案如左：

林康侯君报告：李馥荪君因事离申，来函请假一月，请公推临时主席。

经众推定林康侯君为主席。

林康侯君报告：财政部来函，内称：十九年卷烟库券业经发行，所有基金一项，照条例应由贵会保管，前经函达在案。现在为时已久，尚未准正式见复。该卷烟税收入拨付各项库券基金，均属有盈无绌，经过事实，可以复按。特此函达查照，务希迅赐见复。等语。查财政部发行十九年卷烟库券二千四百万元，系在本年四月间照该库券条例第七条规定，由本会保管基金，当时本会未予照办。日前财部当局一再向会接洽，声明现在税收尽足拨付，并言嗣后设遇不足，由部另行补拨，可请无虞云云。来函请公阅讨论。

徐静仁君谓：此事当问税收能否足付各项库券基金为第一要义。

王晓籁君谓：现在卷烟税因随烟价而增加收数，当然较裕。

林康侯君谓：十七年四月所发卷烟库券，至本年十一月底本息即可还清，距现在只剩四个月，过此则基金当无问题。

徐静仁君谓：然则此事只可照办，惟须声明，设遇资金不足时，请财政部另行拨足。

经众议决：函复财政部该库券基金本会勉予保管，惟声明嗣后设有基金不敷时，务请财部拨足，以固债信。

议毕散会。

(30)第三十七次会议(1930年9月30日)

十九年九月三十日下午二时开三十七次委员会，到会委员如左：

王晓籁君、张景文君、叶扶霄君、徐静仁君、谢弢甫君、朱吟江君、吴蕴斋君、林康侯君、李馥荪君(林康侯君代表)、虞洽卿君。

议案如后。

公推林康侯君为主席。

林康侯君报告：八月间接财政部来函，发行十九年关税短期库券五千万元，委托本会兼代保管基金，并准总税务司送来八月份应付该库券本息基金洋九十万元到会。当时本会因各委员多数离沪，该库券之保管与否，未克正式开会。当经复函财部：所有该项基金九十万元暂请另行处置，并准财部函复在案。兹接财部第三次来函，内称：此项库券各银行均经抵押，并向各省市政府分别募集，解交巨款，亟应依照条例，迅予开会，保管基金，以符成案。等语。来函请公阅讨论。

王晓籁君谓：财部发行此项库券大势已成，现在只问关税收数如何。

林康侯君谓：鄙人向财部当道接洽，该库券已发出者不在少数。至于关税收数情形，应请张景文先生说明。

谢弢甫君谓：政府举行债券，本会无从置议。惟所有各债券预算，应请财部发表，俾本会对于持票人有所报告。

张景文君谓：财部关于各种债券，其收付预算，大概不致短少。至于关税，现在收付相抵，有盈无绌，可无过虑。

徐静仁君谓：现在津海关收回后，税收当然较固。

叶扶霄君谓：时局不生问题，现状当可维持。惟商务之盛衰不定，故税收之旺绌无常，万一关税短收，有无准备作为保障，此节应请财部确实表示。

经众议决：此项库券基金，照原则不得不勉予保管。应即照复财部，并声请设遇关税短收时，有何准备作为保障，请其确实见复，以资保管。

议毕散会。

(31)第三十八次会议(1930年10月23日)

十九年十月二十三日下午三时开第三十八次委员会，到会委员如左：

王伯埙君、叶扶霄君、林康侯君、黄汉樑君、朱吟江君、李馥荪君(林康侯君代表)、吴蕴斋君、徐静仁君(吴蕴斋君代表)、虞洽卿君、谢弢甫君。

议案如后。

公推林康侯君为主席。

林康侯君报告：上次会议议决函复财政部准予保管十九年关税短期库券五千万元一案，声请设遇关税短收时，应如何准备，作为保障之处，请部确实表示。兹得财部复函声明：本部当负全责，不致丝毫短少。嗣又接财部来函，内称：十九年关税短期库券条例，业经修正扩充，券额总数为八千万元，其还本付息表亦加修正，请本会接洽办理，各等语。因本月廿五日即须拨款，故特召集会议，两次来函，均请公阅讨论。查现在海关税收新税项下，平均每月约计得银七百万两，其应解本会者，连十九年关税库券总数八千万基金在内，每月约需洋六百六十万元。

吴蕴斋君谓：此项库券本会既允保管基金五千万元，今扩充为八千万元，本会亦只好照办。惟以后财部如欲发行债券，须先通知本会，方为正办。

朱吟江君谓：财部既要求本会负保管之责，请其事前通知，亦属名正言顺。查上年六月间本会为议决保管十八年关税库券基金案内，曾函请财部嗣后发行债券、委托本会保管基金者，务于提案前先行示知，俾得预洽，等语。迄未答复，应再函申前议，请其照准。

经众议决：十九年关税短期库券总额扩充为八千万元，委托本会保管基金一案，应函复财部，勉为照办。并附带声明，重申前请以后发行债券，务请先行通知本会，俾资接洽。

议毕散会。

(32)第三十九次会议(1930年11月11日)

十九年十一月十一日下午二时开第三十九次委员会，到会委员如左：

林康侯君、王伯埙君、王晓籁君、王天申君、叶扶霄君、吴蕴斋君、朱吟江君、李馥荪君(林康侯君代表)。

议案如后。

公推林康侯君为主席。

林康侯君报告：接财政部来函开：发行十九年善后短期库券五

千万元，所有本息基金，在关税增收项下照拨，交由基金保管委员会兼为保管，应请照办，等因。并附来该库券条例及还本付息表各一份。来函请公阅讨论。

朱吟江君谓：上次本会函致财政部，嗣后如再发行债券，委托本会兼为保管基金，应请先行通知，俾资接洽，等语。已否得复？

林康侯君谓：尚未得财部复函。

王晓籁君谓：谅系此次发行善后库券提案在前，本会去信在后之故。

朱吟江君谓：本会对于关税增加项下，每月收付及分配情形如何，均未明了。前数次会议有关务署长张景文君列席报告，尚可略知一二。此次张君既未列席，此项库券基金之保管，本会责任所在，似未便遽允照办。应函询财部，俟其答复后，再行开会讨论。

经众议决：函复财部，声明前函所请：嗣后如再发行债券先行通知本会一节，尚未奉复。此次发行库券，本会对于关税收付现状及各项分配情形，均未明瞭。请财部详示一切，再行开会集议。

议毕散会。

(33)第四十次会议(1930年11月19日)

十九年十一月十九日下午二时开第四十次委员会，到会委员如左：

王伯埙君、林康侯君、王天申君、李馥荪君、吴蕴斋君、叶扶霄君、徐静仁君、朱吟江君、谢弢甫君。

议案如后。

主席李馥荪君。

林康侯君报告，上次本会会议关于保管十九年善后短期库券基金一案，因本会对于关税收付现状及各项分配情形，均未明了，当经函请财政部详示一切，再行开会集议。兹接财部复函，谓关税收入，有盈无绌，所有该库券本息基金，本部当负全责，不致丝毫短少，请即开会见复等语。复将来函宣读，请加讨论。

徐静仁君谓：该库券本息，每月应付若干。

林康侯君谓：照部颁还本付息表，每月约九十万元。

李馥荪君谓：据鄙人所知，照目前海关税收数，此项库券基金，自可无虞短少，惟财部来函，既未确实明示，本会为自身地位及责任计，未便遽允保管。应再备函声明下列两点。（一）请部将本年一月份起至六月份止，海关新旧税收入详细数目，详为见示。（二）将来如再发行债券，须于提案之前，将预算大概，先行通知本会，俾有研究考量之余地。俟其答复到会，此项库券基金，乃可兼代保管。

经众赞成，将以上两点致函财部，俟得复核办。

议毕散会。

（34）第四十一次会议（1931年1月14日）

二十年一月十四日下午四时半开第四十一次委员会，到会委员如左：

王晓籁君，吴蕴斋君，徐静仁君，叶扶霄君，王天申君，黄汉樑君、谢作楷君、李馥荪君、朱吟江君、林康侯君、虞洽卿君。

议案如后。

主席李馥荪君报告：委员谢作楷君前在本会深资赞助，嗣因事回粤，瞬逾一载。兹幸荣任统税署长，经本会函请复职，今日重来列席，实为欣慰。

众表示欢迎。

李馥荪君报告：财政部来函，内称：查民国二十年卷烟税库券六千万元，业奉国民政府将条例公布施行。该项条例第七条内载：本库券应付本息基金，指定以财政部所收卷烟税，除拨付十八年三月及十九年四月所发卷烟库券基金外，按照本库券所列还本付息表数目，每月拨存中央银行，交由基金保管委员会兼为保管，备付到期本息，等语。所有上项应拨基金，由统税署长在所收卷烟税除直接所解各项基金外之余款每月五十万元，鄂、湘、豫三省卷烟税每月三十五万元，广东每月二十万元，按月拨存中央银行，交由基金保管委员会保管备付，等因。附来该库券条例及还本付息表各一份。来函请公阅讨论，并请谢作楷先生报告税收情形。

谢作楷君谓：照现在情形，鄂、湘、豫三省卷烟税每月可收五十万元，财部所定三十五万元必可办到，广东方面烟税每月二十万元，亦属可靠。将来卷烟统税新税则实行后，预计每年可增收一千万元，税源更为充裕。故该库券基金一层，可无过虑。

李馥荪君谓：照财部来函，由统税署每月应拨之五十万元，款在就地，自无问题。此外鄂、湘、豫、粤每月应拨之款，既承谢君热忱维护，即拟请为设法改由在沪征收，以资便捷。兹应先决：该库券基金本会应否保管，如予保管，则拨款办法，自以稳固为宜。

经众议决：二十年卷烟税库券六千万元本息基金，本会准代保管。惟所有基金内鄂、湘、豫三省每月应拨之卷烟税三十五万元，请由统税署令饬英美烟公司，将三省每月应需用卷烟税印花之数，直接向本会购买。至广东应拨之二十万元，亦请改由统税署在沪征收。以上两款，连同统税署应拨之五十万元，每月月终一并交会保管备付。当即分函财政部及统税署接洽办理。

李馥荪君报告：本会关于各职员加薪及年终应予津贴及奖励之处，又各委员援例酌送酬劳等情，拟即由鄙人与林坐办商同办理。

众赞成。

议毕散会。

(35)第四十二次会议(1931年4月9日)

二十年四月九日下午二时开第四十二次委员会，到会委员如左：

王天申君、虞洽卿君、李馥荪君、叶扶霄君、徐静仁君、王晓籁君、吴蕴斋君（徐静仁君代表）、林康侯君、朱吟江君。

议案如后。

主席李馥荪君报告：接财政部来函，略谓：发行二十年关税短期库券八千万元，应还本息在关税增加收入项下照拨，命令总税务司按月拨交基金保管委员会兼为保管，即希照办，等因。并附本库券条例暨还本付息表各一份，请公阅讨论。

林康侯君报告：上年本会议决：函询财政部海关新旧税收数，嗣接复函略谓：十八年实收数为二万六千八百四十七万八千余元，十九年预算收数为二万七千一百四十八万一千余元。惟将来实收，必不止如预算之数。并允于函请保管以前，将预算大概先行函知，等语。来函请公阅。此次二十年关税库券发行以前，财政部曾与鄙人及李馥荪君接洽数次。查此项库券分一百个月还清，每月约须洋一百四十万元，逐月减少，后五年为一百万元，至于二十年海关税收数目，确系增加甚多。

众议决：函复财政部：二十年关税库券基金勉为兼代保管。

(36)第四十三次会议(1931年6月19日)

二十年六月十九日下午四时开第四十三次委员会，到会委员如左：

朱吟江君、王晓籁君、王伯埙君、谢作楷君、李馥荪君、吴蕴斋君、徐静仁君、虞洽卿君（林康侯君代表）、林康侯君、叶扶霄君、王天申君。

议案如后。

主席李馥荪君报告：接财政部来函，略谓：本部为补助国库起见，发行民国二十年统税短期库券八千万元，指定以统税署征收卷烟税余款及棉纱、麦粉等税为应付本息基金，按照本库券所列还本付息数目，命令主管机关按月拨交基金，保管委员会兼为保管，等因。并附来库券条例暨还本付息表各一份，请公阅讨论。至统税收数情形，应请谢作楷先生详为报告。

谢作楷君报告：除广东、河北两处不计外，从四月份起棉纱税收数约有一百四十八万，麦粉约四十六万；五月份棉纱约一百六十二万，麦粉约四十五万。至单就江、浙两省收数而论，棉纱每月亦可得一百十万，麦粉每月可得二十五万，而卷烟税余款及火柴、水泥等税尚不在内。故棉纱、麦粉等各税每月收入总数当有二百万可靠。

林康侯君谓：本会为债券信用计，不得不慎重从事，是项库券基金不知统税署有无准备方法。

谢作楷君谓：统税库券从六月份发行，本署早于五月份有所预备，故基金一层，可无顾虑。

徐静仁君谓：统税库券条例载明补助国库之用，近日蒋总司令将往江西剿匪，为人民除大患，想国库支出必多。鄙见基金既属稳固，本会应勉为保管。

经众讨论良久，议决：二十年统税短期库券基金勉为兼代保管，应即函复财政部。

议毕散会。

（37）第四十四次会议（1931年8月14日）

二十年八月十四日下午四时开第四十四次委员会，到会委员如左：

张景文君、林康侯君、谢作楷君、王天申君、王晓籁君、叶扶霄君（林康侯君代表）、谢弢甫君、虞洽卿君、王伯埙君、吴蕴斋君、朱吟江君。

列席朱庭祺君。

议案如后。

主席林康侯君报告：接财政部来函，略谓：为补助国库起见，发行二十年盐税短期库券八千万元，指定以国库征收之盐税为基金，按照本库券所列还本付息数目，命令盐务稽核总所按月拨交基金，保管委员会兼为保管，等因。并附来库券条例暨还本付息表各一份，请公阅讨论。又谓：财政部特派盐务稽核总所总办朱庭祺君来会列席，应请其将盐税收数情形详为报告。

朱庭祺君报告：现在全国盐税所有收入，除还外债及经费外，余为盐余之款，其间尚有数省以所收税款留充当地之用。查全国税收每年约一万六千二百万元，除外债二千零八十万元、经费二千二百二十万元、各地留用之款约七千五百万元，余款约尚有四千一百八十万元。就本年一月至六月计算，如浙江、山东、两淮、两湖、江西、河南等省，除经费外，净解部款有二千六百万元，每月平均可有四百五十余万元。即单就江、浙两省而论，每年有一千九百万元，每月亦有一百六十万元。而是项盐税库券基金每月只须一百四十余万元，足敷应用矣。

林康侯君谓：照朱君报告，盐税收数足敷应用，是项库券基金，本会应否代为保管，请讨论。

吴蕴斋君谓：本会前经议决，函请财政部如再发行债券，须于提案之前，将预算大概先行通知本会，俾可考量。现在仍未事前通知，已由立法院通过，似于本会信用有关。

虞洽卿君谓：本会只能查明基金是否确实，如果确实，应即勉为保管，以后如再发行，须事前通知，以符原案。

经众议决：二十年盐税短期库券基金勉为兼代保管，并函告财政部：嗣后发行债券，请照前议，先行通知本会。

林康侯君提议：本会所请查核帐目，潘序伦会计师来函，略称所查本会各种帐目由二、三种增至十六种之多，请予酌加公费等语。查潘会计师查帐公费，向例每三个月查帐一次，每次送公费三百元，现拟每次加送公费一百元。请公决。

众议决：潘序伦会计师查帐公费每次照加一百元。

议毕散会。

(38)第四十五次会议(1931年9月23日)

二十年九月二十三日下午二时开第四十五次委员会，到会委员如左：

王晓籁君、虞洽卿君、谢弢甫君、朱吟江君、谢作楷君、王天申君、吴蕴斋君、李馥荪君、林康侯君、叶扶霄君、徐静仁君。

议案如后。

主席李馥荪君报告：接财政部来函，略谓：政府为振济各省灾黎起见，发行民国二十年振灾公债八千万元，经部根据公债条例，制定第一期先发三千万元，在盐税收入项下指定基金，训令盐务稽核总所照还本付息数目，交基金保管委员会兼为保管，等语。并附来公债条例、第一期发行简章及还本付息表各一份，请公阅讨论。

林康侯君谓：是项公债基金之盐税收数情形，上次会议早经说明，足敷应用。

经众议决：事关振灾急务，不得不勉予照办。即分函财政部及盐务稽核总所接洽办理。

议毕散会。

(39)第四十七次会议(1932年1月13日)

二十一年一月十三日下午一时开第四十七次委员会，到会委员如左：

谢弢甫君、王天申君、王伯埙君、叶扶霄君、李馥荪君、林康侯君、王晓籁君、吴蕴斋君、徐静仁君、虞洽卿君 朱吟江君。

议案如后。

主席李馥荪君报告，近日时局，又生变化，闻政府当轴有挪用公债库券基金之提议，并闻业经有人面告孙哲生院长，劝其慎重，未得要领。本会接持票人会来函，略称：兹恐债券本息基金，因各省截留国税，而政府又以中枢无人主持，基金必生摇动，请贵会代表人民利益，将各项指抵债券本息基金之国税，直接保管。等语。此事关系重要，请讨论。

王晓籁君谓：本会之设立，由社团公推，受人民付托之重，债券命脉所关，无论任何牺牲，基金务求巩固。鄙人今特表示，头可断，基金绝对不可动摇。

李馥荪君谓：现在政府之意如何，可不必问，本会当亟谋自救办法。王晓籁先生之说，极表赞同。

虞洽卿君谓：昨日本会业经分电平、鲁、粤三方，请勿截留国税。今应电致政府，请即打消挪用债券基金之提议，否则，本会当采取种种方法，维持债券信用。

经众讨论，议决：（一）电致国民政府及行政院，如有挪用基金之提议，请即毅然打消，并明白宣示，以安人心。（一）函请总税务司，保留备抵债券基金之税款，不得移作他用（一）分函统税署、苏浙皖统税分局、盐务稽核总所、中央银行，词意与致总税务司函相同。并公推王晓籁君视察统税状况，徐静仁君视察盐税状况。

议毕散会。

（40）第四十八次会议（1932年1月15日）

二十一年一月十五日下午二时开第四十八次委员会，到会委员如左：

王伯埙君、王天申君、王晓籁君、叶扶霄君、吴蕴斋君、谢弢甫君、林康侯君、徐静仁君、李馥荪君。

议案如后。

主席李馥荪君报告，本会上次会议对于政府有挪用债券基金之提议，经本会议定办法各条，除业经电致中央力争及登报宣言外，所有致各税收机关函稿，及收到各处函电，应请公同审核。

经众议决，将应复北平银行公会电、吴县商会函、及本埠银钱业公会函等件，先行缮发，其余缓发。

议毕散会。

(41)第四十九次会议(1932年1月19日)

二十一年一月十九日下午二时开第四十九次委员会，到会委员如左：

王伯埙君、谢弢甫君、朱吟江君、王晓籁君、叶扶霄君、林康侯君、王天申君、李馥荪君、虞洽卿君。

议案如后。

主席李馥荪君报告，接救济水灾委员会来函，略称敝会现因美麦到货涌旺，亟待运往内地，所有各项运费需用大宗款项。再工程处以各地堤工从事修理，亦需巨款。函电纷来，类皆迫于星火，而敝会刻下所收振款无多，不敷支应。从前财政部所订二十年振灾公债，既未发行，不得已惟有暂时移用基金，以济急需。特将存在中央之振灾公债寄存证一纸，交与贵会保管，一面请即拨下该项基金洋一百五十万元，交敝会收用。等情。查二十年振灾公债三千万元，迄今尚未发行，本会所取基金四个月，计洋一百八十万元。该会所商，是否可行，应请讨论。

经众议决：该会所称运费及工款各种困难，均系实情，拨款一节，数目并未透支，债票收归保管，自应通融办理。即函复该会、并声明将来公债发行时，务请将此款尽先拨还，以重基金而保债信。

王晓籁君报告，鄙人承本会上届会议时委托，前往统税署视察税收状况。兹经调查所得，开单宣读如下：

统税调查表

卷烟印花每月售出数约五百五、六十万，由统税署、中央银行、基金保管会三处出售。每月各省(广东)重征退税约在一百万左右，英美及全国烟厂一概在内。

棉纱，每月最多时曾收到一百廿万，现抵制日纱期内，约每月只收七十五万。鲁豫区约十二万，汉口约十二万。

麦粉，每月净收卅万。

火柴，每月净收十二万，又山东十二万。

水泥，每月七万。

统税总数，每年约收七千万。

李馥荪君谓：王晓籁先生报告统税详情，裨益本会不浅，极为感谢。惟闻谢前署长交卸时，有税款移交后任，乃近日未有税款拨解，本会应即致函该署，请将征存之款，扫数拨交本会。

众赞成。

李馥荪君报告，关于本会各职员年终津贴及加薪等事，应援照向例办理。惟本会各委员夫马费，本视他处为薄，近来事务日繁，开会日多，应否略事增加，请讨论。

经众议决，委员夫马费从本年起，改为每月致送二百元。

议毕散会。

（42）第五十次会议（1932年2月18日）

二十一年二月十八日下午三时半开第五十次委员会，到会委员如左：

朱吟江君、林康侯君、徐静仁君、谢作楷君、张景文君、虞洽卿君、王晓籁君、王伯埙君、王天申君、谢弢甫君、吴蕴斋君、李馥荪君。

议案如后。

主席李馥荪君报告，日前政府当轴，特行邀集沪埠各界代表会议，略谓国难当前，税收奇绌，财政又复紧迫，不得已拟将各项公债库券还本期间略为延长，利息酌量减少，务使债券稳固，持券人不致受重大损失。商议办法数条，其大旨系减息延本，另行调换新债券，照各项债券剩余额数拨付，至本息清偿之日为止。并将前政府发行之七长整六、整七等债券，一并加入，作为整理等情。今日特经银钱两业公会联席会议，佥以国难日亟，自应有经济上之援助。惟债券延本减息，事关重要，当经议决条件数项，向政府提出。以上系报告银银〔钱〕两业会议情形。而本会负保管之责，对于此事应以一般持票人之意思为意思。请公同讨论。

众佥谓本会保管基金，无论如何，自当尽其职责，为持票人谋妥善办法。今银钱业既经集议，提出条件，如果一般持票人意见一致，本会自应共策进行。经众赞成。

议毕散会。

(43)第五十一次会议(1932年4月5日)

二十一年四月五日下午二时开第五十一次委员会，到会委员如左：

王伯埙君、叶扶霄君、李馥荪君、吴蕴斋君、虞洽卿君、林康侯君、朱吟江君、徐静仁君、张福运君、王天申君、谢祺君

议案如后。

主席李馥荪君报告，本会议组一案，业经接到财政部代电，内称国债基金管理委员会条例，业经通过（下载条文〔缺〕)，请即查照等语，业经本会分函各机关推选代表。来电及函稿请公阅。

又报告本会基金余额移交数目。

经众议决，将本会结束，即行移交国债基金管理委员会，并通函各机关，一俟移交完竣后，再行登报布告。

〔国民政府财政部档案〕

2. 江海关二五附税国库券基金保

（1927年5月1日—

名称	债券总额	发行日期	发行价格	利率	还本付息日期
二五库券	三千万元	十六年五月一日	十足发行	月息七厘	每月月底
续发二五库券	四千万元	十六年十月一日	九八	月息八厘	每月月底
卷烟库券	一千六百万元	十七年四月一日	九八	月息八厘	每月月底
善后短期公债	先发二千万元续发二千万元（内除中签票二百万元，实发一千八百万元）	先发十七年六月一日 续发十七年十二月卅一日	先发凡于开始募集之第一个月内交款者，按九二实收，第二个月者九三，第三个月者九四；续发一律按九六实收	周息八厘	六月三十日 十二月三十一日
十七年金融短期公债	三千万元	十七年十月一日	九二	周息八厘	三月三十一日 九月三十日

①原文无时间。

管委员会保管各种库券公债总表

1930年11月1日)①

期限	指定担保	票面	本息总额	已付本息金额
自十六年七月起每月还本三十分之一及应付利息，至十八年十二月底还清。	江海关二五附税 注：自十八年二月起改定关税增加税。	万元，千元，百元，十元	三千三百二十五万五千元	三千三百二十五万五千元
自十七年一月至十八年十二月只付利息，自十九年一月起，按月还本四十分之一及应付利息，至二十二年四月底还清。	自发行之日起至十八年十二月止，以江海关二五附税之奢侈税出口税全部及江苏邮包税每月拨足三十二万元为付息基金，至十九年起，以江海关二五附税作抵，并加拨二五附税之出口税十一万元为基金。 注：自十八年二月起改定关税增加税。	万元，千元，百元，十元	五千四百二十四万元	二千二百六十万零八千元
自十七年四月起，按月还本三十二分之一及应付利息，至十九年十一月底还清。	卷烟统税全数	万元，千元，百元，十元	一千八百十一万二千元	一千八百十一万二千元
自发行之日起，每六个月抽签一次，平均抽还先发、续发各十分之一及应付利息，至二十二年六月底还清。	煤油特税全部收入及卷烟库券还本余款 注：自十八年二月起改定关税增加税。	万元，千元，百元，十元	四千四百四十八万元	二千二百〇八万元
自发行之日起每六个月抽签一次，自第一年至第三年按年还百分之七，第四年至第六年按年还百分之二十，第七年还百分之十九，至二十四年九月底还清，利随本减。	关税内德国退还赔款（除付十四年公债及治安公债）之余款	万元，千元，百元	四千〇八十一万二千元	八百七十六万元

名　称	债券总额	发行日期	发行价格	利　率	还本付息日期
十七年金融长期公债	四千五百万元	十七年十一月一日	十足发行	周息二厘半	三月三十一日 九月三十日
十八年赈灾公债	一千万元	十八年一月一日	九　八	周息八厘	六月三十日 十二月三十一日
十八年裁兵公债	五千万元	十八年二月一日	九　八	周息八厘	一月三十一日 七月三十一日
续发卷烟库券	二千四百万元	十八年三月一日	九　八	月息八厘	每月月底
十八年关税库券	四千万元	十八年六月一日	九　八	月息七厘	每月月底

续表

期限	指定担保	票面	本息总额	已付本息金额
自发行之日起，至二十二年九月底止，只付利息，自十月一日起每六个月抽签一次，平均抽还四十分之一及应付利息，至四十二年九月底还清。	关税旧部分余款项下	万元，千元，百元，十元	六千二百十五万六千二百五十元	二百二十五万元
自发行之日起每六个月抽签一次，平均抽还二十分之一及应付利息，至二十七年十二月底还清。	关税增加税	万元，千元，百元，十元，五元	一千四百二十万元	三百四十八万元
自发行之日起每六个月抽签一次，平均抽还二十分之一及应付利息，至二十八年一月底还清。	关税增加税	万元，千元，百元，十元，五元	七千一百万元	一千三百二十万元
自十八年四月份起至十九年三月份止，按月还本百分之二，自四月份起至十一月份止，按月还本百分之二.五，自十二月份起按月还本百分之四，至二十一年一月底还清，利随本减。	自发行日起至十九年十一月底止，以先发卷烟库券之基金余款为基金，自十二月起，因先发卷烟库券业已清偿，即将该项基金继续增拨，倘有不敷之时，再由放还关余项下如数拨足。	万元，千元，百元，十元	二千七百八十八万九千九百二十元	一千四百七十一万一千〇四十元
自十八年六月起，每月共还本息总额八十万元，至二十三年七月底还清。	关税增加税	万元，千元，百元，十元	四千九百四十万〇四千九百六十一元一角二分	一千五百二十万元

名称	债券总额	发行日期	发行价格	利率	还本付息日期
十八年编遣库券	七千万元	十八年九月一日	九八	月息七厘	每月月底
十九年关税公债	二千万元	十九年一月一日	十足发行	周息八厘	六月三十日 十二月三十一日
十九年卷烟库券	二千四百万元	十九年四月一日	十足发行(但于三个月内缴款者得按九八实收)	月息八厘	每月月底
十九年关税短期库券	八千万元	十九年八月一日	九八	月息八厘	每月月底
十九年善后短期库券	五千万元	十九年十一月一日	九八	月息八厘	每月月底

续表

期限	指定担保	票面	本息总额	已付本息金额
自十八年九月起每月还本一百分之一及应付本息，至二十六年十二月底还清。	关税增加税	万元，千元，百元	九千四百七十四万五千元	一千八百四十五万二千元
自发行之日起每六个月抽签一次，平均抽还本银二十分之一及应付利息，至二十八年十二月底还清。	关税增加税	万元，千元，百元	二千八百四十万元	三百五十六万元
自十九年四月份起至二十一年一月份止，按月还本百分之二；自二月份起，按月还本百分之四，至二十二年三月底止还清，利随本减。	原发及续发卷烟库券基金本息余款	万元，千元，百元，十元	二千八百十四万三千三百六十元	五百九十万〇九千四百四十元
自十九年八月起至二十年一月止，按月还本百分之一，自二月份起至二十一年一月止，按月还百分之一.二，自二月份起至二十四年四月止，每月还百分之二，末次五月份还百分之一.六，利随本减。	关税增加税	万元，千元，百元，十元	一万〇〇八十四万九千九百二十元	七百十三万六千元
自十九年十一月起至二十年四月止，按月还本百分之一，自五月起至二十一年二月止，按月还本百分之一.二，自三月起至二十三年十二月止，按月还本百分之一.六，自二十四年一月起至二十五年二月止，按月还本百分之一.八，自三月起，按月还本百分之一.二，至四月还清，利随本减。	关税增加税	万元，千元，百元，十元	六千四百三十五万〇四百元	一百七十九万六千元

〔国民政府财政部档案〕